Martin Keßler

Luthers Schriften für die Gegenwart

Martin Keßler

Luthers Schriften für die Gegenwart

Drei konkurrierende Editionsvorhaben in den 1930er und 1940er Jahren

Mohr Siebeck

Martin Keßler, geboren 1975; 1995–2000 Studium der Ev. Theologie in Heidelberg, Erlangen und München; 2006 Promotion; 2013 Habilitation; 2014–16 Lehrstuhlvertretung in Bonn; 2016–18 Lehrstuhlvertretung in Göttingen; seit 2018 Heisenberg-Professor für neuzeitliche Kirchengeschichte in Frankfurt am Main.

Gefördert durch:
Vereinigte Evangelisch-Lutherische Kirche Deutschlands
Evangelische Kirche in Hessen und Nassau
Evangelische Kirche von Kurhessen-Waldeck

ISBN 978-3-16-158938-6 / eISBN 978-3-16-158939-3
DOI 10.1628/978-3-16-158939-3

Die Deutsche Nationalbibliothek verzeichnet diese Publikation in der Deutschen Nationalbibliographie; detaillierte bibliographische Daten sind im Internet über *http://dnb.dnb.de* abrufbar.

Das Buch wurde von Laupp & Göbel in Gomaringen auf alterungsbeständiges Werkdruckpapier gedruckt und von der Buchbinderei Nädele in Nehren gebunden.

Printed in Germany.

Johannes Schilling

zu zwei Jahrzehnten als

Präsident der Luther-Gesellschaft

Vorwort

Im April des vergangenen Jahres hatte meine vormalige Bonner Kollegin Frau Prof. Dr. Cornelia Richter die Freundlichkeit, mich für den Eröffnungsvortrag der Jubiläumstagung der Luther-Gesellschaft nach Wittenberg einzuladen. Das war ein Wagnis für alle Beteiligten, da ich der Luther-Gesellschaft zu diesem Zeitpunkt nicht persönlich verbunden war und die Themenstellung „Das Luthertum um 1918 im Spiegel seiner Zeit" als eine Herausforderung empfand, der ich kaum gerecht werden konnte. Um so mehr war ich überrascht, ja überwältigt von der wertschätzenden Gesprächskultur der Veranstaltung. Für die Drucklegung (LuJ 86 [2019], S. 174–228) arbeitete ich die im September 2018 präsentierte Festschrift „Die Luther-Gesellschaft 1918–2018. Beiträge zu ihrem hundertjährigen Jubiläum" (s. Kap. I, Anm. 1) ein und suchte im Eucken-Nachlass in Jena sowie im Archiv der Luther-Gesellschaft nach materialen Ergänzungen. Ende November 2018 verbrachte ich zu diesem Zweck einige Tage in Wittenberg, die vor allem eines bewiesen: Für die Frühzeit um 1918 ließ sich wenig Neues finden.

Anders verhielt es sich mit der Zeit nach 1937. In den Akten der Luther-Gesellschaft stieß ich auf die Vorbereitungen zu einer großangelegten Luther-Ausgabe, die mir aus der Literatur nicht bekannt war. Als ich den entrüsteten Ausruf des vorgesehenen Herausgebers las (s. Kap. II, Anm. 19): „Ihre Aufklärung vom 5. März [1943] schlägt dem Fass den Boden aus. Sowohl Herr Klotz wie Herr lic. Aaland [sic] sind genauestens über Plan und Stand unserer Ausgabe unterrichtet. [...] Herr lic. Aaland hat mich im vorigen Jahre bei Gelegenheit von Verhandlungen mit dem Bibelarchiv besucht. Wir haben Plan, Durchführung, Mitarbeiter unserer Ausgabe besprochen, auch die ablehnende Stellung des Oberkirchenrates. Er hat sich zu gelegentlicher Mitarbeit bereit erklärt!!", war mir klar, dass es sich um einen editionsgeschichtlichen Kriminalfall handelte. Seiner Natur nach galt es diesen nicht aufzuklären, aber zu dokumentieren und zu deuten. In Wittenberg erforderte dies zunächst einen chronologischen Zugriff auf die vorhandenen Materialien, die sich schnell zu einem ersten Gesamtbild zusammenfügten. Sodann suchte ich nach weiteren archivalischen Puzzleteilen an anderen Orten und bemühte mich vor allem um eines: die Sicht der Luther-Gesellschaft nicht einseitig wiederzugeben, sondern perspektivisch zu erweitern. Daraus ergab sich das literarische Experiment, einzelne Sequenzen mehrfach aus unterschiedlichen Perspektiven zu schildern.

Bereits in Wittenberg erschloss sich mir, dass die Vorgänge in einem sachlichen Zusammenhang zu den jüngsten, von Prof. Dr. Dr. Dr. h.c. Johannes Schilling herausgegebenen Studienausgaben stehen. Ihm sei das Buch zu den zwei Jahrzehnten als Präsident der Luther-Gesellschaft gewidmet, die er in diesem Herbst, am 24. September, als amtliche Zwischenetappe erreicht. In einigen Teilen erzählt es die Vorgeschichte seiner Editionen. In anderen dokumentiert es zeitgeschichtliche Entwicklungen und Grundfragen editorischen sowie wissenschaftlichen Arbeitens.

Die Mühen der ersten Lektüre nahm mein Vater, StD Pfr. Dr. Manfred Keßler, auf sich. Mit Selbstlosigkeit, Sachkenntnis und schlüssigen Ideen unterstützte Johannes Schilling den Korrekturprozess und die Drucklegung. Allein dafür könnte der Band mit Goethes Tasso „in gewissem Sinne“ sein heißen. Die Göttinger Freunde, Förderer und Kollegen Prof. Dr. Dr. h.c. Dr. h.c. Thomas Kaufmann und Prof. Dr. Rudolf Smend, D.D., waren, wie stets, wichtige Gesprächspartner. Wertvolle Ratschläge und Hinweise verdanke ich Prof. Dr. Peter Gemeinhardt und Prof. Dr. Christoph Strohm. Für die Aufnahme des Buches in das Verlagsprogramm von Mohr Siebeck bin ich der Programmleiterin, Frau Elena Müller, verbunden, die das Projekt freundlich und hilfsbereit betreute. Herr Tobias Stäbler koordinierte die inhaltliche Prüfung des Textes. Herr Tobias Weiß kontrollierte den Satz, den ich selbst herstellen durfte. Frau Heike Dreibholz, von deren Arbeitsbeginn im Frankfurter Sekretariat für mich eine neue Ära datiert, half vorzüglich bei der Endredaktion und erstellte eine erste Liste von Personennamen, aus denen das Register hervorging. Um dessen Erarbeitung machten sich Herr stud. theol. Brian Mügendt und Frau stud. theol. Lisa Röttcher verdient. Druckkostenzuschüsse gewährten die Vereinigte Evangelisch-Lutherische Kirche Deutschlands, vertreten durch Herrn OKR Dr. Andreas Ohlemacher, die Evangelische Kirche von Kurhessen-Waldeck nach freundlicher Korrespondenz mit Herrn Matthias Nöding und die Evangelische Kirche von Hessen-Nassau nach der hilfreichen Bewilligung durch Herrn Dr. Holger Ludwig. Ihnen allen sei herzlich gedankt.

Mich selbst erinnert das Buch an die wertvollen persönlichen und fachlichen Verbindungen, die sich aus jener Einladung nach Wittenberg ergeben haben, für die ich Frau Kollegin Cornelia Richter noch einmal eigens danken möchte.

Frankfurt/Main, im September 2019 — Martin Keßler

Inhaltsverzeichnis

Einleitung

In ihren Profilen sind die Luther-Editionen[1] seit ihren Anfängen von zwei Tendenzen bestimmt: Auf der einen Seite stehen die großen Gesamtausgaben, die Vollständigkeit und philologische Belastbarkeit der gebotenen Texte anstreben. Auf der anderen Seite begegnen Auswahlausgaben, die sich an unterschiedliche Zielgruppen richten und dafür inhaltliche sowie quantitative Gewichtungen vornehmen, die sich teils an Luther, teils den intendierten Lesern, teils an den eigenen Interessen der Herausgeber oder Bearbeiter orientieren. Im Rückblick auf die Geschichte der Editionen lässt sich feststellen, dass für weite Zeiträume meist eine Gesamtausgabe als bestimmend und darin epochal gelten kann, von der sich durchaus große, anspruchsvolle Konkurrenzunternehmen abheben und eine Vielzahl kleinerer Auswahlausgaben abzweigen mögen. Seit dem ausgehenden 19. Jahrhundert markiert die Weimarer Ausgabe den wissenschaftlichen Maßstab, an dem sich die Studienausgaben orientieren und der akademischen Leserinnen und Lesern in thematischer Fokussierung vermittelt wird, während andere Angebote eine breitere, weniger voraussetzungsreiche Popularisierung beabsichtigen.

Gegenüber den Gesamt- und den Studienausgaben zeichnen sich die deutschsprachigen, modernisierte Texte präsentierenden Lutherausgaben durch bisweilen hohe Auflagenzahlen aus. Exakte Angaben zu den betreffen-

[1] Für Überblicke und weiterführende Literatur s. Johannes SCHILLING: Art. Lutherausgaben, in: TRE, Bd. 21, Berlin 1991, S. 594–599; DERS.: Lutherausgaben, in: Volker Leppin und Gury Schneider-Ludorff (Hg.): Das Luther-Lexikon, Regensburg ²2015, S. 409–411; Michael BEYER: Lutherausgaben, in: Albrecht Beutel (Hg.): Luther Handbuch, Tübingen ³2017, S. 2–9. Den Anfang der Gesamtausgaben markiert 1518 der Basler Sammeldruck von Luthers lateinischen Schriften bei Froben; zu der wahrscheinlich gemachten Rolle Wolfgang F. Capitos in der Drucklegung s. Thomas KAUFMANN: Die Abendmahlstheologie der Straßburger Reformatoren bis 1528, Tübingen 1992 (BHTh, Bd. 81), S. 39–44. Soeben dazu s. DERS., Die Mitte der Reformation. Eine Studie zu Buchdruck und Publizistik im deutschen Sprachgebiet, zu ihren Akteuren und deren Strategien, Inszenierungs- und Ausdrucksformen, Tübingen 2019 (BHTh, Bd. 187), S. 43–47. Für die hier und im folgenden gebrauchten Siglen s. Siegfried M. SCHWERTNER: IATG³ – Internationales Abkürzungsverzeichnis für Theologie und Grenzgebiete. Zeitschriften, Serien, Lexika, Quellenwerke mit bibliographischen Angaben, Berlin und Boston ³2014. Für die Abkürzungen der konsultierten Archive s. unten Anm. 14–18 sowie 20 f. Zu der Gestaltung der archivalischen Belegangaben und den Transkriptionsregeln s. Anm. 22.

den Druckvolumina wurden noch nicht erhoben. Bernhard Lohse vermutete 1981, die Münchener Ausgabe sei „die verbreitetste deutschsprachige Lutherausgabe".[2] Für bestimmte theologische Kreise mag dies zutreffen; nicht zu unterschätzen ist jedoch die Verbreitung der Calwer-Lutherausgabe, der von Karin Bornkamm und Gerhard Ebeling besorgten Insel-Ausgabe, für die Albrecht Beutel 1999 eine Anzahl von „46.000 gedruckten Exemplaren" erhob[3], und der von Kurt Aland herausgegebenen Edition „Luther deutsch". Alle drei Ausgaben erfuhren, auch nach Lizenzwechseln und in verlegerischen Neuangeboten, Vermarktungen, die das Alter und die erreichte Auflagenzahl nicht als Ausweis einer bewährten Edition herausstellten, sondern gegenüber der betonten Erstmaligkeit der jeweiligen Neuausgabe unerwähnt ließen. Präzise Erhebungen wären wünschenswert[4], doch spricht bereits jetzt viel dafür, die Insel-Ausgabe und Kurt Alands „Luther deutsch" als die verbreitetsten volkssprachlichen Lutherausgaben der deutschen Nachkriegszeit in Betracht zu ziehen. Auf zehn Bände mit drei Ergänzungsbänden konzipiert, ist Alands Edition bis heute unabgeschlossen, da zwei Ergänzungsbände (eine Biographie und eine Dokumentensammlung zur Wirkungs- und Rezeptionsgeschichte)[5] nie erschienen. Der eigentliche Textbestand erlebte in Teilen aber bis zu fünf Auflagen im Rahmen von „Luther deutsch", zu denen noch Lizenzausgaben von Einzelbänden kommen, wie diejenige der bis 2013 in Reclams Universal-Bibliothek viermal nachgedruckten Ausgabe der „Tischreden".[6]

Über die Vorgeschichte von Alands „Luther deutsch" ist nur bekannt, was der Herausgeber nach Abschluss des Textbestandes im Vorwort zu dem ersten Band „Die Anfänge" 1969 bemerkt: „Über 20 Jahre sind vergangen, seit der Plan zu dieser Ausgabe zum ersten Mal mit dem unvergessenen Leopold Klotz erörtert wurde. Sie sollte zum 400. Todestag des Reformators erscheinen."[7] Alands Erinnerung ist zutreffend: Die Anfänge reichen „über 20 Jahre" zurück. Zutreffend ist auch, dass die erste Verlagsankündigung – ein unda-

---

[2] Bernhard LOHSE: Martin Luther. Eine Einführung in sein Leben und sein Werk, München 1981 (Beck'sche Elementarbücher), S. 249.

[3] Albrecht BEUTEL: Gerhard Ebeling. Eine Biographie, Tübingen 2012, S. 478 mit Anm. 213.

[4] Laut brieflicher Auskunft können weder die „Vandenhoeck & Ruprecht Verlage" (Schreiben vom 4. Februar 2019) noch der „Calwer Verlag" (Schreiben vom 5. Februar 2019) einschlägige Daten bieten.

[5] S. dazu unten in Anm. 8 die Verlagsankündigung von 1946 oder 1947.

[6] Auf die Tischreden hinzuweisen, liegt nahe, da „Luther deutsch" 1948 mit dem betreffenden, in der internen Zählung neunten Band eröffnet wurde. Eine dritte Auflage folgte 1960 bei Vandenhoeck und Ruprecht, eine vierte 1983; ohne aktualisierte Auflagenzahl gab der Verlag den Band nochmals 1991 heraus. Lizenzausgaben nach der dritten Auflage folgten 1981, 1987, 1993 und 2013 bei Reclam (Universal-Bibliothek 1222).

[7] Kurt ALAND: Einführung, in: ders. (Hg.): Luther deutsch, Bd. 1: Die Anfänge, Göttingen [2]1983, S. 9–11, hier: S. 10.

tierter Prospekt von 1946 oder Anfang 1947[8] – auf das Luther-Jubiläum verweist:

„Das Jahr 1946 brachte uns die Gedächtnisfeier des 400. Todestages Martin Luthers. Zu diesem Zeitpunkt sollte bereits die Ausgabe fertig vorliegen. Damit sollte sie als Zentenarausgabe anknüpfen an die zum 300. Todestag Luthers 1848 veranstaltete zehnbändige Luther-Ausgabe des Verlages Friedrich Perthes in Gotha, in dessen Tradition und Nachfolge der Leopold Klotz Verlag steht."[9]

Zutreffend ist, dass bei Perthes im 19. Jahrhundert eine zehnbändige Lutherausgabe erschien. Verlegt wurde sie aber nicht in Gotha, sondern in Hamburg, und die Erstausgabe datiert auf das Jahr 1826.[10] Eine zweite Auflage folgte 1827 und 1828 unter dem Titel der Erstausgabe „Dr. Martin Luthers Werke. In einer das Bedürfniß der Zeit berücksichtigenden Auswahl". Eine dritte und letzte Ausgabe schloss sich 1844 an; sie stellt keine Bezüge zu der zwei Jahre später folgenden Erinnerung an Luthers Todesjahr her. Bibliographisch ist die Erklärung der Veranlassung von „Luther deutsch" in der Verlagsankündigung damit nicht in jeder Hinsicht plausibel.

Tatsächlich lässt sich die Vorgeschichte der Ausgabe präzisieren. Sie verbindet sich mit einem großangelegten Editionsvorhaben, das von Seiten der Luther-Gesellschaft seit 1937 verfolgt wurde. Dabei war nicht weniger angestrebt als: „Die Kleine Weimarer Luther-Ausgabe".[11] Wohl schon 1938 bestand ein weiteres Editionsvorhaben bei einem anderen Verlag, aber spätestens 1942 rief das Unternehmen ein Gegenprojekt hervor, das Erich Seeberg von Berlin und Ahrenshoop aus zu koordinieren suchte. Kurt Aland hatte von der Absicht der Luther-Gesellschaft spätestens seit 1942 Kenntnis. Die verlegerischen Interessen, aus denen Alands „Luther deutsch" hervorging, verbinden sich mit dem Editionsvorhaben von 1937, das eine Gesamtausgabe von

---

8 Erhalten in ALGW 732, o.P. Der *terminus post quem* ergibt sich aus dem im Haupttext oben folgenden Zitat. Der *terminus ante quem* ist aus der Angabe des archivalisch erhaltenen Prospektes zum Herausgeber abzuleiten, der als „Prof. lic. Kurt Aland" firmiert und zu dem erklärt wird: „Die Betreuung der Ausgabe liegt in den Händen von Lic. Kurt Aland, Professor an der Universität Berlin." Unerwähnt ist hier die Professur, die Aland am 1. Mai 1947 in Halle antrat; zu dem Datum s. ANON.: Art. Aland, Kurt, in: Handbuch der deutschen Wissenschaft, Bd. 2: Biographisches Verzeichnis, Berlin 1949, S. 797. Zu der vorherigen Berliner Tätigkeit als außerordentlicher Professor mit Lehrauftrag s. RGG^3, Registerband, Tübingen 1965, Sp. 3.

9 ALGW 732, o.P.

10 Dr. Martin Luthers Werke. In einer das Bedürfniß der Zeit berücksichtigenden Auswahl, 10 Bde., Hamburg 1826, ^{2}1827 f., ^{3}1844. Ein publizistischer Trittbrettfahrer bemühte sich, im Windschatten der Ausgabe Luthers Grobianismus herauszustellen durch: Dr. Martin Luthers Werke. In einer das Bedürfniß der Zeit berücksichtigenden Auswahl. Elftes Bändchen zur Perthes'schen Ausgabe, oder erstes Supplementbändchen: Nachlese aus Dr. Martin Luthers Schriften, Mainz 1827.

11 Vgl. dazu Kap. I, Anm. 32 f., 42, 49 und 141.

„Luthers Deutschen Schriften" zu realisieren suchte und, je schärfer die editorische Konkurrenz wurde, desto deutlicher den Anspruch erhob, „eine Luther-Ausgabe für das deutsche Volk"[12] bieten zu werden.

Die bislang überwiegend unbekannten Vorgänge[13] erhellen sich grundlegend aus den in Wittenberg erhaltenen Archivalien der Luther-Gesellschaft.[14]

---

[12] Für das Zitat s. Kap. II, Anm. 304.

[13] Die einzige Kenntnis der von Knolle geplanten Luther-Ausgabe verdankt sich den Bemühungen der Verlagsgruppe Bertelsmann um eine Aufarbeitung der eigenen Verlagsgeschichte während der NS-Zeit. Darin bot Stefan Pautler die folgende Zusammenfassung, die eine punktuelle Einsicht in die Akten der Luther-Gesellschaft (s. Anm. 14) und des Bundesarchivs Berlin voraussetzt, Saul FRIEDLÄNDER, Norbert FREI, Trutz RENDTORFF und Reinhard WITTMANN unter Mitarbeit von Hans-Eugen Bühler, Christoph Haas, Tanja Hetzer, Beate von Miquel, Helen Müller, Stefan Pautler, Olaf Simons, Sybille Steinbacher: Bertelsmann im Dritten Reich, München 2002, S. 215 f. [für die Autorenzuschreibung der Seite s. ebd., S. 793]: „Auch sollte die von Theodor Knolle im Auftrag der Luther-Gesellschaft geplante Ausgabe der ‚gesamten deutschen Schriften Luthers in drei Reihen zu je 6 Bänden (Kampf, Ordnung, Lehre)' bei Bertelsmann erscheinen. Die Ausgabe, mit der das ‚deutsche Volk' eine ‚Ehrenschuld' an ihrem Reformator begleiche, sollte 1946 zum 400. Todestag Luthers abgeschlossen sein und das Material der Weimarer Ausgabe auch ‚weitesten Kreisen zugänglich' machen. Die Arbeiten an der Ausgabe seien ‚bereits im Gang', insbesondere werde versucht, finanzielle Unterstützung bei der Industrie und der Kirche zu erlangen. Wann die ersten Bände erscheinen könnten, hänge ‚von Fragen ab, die durch den Krieg bedingt sind.' In der Tat konnte das Projekt der Luther-Ausgabe aufgrund des Kriegsverlaufs nicht mehr realisiert werden. Auch weitere Projekte mit Bertelsmann zerschlugen sich. Spätestens 1942 mußte das konfessionelle Verlagswesen durch die restriktive Politik der Papierkontigentierung seine Buchproduktion nahezu vollständig einstellen." Zu den Hintergründen der unternehmensgeschichtlichen Aufarbeitung s. die durchaus erhellende, zur NS-Zeit jedoch keine neuen Materialien bietende, sondern eher die „Unabhängigkeit" der Kommission sowie Einzel- und Gesamturteile der beteiligten Autoren hinterfragende Darstellung von Frank BÖCKELMANN und Hersch FISCHLER: Bertelsmann. Hinter der Fassade des Medienimperiums, Frankfurt/Main 2004, hier: S. 74–79. Auf das Vorhaben der Seebergschen Luther-Ausgabe geht einzig Arnold WIEBEL (Hg.) ein: Rudolf Hermann – Erich Seeberg. Briefwechsel 1920–1945, Frankfurt/Main 2003 (GThF, Bd. 7), S. 23–26; zu den Briefen des betreffenden Zeitraums s. ebd., S. 347–380. Bedauerlicherweise verzichtet Wiebel, der sich mehr als jeder andere um die Erschließung des Hermann-Nachlasses verdient gemacht hat, auf eine Edition jener Schreiben zwischen R. Hermann und E. Seeberg, die mit Wiebels Worten „technische Daten", ebd., S. 389, oder „technische Mitteilungen", ebd., S. 24, Anm. 24, zu der geplanten Ausgabe enthalten. Die unberücksichtigten, auf Berlin (s. Anm. 16) und Koblenz (s. Anm. 15) verteilten Schreiben machen das Gros der Korrespondenz jener Jahre aus.

[14] Für die Erlaubnis zur Nutzung des Archivs der Luther-Gesellschaft, Wittenberg (unter dem Siglum: ALGW), danke ich Herrn Prof. Dr. Dr. Dr. h.c. Johannes Schilling sehr herzlich. In hilfreicher Weise eröffneten Herr Dr. Martin Treu und Herr Klaus Metzner ideale Arbeitsmöglichkeiten vor Ort; auch ihnen sei nochmals herzlich gedankt. Herr Dr. Silvio Reichelt, Leipzig, war so freundlich, mich über die Geschichte des Archivs zu orientieren und mir wichtige Ratschläge für eine Einarbeitung zu geben. Ihm schulde ich besonderen Dank.

Um perspektivische Einseitigkeit zu vermeiden, werden zudem die handschriftlichen Nachlässe von Erich Seeberg[15], Rudolf Hermann[16], Theodor Knolle[17] und Paul Althaus[18] herangezogen. Von einer Arbeit mit dem nicht einschlägigen Nachlass Kurt Alands wurde abgesehen[19], manches hingegen aus den Berliner universitären Personalakten Erich Seebergs und Kurt Alands[20] sowie den Berliner Beständen des Bundesarchivs entnommen[21]. Aus dem Gang der Ereignisse ergibt sich eine überwiegend chronologische Gliederung,[22] die durch Vor- und Rückgriffe zu einzelnen Personen und Themen ergänzt wird.

---

[15] Die Materialien befinden sich im Bundesarchiv Koblenz (fortan: BArch Koblenz). Sehr freundlich unterstützte mich Frau Anette Wagner.

[16] Aufbewahrt wird dieser im Evangelischen Zentralarchiv Berlin (im weiteren: EZA). In der Vorbereitung und vor Ort half Frau Maxi Schulenburg engagiert und kompetent.

[17] Einzigartige Arbeitsbedingungen im Landeskirchlichen Archiv Kiel (fortan: LKAK) gewährte Frau Sarah Orland.

[18] Herzlich danke ich Herrn Dr. Clemens Wachter vom Universitätsarchiv der Friedrich-Alexander-Universität Erlangen Nürnberg (im weiteren abgekürzt: UAE).

[19] Frau Prof. Dr. Barbara Aland war so freundlich, mir uneingeschränkten Zugriff auf die Bestände im Universitätsarchiv der Westfälischen Wilhelms-Universität Münster zu gestatten. Zunächst war die Arbeit vor Ort wegen Sanierungsarbeiten im Archiv nicht möglich. Während dieser Zeit erwiesen sich die Materialien in Berlin (s. Anm. 20) und Kiel (s. Anm. 17) gerade für die Frühzeit von Kurt Aland und dessen Editionsvorhaben als so ergiebig, dass einschlägige Vertiefungen schwer möglich waren. Auf Anfrage bestätigte mir die Universitätsarchivarin, Frau Dr. Sabine Happ, sodann, dass sich unter den in Münster aufbewahrten Materialien, zu denen sie mir freundlicherweise eine Ordnungsübersicht hatte zukommen lassen, keine Korrespondenz mit dem Verleger Leopold Klotz aus den 1940er oder 1950er Jahren befindet. Aus den Laufzeitangaben erschließt sich zudem, dass das Gros der Münsteraner Bestände jüngeren Datums ist. Für den freundlichen Austausch und das persönliche Gespräch mit Frau Prof. Dr. Barbara Aland und die tatkräftige Unterstützung von Frau Dr. Happ bin ich deshalb nicht weniger dankbar.

[20] Als Abkürzung für das Universitätsarchiv der Humboldt-Universität zu Berlin dient: HUB, UA; behilflich waren Frau Claudia Hilse und Frau Sandra Eitel.

[21] Großartig in seiner Unterstützung war Herr Michael Schelter, Bundesarchiv Berlin (fortan: BArch Berlin).

[22] Mit Blick auf die verstreute archivalische Überlieferung stellt dies eine eigene Herausforderung dar. Allein die Dokumente des ALGW verteilen sich auf verschiedene vorrangig nach einzelnen Adressaten bzw. Autoren oder Vorbesitzern zusammengestellte Ordner, die ihrerseits nicht durchgängig chronologisch arrangiert sind und auf durchgängige Paginierungen (o.P.) verzichten. In den Anmerkungen wird immer auf die jeweilige Archiveinheit verwiesen. Um Doppelungen zu vermeiden, werden im Haupttext bereits gebotene Angaben, wie Autor bzw. Autorin, Empfänger bzw. Empfängerin oder das Datum eines Briefes, in der betreffenden Anmerkung nicht wiederholt. In den Fußnoten einmal aufgeführte Archivalien werden bei späteren Bezugnahmen abgekürzt angezeigt und mit Querverweisen zur Erstnennung verbunden. Die Transkriptionen erfolgen mit den folgenden Einschränkungen diplomatisch. Eine Besonderheit der maschinenschriftlichen Typoskripte und Durchschläge stellt der Umstand dar, dass nach Interpunktionszeichen häufig

Zur besseren Strukturierung und Orientierung werden die Einzelkapitel der zusammenhängenden Erzählung auf drei Hauptteile verteilt, die ebenfalls chronologisch angelegt sind. Sie heben als die markantesten Einschnitte die Ausgangsinitiative von Theodor Knolle 1937 (I), die ersten Bemühungen von Erich Seeberg sowie Kurt Aland Ende 1942 bzw. Anfang 1943 (II) und die Offenheit der Situation nach Seebergs Tod 1945 bis in die Nachkriegszeit (III) hervor. Mit dieser Einleitung wird das Editionsvorhaben der Luther-Gesellschaft zunächst eigenständig vorgestellt (I.1–8), bevor die Verbindungen zu dem seit Februar 1942 bekannten Gegenentwurf von Erich Seeberg und (II.1), nur einen Monat später, zu der von Kurt Aland herausgegebenen Ausgabe verfolgt werden (II.2–6). Eine thematische Besonderheit besteht darin, dass jedes der drei Editionsvorhaben in den Quellen mehr als einmal begegnet, indem es sich aus der Perspektive der unmittelbar Beteiligten ebenso erzählen ließe wie aus derjenigen der jeweiligen Konkurrenten. Um die in den Archivalien angelegte Spannung zu erhalten und nicht durch eine Synthese vorschnell zu zerstören, wird die Geschichte der Seeberg-Edition zweimal geboten: einmal im chronologischen Hauptgang der Erzählung aus der Sicht der Luther-Gesellschaft (II.1 und II.7) und dann, in nachgeordneten Kapiteln, aus einer Binnenperspektive der Akteure um Seeberg (II.8–11). Interessanterweise wurde das Editionsprojekt der Luther-Gesellschaft nie formell aufgegeben. Die Entwicklungen der Nachkriegszeit (III) öffnen sich in dem abschließenden Rückblick und Ausblick einem größeren zeitlichen Rahmen. Darin wird die Druckgeschichte von Luthers sog. Judenschriften für die von Kurt Aland bearbeiteten und herausgegebenen Ausgaben verfolgt. Zudem werden strukturelle Vergleiche mit den Studienausgaben skizziert, die sich zeitlich und personell, wenn auch nicht amtlich, mit dem Engagement von Johannes Schilling für die Luther-Gesellschaft überschneiden.

---

ein Leerschlag fehlt (z.B. „D.Knolle“ in dem durch Anm. 185 in Kap. I. ausgewiesenen Zitat). Aus Gründen der Lesbarkeit werden entsprechende Spatia ohne formales Kenntlichmachen eingefügt (in dem benannten Beispiel: „D. Knolle“). Im Zitat begegnende Hervorhebungen seitens des Autors bzw. der Autorin werden konsequent kursiviert; dies betrifft auch akzentuierende Änderungen der Schrifttype und Unterstreichungen. Gleichheitszeichen in der Funktion eines Trenn-, Binde- oder Gedankenstrichs werden durch das betreffende Zeichen (Viertel- oder Halbgeviertstrich) ersetzt.

I. Die Luther-Gesellschaft und die „Kleine Weimarer Luther-Ausgabe“

1. Theodor Knolle, die Luther-Gesellschaft und Editionspläne

Zu den Gründungsvätern der vor einem Jahrhundert in Wittenberg konstituierten Luther-Gesellschaft zählt der 1885 geborene Theodor Knolle.[1] Seit Anfang 1916 wirkte er als dritter Pfarrer an der Wittenberger Stadtkirche[2], und so war es geographisch und amtlich naheliegend, dass er dem engsten Kreis der Wittenberger Beteiligten an der Vereinsgründung angehörte[3]. Bis zu seinem Tod 1955 markieren Knolles Arbeiten die größte personale Kontinuität im Vorstand der Luther-Gesellschaft. Zunächst fungierte er als Geschäftsführer[4], seit 1928 als zweiter Vorsitzender[5]. Weiter gab er vom ersten Heft 1919 an die Zeitschrift „Luther“ heraus[6]; seit 1928 verantwortete er zudem das Lutherjahrbuch, bevor es in der Nachkriegszeit von Franz Lau übernommen wurde[7]. Nicht erst durch die Luther-Gesellschaft wurde Knolle zum erprobten Herausgeber und produktiven Publizisten. Schon 1919, vor der Vereinsgründung, die ihm als Geschäftsführer ein aus einem Viertel der Mitgliederbei-

---

[1] Am umfassendsten dazu s. Johannes SCHILLING und Martin TREU (Hg.), Die Luther-Gesellschaft 1918–2018. Beiträge zu ihrem hundertjährigen Jubiläum, Leipzig 2018. Zu Knolle s. darin erstmals eingehend und differenziert Andreas PAWLAS: Mit Luther durch aufgewühlte Zeiten – Theodor Knolle und die Luther-Gesellschaft, in: ebd., S. 83–128. Rezensionen des Sammelbandes erschienen bislang von Martin KEẞLER, in: ThLZ 144/3 (2019), Sp. 209–211, und Volker LEPPIN, in: Luther 90/1 (2019), S. 66–68.

[2] PAWLAS, Knolle (wie Anm. 1), S. 84 und Stefan RHEIN: Wittenberg und die Anfänge der Luther-Gesellschaft, in: SCHILLING/TREU (wie Anm. 1), S. 9–33; hier: S. 21.

[3] Detailliert zu Knolle s. für die Frühzeit RHEIN, Anfänge (wie Anm. 2), S. 9, 13, 16 f., 20, 26.

[4] Ebd., 21; PAWLAS, Knolle (wie Anm. 1), S. 88.

[5] RHEIN, Anfänge (wie Anm. 2), S. 20.

[6] Hellmut ZSCHOCH: „Luther und wir“ – im Spiegel der Zeitschrift „Luther“ seit 1919, in: SCHILLING/TREU (wie Anm. 1), S. 271–309; hier: S. 272.

[7] Christopher SPEHR: Das Lutherjahrbuch und seine Herausgeber, in: SCHILLING/TREU (wie Anm. 1), S. 246–270; hier: S. 255–264. In der inklusiven Schreibweise „Lutherjahrbuch“ für „Luther-Jahrbuch“ und „Lutherjahrbuch“ orientiere ich mich – wie Spehr – an der gegenwärtigen Titelgestaltung.

träge bestehendes Einkommen garantierte[8], war er Herausgeber der „Volkskirche. Monatsblatt der Volkskirchlich-sozialen Vereinigung Sachsen-Anhalt"[9]. Mit der Luther-Gesellschaft wurde er jedoch zum organisatorischen Routinier, der seine Verrichtungen für den Verein mit einer kirchlichen Karriere verband, die ihn 1924 zum Hamburger Hauptpastor an St. Petri[10] und noch in seinem Todesjahr zum Bischof von Hamburg[11] werden ließ. Der im Vorjahr nach Hamburg gewechselte Helmut Thielicke soll diesen Schritt mit den Worten kommentiert haben: „Du bist Theodor. Und auf diese Knolle will ich meine Kirche bauen."[12] Ein lebensgroßes Ölgemälde im hinteren Bereich des Hauptschiffs von St. Petri erinnert an den vormaligen Hauptpastor (Abb. 1). In der Geschichte der Luther-Gesellschaft verfügte Knolle über eine bis heute wohl einzigartige Konzentration an amtlichen Einfluss- und publizistischen Gestaltungsmöglichkeiten.

Vor diesem Hintergrund ist es nicht erstaunlich, dass sich die Anregung einer neuen Luther-Ausgabe zunächst in seiner Korrespondenz findet. Wundern könnte man sich allerdings darüber, dass die Idee erst 1937 im Briefwechsel mit dem Weimarer Verlagshaus Hermann Böhlaus Nachfolger greifbar wird, nachdem der Wunsch, auch mit Editionen hervorzutreten, die Luther-Gesellschaft seit ihren Anfängen begleitet hatte. Noch vor der vereinsrechtlichen und öffentlichkeitswirksamen Konstituierung hatte ein Wittenberger „Aufruf zur Gründung einer Luther-Gesellschaft" im Frühjahr 1918 neben weiteren Vorhaben die Ziele formuliert, die Verbreitung von „Luthers Schriften mit volkstümlicher Einführung" und von „Luthers Schriften in Liebhaberausstattungen" zu befördern.[13] In einem diesem vorausgehenden, auf den 1. Februar 1918 datierten handschriftlichen Brief Knolles an den späteren Gründungsvorsitzenden, den Jenaer Philosophen Rudolf Eucken, der sich in dessen Nachlass erhalten hat, erweist sich die Überlegung, „die Kreise der Bibliophilen für die Sache zu interessieren und dadurch Geldmittel zu gewinnen", als

---

[8] ALGW 146, Protokollbuch „Niederschrift zu den Vorstandssitzungen der Luther-Gesellschaft", S. 4.

[9] Dies zeigt der gedruckte Briefkopf auf Th. Knolles handschriftlichem Schreiben an R. Eucken, 1. Februar 1918, ThULB Jena, Nachlass Rudolf Eucken I,15, K. 410^{r}; aufgeführt in dem von Uwe DATHE erarbeiteten Nachlassverzeichnis, in: Rudolf Eucken, Gesammelte Werke. Mit einer Einleitung hg. v. Rainer A. Bast, Bd. 14, Hildesheim 2011 (Historia Scientiarum), S. 138.

[10] PAWLAS, Knolle (wie Anm. 1), S. 92 mit Anm. 47.

[11] Ebd., S. 127.

[12] Diese mit seinen eigenen Worten „unseriöse" Erinnerung verdankt sich Rudolf Smend in Göttingen. Eine Bestätigung des Wortlautes und der Zuschreibung an Thielicke bietet mein Frankfurter Kollege Prof. Dr. Markus Wriedt. Er hörte die pointierte Miniatur bei seinem Hamburger kirchengeschichtlichen Lehrer Bernhard Lohse, der „einen Sinn für Anekdoten und Sottisen" gehabt habe.

[13] Vgl. dazu den Druck des Wittenberger „Aufruf[s] zur Gründung einer Luther-Gesellschaft" in der Abbildung bei RHEIN, Anfänge (wie Anm. 2), S. 14.

Abb. 1: D. Theodor Knolle (1885–1955), Hauptpastor und Bischof in Hamburg. Lebensgroßes Porträt in Öl, Hauptkirche St. Petri, Hamburg

erstmals von Knolle vorgetragene und wohl auch auf diesen zurückgehende Anregung.[14] Das Anliegen, eine oder mehrere Luther-Ausgaben aus ebenso ideellen wie finanziellen Interessen des Vereins zu initiieren oder zu befördern, bestand somit seit 1918. Die Idee ist allerdings noch älter. Sie findet sich bei Eucken, der schon im „Aufruf zur Gründung einer Luthergesellschaft“ im November 1917 erklärt hatte: „Auch könnten die Hauptschriften Luthers im deutschen Volke weiter verbreitet sein als sie in Wahrheit sind“.[15]

Zunächst hatte die Luther-Gesellschaft für ihre Periodika und Einzelveröffentlichungen mit Breitkopf und Härtel in Leipzig zusammengearbeitet und dann einen Wittenberger Eigenverlag betrieben, bevor das Lutherjahrbuch und die Zeitschrift „Luther“ von 1926 bis 1936 zum Christian Kaiser Verlag nach München wechselten.[16] 1937 war das Jahr, in dem erstmals Zeitschrift und Jahrbuch von dem Traditionsverlag veröffentlicht wurden, der auch die „Weimarer Lutherausgabe“ verantwortete und darauf in seinem Briefkopf noch vor allen anderen, einschließlich der großen Klassikerausgaben hinwies.[17] Neben der engen Verbindung des Verlagshauses Hermann Böhlaus Nachfolger mit der Weimarer Werkausgabe mochte für Knolle ein weiterer Punkt hinzugekommen sein. In einer Zusammenarbeit mit dem Christian Kaiser Verlag wäre eine neuerliche Lutheredition nicht realisierbar gewesen. Dessen Münchener Ausgabe war seit 1914 in einer ersten, von Hans Heinrich Borcherdt verantworteten Auflage erschienen, bevor die zweite, in Zusammenarbeit mit Georg Merz erneuerte Auflage seit 1934 vertrieben wurde. 1937 waren fünf der sieben Textbände aktualisiert und drei der vier Ergänzungsbände publiziert worden; bis 1940 folgten die drei verbliebenen Bände.[18]

Tatsächlich hatte Knolle in dem Jahr, in dem die überarbeitete Münchener Ausgabe zu erscheinen begann, eine Veröffentlichungsidee vorgestellt, die sich in Richtung einer eigenen Luther-Ausgabe weiterentwickeln ließ. Er un-

---

[14] S. Th. Knolle an R. Eucken, 1. Februar 1918 (wie Anm. 9), K. 410^{v}. Zuvor referiert Knolle einen Gedanken des Ephorus des Wittenberger Predigerseminars, Julius Jordan, der jedoch der Verhältnisbestimmung zum „Verein für Reformationsgeschichte“ gilt. Dass Knolles anschließender, oben benannter Punkt davon zu trennen ist, deutet sich durch den neuen Absatz an, der in dem Brief vorausgeht.

[15] Rudolf EUCKEN: Aufruf zur Gründung einer Luthergesellschaft, in: Deutscher Wille. Des Kunstwarts 31. Jahr (i.e.: „Kriegsausgabe“ des Kunstwart) 31 (1917), S. 182–184, hier: S. 183. Abgebildet ist der Text in: SCHILLING/TREU (wie Anm. 1), S. 335–337; hier: S. 336.

[16] SPEHR, Lutherjahrbuch (wie Anm. 7), S. 250 f. Für die Zeitschrift „Luther“ s. ZSCHOCH, Zeitschrift (wie Anm. 6), S. 280.

[17] Vgl. dazu sämtliche entsprechende Verlagsschreiben in ALGW 732, o.P.

[18] Für eine Übersicht der hier einschlägigen zweiten Auflage s. Kurt ALAND: Hilfsbuch zum Lutherstudium, Gütersloh ^{2}[1957], S. 329–332. Zur dritten Auflage der Münchener Ausgabe s. die im weiteren zitierte Überarbeitung: Kurt ALAND: Hilfsbuch zum Lutherstudium, Bielefeld ^{4}1996, S. 515–518.

terbreitete seinen Vorschlag dem Geschäftsführenden Ausschuss, dem engeren Vorstand der Luther-Gesellschaft, der zu diesem Zeitpunkt aus den beiden Vorsitzenden, „dem Geschäftsführer, dem Schatzmeister [... und] einem weiteren Mitglied“ bestand, von denen mindestens eine Person laut Satzung „seinen Wohnsitz“ „in Wittenberg“ haben musste.[19] Im Herbst 1934 riet er seinen vier Kollegen,

> „Luthers Auslegung der alten Perikopen durch die Luthergesellschaft herauszugeben. Neben den Kommentaren müßten dafür auch die Vorlesungen herangezogen werden. [...] D. Knolle schlägt weiter vor, nach einem bestimmten Plan die Schriften Luthers so herauszugeben, daß sich nach etwa 10 Jahren jeder Gebildete seinen Luther selbst zusammenstellen kann. Prof. D. Beyer wird gebeten, zunächst einen Plan für die deutschen Schriften vorzulegen. D. Knolle übernimmt es, mit dem Verlag Kaiser über beide Pläne [...] zu verhandeln. Die Bedingungen sollen unter allen Umständen so sein, daß für die Luthergesellschaft eine Beteiligung am Gewinn herausspringt.“[20]

Mit beiden Projekten verfolgte Knolle demnach finanzielle Anliegen, von denen der Verein profitieren sollte. Die konzeptionelle Arbeit wollte er delegieren. Der erwähnte „Prof. D. Beyer“ war der Leipziger Patristiker Hermann Wolfgang Beyer, auf den später nochmals einzugehen sein wird.[21] Er war kein Mitglied des Geschäftsführenden Ausschusses, war an diesem Tag aber, wie auch der Direktor der Lutherhalle, Oskar Thulin, als Gast zugezogen.[22] Auffällig ist die Überlegung Knolles, „zunächst“ mit den „deutschen Schriften“ zu beginnen, wobei ihm wohl keine geschlossene Werkausgabe vorschwebte, sondern eine koordinierte Serie von Einzelschriften oder Kompilationen. Knolle verhandelte neben Kaiser mit Vandenhoeck und Ruprecht.[23] Zunächst schien sich eine Kooperation mit Günther Ruprecht abzuzeichnen[24], dann gingen beide Verlage auf Abstand[25].

---

[19] Satzung der Luther-Gesellschaft e.V. [in der am 14. November 1930 beschlossenen und am 29. Dezember 1930 beglaubigten Fassung], u.a. in ALGW 100, o.P.

[20] Protokoll zur Sitzung des Geschäftsführenden Ausschusses, 28. September 1934, in Kopie: ALGW 100, o.P., im Durchschlag ALGW 101, o.P., im Original ALGW 148, o.P.

[21] Zu ihm s. unten Anm. 69.

[22] Wie Anm. 20.

[23] Protokoll zur Sitzung des Geschäftsführenden Ausschusses, 5. Januar 1935, in Kopie: ALGW 100, o.P., im Durchschlag ALGW 101, o.P., im Original ALGW 148, o.P.: „Inzwischen ist bekannt geworden, daß der Verlagsbuchhändler Rupprecht [sic] in Göttingen die Herausgabe von Luthers Evangelien-Erklärungen beabsichtigt. Er ist bereit, dabei im Einvernehmen mit der Luthergesellschaft vorzugehen. Der Ausschuß beschließt, Herrn Rupprecht mitzuteilen, daß die Luthergesellschaft an ihrem Plan festhält und um Verhandlungen bittet.“

[24] Protokoll zur Sitzung des Geschäftsführenden Ausschusses, 12. März 1935, in Kopie: ALGW 100, o.P., im Durchschlag ALGW 101, o.P.: „Zu dem [...] Plan, von der Luthergesellschaft Luthers Perikopen-Erklärungen herauszugeben, berichtet D. Knolle über die Verhandlungen, die er mit dem Verlagsbuchhändler Ruprecht–Göttingen geführt hat. Wenn der Verlag Vanderhoeck [sic] & Ruprecht an der Absicht, Luthers Evangelienerklä-

Zu dem Übergang zu Böhlau finden sich in dem Archiv der Luther-Gesellschaft keine eigenen Unterlagen.[26] Hellmut Zschoch, der sich zuletzt

---

rungen herauszubringen, festhält, soll die Luthergesellschaft Luthers Predigten zu bestimmten Abschnitten des Kirchenjahres (Weihnachten, Fastenpredigten usw.) herausbringen.“

[25] Protokoll zur Sitzung des Geschäftsführenden Ausschusses, 10. September 1935, in Kopie: ALGW 100, o.P., in Abschrift ALGW 101, o.P., im Original ALGW 148, o.P.: „D. Knolle berichtet über die Verhandlungen, die mit dem Verlag Kaiser in München geführt worden sind. [...] Größere Pläne will der Verlag in nächster Zeit für die Luthergesellschaft nicht durchführen. [...] Auch die Verhandlungen mit Vandenhoeck und Ruprecht über die Herausgabe von Lutherpredigten scheinen nicht zum Ziel zu kommen.“

[26] Zahlreiche Hinweise bieten hingegen die verschiedenen Sitzungsprotokolle. Demnach wurde der Vertrag mit Kaiser bereits 1931 gekündigt und mit dem Ziel einer Gewinnbeteiligung neu abgeschlossen; s. das Protokoll des Geschäftsführenden Ausschusses, 30. März 1931, in Kopie ALGW 100, o.P., im Durchschlag ALGW 101, o.P. Der erste Hinweis auf einen neuerlichen Verlagswechsel findet sich im Protokoll des Geschäftsführenden Ausschusses, 5. Januar 1935 (wie Anm. 23): „Es hat sich je länger desto mehr herausgestellt, daß die geschäftlichen Beziehungen mit dem Verlag Kaiser–München in verschiedener Hinsicht unbefriedigend sind. Vertraulich wird darüber gesprochen, ob die Luthergesellschaft den Verlag wechseln soll. Als Verlage, die [...] in Frage kommen, werden genannt: Wichern-Verlag, Berlin-Spandau, Bertelsmann – Gütersloh, Vandenhoeck & Ruprecht – Göttingen. D. Althaus und D. Knolle übernehmen es, die Angelegenheit weiter zu verfolgen.“ Anhand der Protokolle des Geschäftsführenden Ausschusses, in Kopie alle in ALGW 100, o.P., für zeitgenössische Durchschläge und einzelne Originale s. ALGW 101, o.P., für weitere Originale ALGW 148, o.P., lassen sich die anschließenden Entwicklungen verfolgen. So heißt es am 3. Januar 1936: „Herr D. Knolle und Herr D. Hosemann werden bevollmächtigt, die Fragen des Verlages unter Berücksichtigung einer besseren Einnahme für die Luthergesellschaft zu prüfen.“ Am 18. April 1936 wurden „D. Althaus, D. Knolle und D. Hosemann [...] bevollmächtigt“, über die Wahl des Verlages und die Ausgestaltung eines gegebenenfalls neuen Vertrages zu entscheiden. Am 7. September 1936 wird festgehalten: „Der geschäftsführende Ausschuss beschliesst die bestehenden Beziehungen zum Verlag Kaiser / München zu lösen und mit dem Wichern-Verlag, Berlin-Spandau in Verhandlung betreffend Übernahme des Schrifttums der Luthergesellschaft zu treten.“ Am 18. Oktober 1936 liest man: „D. Knolle berichtet über die inzwischen erfolgte Kündigung beim Verlag Kaiser – München. D. Knolle und D. Hosemann werden bevollmächtigt[,] die Verhandlungen mit dem Wichern-Verlag in Berlin-Spandau nach Möglichkeit zum Abschluss zu bringen.“ Erst in der Sitzung vom 31. März 1937 begegnet ein Hinweis auf Böhlau: „D. Knolle trägt den Entwurf zu dem Vertrage zwischen der Luthergesellschaft und dem Verlag Böhlau – Weimar vor. Der Vertrag wird angenommen vorbehaltlich der Klärung einzelner Fragen um den § 10 und 11. D. Knolle und D. Hosemann erhalten Vollmacht zum Abschluss des Vertrages.“ Am 8. Mai 1937 waren die entscheidenden Fragen geklärt: „D. Knolle berichtet über die abschliessende Verhandlung mit dem Verlag Böhlau“. Publizistisch stand jedoch der Plan eines gemeinsamen „Luther-Lexikon[s]“ im Vordergrund, der zusammen mit Böhlau und dem Verlagsbuchhändler Lesser verfolgt werden sollte. Am 5. Oktober 1937 heißt es sodann im Protokoll des Gesamtausschusses, in Kopie in ALGW 100, o.P., im Original ALGW 148, o.P.: „D. Knolle ergänzt den Bericht des Geschäftsführers durch Mitteilung über den zum 1.1.1937 eingetretenen Verlagswechsel,

mit der Geschichte der Zeitschrift „Luther“ beschäftigt hat, hält fest: „Finanzielle Gründe standen durchweg auch im Hintergrund der in den ersten 50 Jahren der Zeitschrift relativ zahlreichen Verlagswechsel; nur hinter dem [...] Wechsel [...] zu dem theologischen Verlag Chr. Kaiser in München sind inhaltliche Gründe zu vermuten.“[27] Überlegungen zu einer eigenen Luther-Ausgabe werden in der Verlagswahl nicht ausschlaggebend gewesen sein; es deutet sich aber an, dass Knolle noch vor Vertragsschluss mit dem Verlagsleiter von Böhlau über die Möglichkeit einer Edition gesprochen hatte[28]. Alleine für die Zeitschrift „Luther“ und das Lutherjahrbuch gewährte Böhlau sehr gute Konditionen. Aus der späteren Verlagskorrespondenz geht hervor, dass der Luther-Gesellschaft keine Kostenbeteiligung und für einzelne Veröffentlichungen keine Mindestabnahme, aber eine Gewinnbeteiligung zugesagt worden war.[29] Bestätigung bietet eine Abschrift des Verlagsvertrages vom 1. Dezember 1937.[30] An diesem Umstand, der mangelnden Bereitschaft der Luther-

---

durch den das Schrifttum der Gesellschaft aus dem Verlag Kaiser – München in den Verlag Böhlau – Weimar übergegangen ist.“

[27] ZSCHOCH, Zeitschrift (wie Anm. 6), S. 280.

[28] Im Protokoll zur Sitzung des Geschäftsführenden Ausschusses vom 5. Oktober 1937, in Kopie in ALGW 100, o.P., im Durchschlag ALGW 101, o.P., liest man: „D. Knolle berichtet, dass die Verhandlungen mit dem Verlag Böhlau dadurch Hemmungen erfahren haben, dass der Verlagsleiter, mit dem die Verhandlungen zunächst geführt wurden, aus dem Verlag ausgeschieden ist. Obgleich infolgedessen der Vertrag mit dem Verlag noch nicht abgeschlossen werden konnte, sind die Druckarbeiten ordnungsgemäß erledigt, sodass die letzten Hefte der Zeitschrift wieder rechtzeitig erscheinen konnten. Das Jahrbuch befindet sich im Druck.“ Dass mit dem scheidenden Verlagsleiter Höhne über die Luther-Ausgabe gesprochen wurde, ergibt sich aus den Anm. 32 und 50 unten.

[29] Dies geht aus dem Schreiben Th. Knolles an Hermann Böhlaus Nachfolger / Weimar, 14. Oktober 1938, ALGW 732, o.P., hervor: „Die Luther-Gesellschaft sieht sich nicht in der Lage, 300 Exemplare des geplanten Heftes zu übernehmen. Das Verfahren würde die Grundlagen unseres Vertrages verändern, nach dem die Luther-Gesellschaft an dem Gewinn aus den Veröffentlichungen beteiligt sein, nicht aber einen Zuschuß zur Drucklegung geben soll.“

[30] Erhalten unter den Dokumenten J. Hosemanns in ALGW 148, o.P. S. dazu alleine § 2: „Die Herstellungs- und buchhändlerischen Vertriebskosten trägt im allgemeinen der Verlag.“ § 10 arbeitet mit Preisstaffelungen für die Zeitschrift „Luther“ und das Lutherjahrbuch, die sich an Auflagen zwischen 2.000 und 3.000 sowie 800 und 2.000 Exemplaren orientieren. Da es weiter heißt, dass „die zuletzt genannten Zahlen die Mindestabnahme darstellen“, waren von der Zeitschrift „Luther“ mindestens 2.000 und von dem Lutherjahrbuch mindestens 800 Exemplare zu beziehen. Auf die Gewinnbeteiligung geht § 14 ein: „Die Luthergesellschaft wird an den Einnahmen aus dem Erlös der über die von ihr selbst abgenommenen Mengen hinaus im freien Verkauf zum Ladenpreis verkaufter Exemplare und etwaigen Anzeigen am Anzeigeneinnahmeerlös nach Deckung der Herstellungs-, Honorar- und Vertriebskosten zur Hälfte beteiligt. Die Beteiligung gilt für alle Veröffentlichungen der Luther-Gesellschaft, für die nicht etwa schon in einem Sondervertrag mit einem Verfasser oder Herausgeber eine Beteiligung dieses Verfassers am Erlös vereinbart wird.“ Dass sowohl Knolle als auch Hosemann auf diesen Paragraphen zur Gewinnbeteili-

Gesellschaft, bei einzelnen Publikationen Mindeststückzahlen zu beziehen und an verlagspolitischen Entwicklungen scheiterte die Zusammenarbeit schon nach vergleichsweise kurzer Zeit. Bereits 1939 wurde der Übergang der Luther-Gesellschaft zum Verlag C. Bertelsmann in Gütersloh vorbereitet.[31]

2. Knolles erstes Editions-Konzept für Böhlau (1937)

Dennoch spielt die in dem kurzen Zeitraum von zwei Jahren bei Hermann Böhlaus Nachfolger projektierte Luther-Ausgabe schon früh eine Rolle; und hier erlangte sie auch eine Konkretion in der editorischen Vorbereitung, verlegerischen Umsetzung und werbetechnischen Begleitung, die später nicht mehr erreicht werden sollte. Der erste Bezug findet sich in einem kurzen Brief Knolles an Böhlau vom 15. Mai 1937, der sich auf den Wortlaut beschränkt: „In der Beilage übersende ich nach Besprechung mit Herrn *Höhne* einen ersten Entwurf für die *Kleine Weimarer Luther-Ausgabe*, der zur Besprechung dienen soll. Der Entwurf als solcher ist vertraulich zu behandeln.“[32] Vor dem 15. Mai hatte Knolle demnach mündlich bei dem Verlagsleiter vorgefühlt und sich, offenbar grundsätzlich ermutigt, an die Ausarbeitung eines Konzeptes gemacht.

In handschriftlich annotierten Durchschlägen sind die ersten Entwürfe Knolles erhalten, die zu der brieflichen Beilage vom 15. Mai 1937 führten. Am Anfang steht ein vierseitiges maschinenschriftliches Konzept, das Knolle „Die kleine Weimarer Lutherausgabe“ betitelt und in Tinte um „Entwurf D Knolle“ ergänzt.[33] Es erklärt über die Edition:

> „Ihre Aufgabe ist[,] das Material der gelehrten grossen Weimarer Luther-Ausgabe in übersichtlicher, sachlicher Ordnung, in Anpassung an den Sprachgebrauch der Gegenwart unter behutsamer Schonung der klanglichen und rhythmischen Eigenart der Luthersprache der deutschen Oeffentlichkeit möglichst vollständig zugänglich zu machen. Das soll zunächst nur den [sic] deutschen Schriften geschehen. Der Umfang wird auf etwa 30 Bände zu 400–600 Seiten (im Ganzen ca. 15 000 Seiten) geschätzt.“[34]

Einen Satz zur Subskription streicht Knolle. Unschlüssig ist er sich auch hinsichtlich des Zeitplans. Maschinenschriftlich hält er fest: „In ? Jahren ist die

---

gung große Hoffnungen gesetzt hatten, zeigt der Brief Th. Knolles an J. Hosemann, 12. Mai 1939, ALGW 202, o.P., der bedauert, entgegen früherer Annahmen kaum jemals „in den Genuß von Absatz 1“ kommen zu können, „falls nämlich ‚erste Beteiligung‘ mit Autoren-Honoraren gleichzusetzen ist.“

[31] Kurz dazu ZSCHOCH, Zeitschrift (wie Anm. 6), S. 280.

[32] ALGW 732, o.P.

[33] Ebd.

[34] Ebd.

Ausgabe vollständig“, bevor er sich in Tinte zu der Ankündigung entschließt, die Arbeit in „8“ Jahren beendet zu haben. Interessant sind die „4 Sachteile“, die er nach der handschriftlichen Korrektur vorsieht:

„I. Kampf	gegen	a) Papsttum	6 Bände
	gegen	b) Schwärmerei	
II. Ordnung	der	a) Kirche	4 Bände
	der	b) Obrigkeit	
III. Lehre		a) Katechismus	8 Bände
		b) Bibel & Gesangbuch	
		c) Predigten	
		d) Auslegung	
IV. Leben		a) Briefe	12 Bände
		b) Tischreden	
		c) Deutschtum“.[35]	

Dieser erste Entwurf wird auf den folgenden drei Seiten genauer differenziert. Die erhoffte Gesamtzahl von 30 Bänden wird beibehalten, während sich die Gewichtungen innerhalb der vorgesehenen Sachteile deutlich verschieben. Der dritte Teil „Lehre“ wächst auf 15 Bände an, während sich der vierte, „Leben“, auf fünf Bände beschränkt, von denen die Briefe und Tischreden in jeweils zwei Bänden behandelt werden sollen.[36] Von Belang sind die im ersten Entwurf gebildeten Sachkomplexe: So begegnen etwa unter den „Ordnungen der Obrigkeit“ in der Feingliederung: „1) Obrigkeit 2) Ehe 3) Schule 4) Wirtschaft 5) Türken 6) Juden“.[37] Die Zusammenstellung der beiden letzten Punkte erinnert mehr an den 1936 erschienenen, von Walter Holsten verantworteten dritten Ergänzungsband zur Münchener Ausgabe als an den 20. Band der zweiten Walchschen Ausgabe von 1890.[38] Im Ganzen ist jedoch zu erkennen, dass sich Knolle an beiden Ausgaben orientiert. In den vier „Sachteilen“ sucht er die Gliederungssystematik der Münchener Ausgabe zu vereinfachen, in den vorgesehenen Inhalten und einzelnen Umfangsbemessungen schließt er an die Walchsche Ausgabe an.[39] Ein bestimmender Rekurs auf die Gliederungssystematik der Weimarer Ausgabe zeichnet sich hingegen nicht ab. Ein um 1940 erstelltes Verzeichnis der „Bücherei von Herrn Hauptpastor

[35] Ebd.

[36] Ebd.

[37] Ebd.

[38] Vgl. dazu überblicksweise und bibliographisch genau die Zusammenstellungen in der zweiten Auflage, ALAND, Hilfsbuch (wie Anm. 18), S. 305–319; 328–332.

[39] Festmachen ließe sich dies etwa an Knolles Punkten VIII. „a) Hauspostille 2 Bände“ und IX. „Vorreden, Glossen und Eintragungen zur Bibel“ der feineren Differenzierung (auf S. 3 des Typoskriptes), die in direkter Entsprechung zu den Bänden 13a, 13b und 14 der zweiten Auflage der Walchschen Ausgabe stehen; s. dazu die Übersicht in der zweiten Auflage von ALAND, Hilfsbuch (wie Anm. 18), S. 306.

D. Knolle in seinem Studierzimmer, Hamburg 1, Kreuslerstrasse 3“[40] bestätigt diese Einschätzung. An erster Stelle wird die Münchener Ausgabe in den beiden zu diesem Zeitpunkt verfügbaren Auflagen verzeichnet.[41]

Ein zweiter, ebenfalls maschinenschriftlicher Editionsentwurf nimmt einzelne der früheren Änderungen auf. Er stellt entweder die Beilage oder die literarische Vorstufe der Anlage zum Schreiben an den Verlag dar, auf das die Überschrift verweist: „Entwurf. *Die Kleine Weimarer Luther-Ausgabe* von Hauptpastor D. Theodor Knolle / am 15.5.1937 an Böhlau.“[42] Da sich in Knolles Unterlagen kein weiterer Durchschlag eines abschließend redigierten Entwurfs findet, ist es wahrscheinlich, dass es sich um die finale maschinenschriftliche Textgestalt der Beilage zum Verlagsanschreiben handelt. Schwierig bleibt indes, dass der benannte Text in drei identischen Durchschlägen vorliegt, die unterschiedlich von Knolle handschriftlich annotiert wurden. Alle drei Exemplare korrigieren die fehlerhafte Nummerierung in der differenzierten Einzelgliederung.[43] Ein Durchschlag verzichtet darauf, die quantitativen Umgruppierungen innerhalb der „Sachteile“ zu vermerken, die bei den beiden anderen in unterschiedlicher Weise verzeichnet sind. Ein Durchschlag, der wohl im Anschluss überarbeitet wurde, hält die Stärkung der Sachgruppe „Lehre“ mit 15 Bänden fest, bevor der Block zum „Leben“ mit fünf Bänden veranschlagt wird.[44] Die Gewichtung entspricht exakt der Feindifferenzierung des oben diskutierten ersten Entwurfs. Um so bedeutsamer sind die Änderungen, die der dritte und wohl jüngste Durchschlag dokumentiert. Demnach suchte Knolle den letzten Block „Leben“ von fünf auf drei Bände zu reduzieren, die 15 Bände zur „Lehre“ beizubehalten und die beiden Eingangssequenzen im Umfang weiter auszubauen.[45] Der zweite Teil zur „Ordnung“ sollte von vier auf sieben Bände anwachsen, indem „Gesangbuch[,] Sendschreiben[,] Bibel[,] Katechismus[,] Leben“ aus der „Lehre“ vorzuziehen waren.[46] Die wichtigste Änderung betrifft indes den Eingangsblock zum „Kampf“, der von sechs auf zehn Bände erweitert werden sollte.[47] Nach dem „Kampf gegen a) Papsttum“ und „gegen b) Schwärmerei“ wird ein dritter Punkt „c) Juden“ verzeichnet, der aus einem Unterkapitel auf der dritten Gliederungsebene in der „Ordnung [...] der b) Obrigkeit“ zu einem der drei

[40] Erhalten im LKAK, 98.11, Nr. 116, S. 1. Das gebundene Verzeichnis ist undatiert; die oben gebotene zeitliche Einordnung erschließt sich aus den von Knolle selbst herausgegebenen Periodika, die nur bis 1940 verzeichnet werden (s. dazu in der Systematik des Verzeichnisses, S. 2, den Punkt „I B 1 Mitteilungen der Luther-Gesellschaft“).

[41] Ebd., S. 1.

[42] ALGW 732, o.P.

[43] In ebd. jeweils auf S. 2 des Typoskriptes.

[44] In ebd. auf S. 1 des betreffenden Typoskriptes.

[45] Hierfür s. ebd., S. 1 des Durchschlages.

[46] Ebd., S. 2.

[47] Ebd., S. 1.

Hauptkapitel des Eröffnungsteils wurde.[48] Die prominente Betonung von Luthers „Kampf gegen [...] Juden" bleibt in Knolles späteren Konzepten für Subskriptionsaufrufe und Werbematerialien erhalten.

Wie reagierte der Verlag auf den ihm Mitte Mai zugestellten Entwurf? Einen Monat wartete Knolle vergeblich auf eine Antwort. Am 14. Juni 1937 beklagte der Hamburger Hauptpastor dies und baute zugleich eine hohe zeitliche Dringlichkeit und Konkretion der Vorbereitungen auf:

> „Auf mein Schreiben vom 15. Mai betr. Unterlagen zur Berechnung der Kleinen Weimarer Luther-Ausgabe bin ich bisher ohne Antwort geblieben. Da ich von Anfang Juli bis Mitte August in Urlaub sein werde, halte ich es für erwünscht, dass die Grundlegende Vereinbarung noch vorher getroffen wird, damit vor Weihnachten der Anfang des Werkes herauskommen kann."[49]

In einem weiteren, nicht mehr erhaltenen Schreiben vom 7. Juli fragte Knolle erneut nach und gab seine Ferienadresse am Starnberger See durch. Dies geht aus der Verlagsantwort vom 9. Juli hervor, die den Verzug erklärt:

> „In Ihrem Schreiben weisen Sie auf uns unterm 15. Mai 1937 eingereichte Vorschläge betr. ‚Kleine Weimarer Luther-Ausgabe' hin. Durch den Wechsel in der Verlagsleitung sind dieselben augenblicklich nicht auffindbar. Wir haben uns deshalb mit unserem früheren Verlagsleiter, Herrn Höhne in Berlin, in Verbindung gesetzt. Sobald wir Antwort von Herrn Höhne haben, geben wir Ihnen Nachricht."[50]

Auch im Urlaubsdomizil traf kein Verlagsschreiben ein. Zurück in Hamburg fragte Knolle am 2. September abermals nach.[51]

3. Organisatorische Vorbereitungen (1938/1939)

Mit dem Jahr 1938 müssen sich die Dinge beschleunigt haben. Die nachfolgende Verlagskorrespondenz ist unvollständig, doch erschließt sich aus dem nächsterhaltenen Schreiben Knolles an den Verlag vom 14. Oktober 1938, dass „mit Ihrem Herrn *Gaede* im Frühjahr [...] Vereinbarungen" getroffen wurden, zu denen die Ankündigung der Luther-Ausgabe mit der Möglichkeit auf Subskription im Oktober 1938 zählte.[52] Zuvor hatte Knolle auch dem Schatzmeister der Luther-Gesellschaft, dem Breslauer Konsistorialpräsidenten D. Johannes Hosemann[53], angekündigt: „Ich bin inzwischen mit der Vor-

---

[48] Ebd.

[49] ALGW 732, o.P.

[50] ALGW 732, o.P.

[51] ALGW 732, o.P.

[52] ALGW 732, o.P.

[53] Biographisch s. zu ihm die Personalakte aus dem Justizministerium in BArch Berlin R 3001/61293, o.P. Interessant für eine zeitgenössische kirchenpolitische Wahrnehmung ist die Akte aus der Reichsstelle für Sippenforschung BArch Berlin R 1509/111, o.P., die

bereitung der neuen *Kleinen Weimarer Luther-Ausgabe* im vollen Gange. Im Herbst will der Verlag die Werbung für einen Subskriptionspreis durchführen und zu Weihnachten soll bereits der erste Band herauskommen."[54] Für den Schatzmeister von besonderem Interesse dürften die weiteren Hinweise Knolles gewesen sein: „Die Luther-Gesellschaft soll nach Maßgabe unseres Vertrages am Gewinn beteiligt sein, wie denn auch die Herausgabe ‚im Auftrage der Luther-Gesellschaft' erfolgt. Die Autoren-Honorierung geht an mich als den Herausgeber."[55] In der Gliederung deutet sich eine Vereinfachung oder Nachlässigkeit an: „Die Ausgabe wird in drei Teilen (Kampf – Ordnung – Lehre) zu je zehn Bänden [...] erfolgen."[56] Überraschend ist die Auskunft: „Ich habe einen wissenschaftlichen Beirat gebildet und wissenschaftliche Hilfsarbeiter gewonnen."[57] Damit die Subskription als attraktiv wahrgenommen werden konnte, sollte sie in Tranchen erfolgen: „Die Subskription soll jeweilig auf eine halbe Reihe beschränkt sein, der Band etwa M 6,– kosten."[58]

Der Schatzmeister war detaillierter informiert worden als der übrige Vorstand. In dem Geschäftsführenden Ausschuss hatte Knolle erst am 27. Mai 1938 – ein Jahr nach Beginn seiner Verhandlungen und Vorbereitungen –

> „über die geplante ‚Kleine Weimarer Ausgabe' [berichtet]. Es sollen zunächst die deutschen Schriften Luthers einschließlich der deutschen Briefe herausgegeben werden. Der Verlag hält es für zweckmässig eine Subskription in 3 Teilen vorzunehmen. Die Ausgabe ist auf 30 Bände berechnet, der Band wird bei 500 Seiten et[w]a 6 RM kosten. Dabei ist eine Auflage von 3000 Stück vorausgesetzt, bei welcher der Verlag mit 1000 Subskribenten rechnet. D. Althaus weist darauf hin, dass den deutschen Schriften auch die lateinischen Schriften Luthers in Übersetzungen folgen müssen. Auf diese Ergänzung des Werkes durch die lateinischen Schriften muss von Anfang an hingewiesen werden. D. Heckel schlägt vor[,] einen Fonds zu sammeln, der die Ausgaben unterstützt."[59]

---

dokumentiert, wie Hosemann sich dem Anliegen widersetzte, kirchliche Archivbestände an staatliche Stellen auszuliefern. In einem namentlich nicht unterzeichneten Schreiben vom 6. November 1944 an Dr. Schulze-Bauer in Stettin heißt es dazu: „Konsistorial-Präsident Hosemann, der Leiter des Archivamtes der Deutschen Evangelischen Kirchenkanzlei gehört zur extremen Richtung der Bekenntnisfront. Er ist der ärgste Gegner des Staates in seinem Bestreben, die Kirchenbuchfrage in einer den Interessen der Gesamtheit dienenden Weise zu lösen. Er vertritt aufs schärfste den Standpunkt, daß die Kirche alleinige Eigentümerin der Kirchenbücher sei."

[54] Th. Knolle an J. Hosemann, 16. Juni 1938, ALGW 202, o.P.

[55] Ebd.

[56] Ebd.

[57] Ebd.

[58] Ebd.

[59] In Kopie in ALGW 100, o.P., im Durchschlag ALGW 101, o.P., im Original ALGW 148, o.P.

Der zuletzt Benannte war Theodor Heckel, deutscher Auslandsbischof[60] und dem Gremium seit 1931 immer wieder als „Gast" verbunden[61]. Paul Althaus d. J. stand dem Verein seit 1927 als Präsident vor.[62]

Zu den Vorkehrungen seitens des Verlages Hermann Böhlaus Nachfolger gehörte, dass sich dieser finanziell durch ein wirtschaftliches Beratergremium abzusichern suchte, das unzureichenden Subskriptionen zielgruppenorientiert entgegenwirken sollte. Ein handschriftliches Schreiben Knolles an Hosemann fasst Ende April 1938 die Anregung des Verlages zusammen, einen „Förderer-Ausschuß" zu bilden, der „hinter der Herausgabe stehe. Er soll aus Männern der Wirtschaft bestehen. [...] Man möchte dadurch zwar nicht eine Garantie haben, aber doch ein interessiertes Gremium, falls die Erwartungen der Subskription nicht eintreffen."[63] Knolle, der zusammen mit Althaus als Vorsitzendem und Friedrich Dosse als Geschäftsführer[64] an dem Verlagsgespräch teilgenommen hatte, überbot die Anregung noch: „Ich habe vorgeschlagen, daß ein solcher Förderer-Ausschuß nicht nur für die Luther-Ausgabe zu besetzen sei, sondern für die L.[uther]-G.[esellschaft] überhaupt."[65] Die Zusammenstellung des Gremiums, das von dem Schatzmeister, wie Knolle diesem mitteilte, qua Amt geleitet werden müsse, betrachtete er als sein eigenes Vorrecht; so erklärte er Hosemann mit dem ersten Hinweis auf die Einrichtung, „Staatssekretär Jo.[hannes] Krohn" habe „sich zur Mitarbeit im Ausschuß mir persönlich bereits bereiterklärt".[66] Der Jurist Krohn wirkte bis 1939 als Staatssekretär im Reichsarbeitsministerium[67] und verdeutlicht als Personalvorschlag, wie gezielt Knolle politische Einflussnahme suchte. Er zeigt jedoch auch, wie eingeschränkt Knolles persönliche Netzwerke waren: Aus

---

[60] Ausführlich zu ihm s. unten Anm. 80–91.

[61] S. dazu unten Anm. 89.

[62] Zu ihm s. Notger SLENCZKA: Paul Althaus und die Luther-Gesellschaft (1927–1964), in: SCHILLING/TREU (wie Anm. 1), S. 44–82.

[63] Th. Knolle an J. Hosemann, 28. April 1938, ALGW 202, o.P.

[64] S. dazu ebd.: An dem Treffen nahmen der „1. Präsident und der Geschäftsführer" teil; zu Dosse s. unten Anm. 198.

[65] Wie Anm. 63.

[66] Ebd. Auch in der Sitzung des Geschäftsführenden Ausschusses vom 6. Oktober 1938, in Kopie ALGW 100, o.P., im Durchschlag ALGW 101, o.P., bemühte sich Knolle, Verbindungen zwischen Krohn und der Luther-Gesellschaft aufzubauen: „Der Ausschuss beschliesst vom 10[.]–12. März 1939 in Wittenberg eine Tagung mit Wirtschaftsführern zu veranstalten. D. Knolle teilt mit, dass Staatssekretär Dr. Krohn für eine solche Tagung seine Mitarbeit in Aussicht gestellt hat. Er wird gebeten, mit dem genannten weiteres zu vereinbaren." Sodann wurden in der Sitzung des Geschäftsführenden Ausschusses vom 4. Januar 1939, in Kopie ALGW 100, o.P., im Durchschlag ALGW 101, o.P., Hoffnungen auf Krohn gesetzt: „Für den Fall, dass [der angefragte Reichsbankpräsident] Dr. Schacht absagt, vereinbart D. Knolle mit Staatssekretär Dr. Krohn, wer als Redner gebeten werden soll."

[67] Florian TENNSTEDT, Art. Krohn, Johannes, in: NDB, Bd. 13, Berlin 1982, S. 69.

Knolles Briefwechsel erschließt sich, dass Krohn ein langjähriger Familienfreund des Hauptpastors war.[68]

Zugleich bemühte sich Knolle um fachwissenschaftliche Beratung durch Kirchenhistoriker. Für das Jahr 1938 lassen sich nur zwei entsprechende Initiativen nachweisen. Am 3. Juni 1938 regte er bei dem Leipziger Patristiker Hermann Wolfgang Beyer, mit dem er im Rahmen des Lutherjahrbuchs mehrfach zusammengearbeitet hatte und der als publizistisch engagiertes NSDAP- und SA-Mitglied als „überzeugter Nationalsozialist“ angesehen werden kann, an, sich mit ihm über „die Pläne für die neue Luther-Ausgabe [zu] besprechen“.[69] Am 25. September wurde Knolle gegenüber Beyer konkreter, indem er seiner „Erwartung“ Ausdruck verlieh, dieser werde zu der „Tagung der Luther-Gesellschaft“ nach Erlangen kommen und dort „an einer Besprechung wegen der Gestaltung der neuen Luther Ausgabe [sic]“ teilnehmen.[70] „Als Unterlagen dienen: 1) die Proben in ‚Luther‘ Heft 2/1938 2) der Plan für den 1. Band. Beides liegt diesem Schreiben bei.“[71] Beyer war 1934 schon Knolles Kandidat für die konzeptionelle Gestaltung der geplanten Veröffentlichungsserie von Lutherschriften gewesen.[72] Mittlerweile war er Leipziger Fachkollege von Heinrich Bornkamm, an den sich Knolle am 28. September 1938 wandte: „Sie werden von Herrn Prof. Beyer gehört haben, dass die Luther-Gesellschaft Sie bitten möchte, uns für die Herausgabe einer neuen Luther-Ausgabe zu beraten.“[73] Im übrigen erhielt Bornkamm das wortidentische Anschreiben wie Beyer, zu dem auch die entsprechenden Anlagen gehört haben müssen. Bornkamm lehnte binnen weniger Tage, am 3. Oktober, ab: „Leider ist es mir wegen vielfacher Belastung nicht möglich, nach Erlangen zu kommen und Sie bei der Herausgabe der neuen Lutherausgabe

---

[68] S. dazu in der Korrespondenz Th. Knolles im LKAK, 98.11, Nr. 42, o.P., J. Krohns Schreiben an Th. Knolle vom 17. Oktober 1934, 22. Februar 1936 und 28. Februar 1936. Aus letzterem Brief geht hervor, dass Krohns Tochter Ria Patentochter von Knolle war. Vgl. auch Th. Knolle an Th. Heckel, 12. September 1940, ALGW 201, o.P.: „Ich fahre über Berlin, wo ich meinen Freund, Dr. Krohn besuche, der im Felde verunglückt ist.“

[69] ALGW 732, o.P. Zu Beyer s. Wolfram KINZIG: Evangelische Patristiker und Christliche Archäologen im „Dritten Reich“. Drei Fallstudien: Hans Lietzmann, Hans von Soden, Hermann Wolfgang Beyer, in: Beat Näf (Hg.): Antike und Altertumswissenschaft in der Zeit von Faschismus und Nationalsozialismus. Kolloquium Universität Zürich. 14.–17. Oktober 1998, Mandelbachtal und Cambridge 2001 (Texts and Studies in the History of Humanities, Bd. 1), S. 535–629, bes. 564–598, 602–608 (zu Beyers Beiträgen im Lutherjahrbuch s. ebd., S. 604–606, zu dem Zitat oben: S. 598, zu den Mitgliedschaften: S. 592), und Irmfried GARBE: Theologe zwischen den Weltkriegen – Hermann Wolfgang Beyer (1898–1942). Zwischen den Zeiten, Konservative Revolution, Wehrmachtsseelsorge, Frankfurt/Main 2004 (GThF, Bd. 9).

[70] ALGW 732, o.P.

[71] Ebd.

[72] S. oben Anm. 20.

[73] ALGW 732, o.P.

dort zu beraten.“[74] Auf Beyer, der sich für die Luther-Gesellschaft auch in Orts- bzw. Regionalgruppen engagiert und über Luther publiziert hatte, setzte Knolle weiterhin Hoffnungen[75], doch deutet sich in der erhaltenen Korrespondenz kein substantieller Austausch über die Luther-Ausgabe an. Auch er sagte die Teilnahme an der Erlanger Veranstaltung ab.[76]

Von Interesse sind der literarische Hinweis und Knolles praktischer Umgang mit dem zweiten Heft der Zeitschrift „Luther“ aus dem Jahr 1938. Darin finden sich zwei Beiträge, die nur im Inhaltsverzeichnis als editorische Arbeiten Knolles ausweisen werden: „D. Martin Luther über seine eigenen Schriften. Vorwort D. Martin Luthers zu ‚Der erste Teil der Bücher D. Mart. Luthers über etliche Epistel der Aposteln‘ 1539“[77] und „Brief Luthers an Kurfürst Friedrich (Wittenberg, zwischen 13. und 19. Januar 1519.)“[78]. Beide Einheiten verzichten auf Erklärungen zu der editorischen Veranlassung, methodischen Anliegen oder darstellerischen Interessen. Das erste Stück eröffnet mit einem kurzen Einleitungspassus, verweist in der ersten Anmerkung summarisch auf den betreffenden Band der WA und präsentiert Luthers Vorrede sodann ohne textkritische Anmerkungen in einer sprachlich modernisierten Gestalt. In den Text sind graphisch nicht von dem Luthertext zu unterscheidende Überschriften des Bearbeiters bzw. Editors integriert. Alle weiteren Angaben (von Bibelstellen oder literarischen Referenzen) und Erläuterungen (Sach- wie Worterklärungen) werden in einem einfachen Anmerkungsapparat geboten. Die Briefedition hebt sich davon durch drei senkrecht gedruckte Spalten ab: „1. Die Weimarer Ausgabe [...], 2. Die Münchner Ausgabe [... und] 3. Vorschlag für eine neue Ausgabe“.[79] Nur aus der dritten Spalte und einem eigenen Textvergleich, auch des Anmerkungsapparats, mag sich einem aufmerksamen Leser oder einer akribischen Leserin ein Sinnhorizont der beiden Beiträge erschließen. Angeregt wurde eine Neuedition, die einen gefälligeren und besseren Zugang zu Luther eröffnen sollte, als ihn die Münchener Ausgabe ermöglichte, die zeitgleich in einer zweiten Auflage überarbeitet und erweitert erschien. Knolles Vorschlag zielte somit auf ein Konkurrenzunternehmen zur Münchener Lutherausgabe.

Zum wichtigsten Ratgeber für Knolle wurde von 1938 an Theodor Heckel.[80] Die beiden hatten sich spätestens zehn Jahre zuvor kennengelernt[81], als

---

[74] ALGW 732, o.P.

[75] Vgl. dazu das Schreiben von Th. Knolle an H. W. Beyer vom 25. September 1938, ALGW 732, o.P.

[76] S. dazu das Schreiben vom 1. Oktober 1938, ALGW 732, o.P.

[77] Luther 20/2 (1938), S. 33–39.

[78] Ebd., S. 40–45.

[79] Ebd.

[80] Zu ihm s. Rolf-Ulrich KUNZE: Theodor Heckel 1894–1967. Eine Biographie, Stuttgart 1997 (KoGe, Bd. 13).

der um neun Jahre jüngere bayerische Lutheraner die Stelle des zweiten theologischen Referenten beim Kirchenbundesamt in Berlin übernahm.[82] In seinem ersten Amtsjahr fand Heckel die Gelegenheit, sein „Selbstverständnis und [seinen] Führungsanspruch in der Öffentlichkeit zu repräsentieren"[83], indem er auf der Tagung der Luther-Gesellschaft in Eisleben den „Beruf der Luthergesellschaft" in drei Richtungen deutete, die einen lutherischen Gestaltungsauftrag für das deutsche Kirchenleben und die internationale Ökumene als die gemeinsame Aufgabe von Luther-Gesellschaft und Kirchenbundesamt beschworen.[84] Der Leiter des Kirchenbundesamtes, Dr. Johannes Hosemann[85], einer von fünf dort tätigen Juristen[86], war jener Schatzmeister der Luther-Gesellschaft, der dem Geschäftsführenden Ausschuss der Luther-Gesellschaft seit September 1928 angehörte[87]. Der ein Jahr zuvor zum Präsidenten der Luther-Gesellschaft gewählte Althaus war Doktorvater Heckels und hätte diesem auch gerne den Weg in eine akademische Laufbahn geebnet; die ursprüngliche Hoffnung, mit der Promotion zugleich habilitiert zu werden, zerschlug sich mit der von Werner Elert abgenommenen kirchenhistorischen Prüfung im Rigorosum.[88]

Die Luther-Gesellschaft verband sich für Heckels Arbeit im Kirchenbundesamt mit konfessionellen und kirchlichen Kongruenzen, zu denen enge persönliche und amtliche Kontakte traten. Seinem Rollenverständnis entsprach es, den Vertretern der Luther-Gesellschaft die seines Erachtens zentralen Ziele aufzuzeigen und nötige Maßnahmen zu empfehlen. Im November 1930 wurde Heckel in den Vorstand der Luther-Gesellschaft gewählt; seit 1931 nahm er immer wieder als „Gast" an Sitzungen des Geschäftsführenden Ausschusses teil.[89] 1934 folgte die Ernennung zum Auslandsbischof im Kirchli-

---

[81] Bereits 1925 hatte Heckel die Münchener Tagung der Luther-Gesellschaft besucht, s. SLENCZKA, Althaus (wie Anm. 62), S. 52 f.

[82] Zu der Amtsbezeichnung s. kurz KUNZE, Heckel (wie Anm. 80), S. 86.

[83] Ebd., S. 93.

[84] S. ebd., S. 93 f. und, kurz, SLENCZKA, Althaus (wie Anm. 62), S. 53.

[85] KUNZE, Heckel (wie Anm. 80), S. 95.

[86] Ebd., S. 91.

[87] RHEIN, Anfänge (wie Anm. 2), S. 18, Anm. 10.

[88] KUNZE, Heckel (wie Anm. 80), S. 82.

[89] Für die Wahl in den Vorstand s. das Protokoll der Mitgliederversammlung vom 14. November 1930, in Kopie in ALGW 100, o.P. Für den ersten Beleg dafür, dass Heckel zu dem Geschäftsführenden Ausschuss als Gast zugezogen wurde, s. das Protokoll zu dessen Sitzung vom 18. Oktober 1931; sodann s. die Protokolle vom 26. Oktober 1932, 27. Januar 1933, 10. September 1935, 18. April 1936, 8. Mai 1937, 27. Mai 1938, 4. Januar 1939, 16. September 1940, 24. März 1941, 7. und 8. Dezember 1941; entschuldigt war Heckel für den 15. April 1942; in Kopie s. alle benannten Protokolle in ALGW 100, o.P., für Durchschläge und Originale s. ALGW 148, o.P. Für das Jahr 1943 legen sich Verbindungen ebenfalls nahe. Die Adressatenliste „An die Herren" im Schreiben von J. Hosemann an Th.

chen Außenamt[90]; als solcher ist er aus der Bonhoeffer-Biographik einschlägig bekannt, da er sich 1933 im Widerspruch zu dem Berliner Theologen als Befürworter einer Übertragung des sog. Arierparagraphen auf die Kirche profilierte und 1936 empfahl, „Maßnahmen" gegen seinen zeitweiligen Mitarbeiter zu ergreifen, dem man vorwerfen könne, ein „Pazifist und Staatsfeind" zu sein, weshalb „deutsche Theologen von ihm" „nicht länger [...] erzogen werden" sollten.[91]

Im Zusammenhang der Luther-Ausgabe wurde Heckel zu dem einflussreichsten Ideengeber, aber auch, wie später zu zeigen sein wird, einem verhängnisvollen Multiplikator. Auf Heckel ging die Anregung zurück, sich persönlich an Friedrich Schmidt-Ott zu wenden, den Präsidenten des „Stifterverbandes der Notgemeinschaft der deutschen Wissenschaft".[92] Knolle schrieb ihm am 2. Juni 1938 und schilderte das Ziel, mit der Luther-Gesellschaft

„eine Gesamtausgabe der deutschen Schriften D. Martin Luthers in 30 Bänden heraus[zu]geben. Was in den 100 Bänden der Weimarer Luther-Ausgabe nur einzelnen Gelehrten zugänglich ist, soll hier als ein Denkmal des deutschen Geistes und der deutschen Reformation zusammengefaßt weiteren Kreisen der deutschen Oeffentlichkeit zugänglich gemacht werden."[93]

Schmidt-Ott antwortete handschriftlich bereits am 9. Juni:

„Die LutherAusgabe weckt mein volles Interesse. Aber die Mittel des von mir geleiteten Stifterverbandes, der nur zur Ergänzung der Forschungsgemeinschaft dient, kann ich dafür nicht beanspruchen. Eher kann die Deutsche Forschungsgemeinschaft [...] selbst dafür in Betracht kommen, da es sich bei Allem wohl nicht um eine konfessionelle Sache, sondern um eine wissenschaftliche Aufgabe handelt. Das wage ich indes nicht zu beurteilen. Die

---

Knolle vom 5. November 1943, ALGW 202, o.P., führt auch Heckel auf, der damit über die Aktivitäten des Geschäftsführenden Ausschusses informiert wurde.

[90] Zu dieser Zeit s. insgesamt KUNZE, Heckel (wie Anm. 80), S. 119–181.

[91] Ebd., S. 158–161. Hartmut LUDWIG: Die Berliner Theologische Fakultät 1933 bis 1945, in: Rüdiger vom Bruch (Hg.): Die Berliner Universität in der NS-Zeit, Bd. 2: Fachbereiche und Fakultäten, Wiesbaden und Stuttgart 2005, S. 93–121, hier: S. 115.

[92] S. dazu das in der Folgeanmerkung benannte Schreiben: „Nun höre ich von Herrn Bischof D. Heckel, dass Ew. Exzellenz einen Fonds zur Unterstützung wissenschaftlicher Arbeiter [per Hand zu „Arbeiten" korrigiert] verwalten." S. weiter den zweiten Absatz des Briefes von Th. Knolle an Th. Heckel vom 4. Juli 1938, ALGW 201, o.P.: „Ihrem dankenswerten Hinweis folgend, habe ich mich mit einem Antrag an Excellenz Schmidt-Ott gewandt." Dem Schatzmeister der Luther-Gesellschaft berichtete Knolle erst zwei Wochen nach der Antragstellung, 16. Juni 1938 (wie Anm. 54): „Auf Anraten von Bischof D. Heckel habe ich einen Antrag bei Excellenz D. Dr. Friedrich Schmidt-Ott, Berlin-Steglitz, [...] gestellt."

[93] Zu dem handschriftlichen Konzept s. ALGW 732, o.P. Ebd. befindet sich auch ein Durchschlag der Endfassung im Typoskript, aus dem oben zitiert wird.

bescheidenen Mittel, die mir persönlich zur Verfügung stehen, sind leider mehr als erschöpft."[94]

Knolle erkundigte sich sodann bei Heckel, ob er „einen Antrag an die Deutsche Forschungsgemeinschaft für zweckmässig und aussichtsreich" halte.[95] Unklar bleibt, ob Heckel abriet oder eine Anfrage von der „Deutschen Gemeinschaft zur Erhaltung und Förderung der Forschung" abschlägig beschieden wurde. Zwei Wochen später stellte Knolle die entsprechende Frage nochmals an Hosemann.[96] Da in der weiteren Korrespondenz zur Luther-Ausgabe keine Antragstellung bei der „Deutschen Forschungsgemeinschaft" erwähnt wird, liegt es nahe, dass auf eine entsprechende Bemühung verzichtet wurde und Schmidt-Ott somit auf Anraten Heckels in der falschen Funktion angeschrieben worden war.

Zum 1. November 1938 hatten Knolle und die Luther-Gesellschaft noch keine Mittel für das Editionsprojekt eingeworben. Am 14. Oktober übersandte Knolle seinen Entwurf für die Gestaltung eines Werbeprospektes, der zur Subskription aufforderte. Der Text liegt in drei Fassungen vor: zwei maschinenschriftlichen Durchschlägen von Knolle und einem ersten, auf Titelillustration und Überschriften verzichtenden Verlagsdruck, der zwischen April und Mai 1939 hergestellt und Knolle zur ersten Prüfung zugesandt wurde (Abb. 2).[97] Der Text der dritten, in der Herstellung erprobten Fassung ist gegenüber den beiden früheren Entwürfen kürzer und nimmt nicht alle Änderungen auf, die in den Durchschlägen verzeichnet sind.[98] Denkbar ist daher, dass der dritten Textgestalt der unkorrigierte erste Entwurf zugrundeliegt, der redaktionell gestrafft wurde. Zu dem Überarbeitungsprozess, der sich anhand der drei Fassungen beobachten lässt, sind zwei Aspekte hervorzuheben. Zum einen kündigt der erste Entwurf, der in einem größeren Zeilenabstand getippt wurde – womöglich auch, um Korrekturen besser integrieren zu können –, die von Knolles erstem Editionskonzept bekannte Gesamtzahl von 30 Bänden an.

---

[94] ALGW 732, o.P.

[95] Th. Knolle an Th. Heckel, 4. Juli 1938, ALGW 201, o.P.

[96] 16. Juni 1938 (wie Anm. 54): „Er [Schmidt-Ott] hat mir aber mitgeteilt, dass er trotz grössten Interesses für die Sache aus diesem Fonds nichts geben könne, da er ausgeschöpft sei. Dagegen hat er geraten, einen Versuch bei der Deutschen Forschungsgemeinschaft [...] zu machen. Was halten Sie von diesem Antrag?"

[97] Alle: ALGW 732, o.P.

[98] Vgl. dazu ebd. die Aufzählung der Zielgruppen am Ende des ersten Abschnittes und die Änderung des Zeitmodus vom Plusquamperfekt auf Perfekt im vorletzten Satz des ersten Hauptkapitels.

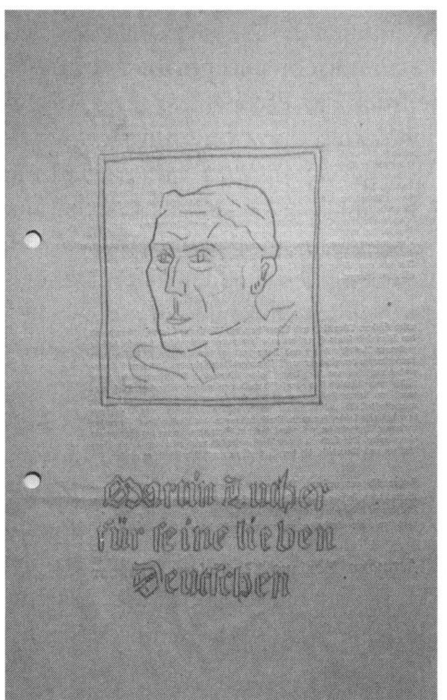

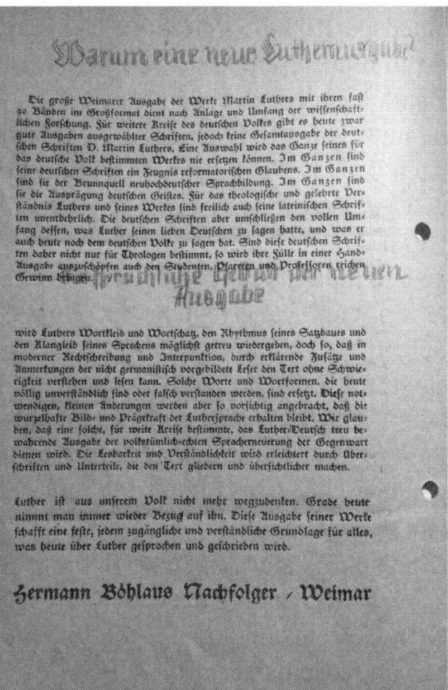

Warum eine neue Lutherausgabe?

Die große Weimarer Ausgabe der Werke Martin Luthers mit ihren fast 90 Bänden im Großformat dient nach Anlage und Umfang der wissenschaftlichen Forschung. Für weitere Kreise des deutschen Volkes gibt es heute zwar gute Ausgaben ausgewählter Schriften, jedoch keine Gesamtausgabe der deutschen Schriften D. Martin Luthers. Eine Auswahl wird das Ganze seines für das deutsche Volk bestimmten Werkes nie ersetzen können. Im Ganzen sind seine deutschen Schriften ein Zeugnis reformatorischen Glaubens. Im Ganzen sind sie der Brunnquell neuhochdeutscher Sprachbildung. Im Ganzen sind sie die Ausprägung deutschen Geistes. Für das theologische und gelehrte Verständnis Luthers und seines Werkes sind freilich auch seine lateinischen Schriften unentbehrlich. Die deutschen Schriften aber umschließen den vollen Umfang dessen, was Luther seinen lieben Deutschen zu sagen hatte, und was er auch heute noch dem deutschen Volke zu sagen hat. Sind diese deutschen Schriften daher nicht nur für Theologen bestimmt, so wird ihre Fülle in einer Hand-Ausgabe auszuschöpfen auch den Studenten, Pfarrern und Professoren reichen Gewinn bringen.

Sprachliche Gestalt der neuen Ausgabe

wird Luthers Wortkleid und Wortschatz, den Rhythmus seines Satzbaues und den Klangleib seines Sprechens möglichst getreu wiedergeben, doch so, daß in moderner Rechtschreibung und Interpunktion, durch erklärende Zusätze und Anmerkungen der nicht germanistisch vorgebildete Leser den Text ohne Schwierigkeit verstehen und lesen kann. Solche Worte und Wortformen, die heute völlig unverständlich sind oder falsch verstanden werden, sind ersetzt. Diese notwendigen, kleinen Änderungen werden aber so vorsichtig angebracht, daß die wurzelhafte Bild- und Prägekraft der Luthersprache erhalten bleibt. Wir glauben, daß eine solche, für weite Kreise bestimmte, das Luther-Deutsch treu bewahrende Ausgabe der volkstümlich-echten Spracherneuerung der Gegenwart dienen wird. Die Lesbarkeit und Verständlichkeit wird erleichtert durch Überschriften und Unterteile, die den Text gliedern und übersichtlicher machen.

Luther ist aus unserem Volk nicht mehr wegzudenken. Grade heute nimmt man immer wieder Bezug auf ihn. Diese Ausgabe seiner Werke schafft eine feste, jedem zugängliche und verständliche Grundlage für alles, was heute über Luther gesprochen und geschrieben wird.

Hermann Böhlaus Nachfolger / Weimar

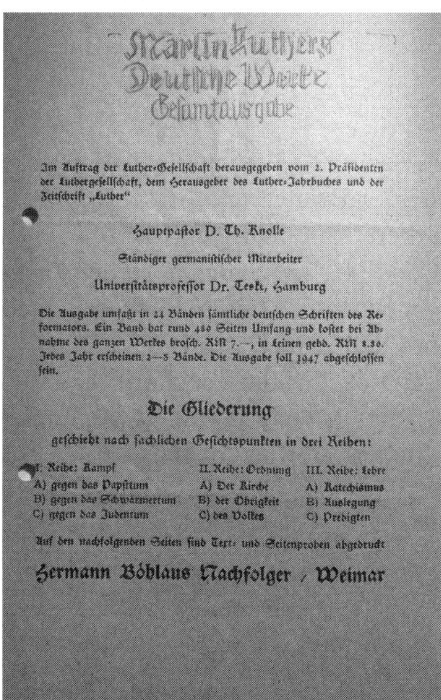

Martin Luthers Deutsche Werke Gesamtausgabe

Im Auftrag der Luther-Gesellschaft herausgegeben vom 2. Präsidenten der Luthergesellschaft, dem Herausgeber des Luther-Jahrbuches und der Zeitschrift „Luther"

Hauptpastor D. Th. Knolle

Ständiger germanistischer Mitarbeiter

Universitätsprofessor Dr. Teske, Hamburg

Die Ausgabe umfaßt in 24 Bänden sämtliche deutschen Schriften des Reformators. Ein Band hat rund 480 Seiten Umfang und kostet bei Abnahme des ganzen Werkes brosch. RM 7.—, in Leinen gebd. RM 8.50. Jedes Jahr erscheinen 2—3 Bände. Die Ausgabe soll 1947 abgeschlossen sein.

Die Gliederung

geschieht nach sachlichen Gesichtspunkten in drei Reihen:

I. Reihe: Kampf	II. Reihe: Ordnung	III. Reihe: Lehre
A) gegen das Papsttum	A) Der Kirche	A) Katechismus
B) gegen das Schwärmertum	B) der Obrigkeit	B) Auslegung
C) gegen das Judentum	C) des Volkes	C) Predigten

Auf den nachfolgenden Seiten sind Text- und Seitenproben abgedruckt

Hermann Böhlaus Nachfolger / Weimar

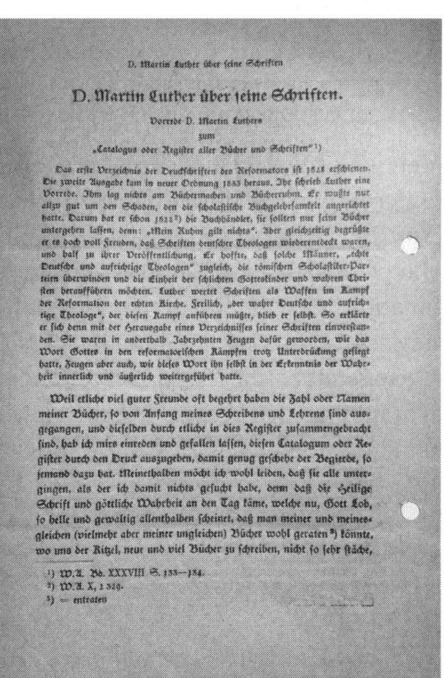

D. Martin Luther über seine Schriften

D. Martin Luther über seine Schriften.

Vorrede D. Martin Luthers
zum
„Catalogus oder Register aller Bücher und Schriften"[1])

Das erste Verzeichnis der Druckschriften des Reformators ist 1528 erschienen. Die zweite Ausgabe kam in neuer Ordnung 1533 heraus. Ihr schrieb Luther eine Vorrede. Ihm lag nichts am Büchermachen und Bücherruhm. Er wußte nur allzu gut um den Schaden, den die scholastische Buchgelehrsamkeit angerichtet hatte. Darum hat er schon 1522[2]) die Buchhändler, sie sollten nur seine Bücher untergehen lassen, denn: „Mein Ruhm gilt nichts". Aber gleichzeitig begrüßte er es doch voll Freuden, daß Schriften deutscher Theologen wiederentdeckt waren, und half zu ihrer Veröffentlichung. Er hoffte, daß solche Männer, „echte Deutsche und aufrichtige Theologen" zugleich, die römischen Scholastiker-Parteien überwinden und die Einheit der schlichten Gotteskinder und wahren Christen heraufführen möchten. Luther wertet Schriften als Waffen im Kampf der Reformation der echten Kirche. Freilich, „der wahre Deutsche und aufrichtige Theologe", der diesen Kampf anführen müßte, blieb er selbst. So erklärte er sich denn mit der Herausgabe eines Verzeichnisses seiner Schriften einverstanden. Sie waren in anderthalb Jahrzehnten Zeugen dafür geworden, wie das Wort Gottes in den reformatorischen Kämpfen trotz Unterdrückung gesiegt hatte, Zeugen aber auch, wie dieses Wort ihn selbst in der Erkenntnis der Wahrheit innerlich und äußerlich weitergeführt hatte.

Weil etliche viel guter Freunde oft begehrt haben die Zahl oder Namen meiner Bücher, so von Anfang meines Schreibens und Lehrens sind ausgegangen, und dieselben durch etliche in dies Register zusammengebracht sind, hab ich mirs eintreden und gefallen lassen, diesen Catalogum oder Register durch den Druck auszugeben, damit genug geschehe der Begierde, so jemand dazu hat. Meinethalben möcht ich wohl leiden, daß sie alle untergingen, als der ich damit nichts gesucht habe, denn daß die Heilige Schrift und göttliche Wahrheit an den Tag käme, welche nu, Gott Lob, so helle und gewaltig allenthalben scheinet, daß man meiner und meinesgleichen (vielmehr aber meiner ungleichen) Bücher wohl geraten[3]) könnte, wo uns der Kitzel, neue und viel Bücher zu schreiben, nicht so sehr stäche,

1) W.A. Bd. XXXVIII S. 133—134.
2) W.A. X, 2 329.
3) = entraten

Abb. 2: Probedruck des von Theodor Knolle und vom Hermann Böhlaus Nachfolger / Weimar geplanten Werbeprospektes (Frühjahr 1939)

Handschriftlich wird jedoch überlegt, das Volumen auf 24 oder sogar 18 Bände zu reduzieren. Der zweite Entwurf legt sich maschinenschriftlich auf 24 Bände fest; entsprechend erklärt der Probedruck des Prospektes: „Die Ausgabe umfaßt [...] 24 Bände".[99] Wahrscheinlich datiert der zweite Entwurf damit nach dem 1. November 1938, unter dem der Verlag angeregt hatte, „statt mit den geplanten 10 Bänden in jeder Abteilung mit 8 auszukommen, sodaß der Gesamtumfang der Ausgabe möglichst 24 Bände nicht überschreitet."[100] Die zweite redaktionelle Änderung in den Entwürfen präzisiert den Titel. Der erste Entwurf nähert sich der Formulierung „Gesamtausgabe der deutschen Schriften" an, der in der zweiten Fassung gestärkt wird.[101] Die finale Fassung steht unter der Überschrift: „Martin Luthers Deutsche Werke. Gesamtausgabe".[102] Die Betonung der Sprach- und Volksgemeinschaft für die zeitübergreifende Zielgruppe der betreffenden Texte wird von der Titelseite hervorgehoben: „Martin Luther für seine lieben Deutschen".[103] Zu den redaktionellen Veränderungen treten zwei Punkte, die für alle drei Fassungen bezeichnend sind. Verändert hat sich die Gesamtanlage der Edition. Arbeitete Knolle zunächst mit vier „Sachteilen", beschränkt er sich nun auf die drei „sachlichen Gesichtspunkte" für die Einteilung der Reihen, die schon in dem Schreiben an Hosemann im Juni 1938[104] begegnet waren:

„I. Reihe: Kampf	II. Reihe: Ordnung	III. Reihe: Lehre
A) gegen das Papsttum	A) Der [sic] Kirche	A) Katechismus
B) gegen das Schwärmertum	B) der Obrigkeit	B) Auslegung
C) gegen das Judentum	C) des Volkes	C) Predigten".[105]

Verzichtet wurde auf den übergeordneten „Sachteil" „Leben" und zahlreiche Unterpunkte, darunter „Bibel", „Gesangbuch", „Briefe" und „Tischreden".[106] Aus der Reduktion ergab sich eine stärkere Betonung der verbliebenen Haupt- und Unterkapitel. Aufgewertet wurde jeder Einzelpunkt, in der Kombination aber auch Luthers „Kampf [...] gegen das Judentum" und sein Beitrag zur „Ordnung [...] der Obrigkeit [... und] des Volkes".[107]

Gegenüber dieser fortschreitenden materialen und kompositorischen Beschränkung der Ausgabe hebt sich der Anspruch merkwürdig ab, eine Gesamtausgabe bieten zu wollen. Nach dem finalen Wortlaut geht es darum, das

---

[99] Ebd.
[100] ALGW 732, o.P.
[101] Ebd.
[102] Ebd.
[103] Ebd.
[104] So. oben Anm. 56.
[105] Wie Anm. 100, zitiert nach der finalen Fassung im Probedruck des Verlages.
[106] Wie Anm. 100, in den Typoskripten Knolles handschriftlich gestrichen.
[107] Ebd.

Ganze präsentieren zu müssen und sich nicht auf Teile beschränken zu dürfen:

„Eine Auswahl wird das Ganze seines für das deutsche Volk bestimmten Werkes nie ersetzen können. *Im Ganzen* sind seine deutschen Schriften ein Zeugnis reformatorischen Glaubens. *Im Ganzen* sind sie der Brunnquell neuhochdeutscher Sprachdichtung. *Im Ganzen* sind sie die Ausprägung deutschen Geistes. Für das theologische und gelehrte Verständnis Luthers und seines Werkes sind freilich auch seine lateinischen Schriften unentbehrlich. Die deutschen Schriften aber umschließen den vollen Umfang dessen, was Luther seinen lieben Deutschen zu sagen hatte, [sic] und was er auch heute noch dem deutschen Volk zu sagen hat.“[108]

Die argumentative Strategie, Luther „im Ganzen seines Wesens und Wirkens der Gegenwart immer aufs neue nahe[...]bringen“ zu wollen, hatte Knolle während der Gründungszeit der Luther-Gesellschaft bei Eucken erlebt, der den zitierten Wortlaut Euckens auch in die „Satzungen der Luther-Gesellschaft“ eingebracht hatte[109], wo er über Jahrzehnte erhalten blieb. Bei Eucken wie bei Knolle konnte natürlich keine Rede davon sein, dass tatsächlich ein erschöpfender Gesamtzusammenhang geboten wurde; der rhetorische Gestus diente zur Abgrenzung und Diskreditierung von Alternativangeboten, von denen sich der eigene Beitrag durch ein Alleinstellungsmerkmal abheben sollte.[110] Bezeichnend für das veränderte Editions- und das sich ausbildende Vermarktungskonzept ist schließlich, dass die 1937 noch angedeutete Möglichkeit, später zu lateinischen Schriften überzugehen, in dem neuerlichen Ansatz nicht nur unerwähnt bleibt, sondern geradezu ausgeschlossen wird. In allen drei Fassungen – den ersten Entwürfen und dem Probedruck – begegnet erstmals eine fachwissenschaftliche Expertise, die sich auf den Bereich der Germanistik beschränkt: „Ständiger germanistischer Mitarbeiter ist Universitätsprofessor Dr. Teske, Hamburg.“[111] Hans A. Teske (1902–1945) war erst im Oktober 1938 ordentlicher Professor geworden[112], verdankte aber schon seine vorherigen Hamburger Anstellungen politischen Erwägungen. 1934 war ein Listenplatz für ihn damit begründet worden, dass er „seit März 1933 Mitglied der NSDAP und SA-Mann“ sei[113]. Teske war Knolles zweite Wahl. Zunächst hatte er den – ebenfalls 1933 der NSDAP beigetretenen[114] – Direktor des Li-

---

[108] Ebd.

[109] In einer Abbildung s. SCHILLING/TREU (wie Anm. 1), S. 342.

[110] Mit Blick auf Euckens Werk s. dazu das dritte Kapitel von Martin KEẞLER: Das Luthertum um 1918 im Spiegel seiner Zeit, in: LuJ 86 (2019), S. 174–228; hier: S. 197–222.

[111] So nach dem Text des ersten maschinenschriftlichen Entwurfs.

[112] Wolfgang BACHOFER, Art. Teske, Hans, in: Franklin Kopitzsch und Dirk Brietzke (Hg.): Hamburgische Biografie. Personenlexikon, Bd. 2, Hamburg 2003, S. 414 f.

[113] Zitiert ebd., S. 415.

[114] Christa HEMPEL-KÜTER: Die Wissenschaft, der Alltag und die Politik. Materialien zur Fachgeschichte der Hamburger Germanistik, in: Petra Boden und Rainer Rosenberg

teraturwissenschaftlichen Seminars der Universität Hamburg, Prof. Dr. Robert Petsch, mit einer Bitte um Beratung oder Unterstützung angeschrieben.[115] Dieser antwortete ihm am 23. September 1938 abschlägig: Eine Volksausgabe in einer modernisierten Sprachgestalt von einem „*wissenschaftliche*[n] Germanist[en] vom alten Schlage“ vorbereiten zu lassen, erschien ihm abwegig.[116] Angemessener sei es, wenn „vielleicht ein tüchtiger Deutschlehrer [...] seine Hand bieten würde“; überhaupt „wäre es schon besser, wenn zunächst einmal Theologen, Lehrer, Historiker u.a. Herren sich auf ein vorläufiges Programm einigten und dann einen Germanisten fragten, ob und wie weit er mitmachen kann.“[117] Den Kontakt zu Teske stellte Petsch dennoch her, ließ es aber offen, „ob er gewillt sei, einem Gremium unter Ihrer Leitung als Mitarbeiter beizutreten.“ [118] Petsch hatte damit gravierende Schwächen der organisatorischen Vorbereitung offengelegt, der es bisher an jeder fachlichen Expertise gebrach.

Zunehmende Konkretion wurde im Austausch mit dem Verlag über ein Textmuster und dessen angestrebte Präsentation erreicht. Am 20. Dezember 1938 übersandte Knolle Böhlau erstmals ein „61-Schreibmaschinenseiten“ umfassendes Typoskript „für den Zweck eines Probesatzes sowie als Grundlage für eine gründliche und stichhaltige Berechnung für den Bogen und Band-Preis.“[119] Die Bitte dazu seitens des Verlages datiert auf den 26. Oktober; festgehalten wurde sie am 1. November 1938.[120] Der Verlag erstellte zwei Probeseiten[121], die unter der bereits aus der Zeitschrift „Luther“ bekannten Überschrift[122] „D. Martin Luther über seine Schriften“ stehen und mit der „Vorrede D. Martin Luthers zum ‚Catalogus oder Register aller Bücher und

---

(Hg.): Deutsche Literaturwissenschaft 1945–1965. Fallstudien zu Institutionen, Diskursen, Personen, Berlin 1997, S. 1–33; hier: S. 19.

[115] Grundlage waren offenkundig die oben in Anm. 77 f. erwähnten Editionsproben aus der Zeitschrift „Luther“ 20/2 (1938), da Petsch eröffnet, ALGW 732, o.P.: „Ihren Paralleldruck des Lutherbriefes habe ich angesehen und redlich versucht, mich in Ihre Lage zu versetzen.“ Bereits im Frühjahr war bei einer „Arbeitsbesprechung“ von P. Althaus, Th. Knolle, F. Dosse und O. Thulin beschlossen worden, Protokoll vom 2. und 3. März 1938, in Kopie in ALGW 100, o.P., Petsch für einen Vortrag zum Thema anzufragen: „Das sprachlich-philologische Erbe in der Lutherbibel und die Gegenwart“. Es ist naheliegend, dass der Vorschlag auf Knolle zurückgeht.

[116] ALGW 732, o.P.

[117] Ebd.

[118] Ebd.

[119] ALGW 732, o.P.

[120] Hermann Böhlaus Nachfolger / Weimar an Th. Knolle, ALGW 732, o.P.

[121] Nach dem Schreiben von Hermann Böhlaus Nachfolger / Weimar an Th. Knolle, 30. Januar 1939, ALGW 732, o.P., begann der Satz bzw. Druckprozess des Entwurfs Ende Januar 1939.

[122] S. dazu oben Anm. 77.

Schriften'" von 1533[123] beginnen. Die beiden von Böhlau gesetzten Seiten lassen somit das 1938 gedruckte Editionsstück[124] als Teil einer größeren Einheit erkennen und erhellen gemeinsam die von Knolle intendierte Editionspraxis. In den von Böhlau gesetzten Probeseiten (vgl. Abb. 2) profiliert eine knappe Einleitung Luther als Mann, dem „nichts an Büchermachen und Bücherruhm" gelegen habe, da er „um den Schaden, den die scholastische Buchgelehrsamkeit angerichtet hatte", gewusst habe.[125] Zugleich „wertet [Luther] Schriften als Waffen im Kampf der Reformation der echten Kirche" und erklärt „sich denn mit der Herausgabe eines Verzeichnisses seiner Schriften einverstanden."[126] Ein einfacher Anmerkungsapparat benennt auch hier zunächst die betreffenden Seitenzahlen der WA und beschränkt sich dann ebenfalls überwiegend auf Sach- und Spracherklärungen. Zu „S. Augustin" liest man etwa: „Aurelius Augustin (354–430), dessen Lehre das ganze abendländische Christentum entscheidend beeinflußt hat."[127] Die modernisierte Textgestalt bietet weitreichende Übereinstimmungen mit derjenigen der Walchschen Lutherausgabe.[128] Gesetzt ist der gesamte Text in Schwabacher. Nicht jeder Wunsch Knolles wurde in den Probeseiten berücksichtigt. Einem früheren Schreiben ist zu entnehmen, dass ein Ausweis der WA-Seitenzahlen am Rand erfolgen solle, um „die Beziehung auf die Grosse Weimarer Ausgabe" zu stärken[129]. Zudem regte Knolle eine Integration von Illustrationen an:

„Zu prüfen ist, in welchem Umfange Bilder beizufügen sind? Ich würde grundsätzlich an Holzschnitte denken, die auf dem Textpapier wiedergegeben werden können. Die grösseren Schriften sollten mit dem Original-Titelrahmen wiedergegeben werden. Dir. lic. Thulin von der Lutherhalle in Wittenberg ist bereit, die Besorgung und Bearbeitung des Bildmaterials zu übernehmen."[130]

Das grundlegende Manuskript muss nicht vollumfänglich Knolles eigenes Werk gewesen sein. In dem Begleitbrief zu seinem Entwurf für die Subskription vom 14. Oktober 1938 erklärt er, „zwei junge Theologen als ständige Helfer" zu haben[131]. Auf teils deren, teils seine eigene rückwirkende Besoldung dürfte sich Knolles Antrag an den Verlag beziehen, „für die bis jetzt

---

[123] WA 38, S. 132–134; ALAND, Hilfsbuch (wie Anm. 18), S. 58, Nr. 121; nicht aufgenommen wurde der Text von Aland in: Luther deutsch, s. dazu die Übersicht in ALAND, Hilfsbuch (wie Anm. 18), S. 521 f.

[124] S. Anm. 77.

[125] S. dazu den unter der Seitenzählung 14 firmierenden Probedruck in ALGW 732, o.P.

[126] Ebd.

[127] S. Probedruck, Seitenzählung 15, in ALGW 732, o.P.

[128] Walch, Bd. 14, S. 449–451 (zu den bibliographischen Angaben s. ALAND, Hilfsbuch [wie Anm. 18]), S. 494, 502.

[129] Th. Knolle an Hermann Böhlaus Nachfolger / Weimar, 14. Oktober 1938, ALGW 732, o.P.

[130] Ebd.

[131] Ebd.

schon geleistete Arbeit eine Honorar-Vorauszahlung von ca. 900.– zum Jahresende"[132] zu erhalten. Gegenüber dem Schatzmeister der Luther-Gesellschaft hatte er bereits am 16. Juni 1938 einen Jahresvorschuss von 300 Reichsmark für Honorare gefordert; angeführt werden hier nur „zwei Schreibkräfte, jener „wissenschaftliche [...] Beirat und wissenschaftliche Hilfsarbeiter".[133] Nachdem es Knolle im Juni 1937 gegenüber Böhlau für möglich erklärt hatte, dass der erste Band zu Weihnachten „herauskommen kann"[134], warb er nun – ein Jahr später – mit vergleichbaren Formulierungen gegenüber dem Schatzmeister der Luther-Gesellschaft[135]. Den Verlag stellten die Honorarforderungen vor eine finanzielle Herausforderung. Ein handschriftliches Schreiben des für Böhlau tätigen Herrn Gaede vom 22. Februar 1939 verdeutlicht, wie bescheiden in der Auflage und Preisgestaltung kalkuliert werden sollte: „In der Frage der kleinen Luther-Ausgabe kommen wir auf M 8.– pro Band bei einer Auflage von 12–1600 Stück. Das erscheint mir vorerst zu hoch im Preis zu sein."[136] Am 16. März 1939 hielt der Verlag gegenüber Knolle daran fest, dass ein „Komitee [...] zur Förderung der Ausgabe" zu bilden sei, das sich um Drittmittel bemühen solle, die „evtl. auf das Honorar anzurechnen wäre[n ...]. Vielleicht sind Sie schon heute in der Lage uns mitzuteilen, ob es möglich sein wird, die Honorarkosten aus anderen Mitteln zu beschaffen."[137] Dieses „Komitee" – das am 2. März 1939 zwischen Knolle und dem Verlag nochmals besprochen worden war – wird auch als „Kreis von Förderern für die wirtschaftliche Sicherung der Luther-Ausgabe" bezeichnet, der sich aus einem von Knolle zusammenzustellenden „Kuratorium" bilden sollte.[138] Taktvoll verzichtet der Verlag auf die Erinnerung, dass das Anliegen schon ein Jahr zuvor begegnet war[139], doch wird nun auf Konkretion gedrungen:

> „Wir haben davon Kenntnis genommen, dass Sie mit denjenigen Persönlichkeiten, die Ihnen schon jetzt erreichbar sind, ein Kuratorium bilden wollen und dass dann im Mai gelegentlich einer Tagung von Wirtschaftsleuten in Süddeutschland ein weiterer Rahmen dieses Kreises geschaffen werden soll."[140]

Bereits im Folgemonat, am 13. April 1939, erreichte Knolle die Handlungsbedarf betonende Nachfrage des Verlages: „Es interessiert uns ferner sehr, ob

---

[132] S. dazu das Schreiben von Hermann Böhlaus Nachfolger / Weimar an Th. Knolle vom 1. November 1938, ALGW 732, o.P.

[133] S. oben Anm. 57.

[134] S. oben Anm. 49.

[135] Für den Wortlaut s. oben Anm. 54.

[136] [Wohl: H.-H.] Gaede an Th. Knolle, ALGW 732, o.P.

[137] ALGW 732, o.P.

[138] Ebd.

[139] S. oben Anm. 63.

[140] Wie Anm. 137.

Sie schon etwas unternommen haben zur Schaffung des Fördererkuratoriums für die kleine Weimarer Ausgabe von Luthers Werken.“[141]

Innerhalb der nächsten drei Monate, bevor die detailliert geplante Werbekampagne überhaupt starten konnte, zerbrach die Kooperation. Noch im Dezember 1938 hatte Knolle darauf gedrängt, die Öffentlichkeitsarbeit mit Beginn des neuen Jahres aufzunehmen. Geliefert hatte er zu diesem Zeitpunkt seinen Textentwurf und das Typoskript für den Probesatz; ein Luther-Bild hatte er bis Mai 1939 nicht beibringen können.[142] Am gravierendsten dürfte jedoch gewesen sein, dass keine Schritte in Richtung einer finanziellen Absicherung des Editionsprojektes erfolgt waren. Am 4. Mai 1939 eröffnete Böhlau Knolle den „vielleicht überrasch[enden]“, aber „uns geeignet erschein[enden]“ Vorschlag, „die Basis des Unternehmens zu erweitern“ und eine verlegerische Kooperation mit J. C. Hinrichs[143] zu suchen, „mit dessen verantwortlichem Leiter, Herrn Leopold Klotz, uns jahrelange Geschäftsfreundschaft verbindet.“[144]

Letztlich mochte es Knolle selbst gewesen sein, der den verlegerischen Schulterschluss mit initiiert hatte. Am 14. Oktober des Vorjahres, zusammen mit seinem Entwurf für den Werbeprospekt, hatte er Böhlau mitgeteilt:

> „Wie ich vertraulich erfahren habe, beabsichtigt der Verlag Hinrichs die Luther-Auswahl der Braunschweiger Ausgabe neu herauszugeben. Der Professor, der zur Herausgabe aufgefordert war und der uns nahesteht, hat mir erklärt, dass er darauf hinwirken wolle, dass diese Neuauflage zu Gunsten der Weimarer Ausgabe unterbleibe. Es wird aber Zeit, dass wir mit dem Plan herauskommen! Zugleich zeigt die Absicht, wie stark die Nachfrage nach Luther ist.“[145]

Spätestens damit hatte Knolle Hermann Böhlaus Nachfolger auf das Interesse von Hinrichs an einer populären Luther-Ausgabe hingewiesen. Von dem fünfköpfigen Herausgeberkreis der zehnbändigen – acht Haupt- und zwei Ergänzungsbände umfassenden – Ausgabe „Luthers Werke für das christliche Haus“, die bis 1924 in vier Auflagen erschien, lebten 1938 nur noch zwei Mitherausgeber. Dazu zählte zum einen der aufgrund der alphabetischen Namensreihung bibliographisch oft als Erst- oder Hauptherausgeber geführte Georg Buchwald, der 1938 in seinem achtzigsten Lebensjahr stand, aber noch bis in sein Todesjahr 1947 literarisch – auch in einer Popularisierung Luthers[146] – produktiv blieb. Einen Professorentitel trug er nicht. Sodann lebte

[141] ALGW 732, o.P.

[142] Vgl. dazu unten Anm. 150.

[143] Zu dem Verlag s. E.[rnst] HENZE: Art. Hinrichsche, J. C., Buchhandlung, in: LGB^2, Bd. 3, Stuttgart 1991, S. 475 f.

[144] ALGW 732, o.P.

[145] Wie Anm. 52.

[146] D. Martin Luthers Leben und Lehre in Worten aus seinen Werken und Briefen. Zusammengestellt von Georg BUCHWALD, Gütersloh 1947.

noch der zwei Jahre ältere Martin Rade, der 1940 sterben sollte[147] und als Herausgeber der „Christlichen Welt“ im direkten Kontakt mit dem Verleger Leopold Klotz stand. Auf Rade könnte Knolles Beschreibung auch in der Funktion des Hochschullehrers zutreffen, wobei sich hinterfragen ließe, ob Knolle zu den Gesprächs- oder Korrespondenzpartner Rades zählte.[148] Auch pflegte Klotz über die bei Hinrichs erscheinende „Theologische Literaturzeitung“ zahlreiche Kontakte, die für eine Luther-Ausgabe naheliegender gewesen sein mochten. Denkbar ist zudem, dass die Braunschweiger Ausgabe dem von Knolle aufgebotenen Gewährsmann nicht als Grundlage einer Überarbeitung, sondern als Anhaltspunkt für die Herausgabe einer neuen Ausgabe benannt worden war.

Nun war es an Knolle, zurückhaltend zu reagieren. Nach abermaliger Nachfrage seitens des Verlages und nach Rücksprache mit dem Vorsitzenden der Luther-Gesellschaft und dem Schatzmeister stimmte er am 19. Mai 1939 der Kooperation zwischen Böhlau und Hinrichs zu.[149] Die Werbekampagne stoppte Knolle am selben Tag, indem er deren Intensivierung und Professionalisierung forderte:

> „Ich würde mich freuen, wenn durch die Verlags-Verbreiterung die Herausgabe gefördert werden könnte. Die Korrektur Ihres Werbeprospektes habe ich Ihnen noch nicht zurückgereicht, weil er mir in mehrfacher Beziehung noch nicht der Bedeutung der Ausgabe entsprechend zu sein scheint.“[150]

---

[147] Zu dessen Beteiligung an der Ausgabe vgl. in zeitlicher Nähe zur Ersterscheinung G. Krüger an M. Rade, 29. Oktober 1892, in: Johanna JANTSCH (Hg.): Der Briefwechsel zwischen Adolf von Harnack und Martin Rade. Theologie auf dem öffentlichen Markt, Berlin und New York 1996, S. 258 mit Anm. 5. Rudolf Smend verdanke ich den Hinweis auf Rades Beitrag zu einer anthologischen Popularisierung mit Martin RADE: Luther in Worten aus seinen Werken, Berlin [1917] (KlRel, Bd. 10 f.). Zu Rade s. auch: Catalogus professorum academiae Marburgensis. Die akademischen Lehrer der Philipps-Universität in Marburg, Bd. 2: Von 1911 bis 1971. Bearbeitet von Inge AUERBACH, Marburg 1979 (VHKH, Bd. 15), S. 42 f.

[148] Ausweislich der freundlichen Auskunft von Dr. Bernd Reifenberg vom 2. Januar 2018 befinden sich im handschriftlichen Nachlass Martin Rades der UB Marburg keine Hinweise auf eine Korrespondenz mit Knolle; der Briefwechsel mit Klotz bietet nur „ein paar Schriftstücke, aber nichts aus den Jahren um 1938 (zuletzt 1934)“.

[149] ALGW 732, o.P. Das vorangegangene Schreiben Th. Knolles an J. Hosemann vom 12. Mai 1939 s. oben Anm. 30.

[150] ALGW 732, o.P. Weiter: „Ich füge den Prospekt für die einbändige Lutherausgabe des Verlages Ernst Steiniger – Berlin bei, der mir werbetechnisch und typographisch besser zu sein scheint. Ausserdem ist ein anderer vierseitiger Prospekt in sehr schöner Ausführung erschienen, der auf der ersten Seite ein Vorwort von Generalsuperintendent D. Eger, auf der zweiten Seite eine Textprobe und auf der dritten Seite eine Probe der Erläuterungen bringt. Die Schwierigkeit eines Vorschlages meinerseits liegt darin, dass ich ihn mit einem Ihrer Vertreter durchsprechen müsste. Wegen des Bildes habe ich schon von längerer Zeit an Herrn Direktor Thulin geschrieben, ohne bisher Antwort erhalten zu haben. Wäre es

4. Der Wechsel zu Bertelsmann (1939–1941)

Keine sechs Wochen später, am 30. Juni 1939, traf sich Knolle in Hannover mit Heinrich Mohn vom C. Bertelsmann-Verlag aus Gütersloh.[151] Möglicherweise ging diesem Treffen eine persönliche Bekanntschaft voraus. Für Mohn – Inbegriff eines christlichen Verlegers, bevor seit 2002 das Gesamtprofil seines Verlages differenzierter erkennbar wurde – ließen sich im Rahmen der intensiven Erforschung der Verlagsgeschichte „nur zwei aktive Vereinsmitgliedschaften nach[weisen ...]: in der [...] Luther-Gesellschaft sowie in der älteren Lutherischen Konferenz Westfalens."[152] Unerwähnt bleiben an dieser Stelle der unternehmensgeschichtlichen Darstellung, den Selbstauskünften des Verlegers nach 1945 vergleichbar, die erst in anderen Zusammenhängen benannten Mitgliedschaften in „Organisationen des NS-Staates", zu denen auch die fördernde Mitgliedschaft der SS zählte.[153]

Das Treffen zwischen Knolle und Mohn hatte einen konkreten Anlass. Ende März 1939 hatte die Reichsschrifttumskammer Schritte eingeleitet, die darauf zielten, christliche Verleger vor die Entscheidung zu stellen, sich in ihrer Verlagsbezeichnung konfessionell auszuweisen oder auf „den Dienst [an] einer [religiösen] Sonderaufgabe" zu verzichten.[154] Am 3. Mai 1939 folgte eine „Durchführungsbekanntmachung", die betonte, „[d]as Verlegen eines einzigen entsprechenden Werkes" erfordere die betreffende Klassifizierung des

---

nach der Verlags-Erweiterung möglich, dass ich hier an Ort und Stelle einen Graphiker für den Werbeprospekt zuziehe?"

[151] Dies ergibt sich aus dem Schreiben von Th. Knolle an H. Mohn vom 11. Januar 1940, ALGW 700, o.P. Zudem s. die handschriftliche Zusammenfassung von Th. Knolle in ALGW 732, o.P., die überschrieben ist: „Althaus Hosemann Dosse" und in rot ergänzt wurde um „3. J[uli] 39". Knolles persönlicher Terminkalender hält sogar die exakte Zeit fest, LKAK, 98.11, Nr. 40, Kalender 1939, 30. Juni: „1/2 11 Bertlmann".

[152] FRIEDLÄNDER u.a., Bertelsmann (wie Einleitung, Anm. 13), S. 77. Ebd., S. 84, heißt es, mit offensichtlichen Verwechselungen im Detail: „Als Mitglied der Luther-Gesellschaft wie der Lutherischen Konferenz Westfalens, in denen er bis in die frühen vierziger Jahre die Position des Kassenwarts einnahm, stand er in direkten Austausch mit den für die Lutherforschung maßgeblichen Personen und Institutionen. So war etwa der bereits erwähnte Autor Theodor Knolle Mitglied sowohl in der Lutherischen Konferenz als auch stellvertretender Präsident der Luther-Gesellschaft." Nicht unterschieden wird hier zwischen den Ort- bzw. Landesgruppen der Luther-Gesellschaft, in denen sich Mohn engagierte, und der zentralen Vereinsstruktur, in die Knolle eingebunden war. Vergleichbares gilt für die territoriale Ausrichtung der Lutherischen Konferenz. Zu Mohns Einbindung in die westfälische Organisation der Luther-Gesellschaft s. später differenzierter ebd., S. 367.

[153] S. ebd., S. 363. Für die Zeit nach 1945 s. u.a. ebd., S. 526, 529 f.

[154] Zu dem Zitat und den berührten Zusammenhängen s. ebd., S. 224, und Hans-Eugen BÜHLER in Verbindung mit Edelgard BÜHLER: Der Frontbuchhandel 1939–1945. Organisation, Kompetenzen, Verlage, Bücher. Eine Dokumentation, Frankfurt/Main 2002, S. 72.

Verlages.[155] Im Geschäftsführenden Ausschuss der Luther-Gesellschaft wurde die Situation am 23. und 24. Juni 1939 diskutiert:

„D. Knolle berichtet über die neuen staatlichen Verordnungen den Verlag konfessionellen und theologischen Schrifttums betreffend. Der Verlag Hermann Böhlaus Nachfolger hat bereits in einem Schreiben vom 8. Juni vorläufig zu der neuen Lage Stellung genommen. Der Schatzmeister wird gebeten, bei Böhlau anzufragen, ob sein Schreiben vom 8.6. den Wunsch enthalte, den bestehenden Vertrag zu lösen, oder ob er bereit ist, die bereits angenommenen Schriften herauszubringen. Zugleich soll dem Verlag mitgeteilt werden, dass der Ausschuss verlangt, dass der Verlag Jahrbuch und Mitteilungen wenigstens für 1939 herausbringt."[156]

Nach Knolles Bericht bestand die Gefahr, dass Böhlau noch im laufenden Jahr auf konfessionsbezogene Publizistik verzichten werde. Für die Luther-Gesellschaft ergab sich daraus die Vorbereitung eines weiteren Verlagswechsels:

„D. Althaus wird gebeten, unverbindlich eine Besprechung zwischen D. Knolle und Verlagsbuchhändler Mohn vorzubereiten, D. Knolle wird bevollmächtigt, bei Herrn Mohn unverbindlich Erkundigungen über die Möglichkeiten eines Vertrages zwischen seinem Verlag und der Luthergesellschaft einzuholen."[157]

Eine Woche später erklärte sich Mohn mündlich bereit, die Periodika der Luther-Gesellschaft zu übernehmen.[158] Schriftlich hielt der Verleger dies gegenüber Knolle am 4. Juli 1939 fest: „Ich wäre ohne weiteres bereit, in den alten Vertrag einzutreten."[159] Aufgeschlossen und zugleich wirtschaftlich abwägend zeigte sich Mohn gegenüber der „Herausgabe von Luthers deutschen Werken. An sich liegt mir der Plan sehr und ich hoffe auch, daß er auf der Grundlage, die der Prospekt-Entwurf zeigt, durchführbar ist." Nüchtern verweist er auf „die ungeheure Schwierigkeit", die „in der Größe des Unternehmens" gründet. Als Verleger müsste er sich „auf einen Fehlbetrag von über 80 000 RM gefasst machen", weshalb er Knolles „Plan einer Fördergemeinschaft energisch befürworte". Knolle hatte demnach nicht nur den Prospekt von Böhlau vorgewiesen, sondern auch die aus Weimar stammende Anregung eines „Komitee[s] zur Förderung der Ausgabe" als eigenen Vorschlag präsentiert. Mohn entwickelte davon ausgehend die Überlegung, „daß aus diesem Font [sic] nötigenfalls die Honorare teilweise oder ganz bestritten werden" könnten, was verdeutlicht, wie eingeschränkt Knolle die vorherigen Absprachen mit Böhlau referiert hatte. Tatsächlich diskutierte Mohn sogar, um die finanziellen Risiken seitens seines Verlages zu verdeutlichen, eine

---

[155] Zitiert nach BÜHLER u.a., Frontbuchhandel (wie Anm. 154), S. 72.

[156] Für das Protokoll in Kopie s. ALGW 100, o.P., im Durchschlag ALGW 101, o.P., im Original ALGW 148, o.P.

[157] Ebd.

[158] Th. Knolle an H. Mohn vom 11. Januar 1940, ALGW 700, o.P.

[159] ALGW 700, o.P.; hier s. auch die weiteren Zitate des obigen Abschnittes.

„völlige [...] Honorarfreiheit“, aus der sich noch immer erhebliche Fehlbeträge ergäben. Vor dem Hintergrund der bisherigen Misserfolge Knolles, Drittmittel einzuwerben, und seinem erkennbaren Interesse, Honorarzahlungen in Zuarbeiten zu investieren, stand die Zusammenarbeit mit Bertelsmann von Anfang an unter einem für den Verlag ungünstigen Vorzeichen.

Hinzu kommt, dass Knolle wohl schon bei dem ersten Treffen mit Mohn an dessen verlegerische Verantwortung für die evangelische Publizistik appelliert hatte, indem er die Drohkulisse einer politisch motivierten Konkurrenzausgabe aufbaute, die in keinem anderen Zusammenhang bei Knolle begegnet. Dies geht aus einem späteren Brief an Knolle hervor, in dem sich Mohn am 11. März 1943, als nicht weniger als zwei kirchlich orientierte Luther-Ausgaben in zunehmender Konkretion am Horizont erschienen, an das erste Gespräch mit Knolle erinnert:

> „Daß von anderer Seite eine neue Luther-Ausgabe geplant wird, ist für mich an sich nicht überraschend. Sie haben [...] schon bei unseren ersten Verhandlungen, als es sich um Übernahme des Schrifttums der Luther-Gesellschaft von dem Verlag Böhlaus Nachf.[olger] in Weimar handelte, von der Möglichkeit gesprochen. Damals war freilich die Rede von der Gefahr einer politischen, unseren evangelischen Belangen nicht gerecht werdenden Ausgabe.“[160]

Mohn seinerseits erklärte später, am 11. Juni 1943, über seine Motive, den Vertrag von Böhlau zu übernehmen, gegenüber Knolle:

> „Wie Sie aus unsern früheren Verhandlungen wissen, fußten die Vorschläge des Verlages Herm.[ann] Böhlau [sic] Nachf.[olger], Weimar, auf einem nach meinem Dafürhalten recht großen Optimismus. Mehr aus Prestigegründen trat ich in seinen Vertragsentwurf ein, nicht ohne an eine Sicherung im Falle des verlegerischen Fehlschlages zu denken.“[161]

Schon beim ersten Treffen 1939 wurde auch die typographische Gestaltung diskutiert.[162] Mohn verwies darauf, keine Schwabacher im Angebot zu haben, in die Anschaffung aber bei Übernahme der Luther-Ausgabe investieren zu wollen. Knolle war von Anfang an der Überzeugung, „daß wir bei der Schrift bleiben sollten.“[163]

Knolle und die Luther-Gesellschaft vollzogen den Verlagswechsel zu C. Bertelsmann zum nächstmöglichen Termin. Die Kündigungsfrist bei Böhlau war der 1. April 1940; am 11. Januar 1940 fragte Knolle bei Mohn an, ob die Bereitschaft zur Übernahme noch bestünde.[164] Mohn antwortete am 18. Januar differenziert: Nach wie vor stehe er zu seinem Wort, doch seien aufgrund der Kriegssituation Einschränkungen in vielerlei Hinsicht zu erwarten, wes-

---

[160] ALGW 700, o.P.

[161] ALGW 700, o.P. Zu dem Text s. Kap. II, Anm. 309.

[162] So die handschriftliche Zusammenfassung von Th. Knolle in ALGW 202, o.P., die mit „Althaus Hosemann Dosse“ überschrieben und oben in Anm. 151 erwähnt ist.

[163] Ebd.

[164] Beides in dem betreffenden Schreiben in ALGW 700, o.P.

halb der Zeitpunkt für einen Verlagswechsel unglücklich gewählt sei.[165] Einen Druck in Schwabacher könne er aufgrund logistischer Schwierigkeiten nicht garantieren; für Einbände sei Leinen nur noch begrenzt verfügbar; und über Böhlau könne man möglicherweise besser auf bereits bewilligtes oder vorhandenes Papier höherer Qualität zurückgreifen. Hinsichtlich der Luther-Ausgabe, die Mohn als künftiges „Standardwerk“ ansieht, rechnet der Verleger mit einem zehnjährigen Erscheinungszeitraum. Er gibt zu bedenken, dass mit der Gestaltung des ersten Bandes über die Folgebände entschieden werde, die man einheitlich und möglichst hochwertig produzieren solle, wobei man bereits in der gegenwärtigen Situation gezwungen sei, auf „Ersatzstoffe“ auszuweichen.[166]

Eine zeitnahe Zusammenfassung des Verlagswechsels begegnet in der Sitzung des Geschäftsführenden Ausschusses vom 14. und 15. April 1940.[167] Demnach sei

„bei Böhlau – Weimar die Kündigung ausgesprochen. Böhlau hat die Kündigung angenommen, möchte den Vertrag aber erst zum 31. Dezember lösen. Der Ausschuss bevollmächtigt D. Hosemann, mit dem Verlag wegen einer schnelleren Lösung zu verhandeln. Gegebenenfalls soll eine rechtlich nicht anerkannte Forderung von rund 450.– RM gezahlt werden.“[168]

Finanzielle Differenzen spielten demnach eine Rolle, wobei Knolle und Hosemann den Verlagsforderungen im Interesse eines zügigen Wechsels entgegenzukommen bereit waren. Vor Mitte Mai stimmte Böhlau der vorzeitigen Auflösung des Vertrags zu.[169] Ausführlicher wurde die Situation am 18. September 1940 im Gesamtausschuss der Luther-Gesellschaft erklärt[170]; zu ihm traten meist alle zwei Jahre der Geschäftsführende Ausschuss, Landes- und Ortsgruppenvertreter sowie gewählte Mitglieder zusammen.[171] Laut Knolles Bericht vor dem Gremium habe eine Gemengelage von Gründen zu dem Wechsel geführt:

„auf Grund der Verfügung zur Scheidung konfessioneller und säkularer Literatur im Verlagswesen brachte der Verlag die schon angenommenen Hefte der Schriftreihe nicht heraus. Im Kriege liess er infolge von Personalschwierigkeiten das periodische Schrifttum nur unter monatelangen Verzögerungen erscheinen. [...] Die Schwierigkeiten beim Verlage Böhlau, die auch bei der Berechnung [...] zu Differenzen führten, nahmen so zu, dass der

[165] ALGW 700, o.P.

[166] Ebd.

[167] Protokoll der Sitzung, Kopie in ALGW 100, o.P., in Durchschlägen ALGW 101, o.P., im Original ALGW 148, o.P.

[168] Ebd.

[169] S. dazu Th. Knolle an C. Bertelsmann Verlag, 15. Mai 1940, ALGW 700, o.P.

[170] Niederschrift, Kopie in ALGW 100, o.P. Für zeitgenössische Durchschläge s. ALGW 101, o.P., und ALGW 147, o.P. [zweite Mappe]. Das von Knolle korrigierte und unterzeichnete Original s. in ALGW 101, o.P.

[171] Für die betreffende Satzung s. oben Anm. 19.

Vertrag im gegenseitigen Einvernehmen vorzeitig gelöst wurde. Die Firma C. Bertelsmann [...] hat nunmehr den Verlag übernommen. Bei ihr ist pünktliche Lieferung des Schrifttums gewährleistet."[172]

Im historischen Rückblick muss man die verlagspolitischen Dringlichkeiten relativieren, da Böhlau die WA während der Kriegsjahre fortsetzte[173], der Übergang der Luther-Gesellschaft zu Bertelsmann von der Reichsschrifttumskammer nicht registriert wurde[174] und der von Böhlau 1939 als Kooperationspartner vorgeschlagene Leopold Klotz die Schlüsselfigur unter den evangelischen Verlegern war, die sich um eine Koordinierung der Verlagsinteressen gegen die neuerliche Gesetzeslage bemühten, während Mohn mit „der Auskoppelung des theologischen Programms" eigene Wege ging[175]. Einen Teil seiner kirchenbezogenen Produktion integrierte Mohn in den Rufer-Verlag; zugleich war der Verlag C. Bertelsmann der Vertragspartner für die Luther-Gesellschaft, ohne in eine konfessionelle Sparte eingereiht worden zu sein.

In beiden Gremien, dem Geschäftsführenden Ausschuss und dem Gesamtausschuss begegnen 1940 auch Kurzhinweise zur geplanten Edition. Der Gesamtausschuss erfuhr von einer Konzeption, die im wesentlichen dem Stand das Jahres 1938 entsprach:

„Im Auftrage der Luther-Gesellschaft wird D. Knolle eine Ausgabe der gesamten deutschen Schriften Luthers in drei Reihen zu je 6 Bänden (Kampf, Ordnung, Lehre) herausgeben [...]. Sie soll das nur den Gelehrten zugängliche Material der Weimarer Ausgabe weitesten Kreisen zugänglich machen, ein Bedürfnis, das die bisher erschienenen Auswahl-Ausgaben nicht befriedigen können. Die Arbeiten sind bereits im Gang. Wann die ersten Bände erscheinen können, hängt von Fragen ab, die durch den Krieg bedingt sind."[176]

Im Geschäftsführenden Ausschuss hatten finanzielle Fragen im Vordergrund gestanden. Dort hieß es im April 1940: „Der Verlag Bertelsmann hat sich bereit erklärt, die geplante Lutherausgabe [...] zu übernehmen. Die für die Vorbereitung notwendigen finanziellen Massnahmen sollen vom Kassenwart unter Einrichtung eines Sonderkontos getroffen werden." [177] Internationale Nachfrage prognostiziert der Auslandsbischof:

„D. Heckel führt aus, dass die Schaffung der geplanten Lutherausgabe in der gegenwärtigen Lage gegenüber dem neuen Europa wichtig sei. Er habe in der letzten Zeit allein 12

---

[172] Wie Anm. 170.

[173] Vgl. WA.B 9 (1941).

[174] S. dazu das Schreiben der Reichsschrifttumskammer an Hermann Böhlaus Nachfolger / Weimar, 29. September 1941, ALGW 700, o.P. Zitiert auch von ZSCHOCH, Zeitschrift (wie Anm. 6), S. 280, Anm. 31.

[175] FRIEDLÄNDER u.a., Bertelsmann (wie Einleitung, Anm. 13), S. 226 f.

[176] Wie Anm. 172.

[177] Wie Anm. 167.

Bibliotheken verschickt, in jeder dieser Bibliotheken hätte die Lutherausgabe Platz finden können.“[178]

Formell abgeschlossen wurde der Vertrag zwischen der Luther-Gesellschaft und C. Bertelsmann erst am 16. Dezember 1940.[179] Geregelt wurde ausschließlich die Übernahme der Periodika; die Luther-Ausgabe begegnet in den Ausführungen nicht eigens. Indirekt sichern sich die beiden Vertragspartner jedoch die verlegerische Kooperation, indem § 1 mit dem dritten Unterpunkt festhält: „Der Verlag C. Bertelsmann übernimmt den Verlag der Veröffentlichungen der Luther-Gesellschaft. Es handelt sich hierbei um: [... nach den Periodika] 3.) weitere Veröffentlichungen der Luther-Gesellschaft.“ Schon am 5. November 1940 war Mohn bemüht gewesen, den Plan zu „Luthers Deutschen Werken“ vertraglich zu fixieren.[180] Der Vertragsentwurf ist nicht mehr erhalten, aber aus dem Begleitschreiben geht hervor, dass Mohn die unter Böhlau bereits von 30 auf 24 Bände nun von „24 kleinen“ auf „18 grosse Bände“[181] reduzieren wollte. Vertragspartner sollte nicht Knolle, sondern die Luther-Gesellschaft sein; und hinsichtlich der Vergütung regte Mohn eine Honorarzahlung pro Band an, womit er die weitere Verteilung an den jeweiligen Verantwortlichen delegierte. Für einzelne Bände prognostizierte Mohn eine hohe Nachfrage: „ich könnte mir z.B. denken, dass der Band über die Judenfrage ganz andere und damit weitere Kreise erreicht als die übrigen Bände“.[182]

In der ersten Februarwoche 1941 lag auch ein ausgearbeiteter Vertragsentwurf für die Luther-Ausgabe vor.[183] Die Luther-Gesellschaft beriet in einer Sitzung des Geschäftsführenden Ausschusses am 24. März 1941 in Berlin darüber.[184] Über den Inhalt der Sitzung erfährt man am meisten aus der von Knolle vorgeschlagenen Neufassung der Niederschrift:

„D. Knolle legt einen von der Firma C. Bertelsmann entworfenen Vertrag zwischen dieser und der Luther-Gesellschaft wegen der Herausgabe von Luthers Deutschen Schriften vor.

---

[178] Ebd.

[179] ALGW 700, o.P. Hier s. auch das nachfolgende Zitat.

[180] ALGW 700, o.P.

[181] Ebd.

[182] Ebd.

[183] Dies ergibt sich aus Th. Knolle an J. Hosemann, 7. Februar 1941, ALGW 202, o.P.: „In der Beilage übersende ich Ihnen in Abschriften bezw. Durchschlägen: a) einen Vertragsentwurf von Bertelsmann für die neue Luther-Ausgabe b) einen Prospektentwurf von mir für die neue Luther Ausgabe c) eine Zuschuss-Berechnung d) ein Schreiben von Prof. D. Althaus über Verhandlungen in Sachen der neuen Luther Ausgabe“.

[184] Zu dem Datum s. J. Hosemann an Th. Knolle, 15. März 1941, ALGW 202, o.P. Die telefonische Terminabsprache ist handschriftlich dokumentiert von Knolle auf dem Brief von Th. Heckel an Th. Knolle, 13. Februar 1941, ALGW 201, o.P.: „Telefonat mit Althaus am 14. II, Telefonat mit Heckel am 15. II. D. Althaus will Sitzung um den 16. III. ermöglichen. K.“

Präsident D. Hosemann hält die Einführung der clausula rebus sic. [sic] stantibus für notwendig, eine höhere Gewinnbeteiligung der Luther-Gesellschaft für erwünscht, das Risiko, das mit dem Vertrag die Luther-Gesellschaft eingeht, für tragbar. Der Ausschuss stimmt daraufhin dem Abschluss des Vertrages zu.“[185]

Der Wortlaut wurde unverändert in das Protokoll der Sitzung übernommen.[186] Auch gegenüber Bertelsmann stand die Luther-Gesellschaft aber in der Pflicht, Drittmittel einzuwerben:

„Ueber die finanzielle Unterstützung durch Behörden und Private sind bereits Verhandlungen geführt. D. Hosemann und D. Knolle werden gebeten mit D. Hymmen[187] wegen einer solchen durch die altpreussische Landeskirche zu verhandeln und Anträge an diese wie das Reichskirchenministerium zu richten; D. Althaus hat Fühlung mit Persönlichkeiten aus der Industrie aufgenommen. Vom Kirchlichen Aussenamt hat Bischof D. Heckel dankenswerterweise eine Beihilfe von M 2000,– überwiesen. Beihilfen für die neue Ausgabe sollen in einem besonderen Fonds von Herrn Präsident D. Hosemann verwaltet werden.“[188]

Erstmals hier begegnet auch, in einem Zusatz für den Schatzmeister, der Name einer künftigen Mitarbeiterin: „Fräulein Henry[189] wird wahrscheinlich ab 1. September d. J. als Hilfsarbeiterin an der Ausgabe nach hier übersiedeln, aber schon vorher mitarbeiten.“[190]

Logistisch nach wie vor schwierig blieb die Beschaffung der Schwabacher Lettern, wobei Mohn sich bemühte, Vor- und Nachteile abzuwägen: „zu überlegen [wäre], ob man nicht mit Rücksicht auf das Ausland eine Antiquaschrift wählen sollte, freilich an sich etwas widersinnig, Luthers Deutsche Schriften mit lateinischen Buchstaben zu drucken.“[191] Letztlich sollte sich das Problem aufgrund der schon im Frühjahr 1941 reichsweit forcierten Umstellung auf Antiqua von selbst lösen.[192] Hinsichtlich des Einbandmaterials zeichnete sich im November 1940 noch keine Lösung ab.[193] Und gegenüber Knolles Annahme, „Bischof Heckel [... könne] die Papiergenehmigung erzielen“, meldete Mohn Zweifel an.[194]

---

[185] Th. Knolle an J. Hosemann, 7. April 1941, ALGW 202, o.P.

[186] In Kopie, ALGW 100, o.P., im Durchschlag ALGW 101, o.P.

[187] Zu dem Geistlichen Vizepräsidenten des Evangelischen Oberkirchenrates, Johannes Hymmen, s. unten Anm. 225.

[188] Wie Anm. 185. Genauere Ausführungen bietet der Brief J. Hosemanns an Th. Knolle, 19. Dezember 1941, ALGW 202, o.P.

[189] Zu ihr s. später ausführlich Anm. 296–319.

[190] Wie Anm. 185.

[191] Wie Anm. 180.

[192] Brief von H. Mohn an Th. Knolle, 17. März 1941, ALGW 700, o.P. Nach abermaligem Drängen Knolles auf Schwabacher: H. Mohn an Th. Knolle, 4. Februar 1942, ALGW 700, o.P.

[193] H. Mohn an Th. Knolle, 5. November 1940, ALGW 700, o.P.

[194] Ebd.

5. Heckel und die Bemühungen um Fördermittel (seit 1940)

Welche weiteren Anregungen hatte der deutsche Auslandsbischof Heckel eingebracht? Am 18. Juni 1940, nachdem der Wechsel zu Bertelsmann beschlossen war, die Fixierung des Vertrags aber noch ausstand, stellte sich Heckel gegenüber Knolle „noch einmal als unerwünschter Mahner ein. Wenn wir uns nicht beeilen, dann ist der Krieg zu Ende, ehe noch unser Plan verwirklicht ist. Das wäre doch schade!“[195] Siegesgewiss gab er sich auch hinsichtlich seiner Möglichkeiten, die Luther-Gesellschaft international zu stärken:

> „Im übrigen mache ich mit Herrn Hosemann zusammen noch eine grössere Werbung für die Luther Gesellschaft in den auswärtigen luth. Kirchen durch Uebernahme alter Jahrbücher. Z. Z. werden die orthodoxen Kirchen mit Sammlungen beliefert. Es wird bald so weit sein, dass wir im Ausland berühmter sind als hier.“[196]

Nach Heckel stand der Luther-Gesellschaft die Welt offen: „Wenn es einmal wieder etwas ruhiger ist und man auch wieder anständig Eisenbahn fahren kann, dann wollen wir uns doch einmal, Sie und Dosse, Hosemann und ich, zusammensetzen und die ganze Welt durchqueren, um unsere Stützpunkte zu überprüfen.“[197] Interessant ist nicht nur, wen Heckel aufzählt. Identifiziert man in Dosse den Geschäftsführer der Luther-Gesellschaft[198], stellt man fest, dass Heckel den gesamten Vorstand der Luther-Gesellschaft anführt. Eine Person fehlt jedoch: die des Präsidenten.[199] An seine Stelle tritt in der Momentaufnahme vom Juni 1940 Heckel selbst. Ohne Zweifel spielten am 18. Juni 1940 nicht nur persönliche Befindlichkeiten und Charaktereigenschaften, sondern auch Eindrücke der jüngsten militärischen Ereignisse eine Rolle. Wenige Tage zuvor hatten deutsche Truppen Paris besetzt; am 18. Juni verhandelte Hitler in München mit Mussolini über den Waffenstillstand mit Frankreich. Nach dem Vertrag zwischen der Luther-Gesellschaft und Bertelsmann brachte sich Heckel ins Spiel, um Kontakte auf höchster reichspolitischer Ebene zur finanziellen Förderung der Luther-Ausgabe zu knüpfen. Am 22. Januar 1941 verwies er auf den Reichsminister für kirchliche Angelegenheiten – Hanns Kerrl –, der „für Luthersachen ausserordentlich eingenommen

---

[195] ALGW 201, o.P.

[196] Ebd.

[197] ALGW 201, o.P.

[198] Kurz: SLENCZKA, Althaus (wie Anm. 62), S. 60 und 61, Anm. 56.

[199] Ausweislich der erhaltenen Briefe von Th. Heckel an P. Althaus, UAE G1/30, Nr. 11a (Korr. Theodor Heckel), o.P., verband die beiden ein freundschaftliches Verhältnis. Bereits der älteste Brief vom 12. Mai 1928 zeigt, dass die beiden Duzfreunde waren („Lieber Freund“!). Der die Luther-Ausgabe betreffende Zeitraum ist von großen Lücken bestimmt. Erhalten sind – ohne inhaltliche Bezüge – Schreiben Th. Heckels an P. Althaus vom 27. November 1937, 19. Dezember 1939, 13. Juli 1943 und 2. Juni 1946.

ist, auch jetzt darin wieder viel studiert hat."[200] Von dieser Einschätzung ausgehend und sich auf informelle Vorgespräche mit verschiedenen Beamten – darunter den Referenten des Ministeriums, Werner Haugg – berufend, entwickelten Heckel und Knolle Anfang Februar 1941 einen grandiosen Plan: Kirche und Staat sollten paritätisch eine Gesamtsumme von 20.000 bis 40.000 Reichsmark beisteuern.[201] Um die Bereitschaft der Kirche zu verdeutlichen, veranlasste Heckel aus seinem amtlichen Deputat die zuvor bereits erwähnte Zahlung von 2.000 Reichsmark an die Luther-Gesellschaft.

Zudem brachte sich Heckel konzeptionell in die Gestaltung der Luther-Ausgabe ein. Am 4. Februar 1941 erklärte er zu dem von Knolle zwei Jahre zuvor für Böhlau entworfenen und nun wieder diskutierten Konzept einer „Einladung zur Subskription": „Ich würde es für richtig halten, in historischen Kategorien zu bleiben".[202] Als solche verstand er: „1. Reihe: *Der* [sic] Kampf[,] 2. Reihe: Der Neubau[,] 3. Reihe: Das Erbe."[203]

Knolle änderte seine Konzeption sofort und fand „[d]ie Klarheit der gleichmäßigen historischen Kategorien [...] bestechend."[204] „[N]och nicht ganz überzeugt" war er nur von der inhaltlichen Stimmigkeit: „Aber wird der Inhalt z.B. in der dritten Reihe zutreffend erfasst?"[205] Die Frage lässt sich nicht anders erklären, als dass Knolle davon ausging, seine bisherige Verteilung von Werkkomplexen auf die jeweiligen Reihen auch nach der Umbenennung beibehalten zu können. Tatsächlich sollte er zwei Jahre später eine entsprechende Redaktion seines Konzepts vornehmen.[206]

Heckel seinerseits machte die Saumseligkeit des Präsidenten in Terminfragen für den Verzug der Unternehmung verantwortlich („So kommen wir ja absolut nicht weiter")[207] und schilderte sein eigenes Engagement, ohne jedoch substantielle Fortschritte aufweisen zu können. Der Schatzmeister der Luther-Gesellschaft, Heckels vormaliger Direktor am Bundeskirchenamt, Hosemann, wurde von Knolle über die jeweiligen Vorgänge informiert. Hosemann hatte schon mehrfach eine Diskrepanz zwischen Heckels Einschätzungen und den schließlichen Ergebnissen erlebt. Am 16. Februar 1941 bemerkte er taktvoll in einem handschriftlichen Brief an Knolle: „D. Heckel ist in den finanziellen Dingen immer reichlich optimistisch."[208] Zugleich erinnerte er daran, dass Heckels Annahme, Periodika der Luther-Gesellschaft im Ausland absetzen zu

---

[200] ALGW 201, o.P.

[201] So Th. Knolle an P. Althaus, 5. Februar 1941, ALGW 201, o.P., im Anschluss an Th. Heckel an Th. Knolle, 4. Februar 1941, ALGW 201, o.P.

[202] Wie Anm. 201.

[203] Ebd.

[204] Th. Knolle an Th. Heckel, 7. Februar 1941, ALGW 201, o.P.

[205] Ebd.

[206] S. dazu Kap. II, Anm. 38.

[207] Th. Heckel an Th. Knolle, 13. Februar 1941, ALGW 201, o.P.

[208] ALGW 202, o.P.

können, ein völliger Misserfolg gewesen sei: „Wie haben er [Heckel] und der Gustav Adolf Verein uns in Sachen Abnahme von Jahrbuch u.[nd] Heften im Stich gelassen. Er überschätzt leicht seinen Einfluß bei Finanzabteilungen. Bei deren jetzigem Kurs glaube ich noch nicht an eine Mark Unterstützung.“[209] Hosemann sollte Recht behalten, überschätzte seinerseits aber die Möglichkeiten der Luther-Gesellschaft, indem er Knolle erklärte: „So wird Alles auf unsere Kraft ankommen. Ich hoffe, daß sie stark genug sein wird, die große, wichtige, ja unentbehrliche Arbeit zu tragen.“[210]

Nach dem Beschluss der Luther-Gesellschaft vom 24. März 1941[211] war es Hosemanns amtliche Pflicht, am 27. März 1941 den Antrag beim Reichsminister für kirchliche Angelegenheiten zu stellen[212]. Der Text seines Schreibens ist zu weiten Teilen dem von Knolle für Böhlau entworfenen Subskriptionsprospekt entnommen. Zu den neuen Elementen zählt die Absicht, die Ausgabe „bis zum 400. Todestage D. Martin Luthers im Jahre 1946 erscheinen zu lassen.“[213] Die Formulierung findet sich auch in dem undatierten maschinenschriftlichen Entwurf einer „Einladung“ – wohl zur Subskription, möglicherweise auch als Beilage für die Antragstellung –, die sich im Nachlass Knolles erhalten hat und auf diesen zurückgehen dürfte. Darin heißt es:

„Bis zum 400. Todestag D. Martin Luthers im Jahre 1946 hat das deutsche Volk und die deutsche evangelische Kirche noch eine Ehrenschuld gegenüber dem Reformator, dem grössten Deutschen, abzutragen: seine deutschen Schriften in einer Gesamtausgabe den deutschen Volksgenossen der Gegenwart zugänglich zu machen.“[214]

Nach einer zunächst auf 10 Jahre angelegten Bearbeitungszeit sollte die Ausgabe nun in weniger als fünf Jahren fertiggestellt werden! Das „Einladung“ betitelte Konzept hatte darauf noch nicht vollständig reagiert. Nach wie vor rechnet es mit einem „Erscheinen von 2–3 Bänden im Jahr“.[215] Auch die Anregung zur Jubiläumssymbolik ging auf Heckel zurück; am 28. Februar hatte er Knolle entsprechend beraten, wobei er nun sogar offen dazu aufforderte, sachliche Falschaussagen in die Anträge an den Evangelischen Oberkirchenrat zu integrieren:

„Es wäre gut, wenn dabei irgendwo gesagt würde, um sozusagen das Erstgeburtsrecht [einer Jubiläumsausgabe 1946] zu sichern, dass die Arbeit seit 1933 oder sonst wann in Vorbereitung sei, durch ein Redaktionskomitee wiederholt durchberaten ist und nun vor der unmittelbaren Verwirklichung stehe. Es sei nun aber begreiflich, dass allein die techn.[i-

209 Ebd.
210 Ebd.
211 S. Anm. 184.
212 J. Hosemann an H. Kerrl, 27. März 1941, ALGW 202, o.P.
213 Ebd.
214 Erhalten in: LKAK, 98.11, Nr. 104, o.P.
215 Ebd.

schen] Arbeiten der Druckvorbereitung einiges Geld erfordern und infolgedessen die Bitte gestellt würde, für diese Sache eine Startbeihilfe zu geben."[216]

Für beide Anträge – den an das Reichskirchenministerium und den Evangelischen Oberkirchenrat – empfahl Heckel jeweils 10.000 Reichsmark zu beantragen. Hosemann und die Luther-Gesellschaft folgten ihm. Die Absage des Reichsministers datiert auf 22. April 1941: „Eine Beihilfe [...] kann zu meinem Bedauern während des Krieges nicht gewährt werden, da die hiesigen Beihilfemittel nach den zur Zeit geltenden Bestimmungen nur für kriegsnotwendige Zwecke bereit gestellt werden können."[217] Hosemann sah sich gegenüber Knolle in seiner früheren Einschätzung Heckels bestätigt: „Bischof D. Heckel ist auch hier wieder offenbar zu optimistisch gewesen. Es ist für den Kassenwart schwer, Realitäten nüchtern zu betrachten, wenn ein zu günstiges Stimmungsbild entworfen wird."[218]

Parallel dazu lief der von Heckel angeregte und ebenfalls von Hosemann gestellte Antrag an den Evangelischen Oberkirchenrat. Er war zeitgleich und textidentisch am 27. März 1941 aufgegeben worden.[219] Nur die jeweiligen Schlusssätze benannten den betreffenden Parallelantrag.[220] Die Absage ließ bis zum 16. Juli 1941 auf sich warten und war nun sachlich begründet:

„Schon die Zweckbestimmung der von der Luthergesellschaft geplanten Ausgabe erscheint nicht eindeutig: einmal soll sie für Theologen und interessierte Laien, Professoren, Pfarrer und Lehrer bestimmt sein, dann aber ganz allgemein für ‚weite Kreise'. Als Kirchenbehörde würden wir einer für die Theologen bestimmten, nach neuen Gesichtspunkten zu gestaltenden Ausgabe der Werke Luthers ein starkes Interesse entgegenbringen und ihr nach Kräften unsere Förderung zuteil werden lassen. Nach unserer Auffassung wird aber die von der Luthergesellschaft geplante Ausgabe schwerlich in der Lage sein, den Theologen besser zu dienen als die bereits vorliegenden. Insbesondere erscheinen uns in einer für die Theologen bestimmten oder mitbestimmten Lutherausgabe lateinische Schriften Luthers unentbehrlich. Ob die geplante Ausgabe einem wirklichen Bedürfnis weiterer Kreise unseres Volkes entspricht, wollen wir nicht beurteilen."[221]

Erstmals wurde damit massive konzeptionelle Kritik an dem von Knolle entwickelten Vorhaben geübt. Intern vorweggenommen hatte Althaus entsprechende Monita schon in seiner ersten Reaktion 1938.[222]

Hosemann wusste bereits informell von der Ablehnung vor der offiziellen Mitteilung. Am 14. Juli 1941 berichtete er Knolle:

216 ALGW 201, o.P.

217 Abschriftlich erhalten in ALGW 202, o.P.

218 Zusatz vom 28. Mai 1941 zu der Abschrift der Absage des Reichsministeriums für kirchliche Angelegenheiten (wie Anm. 217).

219 Abschriftlich erhalten in ALGW 202, o.P.

220 Ebd.

221 Abschriftlich erhalten in ALGW 202, o.P.

222 S. dazu oben Anm. 59.

„Trotz der Befürwortung von Vizepräsident D. Hymmen ist die Sache im Evang.[elischen] Oberkirchenrat gescheitert. Die Theologen haben sich auf den Standpunkt gestellt, dass die Neuausgabe der deutschen Werke nicht die dringlichste Aufgabe sei. Wer alle deutschen Arbeiten kennen und studieren will, könne sich an die Weimarer Ausgabe halten. Für den Pfarrer aber sei, wenn eine Neuausgabe nötig sei, Berücksichtigung auch der lateinischen Werke und Streichung mancher deutschen Arbeiten erforderlich. Ich habe eingehend mit Herrn Oberkonsistorialrat Lic. Söhngen[223] gesprochen, habe aber den Eindruck, dass die Angelegenheit im Augenblick beim E.[vangelischen] O.[ber]K.[irchenrat] nicht auf ein anderes Gleis gebracht werden kann. Die Regie hat nicht funktioniert. Offenbar hat es D. Hymmen nicht verstanden, die übrigen der Theologen für sein Eintreten zu interessieren. Wir stehen also vor der Tatsache, dass sämtliche Beihilfegesuche an die staatlichen und kirchlichen Behörden abgelehnt worden sind. Welche Folgerungen daraus für uns zu ziehen sind, wage ich noch nicht zu sagen. [...] D. Hymmen hat, als sein Antrag abgelehnt worden ist, motivierte schriftliche Ablehnung gefordert. Das Schreiben ist aber hier noch immer nicht eingegangen."[224]

Johannes Hymmen war zu dem betreffenden Zeitpunkt der ranghöchste geistliche Ansprechpartner der Behörde. Als Präsident fungierte der Jurist Friedrich Werner, doch leistete dieser „ab 1941" Heeresdienst, weshalb Hymmen als Geistlicher Vizepräsident über einen faktisch aufgewerteten und auf theologischer Seite bedeutenden Einfluss verfügte.[225] Heckel deutete die Absage gegenüber Knolle am 24. Juni 1941:

„Was die Lutherausgabe angeht, so ist es ja sehr schade, dass das R[eichs]K[irchen]M.[inisterium] und die anderen Stellen jetzt nichts tun wollen. Alle haben sie Angst. [...] Es ist ja begreiflich, dass bei diesen grossen Anstrengungen Deutschlands viele Dinge als nicht wesentlich betrachtet werden. Ich habe über unseren Lutherplan noch einmal mit dem R[eichs]K[irchen]M.[inister] gesprochen, aber man hält den Augenblick nicht für günstig."[226]

Für Heckel gab es somit keinerlei sachliche, sondern nur situative Gründe gegen eine Förderung des Projektes.

Eine dritte finanzielle Hoffnung, die sich noch den Gesprächen mit Böhlau verdankte, bestand in „Geschenke[n] von Großindustriellen", wie es Schatzmeister Hosemann gegenüber Knolle am 25. April 1941 formulierte.[227] Nach den gescheiterten Antragstellungen sprach der Schatzmeister vorsichtiger von „Bitten bei den Industrieellen [sic]".[228] Letztlich gelang es dem von Heckel so häufig amtlich übergangenen und für seine zeitlichen Priorisierungen ge-

---

[223] Zu Lic. Dr. Oskar Söhngen s. Handbuch der deutschen evangelischen Kirchen 1918 bis 1949. Organe – Ämter – Verbände – Personen, Bd. 1: Überregionale Einrichtungen, bearbeitet v. Heinz BOBERACH, Carsten NICOLAISEN und Ruth PAPST, Göttingen 2010, S. 257.

[224] ALGW 202, o.P.

[225] BOBERACH u.a., Handbuch (wie Anm. 223), S. 245 f.

[226] Th. Heckel an Th. Knolle, ALGW 201, o.P.

[227] ALGW 202, o.P.

[228] Wie oben Anm. 224.

scholtenen Althaus als einzigem, zumindest eine Summe von 1.000 Reichsmark von einem Nürnberger Industriellen eineinhalb Jahre später einzuwerben.[229] Althaus, der damit mehr als jeder andere eingeworben hatte, war selbstkritisch und bedauerte das „recht magere Ergebnis seiner finanziellen Bemühungen".[230] Knolle hielt es in einem handschriftlichen Entwurf, der undatiert ist, aber aufgrund einzelner Aufzeichnungen vor September 1941 entstanden sein muss, für möglich, den Kontakt zu „Reemtsma" in Hamburg aufzubauen.[231] Noch ein Jahr später sah sich Knolle in einer aussichtsreichen Position. Am 9. September 1942 teilte er Hosemann mit: „Ich selbst werde in der nächsten Zeit meine Bemühungen in der hiesigen Industrie fortsetzen und hoffe, bis zur Ausschuss-Sitzung ein Ergebnis vorlegen zu können."[232] Die Hoffnungen oder Erwartungen im Bereich der Industriespenden waren erheblich. Im Geschäftsführenden Ausschuss der Luther-Gesellschaft wurde am 13. April 1942 vermerkt: „Für die neue Lutherausgabe und deren Ausstattung wird Prof. D. [...] Althaus empfohlen, Unterstützung von M 20.000,– von der Industrie zu erbitten."[233]

„Gemäss dem Beschluss" des Geschäftsführenden Ausschusses der Luther-Gesellschaft ersuchte Hosemann „zwischen den Jahren" 1941 und 1942 auch nochmals persönlich bei Schmidt-Ott um eine finanzielle Unterstützung seitens der Notgemeinschaft.[234]

> „Das Ergebnis ist leider völlig negativ. Die Notgemeinschaft – sie hat jetzt einen neuen Namen, der mir nicht geläufig ist – hat die Weimarer Ausgabe wiederholt wesentlich unterstützt. Einmal ist sogar eine bedeutende 6stellige Zahl als Beihilfe in Frage gekommen. Damit ist, so meint Exzellenz Schmidt-Ott, das wissenschaftliche Interesse an den Luther-Schriften erschöpft. [...] Von dieser Stelle eine Hilfe zu bekommen, werden wir nicht erwarten können."[235]

Ausweislich der archivalisch dokumentieren Antragstellungen dürfte sich Schmidt-Ott auf die „Deutsche Forschungsgemeinschaft" bezogen haben.

---

[229] Dies erschließt sich aus dem Brief von J. Hosemann an Th. Knolle, 15. September 1942, ALGW 202, o.P. Wer der Spender war, geht aus den Unterlagen nicht hervor.

[230] So referiert von Th. Knolle an J. Hosemann, 9. September 1942, ALGW 202, o.P. Ferner: J. Hosemann an Th. Knolle, 15. September 1942, ALGW 202, o.P.: „Inzwischen ist die erste industrielle Beihilfe aus Nürnberg in Höhe von 1.000,– RM eingegangen, wie sie Herr Professor D. Althaus angekündigt hat."

[231] ALGW 732, o.P. Zur Datierung des mit „*Luther Ausgabe*" überschriebenen Bleistift-Konzepts ist auf Punkt „5. Anstellung Frl Henry September geplant" hinzuweisen, der sich auf September 1941 bezieht (s. Anm. 299).

[232] Wie Anm. 230.

[233] Das Protokoll s. in Kopie ALGW 100, o.P., im Durchschlag ALGW 101, o.P.

[234] J. Hosemann an Th. Knolle, 10. Januar 1942, ALGW 202, o.P.

[235] Ebd.

Im halben Jahr nach der staatlichen und kirchlichen Absage entwickelte Heckel ein weiteres Konzept, auf das sich Knolle am 19. November 1941 zustimmend bezog:

„Ihren Rat, für die Herausgabe der Luther-Ausgabe ein weltliches Kuratorium zu schaffen, halte ich für sehr wichtig und werde ihn in der Sitzung des Geschäftsführenden Ausschusses vorlegen. Halten Sie es für ausgeschlossen, dass die Deutsche Akademie für die Herausgabe interessiert werden könnte? Sind Sie nicht Mitglied der Akademie? [...] Vielleicht könnte man den germanistischen Mitarbeiter, Professor *Teske*, noch stärker herausstellen, um den Verdacht der konfessionellen Veranstaltung zu entkräften. Ich habe ihn freilich lange nicht sprechen können. Erst war er im Felde, jetzt hat er einen Lehrauftrag in Brüssel."[236]

Tatsächlich hatte sich Teske bereits am 9. Dezember 1940 mit einer Postkarte von Knolle und dessen Projekt geradezu verabschiedet: „Vorerst bin ich noch Soldat und dabei, meine Philologie zu verlernen. Die besten Grüße zum Fest! Heil Hitler!"[237]

6. Mohns verlegerische und finanzielle Unterstützung des Projekts (1941–1943)

In seiner verlegerischen und persönlichen Betreuung Knolles war Mohn von rührender Geduld. In den Unterlagen zwischen der Korrespondenz mit Bertelsmann findet sich Knolles handschriftlicher Entwurf für den zu druckenden Briefkopf: „Die Luther-Gesellschaft. Der Herausgeber der Deutschen Schriften D. Martin Luthers Verlag C. Bertelsmann, Gütersloh".[238] Als solcher musste Knolle auch sein Verhältnis gegenüber der Reichsschrifttumskammer bestimmen, der Knolle entweder beizutreten oder in einem Antrag zu begründen hatte, warum er um eine Befreiung von der Mitgliedschaft ersuchte. Die Korrespondenz gestaltete sich als aufwendig, weil Knolle die Entscheidung über die Ausrichtung seiner Antragstellung der Reichsschrifttumskammer anheimstellen wollte: „So bitte ich denn, entweder um den Befreiungsschein oder um Mitgliedschaft. Welches von beiden in Frage kommt, überlasse ich gern Ihnen. Zu jeder weiteren Auskunft bin ich gern bereit. Nötigenfalls stehen auch Gutachten amtlicher, sowie sonstiger theologischer Stellen zur Verfügung."[239] Seiner späteren Erinnerung nach wurde über den Antrag „nicht entschieden".[240] Tatsächlich erwies sich der Vorgang als kritisch. Die Reichs-

[236] ALGW 201, o.P.
[237] ALGW 732, o.P.
[238] ALGW 700, o.P.
[239] ALGW 700, o.P.
[240] So Th. Knolle an die Geheime Staatspolizei in Hamburg, Abt. 3, 1. September 1944, ALGW 202, o.P.

schrifttumskammer fragte beim Reichsministerium für kirchliche Angelegenheiten an, das sich bei der Geheimen Staatspolizei erkundigte.[241] Am 26. März 1941 erklärte der Mann, mit dem Knolle und Heckel einen Monat zuvor über die Luther-Ausgabe verhandelt hatten, dass Knolle „Mitglied der Bekenntnisfront" sei „und 1939 [...] eine Jüdin getauft" habe.[242] „Sonst ist er nicht in Erscheinung getreten."[243] Von einer Aufnahme in die Reichsschrifttumskammer riet der Jurist Haugg ab, der auch im Zusammenhang mit Kurt Aland und Erich Seeberg noch wiederholt begegnen wird. Mohn, der von diesen Vorgängen keine Kenntnis hatte, behandelte Knolles Anfragen und Anträge in strenger Sachlichkeit und ohne ein Wort des Unmutes.

Gleiches gilt in finanzieller Hinsicht. Noch vor den fehlgeschlagenen Antragstellungen des Jahres 1941 hatte Knolle am 14. Februar 1941 die Verlagskalkulation dafür verantwortlich gemacht, dass es bisher nicht gelungen sei, Drittmittel einzuwerben.[244] Die angesetzten Preise seien im „Vergleich mit der Münchener Ausgabe" zu hoch, wie ihm „an verschiedenen Stellen entgegengehalten worden" sei.[245] Mohn legte Knolle darauf am 22. Februar 1941 alternative Berechnungen in tabellarischer Übersicht vor, die er mit einer sachkundigen und zielgruppenorientierten Analyse der Marktlage für Luther-Ausgaben verband.[246] Demnach habe die Münchener Ausgabe die Nachfrage weithin erschöpft; eine Beschränkung auf deutsche Schriften stelle einen Nachteil dar, da reformationsgeschichtlich wichtige Texte fehlten und Studierende als Nutzer wie Käufer wegfielen. Aufgrund des von Knolle beabsichtigten Umfangs sei der Preis hoch und wegen seiner editorischen Entscheidungen die Zielgruppe klein. In einer Tabelle spielt Mohn Subskribentenzahlen zwischen 500 und 4.000 durch; das Ergebnis seiner wirtschaftlichen Überlegungen lautet: Die „Schwankung bewegt sich von 115.200 RM Gewinn herunter bis zu 99.028 RM Verlust."[247] Vor dem Hintergrund der Knolleschen Kontaktaufnahme, auf die man auch konfrontativ hätte reagieren können, und der verlegerischen Risikoabschätzung unterbreitete Mohn einen überraschenden Vorschlag: Er bot der Luther-Gesellschaft ein monatliches Honorar von 2.000 Reichsmark auf eine unbestimmte, von Mohn fristlos kündbare Zeit an: „Natürlich wäre das nicht ein Geschenk der Firma, sondern müsste später irgendwie auf das Gesamthonorar der Lutherwerke angerechnet werden."[248] Mit dem Angebot warb Mohn darum, seinen Vorschlag einer pro-

[241] Die amtlichen Vorgänge sind erhalten in BArch Berlin R 9361–V/24954 bzw. im Film RK I 286, S. 536–658, hier: S. 548.

[242] Ebd.

[243] Ebd.

[244] Th. Knolle an H. Mohn, 14. Februar 1951 [scil. 1941], ALGW 700, o.P.

[245] Ebd.

[246] ALGW 700, o.P.

[247] Ebd.

[248] Ebd.

zentual an die Gewinnrechnung gekoppelten Honorarzahlung zu akzeptieren, während er das alleinige Verlustrisiko trug. Auch blieb er gegenüber Hinweisen auf hohe Abnahmezahlen von kirchlicher Seite skeptisch.[249] Finanzielle Sicherheitsinteressen werden in dem Investitionsangebot eine Rolle gespielt haben. So erklärte Mohn einleitend: „Meine Sorge ist, dass den Verlag grosse Verluste treffen könnten in wirtschaftlich ohnehin ungünstigen Zeiten, wo der Verlag sie nicht tragen kann. Augenblicklich liegen die Verhältnisse für mich günstig", weshalb er das Honorarangebot unterbreiten könne.[250]

Die finanziellen Interessen des Verlegers erschließen sich vor dem Hintergrund der 2002 veröffentlichten Erhebungen zur Unternehmensgeschichte „Bertelsmann im Dritten Reich".[251] Demnach erwirtschaftete Mohn mit kriegsbezogener Unterhaltungs- und das Kriegsgeschehen ebenso vorbereitender wie begleitender Propagandaliteratur Umsatz- und Gewinnrekorde. Das entscheidende Wendejahr war 1933.[252] Bertelsmann wurde zu dem „größten Buchlieferanten der Wehrmacht"[253] und erzielte gerade im Jahr 1941 den größten Reingewinn in der Verlagsgeschichte, der bei einem Umsatz von 8 Millionen bei über 3 Millionen Reichsmark lag, was einer Umsatzrendite von gut 40 Prozent[254] entsprach. Ein sich für Mohn daraus ergebendes Problem war „das Thema der geplanten Kriegsgewinnabführung".[255] Mohn reagierte teils mit freiwilligen Ladenpreissenkungen[256], teils mit rechnerischen und argumentativen Bemühungen, die den Einfluss des Kriegsgesche-

---

[249] H. Mohn an Th. Knolle, 2. April 1941, ALGW 700, o.P.: „Dass Herr D. Hymmen starkes Interesse zeigt und glaubt für die Abnahme von etwa 2000 Exemplaren der geplanten Lutherausgabe durch Gemeinden und Synoden der Preuss.[ischen] Landeskirche gutsagen zu können, ist natürlich sehr erfreulich. Freilich solche Empfehlungen, selbst wenn sie sehr warm gehalten sind, haben im allgemeinen nach meinen Erfahrungen nur einen sehr beschränkten Erfolg. Es müsste dann schon etwas Besonderes geschehen." Th. Knolle versicherte H. Mohn am 26. März 1941, ALGW 700, o.P.: „In einem Gespräch mit dem Geistlichen Vicepräsidenten des Oberkirchenrates, D. Hymmen, haben wir das Interesse der Preussischen Landeskirche für die Ausgabe festgestellt. D. Hymmen meinte, wenn das Werk hielte, was es verspreche, für die Abnahme von etwa 2000 Exemplaren durch Gemeinden, Synoden, der Preussischen Landeskirche gutsagen zu können."

[250] Wie Anm. 246.

[251] FRIEDLÄNDER u.a., Bertelsmann (wie Einleitung, Anm. 13).

[252] Für die wirtschaftlichen Zusammenhänge s. kurz BÖCKELMANN u.a., Bertelsmann (wie Einleitung, Anm. 13), S. 81–83.

[253] Für die entsprechende Übersicht s. FRIEDLÄNDER u.a., Bertelsmann (wie Einleitung, Anm. 13), S. 423. Zusammenfassend s. BÖCKELMANN u.a., Bertelsmann u.a., Bertelsmann (wie Einleitung, Anm. 13), S. 89–93.

[254] S. dazu FRIEDLÄNDER u.a., Bertelsmann (wie Einleitung, Anm. 13), S. 583, in Verbindung mit ebd., S. 568. Vgl. eindrucksvoll auch die graphische Darstellung der Entwicklungslinie ebd., S. 431.

[255] Ebd., S. 426. Zusammenfassend s. auch BÖCKELMANN u.a., Bertelsmann (wie Einleitung, Anm. 13), S. 84.

[256] FRIEDLÄNDER u.a., Bertelsmann (wie Einleitung, Anm. 13), S. 427.

hens auf seine verlegerischen Aktivitäten und Bilanzen reduzieren sollten[257]. Investitionsmaßnahmen, wie die von Mohn angeregte Honorarvorauszahlung, lassen sich als ein Mittel interpretieren, den immensen Reingewinn jener Jahre buchhalterisch zu reduzieren. Mohns Selbstauskunft gegenüber Knolle, die Luther-Ausgabe 1939 bzw. 1940 „mehr aus Prestigegründen"[258] übernommen zu haben, ergibt jedoch auch im Licht der von dem Verleger selbst zusammengestellten Finanzübersichten seiner „einzelnen Verlagssparten" Sinn[259]: Demnach war ihm vollauf bewusst, dass er mit wissenschaftlicher Theologie im zurückliegenden Jahrzehnt fast immer nur Verluste erlitten hatte. Indirekt trug der schließlich erzwungene Verzicht auf theologische Veröffentlichung sogar zur Gewinnerhöhung bei[260], wobei der Abverkauf bereits gedruckter Werke zu weiteren Einnahmen führte. Das Festhalten an der theologischen Literatur, die bis in die ausgehenden 1920er Jahren die „rentabelste Sparte" des Verlages gewesen war[261], hatte sich damit in Richtungen verändert, die man aus persönlichen Verbundenheiten und einer christlich-publizistischen Verantwortung des Verlegers deuten könnte. Zugleich zeichnet sich eine Unternehmensstrategie an, die auch auf andere Lesbarkeiten hin offen ist. Bezeichnend für die wirtschaftlichen Entwicklungen von Bertelsmann und den von Mohn verfolgten Kurs dürfte sein, dass der Verleger die Luther-Ausgabe nach eigener Aussage von Anfang an als ein „Prestige"-Projekt verfolgte und besonders für die Bände zu den Judenschriften, die er in ihrer konzeptionellen Betonung des Themenkomplexes nicht hinterfragte, ein gesteigertes Interesse in „weitere[n] Kreise[n]" erwartete[262]. Grundsätzlich bleibt festzustellen, dass Mohn aus unterschiedlichen Interessen fachwissenschaftliche Veröffentlichungen zu fördern bereit war und der Vorschlag einer Honorarvorauszahlung gerade während der Jahre 1941 und 1942 verlagsstrategisch und wirtschaftlich plausibel war.

Tatsächlich leitete Mohn substantielle Zahlungen ein. Am 17. Mai 1941 schrieb Hosemann an Knolle:

„Mohn hat mir mitgeteilt, daß er mit den monatlichen Zahlungen von 2000 RM alsbald beginnen wolle. Ich nehme an, daß schon ein Betrag eingegangen ist; ich hatte aber der Bank schon damals Auftrag gegeben, diese Monatlichen [sic] Zahlungen jeweils sofort auf 6 Monate festzulegen, damit wir Zinsen bekommen. Auch Mohn schreibt, daß unser Zinsgewinn aus diesen Beträgen ja unser Risiko mindere. Ich glaube daher noch immer, daß wir diese Gelder nicht für Gehaltszahlungen verwenden dürfen. Wovon soll ich sonst später die Honorare bezahlen? Auch die Vorausbestellungen auf die Bände sind m.[eines] E.[r-

257 S. dazu im Ganzen ebd., S. 424–431.

258 Oben s. Anm. 161; im Kontext s. Kap. II, Anm. 309.

259 S. hierfür FRIEDLÄNDER u.a., Bertelsmann (wie Einleitung, Anm. 13), S. 571 f., Tabelle 5.

260 Ebd., S. 572. Für die Perspektive eines Zeitgenossen s. unten Kap. III, Anm. 143.

261 Kurz: BÖCKELMANN u.a., Bertelsmann (wie Einleitung, Anm. 13), S. 62 und 79 f.

262 S. oben Anm. 182.

achtens] zweckgebunden. Auch wenn wir hoffen dürften, Beihilfen zu bekommen, kann ich mich doch noch nicht entschließen, die zweckgebundenen Summen für andere Zwecke zu verwenden. Darin aber stimme ich mit Ihnen gern überein, daß Beihilfegelder, die das Risiko abdecken sollen, auch für Gehaltszahlungen verwendet werden können. Es stehen also im Augenblick nur 2000 RM (vom Kirchl.[ichen] Außenamt) zur Verfügung, aber vielleicht fängt der erhoffte Geldregen bald an."[263]

Wenig später sprach der Schatzmeister gegenüber Knolle sogar von den „vom Kirchl.[ichen] Außenamt geschenkten 2000 RM"[264]. Knolle hatte den Schatzmeister noch einen Monat zuvor zu bewegen versucht, den Honorarfonds in seinem Bestimmungszweck zu öffnen, indem er „nicht ausschließlich als Honorar-Fonds, sondern als Fonds für das Schrifttum der Luther-Gesellschaft überhaupt bezeichnet würde."[265] Bereits „für die Anstellung der wissenschaftlichen Hilfsarbeiterin" gab Knolle zu bedenken, dass sie „doch nicht nur für die Luther-Ausgabe, sondern auch für die allgemein-wissenschaftlichen Arbeiten der Luther-Gesellschaft angesetzt werden soll[e]".[266] Hosemann blieb demgegenüber bei dem vorgesehenen Bestimmungszweck.[267]

Seit wann, wie viel und wie lange Mohn überwies, ist von der Korrespondenz her unklar. Am 8. Februar 1943 fasst Hosemann gegenüber Knolle eine bisherige Summe von 5.000 Reichsmark zusammen.[268] Davon waren am 8. Januar 1942 bereits 4.000 Reichsmark eingegangen.[269] Eine entsprechende Summe wird auch am 11. März 1942 erwähnt, weshalb sich annehmen ließe, dass die Zahlungen schon im Frühjahr 1942 wieder eingestellt wurden.[270] Tatsächlich dürfte Mohn weit länger und deutlich mehr überwiesen haben. 1943 gibt Knolle an, dass bereits 8.000 Reichsmark für Honorare ausgezahlt worden seien.[271] Der Wortlaut von Knolles Korrespondenz mit dem Schatzmeister legt nahe, dass er selbst die betreffenden Beträge erhalten hatte.[272] Zumin-

---

[263] ALGW 202, o.P.

[264] J. Hosemann an Th. Knolle, 25. April 1941, ALGW 202, o.P.

[265] Th. Knolle an J. Hosemann, 26. März 1941, ALGW 202, o.P.

[266] Ebd.

[267] J. Hosemann an Th. Knolle, 29. März 1941, ALGW 202, o.P.

[268] Laut ALGW 202, o.P., hatte Bertelsmann zwei Tranchen zu 2.000 und eine zu 1.000 Reichsmark überwiesen.

[269] J. Hosemann an Th. Knolle, 8. Januar 1942, ALGW 202, o.P.

[270] J. Hosemann an Th. Knolle, 11. März 1942, ALGW 202, o.P.

[271] S. Kap. II, Anm. 304.

[272] S. dazu Kap. II, Anm. 305. Für die Hälfte der Summe s. zudem J. Hosemann an Th. Knolle, 8. Januar 1942 (wie Kap. I, Anm. 269): „Was die 2.000,– RM Honorar von Bertelsmann betrifft, so werden Sie inzwischen die 1. Abschlagszahlung erhalten haben. [...] Ich hatte unsere Berliner Verhandlung so verstanden, dass Sie mir noch mitteilen wollten, ob Sie weitere 2.000,– RM gebrauchten. Aus Ihrem Schreiben entnehme ich, dass diese Frage zu bejahen ist, und werde daher die nächsten 2.000,– RM dieses Monats auf Ihr Postscheckkonto überweisen lassen." Auch am 4. April 1942 versicherte J. Hosemann Th. Knolle, Th. Knolle an J. Hosemann, 14. März 1942, ALGW 202, o.P.: „Ihre Ausführungen

dest die Hälfte der Zahlung stammt aus dem Bertelsmann-Fonds. Ein Betrag von 2.250 Reichsmark für von Knolle geleistete Vorarbeiten wurde durch eine „Stiftung“ bzw. „Vorauszahlung“ von Senator Friedrich Voss aus Sarstedt finanziert, dem im Gegenzug eine Lieferung von 10 Exemplaren der Gesamtausgabe zugesagt wurde.[273] Er gibt sich als „ein Vetter“ von Knolle[274] zu erkennen. Auch mochte ein Teil der Gelder Heckels von Knolle beansprucht oder verbraucht worden sein. Eine genaue Übersicht der Zahlungen von Bertelsmann lässt sich deshalb nicht erheben. In jedem Fall wurde das Gros der Gelder durch die Luther-Gesellschaft verzinst angelegt und verblieb in einem eigens dafür eingerichteten Honorarfonds, nach dem sich Knolle am

---

zu den Honorarzahlungen von Bertelsmann haben mich in der Tat sehr beruhigt. Nachdem Sie festgestellt haben, dass die Ihnen überwiesenen 4.000,– RM Honorarzahlungen sind, ist für mich die Angelegenheit restlos erledigt, und ich stehe für weitere Zahlungen gern zur Verfügung. [...] Vielleicht geben Sie mir einen ungefähren Überblick, welche Zahlungen Sie im Laufe des Jahres erwarten.“ Hosemann bezieht sich auf die eindeutigen Selbstaussagen von Th. Knolle an J. Hosemann, 14. März 1942, ALGW 202, o.P.: „Die mir überwiesenen M 4000,– sind Honorarzahlungen für bereits von mir geleistete Arbeit für Band 1 und einen Teil von Band 2.“ Einen etwas anderen Betrag nennt Th. Knolle J. Hosemann am 31. Dezember 1942, ALGW 202, o.P.: „Ich füge ferner die gewünschten Quittungen über die bisherigen Honorarzahlungen in Höhe von M 2.500,– für Band 1 und M 2,200,– à conto für Band 2 bei. Die Quittung über die 2.250,–, die Herr Senator Voss aus Sarstedt überwiesen hatte, die nach unserer Vereinbarung die Vorarbeiten abgelten sollte, habe ich m.W. bereits geleistet.“ Th. Knolle reagierte auf das Angebot von J. Hosemann, weitere Honorarzahlung zu budgetieren, am 17. September 1942, ALGW 202, o.P.: „In Sachen der Honorare möchte ich für den 1. Januar 43 eine weitere Zahlung von M 4000,– vorsorglich anmelden.“ Zu dieser Zahlung kam es (s. unten Anm. 305) wohl nicht. Am 20. April 1943 gibt Th. Knolle J. Hosemann hingegen an, ALGW 202, o.P.: „Da ich mitten in der Bearbeitung des 1. Bandes der 2. Reihe bin, und dafür erhebliche Auslagen habe, bitte ich um eine Honorarüberweisung à conto in Höhe von *RM 1 250.– –*.“ Außer Frage steht im Ganzen, dass Knolle sich das Honorar für drei Bände auszahlen ließ, also 7.500 Reichsmark erhielt. Dies bestätigt auch J. Hosemann indirekt an P. Althaus am 1. Juni 1944, ALGW 202, o.P.

[273] Hierauf beziehen sich Kap. I, Anm. 272 und J. Hosemann an Th. Knolle, 29. März 1941 (wie Kap. I, Anm. 267): „Ihre Bedenken wegen der 2.000 RM teile ich eigentlich nicht. Meines Erachtens bezieht sich die vorgeschlagene Sonderrechnung auf die Neuausgabe im Ganzen, nicht nur auf die Honorarzahlungen. Sonst hätte ja auch die 1. Stiftung für 10 Exemplare nicht hineingenommen werden können.“ S. auch J. Hosemann an Th. Knolle, 8. Februar 1943, ALGW 202, o.P.: „Auf dem Sonderkonto steht ferner die Zahlung des Herrn Senator Voss, die an Sie weitergeleitet ist“.

[274] Th. Knolle an J. Hosemann, 14. März 1942, ALGW 202 (wie Kap. I, Anm. 272): „Die Vorarbeiten sollten nach unserer Verabredung durch den Betrag von M 2.250,– abgegolten werden, der der Luther-Gesellschaft durch meinen Vetter Friedrich Voss aus Sarstedt als Vorauszahlung überwiesen war. Sollten Sie Bedenken haben, dass dieser Betrag ja später in Gestalt von Lieferung von 10 Exemplaren der Ausgabe wieder von der Luther-Gesellschaft ersetzt werden muss, so ist seine Deckung ja mehr als garantiert durch die für den Honorarfonds sich ergebende Verzinsung.“

31. Juli 1945 interessiert erkundigte.[275] Am 6. August 1946 fragte er nochmals nach.[276] Im Archiv der Luther-Gesellschaft haben sich zwei Sparbücher erhalten, die Hosemann 1942 und 1943 anlegen ließ.[277] Sie korrespondieren mit den aus den Briefen erhobenen Daten: Auf beiden Sparbüchern begegnen zunächst Summen von 5.000 Reichsmark. Am 14. Mai 1943 wurde eine Einzahlung von 30.000 Reichsmark vorgenommen. Die Entnahmen beschränken sich auf 2.500 Reichsmark. Dass es sich hierbei um den Honorarfonds handelt, belegt eine maschinenschriftliche Notiz, die Hosemann für Knolle am 30. August 1943 aufsetzte und mit eigener Hand abzeichnete:

„Die Luthergesellschaft [...] hat [...] in Breslau 2 Sparbücher [...] über 35.001,26 RM [... und] über 5.110,72 RM [...]. Beide Beträge betreffen den Sonderfonds zur Herausgabe einer neuen Luther-Ausgabe (Honorarzahlungen von Bertelsmann). Die Sparkassenbücher werden von dem Kassenwart [...] verwahrt. Abhebungsberechtigt sind die Herren D. Althaus, D. Knolle und D. Hosemann – jeder allein.“[278]

Sieht man von den Zinsen ab, wurden in den Honorarfonds gut 40.000 Reichsmark eingezahlt. Nimmt man hinzu, dass Knolle ca. 8.000 Reichsmark an Honorar überwiesen wurde, von denen mindestens die Hälfte aus Bertelsmann-Geldern stammte, steht außer Zweifel, dass Bertelsmann die Gesamtsumme der vorgesehenen Honorare vorab erstattet hat. Weitere Zahlungen seitens des Verlegers sind nicht auszuschließen.

Bereits im Frühjahr 1942 war das Thema des Umgangs mit Honorarzahlungen – und der zu erwartenden Summe von 45.000 Reichsmark – eine für den Schatzmeister dringliche Frage.[279] Eine mündliche Vorklärung zwischen Mohn und Knolle fand am 31. Januar statt.[280] Am 2. Februar 1942 fasst Knolle für den Schatzmeister „das Ergebnis meiner Verhandlungen mit Herrn Mohn“ zusammen:

„betr. Honorar für die Luther-Ausgabe [...] zahlt [Mohn] die Honorare voraus, um die Luther-Gesellschaft von der Inanspruchnahme zu befreien, die im Vertragsentwurf für den Fall einer Minder-Auflage unter 3000 Stück vorgesehen war. Er hat die Absicht, die gesamte Summe für das Honorar aller 18 Bände zu zahlen, monatlich fortlaufend M 2000,– wie bisher. Praktisch würde das bedeuten, dass in einem Jahre das gesamte Honorar gesichert wäre. Nur für den unwahrscheinlichen Fall, dass Herr Mohn aus unvorhergesehenen

[275] Th. Knolle an J. Hosemann, 31. Juli 1945, ALGW 202, o.P., zudem ALGW 203, o.P.: „Ob Sie wohl schon etwas sagen können über den Honorarfonds, oder ist er auf Verlust des Kriegsgeschehens zu buchen.“

[276] Th. Knolle an J. Hosemann, ALGW 203, o.P. Zu dem Zitat s. Kap. III, Anm. 93.

[277] ALGW 102, o.P.

[278] ALGW 102, o.P.

[279] J. Hosemann an Th. Knolle, 11. März 1942, ALGW 202, o.P. Zu der Summe s. auch Th. Knolle an J. Hosemann, 14. März 1942 (wie Kap. I, Anm. 272).

[280] Das Datum erschließt sich aus einem das Gespräch vorbereitenden Konzept von Knolles Hand in ALGW 700, o.P.: „Besprechung mit Herrn Mohn am 31.1.1942“. Der vierte Punkt wird eröffnet mit: „a) Lateinschriften in Ergänzungsbänden.“

Gründen das Honorar nicht fortzahlen könnte, würde die Luther-Gesellschaft für den verbleibenden Rest in dem Maße beansprucht werden, wie es ursprünglich vorgesehen war [...]. Der Abschluss des Vertrages wird im Uebrigen erst darnach zu tätigen sein. Sollte aus unvorhergesehenen Gründen aus der Ausgabe nichts werden, so würde Herr Mohn bezw. der Verein eine Rückgabe der Vorauszahlungen nur insofern wünschen, als die Honorare noch nicht von der Luther-Gesellschaft ausgegeben sind. Eine schriftliche vertragliche Fixierung des augenblicklichen Zustandes wünscht Herr Mohn nicht. Mit der Uebersetzung von Lateinschriften in Ergänzungsbänden ist Herr Mohn einverstanden. Die Bedenken in dieser Richtung gingen übrigens nicht von ihm aus. Nach meiner Prüfung werden wir für die ersten beiden Reihen (Kampf und Aufbau) mit einem bis zwei Ergänzungsbänden auskommen. Wie viele für die 3. Reihe in Frage kommt [sic], ist schwer zu sagen, je nach der Entscheidung, was von Luthers Latein-Vorlesungen herausgebracht werden sollte. Bei näherer Durchsicht glaube ich behaupten zu können, dass der Anteil der Lateinschriften für das Verständnis des Gesamtwerkes Luthers sehr überschätzt wird. Eine Reihe praktischer Vorschläge für Gestaltung und Werbung konnte ich mit Herrn Mohn dann noch besprechen."[281]

Der Geschäftsführende Ausschuss der Luther-Gesellschaft erfuhr von all dem sehr wenig. Am 7. und 8. Dezember 1941 wurde von Knolle nur berichtet:

„Es sollen Ergänzungsbände mit den wichtigsten lateinischen Schriften Luthers im Anschluß an die Deutsche Lutherausgabe herausgegeben werden. D. Althaus macht Mitteilungen über die mit dem Verleger getroffenen Vereinbarungen, die z.T. von dem bereits geschlossenen Vertrag abweichen. D. Knolle und D. Hosemann wollen mit dem Verleger wegen der Änderung des Vertrages im Sinne dieser Vereinbarungen verhandeln."[282]

Unbestimmt bleibt hier, ob die vertraglichen Änderungen editorischer oder finanzieller Art sind. Denkbar ist, dass Althaus auf eine Aufnahme der lateinischen Schriften und deren Übersetzung bestand, aber auch, dass er auf eine vertragliche Fixierung der Honorarvorauszahlungen drängte. Betrachtet man die Chronologie der Entscheidungen, so war Althaus seit seinem ersten Votum für die sachlich gebotene Integration deutscher und lateinischer Texte; Knolle hatte sich dieser Auflage widersetzt und fand sich erst nach den gescheiterten Antragstellungen und der Einschätzung des Verlegers zu einem Zugeständnis entsprechender Ergänzungsbände bereit.

Gegenüber dem Verleger war von Anfang an klar, dass ein Teil der vorgeschossenen Honorarzahlungen durch die Luther-Gesellschaft angelegt wurde, während zwischen Knolle als Herausgeber und Hosemann als Schatzmeister der Umgang mit den Verlagsgeldern umstritten war. Knolle gab am 9. Mai 1941 zu bedenken:

„Wollten wir aber mit den Auszahlungen warten, bis das Risiko feststeht, dann müssten wir ja das Erscheinen der Ausgabe im Druck abwarten, d.h. in nicht absehbarer Frist. Der Sinn der Vorauszahlung, die literarische Arbeit schon jetzt leisten zu können, wäre dann illusorisch. Das ist meine laienhafte Vorstellung, wie man verfahren könne. Ich sehe ein,

[281] ALGW 202, o.P.

[282] Sitzungsprotokoll, in Kopie: ALGW 100, o.P., im Durchschlag ALGW 101, o.P.

dass sie für das Kalkül des Finanzmannes Schwierigkeiten bedeutet. Aber ich hoff [sic], dass diese sich überwinden lassen. Erwünscht wäre es ja wohl, dass der Vertrag mit Bertelsmann bald perfekt würde, damit seine Vorauszahlungen einsetzen können, die ja dann auch Zinsen tragen würden.“[283]

Noch am 15. September 1942 blieb Hosemann gegenüber Knolle dabei, die Bertelsmann-Gelder, abzüglich der auszuzahlenden Honorare, „auf ein halbes“ oder „ein ganzes Jahr“ zu „möglichst hohe[n] Zinsen“ anzulegen.[284] Seine Bedenken gegenüber einer Investition der Honorargelder in Mitarbeiterstellen waren damit ungebrochen.

Außer Frage stand hingegen der freie Verwendungszweck der von Heckel eingebrachten Summe; mit ihr wurde eine erste Mitarbeiterin eingestellt, was der Schatzmeister schon im Mai 1941 Knolle erlaubt hatte: „Immerhin werden Sie die Vikarin m.[eines] E.[rachtens] veranlassen können, bei Ihnen mit der Arbeit zu beginnen. Es müssen Mittel u.[nd] Wege gefunden werden, das Gehalt für längere Zeit zu beschaffen.“[285] Auf den 13. April 1942 fällt im Geschäftsführenden Ausschuss die bereits zitierte Empfehlung an Althaus: „Für die neue Lutherausgabe und deren Ausstattung [...] Unterstützung von M 20.000,– von der Industrie zu erbitten.“[286] Vor dem Hintergrund der immensen Zahlungen, die Mohn zu diesem Zeitpunkt bereits geleistet hatte, mutet die Forderung hypertroph an. Im Wissen um den eingeschränkten Verwendungszweck der Bertelsmann-Gelder, deren Festanlage, das regelkonforme Vorgehen des Schatzmeisters und Knolles Bemühungen um Auszahlungen ist der Verwendungszweck für die erhofften Industriegelder aber insofern bezeichnend, als er Knolle und Hosemann unbestimmte Anwendungsmöglichkeiten eröffnet hätte. Finanzierbar wären damit auch Zuarbeiten gewesen, die aber nur ein Bruchteil der erhofften Summe ausgemacht hätten.

7. Mitarbeiterinnen und Mitarbeiter Knolles (1942–1945)

Die in ihrer Vergütung ungesicherte Anstellung einer Vikarin und der zuvor geschilderte Abschied von Teske, den Knolle auf dem geplanten Verlagsprospekt neben sich als Herausgeber als einzigen Mitarbeiter namentlich hervorheben wollte, motiviert zu der Frage, auf wessen Schultern die materiale und editorische Arbeit überhaupt liegen sollte. Teske diente Knolle nicht nur zum Ausweis philologischer Kompetenz und fachlicher Verantwortung, was er aufgrund der vorgesehenen sprachlichen Modernisierungen zu betonen für geboten hielt. Zugleich mochte Knolle Hoffnungen auf Teske in wissen-

[283] ALGW 202, o.P.
[284] ALGW 202, o.P.
[285] Hosemann an Knolle, 17. Mai 1941, ALGW 202, o.P.
[286] Das Protokoll s. in Kopie ALGW 100, o.P.

schaftlicher und konzeptioneller Hinsicht gesetzt haben. Immerhin muss man feststellen, dass es Knolle nicht gelungen war, theologische und kirchenhistorische Berater zu gewinnen, wobei sich auch nur zwei entsprechende Bemühungen für das Jahr 1938 dokumentieren lassen.[287]

Nur eine weitere, im Vorgehen vergleichbare Initiative lässt sich für 1940 identifizieren. Sie erschließt sich aus einem Schreiben an Knolle vom 24. Oktober 1940 und stellt die einzige inhaltliche Rückmeldung auf die in der Zeitschrift „Luther" 1938 erschienenen „Proben" der „neuen Lutherausgabe" dar.[288] Die Anfrage lag offensichtlich etwas zurück, da der Schreiber Georg Hoffmann (1902–1988) – Prediger an St. Martini in Dransfeld, der 1929 mit einer Arbeit über die Eschatologie in Göttingen zum Lic. theol. promoviert worden war und 1956 Professor für Praktische Theologie in Kiel werden sollte[289] – eingangs sein „sehr, sehr schlechte[s ...] Gewissen" für die „unerwünschte Verzögerung" bekundet.[290] Hoffmann und Knolle hatten sich persönlich erst am 18. September 1940 im Gesamtausschuss der Luther-Gesellschaft gesehen, in dem der Dransfelder Pfarrer die Landesgruppe Hannover vertrat.[291] Die seiten- und zeilengenauen Angaben des Briefes beziehen sich eindeutig auf die editorischen Beiträge von 1938. Hoffmann bestärkte Knolle darin, „auf dem [...] vorgesehenen Wege" das „Ziel" zu erreichen, hinterfragte editionsphilologische Details und regte für die „Kalkulation" des „Verleger[s]" an, „den Bänden ein paar Lesebändchen als Lesezeichen beizugeben [...]. Gerade bei Vorlese-Büchern finde ich das sehr angenehm."[292] Aufgrund des Wissens um die 1940 anstehende Kalkulation legt sich nahe, dass Knolle bei Hoffmann in zeitlicher Nähe angefragt hatte, aber in der Sache nicht mehr, nichts Neueres oder nichts Besseres als den Probedruck von 1938 aus der Zeitschrift „Luther" anzubieten hatte. Das Böhlau seinerzeit zugesandte 61seitige Manuskript forderte er erst am 18. April 1941 an und erhielt es am 22. April zurück.[293]

---

[287] S. oben Anm. 69–76.

[288] ALGW 732, o.P.

[289] Vgl. dazu Wilhelm NEANDER: Lexikon deutschbaltischer Theologen seit 1920, Hannover-Döhren 1967, S. 67; Jendris ALWAST: Geschichte der Theologischen Fakultät. Vom Beginn der preußischen Zeit bis zur Gegenwart, Neumünster 1988 (Geschichte der Christian-Albrechts-Universität Kiel 1665–1965, Bd. 2, T. 2), S. 224 f. Auf einen Lebenslauf und Hinweise auf die vorauszusetzenden Betreuungsverhältnisse verzichtet die Qualifikationsarbeit von Georg HOFFMANN: Das Problem der letzten Dinge in der neueren evangelischen Theologie, Göttingen 1929 (SSTh, H. 2).

[290] ALGW 732, o.P.

[291] Wie oben Anm. 170.

[292] Wie oben Anm. 290.

[293] Für beides s. Hermann Böhlaus Nachfolger / Weimar an Th. Knolle, 22. April 1941, ALGW 732, o.P.

Im Austausch mit dem Vorstand spielen fachliche Erwägungen zu der Luther-Ausgabe keine Rolle. Der Part von Althaus, der sich fachwissenschaftlich leicht hätte einbringen können, wurde auf eine administrative Wahrnehmung der juristischen Pflichten des Vereinsvorsitzenden und die Forderung nach einem Einwerben industrieller Fördergelder beschränkt. Ein Thema, das gleichwohl zusammen mit dem Vorstandsentscheid zum Vertragsabschluss mit Bertelsmann begegnet, ist das der Anstellung jener Vikarin, „Fräulein Henry“.[294]

Wer war die junge Dame, die zunächst als „Hilfsarbeiterin“[295] vorgesehen war und von Knolle dem Vorstand schon bald als „die wissenschaftliche Assistentin“[296] vorgestellt wurde? Am 9. Mai 1941 erfährt man, dass sie „Vikarin aus Rostock“ sei und „wohl ihre jetzige Stellung auch ein Vierteljahr vorher kündigen“ müsse.[297] Rostock bleibt auch später ein Thema. Fräulein Henry nahm ihre Arbeiten für die Luther-Ausgabe zunächst von dort aus auf, wobei gegenüber dem Schatzmeister offenbleibt, ob die Tätigkeiten als unbezahlte Vorarbeit gewertet oder vergütet werden sollen.[298] Der Wechsel nach Hamburg, der ursprünglich für den 1. September 1941 erhofft war[299], verzögerte sich mindestens bis zum 1. April 1942[300]. In seinem Austausch mit dem Kassenwart warb Knolle schon früh um die Bewilligung des von Henry geforderten „Netto-Gehalt[s] von M 240.–; das bedeutet ein Brutto-Gehalt von ca. 320,–. Mir scheint das zwar nicht im Blick auf Vorbildung und Leistung, wohl aber auf unsere Finanzen hoch. Andererseits sind solche theologischen Hilfskräfte, die in Frage kommen z.Zt. selten oder kaum zu haben.“[301] Am 9. September 1942, also in der Woche des Hamburger Amtsantritts, berichtet Knolle dem Schatzmeister, dass Fräulein Henry „ein Teil des Gehaltes [...] in Höhe von monatlich M 120,– für Ihre [sic] Tätigkeit in einer hiesigen Gemeinde (Christuskirche) aufgebracht wird. Aus dem Honorar für die Luther Ausgabe [sic] konnte ich für sie noch nichts abspalten, da sie sich bisher erst einarbeiten musste.“[302] In der – nicht erhaltenen – Anlage fügte er eine Übersicht bei, nach der die 2.000 vom kirchlichen Außenamt eingebrachten

---

[294] S. oben Anm. 190.

[295] Ebd.

[296] Th. Knolle an J. Hosemann, 4. März 1942, ALGW 202, o.P. Hosemann greift die Bezeichnung „Assistentin“ in der Folge auf, u.a. im Zusatz für Knolle in der Abschrift von J. Hosemann an P. Althaus, 22. Juli 1943, ALGW 202, o.P.

[297] Th. Knolle an J. Hosemann, ALGW 202, o.P.

[298] Th. Knolle an Th. Heckel, 15. Dezember 1941, ALGW 201, o.P.: „Fräulein Henry wird nun erst zum 1.4.1942 ihre Stellung kündigen können, aber vorher schon ihre Mitarbeit an der Luther-Ausgabe aufnehmen.“

[299] S. oben Anm. 190.

[300] S. oben Anm. 298.

[301] Wie oben Anm. 283.

[302] Wie oben Anm. 230.

Reichsmark dennoch bereits „aufgebraucht“ seien, was dazu führe, dass Fräulein Henry zunächst wohl von der von Althaus eingeworbenen Summe zu bezahlen sei. Der Schatzmeister forderte darauf am 26. und 27. November im Geschäftsführenden Ausschuss von Knolle

„eine genaue Aufstellung über die für das Gehalt der wissenschaftlichen Hilfsarbeiterin Fräulein Henry zur Verfügung stehenden Barmittel [ein ...], damit der Kassenwart übersehen kann, welche Zahlungen hierfür noch zu leisten sind. Die vom Kirchlichen Außenamt im März 1941 zur Verfügung gestellten 2.000,– RM. sind für diesen Zweck zu verwenden. Für das Jahr 1943 werden monatlich bis zu 200.– RM. Zuschuß zu dem Gehalt in Aussicht gestellt. Die Höhe des Zuschusses richtet sich im übrigen nach den örtlichen kirchlichen Mitteln, die für weitere Arbeiten von Fräulein Henry zur Verfügung stehen.“[303]

Knolles Verhalten wird man in mehrfacher Hinsicht als fragwürdig ansehen müssen: Er hatte eine Vikarin zum Stellenwechsel veranlasst, hatte die für deren Gehaltszahlung verfügbaren Mittel noch vor Arbeitsbeginn anderweitig verwandt, unbezahlte Zuarbeiten als Einarbeitung eingefordert und eine amtliche Doppelanstellung geschaffen, die ohne Zweifel zu einer erhöhten Mehrfachbelastung führte. Im späteren Briefwechsel mit dem Schatzmeister deutet sich an, dass er das Fräulein Henry seitens der Luther-Gesellschaft zugesagte Gehalt bisweilen schuldig blieb, indem er, z.B. im Oktober 1943, eine Summe von mindestens 500 Reichsmark anfragte, die für rückwirkende Gehaltszahlungen nötig sei.[304] Fräulein Henry dürfte ihrerseits festgestellt haben, dass die wissenschaftliche Infrastruktur des Editions-Projektes ausbaufähig war und eine einschlägige Handbibliothek fehlte. Anders lässt sich nicht erklären, dass Knolle am 2. Dezember 1942, drei Monate nach Fräulein Henrys Arbeitsbeginn in Hamburg, nach Gütersloh vermeldet:

„Es hat sich herausgestellt, dass unter den heutigen Verhältnissen ein Teil der für die Luther-Arbeit[,] insbesondere auch die Herausgabe unserer neuen Ausgabe, erforderliche Literatur über Luther nicht verfügbar ist. Die Luther-Gesellschaft will daher eine Bücherei anlegen, die das gesamte Schrifttum über Luther enthält. Wäre es wohl möglich, dass wir dafür von Ihrem Verlage die bei Ihnen erschienenen Schriften über Luther käuflich erwerben?“[305]

---

[303] In Kopie ALGW 100, o.P.; im Originial ALGW 101, o.P.

[304] J. Hosemann an Th. Knolle, 30. Oktober 1943, ALGW 202, o.P.

[305] Th. Knolle an H. Mohn, ALGW 700, o.P. Keine Verbindung zu Henry wird in der Sitzung des Geschäftsführenden Ausschusses vom 15. April 1942, in Kopie ALGW 100, o.P., im Durchschlag ALGW 101, o.P., hergestellt: „Es soll ein Archiv der Luther-Gesellschaft errichtet werden, das möglichst sämtliche von der Gesellschaft herausgegebenen Schriften sowie die Akten ihrer Geschichte enthalten soll. D. Hosemann will die Archivalien sammeln. – Die Raumfrage für die Unterbringung wird erörtert. Es werden die Räume der Bibliothek des Predigerseminars in Wittenberg in Aussicht genommen. Ferner soll eine Bücherei der Luther-Gesellschaft angelegt werden, die bei dem Leiter des Schrifttums Aufstellung finden soll.“ Zu berücksichtigen ist hier, dass der Vorschlag zwei Wochen nach dem Dienstbeginn von Henry begegnet. Sodann legt die Beschreibung der für das „Archiv“

Wie elementar Knolle ausgestattet war, zeigt sich auch darin, dass er erst kurz zuvor, am 3. Juni 1942, ein Exemplar der Walchschen Luther-Ausgabe von einem Pfarrer anzukaufen versucht hatte.[306] Nun strebte er danach, „das gesamte Schrifttum über Luther" zu erwerben.[307] Der Schatzmeister trug keinerlei Bedenken, wobei er die Mittel „aus dem vorhandenen Betriebsfonds" zu Verfügung stellte[308], der Ende 1943 „noch [...] 12.000,– RM" umfasste[309]. Am 14. Februar 1944 bestätigte er ihm „betr. Abrechnung der Luther-Bücherei [...], dass die drei Zahlungen zu je 1.000,– RM richtig verbucht sind."[310] Binnen eines Jahres hatte Knolle damit mehr in Bücheranschaffungen als in Personalmittel investiert. Umgekehrt galt der größte Teil der editionsbezogenen Arbeitsressourcen von Fräulein Henry der Indizierung der Bibliothek.[311]

---

vorgesehenen Materialien die Annahme nahe, dass Knolle die von ihm verwalteten Periodika und deren Vorarbeiten sowie Korrespondenzen auslagern wollte, um bei sich Platz für neue Buchbestände zu generieren. Die weiteren Entwicklungen schildert das Protokoll des Geschäftsführenden Ausschusses vom 26. und 27. November 1942, in Kopie ALGW 100, o.P.: „Ein Archiv der Luthergesellschaft soll in Breslau eingerichtet werden unter Einsatz von archivalisch geschulten Kräften. Die beiden Präsidenten werden ihr Material nach dort abgeben. Der Kassenwart erklärt sich bereit, die ersten Ordnungs- und Sichtungsarbeiten in Breslau vornehmen zu lassen, sobald ihm die entbehrlichen Handakten von dem Präsidenten und sonstigen Mitgliedeen [sic] der Luther-Gesellschaft zur Verfügung gestellt sind." Laut Protokoll vom 22. und 23. November 1943, ALGW 100, o.P., „erinnert [Hosemann] an den früheren Beschluss betr. Archivbegründung. Die Herren Präsidenten sagen zu, ihre Handakten daraufhin durchzusehen, ob Teile für ein Luther-Gesellschafts-Archiv abgegeben werden können. Diese Teile sollen zunächst im Evangelischen Zentralarchiv in Breslau geordnet werden, um dann in Lutherstadt-Wittenberg aufbewahrt zu werden."

[306] Th. Knolle an Sauer, ALGW 204, o.P. Dass Knolle in seiner eigenen Handbibliothek Walch nicht besaß, weist auch das Verzeichnis seiner Bücher aus; s. dazu oben Anm. 40.

[307] Ein Teil der Anschaffungen lässt sich aus den Belegen rekonstruieren, die J. Hosemann aufbewahrt hat, s. dazu ALGW 147, o.P. [erste Mappe]. Dazu zählen nur zum kleinsten Teil Rechnungen; überwiegend begegnen handschriftliche Auflistungen Knolles.

[308] Protokoll zur Sitzung des Geschäftsführenden Ausschusses, 26. und 27. November 1942, in Kopie ALGW 100, o.P.

[309] Protokoll zur Sitzung des Geschäftsführenden Ausschusses, 22. und 23. November 1943, in Kopie ALGW 100, o.P.

[310] J. Hosemann an Th. Knolle, ALGW 202, o.P. Noch präzisere Daten nennt die auszugsweise „Abschrift" eines Protokolls „des Geschäftsführenden Ausschusses am 22/23. November 1943 in Wittenberg", LKAK, 98.11, Nr. 104, o.P.: „D. Knolle berichtet über die Einrichtung der Luther-Bücherei. Die Luther-Gesellschaft hat dafür bisher M 3446,– aufgewendet. Dafür konnten Bücher und Broschüren von Verlagen, Antiquariaten und aus Privatbesitz gekauft werden. Eine Kartei mit über 1000 Nummern ist aufgestellt, in der der Bestand in alphabetischer Ordnung nach den Verfassern wie in systematischer Ordnung aufgenommen ist." Für das Protokoll selbst in Kopie s. ALGW 100, o.P.

[311] S. in der „Abschrift" (wie oben Anm. 310) die Ausführungen zu dem dritten Tagesordnungspunkt: „Die wissenschaftliche Assistentin Frl. Henry soll, obwohl mit einem höheren Zuschuss durch die Luther-Gesellschaft gerechnet werden muss, beibehalten werden. Solange die Entscheidung über die Ausgabe noch nicht gefallen ist, soll sie – wie auch

Keine zwei Monate später musste Fräulein Henry auf die freundlichste und gegenüber dem Projekt loyalste Weise um ihren Abschied von der Hamburger Arbeit in der vermeintlichen Festanstellung gebeten haben. Am 5. April 1944 ersuchte Knolle bei dem Schatzmeister um ein Gespräch:

„Ich bin auch Ihrer Meinung, dass es sehr zweckmäßig wäre, wenn wir noch einmal mündlich das Ganze besprechen. Das wird insbesondere auch wegen der weiteren Verwendung und Bezahlung von Fräulein Henry nötig sein. Sie selbst hat mir Vorschläge gemacht, dass sie ganz nach Rostock übersiedelt, weil dort die Arbeit in der Universitäts-Bibliothek möglich ist. Sie möchte dann ein geringeres Fixum beziehen und im übrigen für ihre Mitarbeit in einem garantierten Umfange Honorar haben. Mir ist es noch etwas problematisch. Es besteht andererseits die Möglichkeit, dass sie hier noch etwas stärker von der Gemeinde eingesetzt und dementsprechend bezahlt wird."[312]

Hosemann gab sich eine Woche später, am 13. April 1944, gegenüber Knolle ebenso solidarisch wie kämpferisch: „Wegen Fräulein Henry müssen Sie mir sagen, wie es geregelt werden soll. [...] Sie muss Ihnen – soweit Sie sie gebrauchen können – zur Verfügung stehen. Die Geldmittel müssen beschafft werden."[313] Hosemann war nun sogar dazu bereit, die Mitgliedsbeiträge für eine Aufrechterhaltung des Anstellungsverhältnisses einzusetzen: „Da wir in der nächsten Zeit doch keine Ersatzschriften werden kaufen können, wird das Geld auch da sein, wenn unsere Mitglieder uns nicht untreu werden."[314] Für Fräulein Henry blieb damit alles beim Alten, soweit es sich nicht noch weiter verschlechterte. Nach Knolles Brief an Hosemann vom 15. September 1944 wurde sie „nur noch [zu] „ein[em] Drittel ihres Gehaltes" über die Luther-Gesellschaft bezahlt, während der Rest über Gemeindearbeit vergolten wurde, was Hosemann „als Kassenwart" vier Tage später „natürlich [...] sehr" begrüßte.[315]

Fräulein Henry blieb noch ein weiteres halbes Jahr in Hamburg. Am 31. Juli 1945 berichtet Knolle dem zwischenzeitlich von Breslau nach Hessen geflüchteten Schatzwart:

„Fräulein Henry ist zu Ostern zu ihrer Mutter in die Nähe von Rostock gefahren und nicht wieder zurückgekehrt. Ihre Schwester hat mir nach einigen Wochen telefonisch mitgeteilt, dass sie an einer Blinddarmreizung litte. Sie wollte freilich auf jeden Fall vor den Russen fliehen; das scheint ihr aber nicht gelungen zu sein."[316]

In Rostock gelang es Marie-Louise Henry hingegen, 1948 mit einer kirchenhistorischen Arbeit promoviert und 1952 mit einer alttestamentlichen Studie

---

schon bisher – mit der Einrichtung der Luther-Bücherei beschäftigt werden." Zu dem entsprechenden Wortlaut im Protokoll (wie oben Anm. 310) s. den Tagungsordnungspunkt 4.

[312] ALGW 202, o.P.

[313] ALGW 202, o.P.

[314] Ebd.

[315] Beides: ALGW 202, o.P.

[316] ALGW 202, o.P.

habilitiert zu werden. Von 1959 bis 1961 wirkte sie als Professorin in Leipzig und seit 1973 in Hamburg[317], wo sie zwischen 1942 und 1945 schon ambivalente Erfahrungen als „wissenschaftliche Assistentin“ von Knolle gemacht hatte. Ihre lebensgeschichtlichen Daten fassen später nüchtern zusammen, sie sei „Wiss. Assistentin (50 %) bei der Luthergesellschaft, Hamburg“ und mit der „Arbeit an einer deutschen Luther-Ausgabe“ betraut gewesen; „[g]leichzeitig 50 % Tätigkeit in einer Gemeinde in Hamburg-Eimsbüttel“.[318] Ihr Ausbildungs- und beruflicher Werdegang deutet die praktischen und persönlichen Schwierigkeiten an, die es zu bewältigen galt, bevor sie zur „erste[n] Professorin im Fach Altes Testament bzw. in einem biblischen Fach im deutschsprachigen Raum“ werden konnte.[319]

Namen von Bearbeitern einzelner Bände sucht man vergeblich. In späteren Zusammenhängen begegnen Hinweise auf mögliche Beiträge von Heckel, Oskar Thulin und Martin Doerne, die alle aus ihren Verbindungen zum Geschäftsführenden Ausschuss der Luther-Gesellschaft mit dem Editionsprojekt vertraut waren. Der Eindruck legt sich nahe, dass Knolle nicht nur die Herausgabe der Edition, sondern auch die Bearbeitung der Bände uneingeschränkt selbst zu koordinieren suchte und eine Verbreiterung des Mitarbeiterstabes über die Luther-Gesellschaft hinaus als nachteilig ansah. Nicht eindeutig sind die Hinweise auf einen möglichen weiteren Kooperationspartner, die sich in einem Brief Knolles an Hosemann vom 28. Januar 1942 finden. Nach Verstimmungen, auch über nicht gelieferte Periodika, ermahnte Knolle den Schatzmeister: „Herr [sic] Prof. Dr, [sic] Pauls bitte ich, besonders pfleglich zu behandeln. Er ist selbst am Luther-Schrifttum beteiligt, wenn auch nicht immer in Uebereinstimmung mit mir.“[320] In dem Passus könnte sich an-

---

317 Für diese und weitere Daten s. Hermann Michael NIEMANN und Karl-Reinhard TITZCK: Dokumentation zum persönlichen und wissenschaftlichen Lebenslauf von Frau Professorin Dr. Marie-Louise Henry (1911–2006), in: Kersten Krüger (Hg.): Frauenstudium in Rostock. Berichte von und über Akademikerinnen, Rostock 2010 (Rostocker Studien zur Universitätsgeschichte, Bd. 9), S. 68–83, und Hermann Michael NIEMANN und Meik GERHARDS: Marie-Louise Henry (1911–2006): Eine streitbare, sensible und weitblickende Theologin, in: ebd., S. 84–93. Aufschlussreich für die frühen Interessen an der Kirchengeschichte ist, dass Henry bereits während ihres Studiums als „Amanuensis“ bei Johannes von Walter gearbeitet hatte, ebd., S. 70. Für die Anstellung bei Knolle und den Weggang aus Rostock mag eine Rolle gespielt haben, dass dieser 1940 starb; s. Notger SLENCZKA: Art. Walter, Johannes v., in: RGG^4, Bd. 8, Tübingen 2005, Sp. 1299 f. Bereits für die Dissertation deuten sich Verbindungen zwischen Kirchengeschichte und Altem Testament an, insofern der Alttestamentler Gottfried Quell das regionalgeschichtliche Thema ihrer unpublizierten Dissertation („Studien zum Kulturkampf der Deutschen Evangelischen Kirche mit besonderer Berücksichtigung der mecklenburgischen Verhältnisse“) „angeregt“ hatte, s. NIEMANN/TITZCK, Henry (wie oben in dieser Anm.), S. 71.

318 NIEMANN/TITZCK, Henry (wie oben Anm. 317), S. 70.

319 Ebd., S. 71.

320 ALGW 202, o.P.

deuten, dass für Luthers Judenschriften editorisch Theodor Pauls[321] vorgesehen war, der das Themengebiet monographisch für die deutsch-christliche Reihe „Aufbau im Positiven Christentum“ bearbeitet hatte. Ungewöhnlich für Knolles Sprachgebrauch wäre die Bezeichnung „Luther-Schrifttum“ für die beabsichtigte Luther-Ausgabe. Gegen die Annahme einer Mitarbeit Pauls’ spricht weiter, dass Knolle diese in keinem anderen Zusammenhang erwähnt. Unzweifelhaft ist jedoch, dass persönliche Rücksichtnahmen auf Pauls für Knolle aus genuinen Vereinsinteressen als geboten erschienen.

8. Umgang mit Konkurrenzunternehmungen (1938, 1939, 1941)

Bereits in mehreren Zusammenhängen zeigte sich, in welchem Maße Knolle die Relevanz der eigenen editorischen Arbeiten aus dem direkten Vergleich mit Alternativangeboten zu plausibilisieren suchte. Schon seine „Proben“ aus der Zeitschrift „Luther“ von 1938[322] bemühen sich, die Überlegenheit des vorgeschlagenen Ansatzes gegenüber der WA und der Münchener Ausgabe augenfällig zu machen. Und bereits im ersten Gespräch mit Mohn, im Juni 1939, beschwor er die „Gefahr einer politischen [...] Ausgabe“[323]. Wie sah Knolles eigener Umgang mit neuerlichen Konkurrenzausgaben aus?

Das Jahr 1941 bietet ein anschauliches Beispiel. Am 18. April 1941 wusste Bischof Heckel dem Hamburger Herausgeber von einer in Finnland geplanten Lutherausgabe zu berichten.[324] Heckel vermeldete nicht nur den Umstand und einen Ansprechpartner; er erklärte auch detailliert, was zu unternehmen sei. Selbst habe er bereits einen Kontaktmann wissen lassen, dass die als Grundlage für die finnische Edition dienende

> „Calwer Ausgabe so ungefähr die ungeeignetste [sei], die man sich als Vorlage hätte wählen können. So ginge es auf keinen Fall. Ich habe ausserdem bemerkt, dass die Luther Gesellschaft [sic] z. Zt. eine Volksausgabe plane und dass man in Finnland an diese Ausgabe – wenigstens Teile derselben – anschliessen solle.“[325]

Am selben Tag berichtete auch Knolle an Heckel, dass Mohn „[w]egen der Ausgabe in Finnland [...] verständlicherweise Bedenken“ trage, „die ich aber mit dem Hinweis auf die bereits in Gang gebrachte Drucklegung zerstreuen werde. Ich werde ihn darauf aufmerksam machen, dass gerade jene Ausgabe eine möglichst schnelle Veröffentlichung in Deutschland möglich macht.“[326]

---

[321] Zu ihm und seinem Werk s. Thomas KAUFMANN: Luthers Juden, Stuttgart [3]2017, S. 12, 166.

[322] S. oben Anm. 77 f.

[323] S. oben Anm. 160.

[324] Th. Heckel an Th. Knolle, 18. April 1941, ALGW 201, o.P.

[325] Ebd.

[326] Th. Knolle an Th. Heckel, 18. April 1941, ALGW 201, o.P.

Am 22. April 1941 setzte Knolle seinen Brief an den von Heckel benannten Pfarrer lic. Sentzke in Turku auf: „Von der deutschen Luther-Gesellschaft ist nun auch eine Gesamtausgabe der deutschen Schriften Luthers seit Jahren vorbereitet. Ich bin deren Herausgeber. Sehr gern würde ich mit Ihnen die Fühlung aufnehmen und die Erfahrungen über Plan und Arbeit einer solchen Ausgabe austauschen.“[327] Der Wortlaut nahm Heckels Formulierungsvorschlag auf, worin sich der Einfluss des Auslandsbischofs auf Knolle ein weiteres Mal zeigt. In einem den Antragstellungen vergleichbaren Muster[328] hatte Heckel angeregt, die eigene Priorität zu betonen und allenfalls auf dem eigenen Vorhaben basierende Nachfolgeprojekte zu unterstützen.

Die entscheidende Konkurrenz fand Knolle nicht im Ausland. Wenig später begannen sich in Berlin zwei Editionsvorhaben zu formieren, die für Knolle bedeutsam werden sollten.

---

[327] ALGW 732, o.P.

[328] S. oben Anm. 216.

II. Konkurrenten – Erich Seebergs „echte“ Lutherschriften und Kurt Alands „Werke Martin Luthers in neuer Auswahl für die Gegenwart“

1. Die erste Kenntnis von Erich Seebergs Editionsprojekt (1943)

Erich Seeberg[1], der als „die zeitweilig einflußreichste und gefährlichste Gestalt“ „[u]nter den evangelischen Universitätstheologen, die sich dem Nationalsozialismus verschrieben hatten“[2], gewertet wird, findet sich in der die Luther-Ausgabe betreffenden Korrespondenz Knolles erstmals am 4. Februar 1941.[3] Unter diesem Datum berichtet Heckel über seine Vorbereitungen einer Antragstellung beim Reichsministerium für kirchliche Angelegenheiten:

> „In Sachen unseres Planes habe ich noch am Nachmittag mit Haugg[4] telephoniert und ihm klar gemacht, dass diese Ausgabe in keiner Weise mit der Weimarer Ausgabe von H. Seeberg konkurriere, und dass eine Einmischung oder Begutachtung von dieser Seite nur unzuträglich wäre. Ich glaube, er hat dies eingesehen.“[5]

Seeberg begegnet in seiner Funktion „als Leiter der Kommission für die Herausgabe der Werke Martin Luthers“[6], der für Knolles Editionsvorhaben

---

[1] Zu Seeberg s. Thomas KAUFMANN: „Anpassung“ als historiographisches Konzept und als theologiepolitisches Programm. Der Kirchenhistoriker Erich Seeberg in der Zeit der Weimarer Republik und des ‚Dritten Reiches‘, in: ders. und Harry Oelke (Hg.): Evangelische Kirchenhistoriker im ‚Dritten Reich‘, Gütersloh 2002 (VWGTh, Bd. 21), S. 122–272; zur Lebens- und Werkgeschichte s. ebd., S. 128–171; eine bündige Zusammenfassung der umfangreichen Studie liefert zusammen mit neuem Material zu dem Todesumständen DERS.: Der Berliner Kirchenhistoriker Erich Seeberg als nationalsozialistischer Theologiepolitiker, in: Manfred Gailus (Hg.): Täter und Komplizen in Theologie und Kirchen. 1933–1945, Göttingen 2015, S. 216–243; den familiengeschichtlichen Hintergrund erhellt DERS.: Die Harnacks und die Seebergs. „Nationalprotestantische Mentalitäten“ im Spiegel zweier Theologenfamilien, in: Manfred Gailus und Hartmut Lehmann (Hg.): Nationalprotestantische Mentalitäten. Konturen, Entwicklungslinien und Umbrüche eines Weltbildes, Göttingen 2005 (VMPIG, Bd. 214), S. 165–222.

[2] KAUFMANN, Anpassung (wie Anm. 1), S. 225.

[3] Th. Heckel an Th. Knolle, ALGW 201, o.P.

[4] Zu ihm s. Kap. I, Anm. 201.

[5] Wie Anm. 3.

[6] KAUFMANN, Anpassung (wie Anm. 1), S. 205.

grundlegenden WA, nicht aber eines eigenen, gegen das Projekt der Luther-Gesellschaft gerichteten Konkurrenzunternehmens. Dennoch schien Heckel von Anfang an Vorsicht hinsichtlich Seeberg geboten zu sein. Persönliche Vernetzung oder interne Kenntnisse waren für eine entsprechende Einschätzung nicht vonnöten. Seebergs Einfluss auf die Kirchengeschichte, die Theologie und große Editionsprojekte, wie die Eckhart-Ausgabe[7], waren der wissenschaftlichen Öffentlichkeit – einschließlich der persönlichen Zerwürfnisse und fachlichen Diskreditierungen – weithin bekannt. Knolle selbst hatte sich mit seinem 1938 gescheiterten Versuch, Heinrich Bornkamm als reformationsgeschichtlichen Berater zu gewinnen[8], einem Fachvertreter angenähert, den Seeberg im Vorjahr vor der Leserschaft der „Zeitschrift für Kirchengeschichte" „in seinen bisherigen Leistungen"[9] hinterfragt hatte. Für Heckel gilt, dass er Berührungen mit Seeberg im Zusammenhang der Luther-Ausgabe vermeiden wollte, nachdem seitens des Reichsministeriums für kirchliche Angelegenheiten der Name offensichtlich gefallen war.

Zwei Jahre und drei abschlägig beschiedene Anträge später erhielt Knolle am 6. Februar 1943 von Heckel die bislang gravierendste, das eigene Editionsprojekt am stärksten gefährdende Nachricht:

> „Vertraulich teile ich Ihnen mit, dass H. Seeberg eine 20bändige deutsche Lutherausgabe herausbringen will, das Papier sei vom Verlag – welchem weiss ich nicht – bereitgestellt, der Ev. Oberkirchenrat unterstütze die Sache. Der Drahtzieher dürfte der deutsche Christ H. Buschtöns sein, der s[einer]z[ei]t. den Plan der L[uther]G[esellschaft] kannte. Da muß etwas geschehen. *Meinen Namen! müssen Sie aus dem Spiel lassen.* Ich bin dafür, dass jetzt sämtl.[iche] lutherischen Kirchen antreten u.[nd] für die L[uther]G[esellschaft] gewonnen werden. Außerdem müßte man wohl H. Seeberg stellen; auch die altpr.[eußische] Kirche. Seeberg soll geäußert haben, daß er an die Sache nur herangehe, wenn er dessen sicher sei, daß von anderer Seite nichts erfolgte. Das hat eben H. Buschtöns versichert. Ich bitte Sie[,] diese Sache aufs Korn zu nehmen."[10]

In seiner Abschrift der Nachricht für die anderen Vorstandsmitglieder verzichtete Knolle auf Heckels abschließende Frage: „Oder arbeitet die L[uther]-G[esellschaft] nicht mehr an dem alten Plan?"[11] Heckel schilderte damit nicht nur die Vorgänge; er bot auch eine Lesart, die in der Folgezeit von mehreren Vorstandsmitgliedern der Luther-Gesellschaft aufgenommen werden sollte: Das Seebergsche Projekt sei ein editorischer Verrat, erwachsen aus einer amt-

---

[7] Ebd., S. 193–197, 199, 205. Vgl. dazu auch Ingeborg DEGENHARDT: Studien zum Wandel des Eckhartbildes, Leiden 1967 (Studien zur Problemgeschichte der antiken und mittelalterlichen Philosphie, Bd. 3), S. 291 f. 295–297.

[8] S. Kap. I, Anm. 73 f.

[9] S. dazu und zum Zitat KAUFMANN, Anpassung (wie Anm. 1), S. 200.

[10] Im oben zitierten handschriftlichen Original und maschinenschriftlicher Abschrift in ALGW 201, o.P.

[11] Ebd.

lichen Indiskretion, initiiert von Buschtöns und inspiriert von dem Plan der Luther-Gesellschaft, der die rechtlich einklagbare Priorität zukomme.
Mit Friedrich Buschtöns, der als Oberkonsistorialrat zu den theologischen Mitgliedern des Evangelischen Oberkirchenrates gehörte[12], hatte Heckel offenkundig über den Vorgang gesprochen; möglicherweise war er durch diesen überhaupt erst unterrichtet worden. Innerhalb der Luther-Gesellschaft unterbreitete der kirchenamtlich angebundene Schatzmeister Hosemann zwei Wochen später, am 20. Februar 1943, dem Präsidenten Althaus das Vermittlungsangebot, im Zusammenhang mit anderen dienstlichen Angelegenheiten:

„1.) Rücksprache mit Vizepräsident D. Hymmen vom Evangelischen Oberkirchenamt Berlin [zu nehmen]. Ich habe allerdings keine Hoffnung auf grossen Erfolg. Gegebenenfalls könnte man aber auch andere Theologen des Oberkirchenrats aufmerksam machen. 2.) Rücksprache mit Professor D. Erich Seeberg, mit dem ich gerade in letzter Zeit wieder eine kleine Fühlungnahme infolge der beabsichtigten kirchlichen historischen Kommission hatte. 3.) Rücksprache mit Herrn Buschtöns, die mir allerdings am schwersten würde. Vielleicht ist aber der direkteste Weg der richtigste. Ich hätte die Möglichkeit, alle drei Wege mit dienstlichen Besprechungen zu verbinden, so dass die Angelegenheit erst an 2. Stelle zur Sprache kommen könnte und damit nicht so auffällig wäre und auch bei der Anmeldung der Besprechung nicht genannt werden brauchte."[13]

Eine Abschrift des Briefes war auch an Knolle gegangen, um dessen Einschätzung in dem Schreiben an Althaus ausdrücklich gebeten wurde. Knolle nahm das unterbreitete Angebot am 25. Februar 1943 „mit grossem Dank an"[14] an und reagierte mit einem Ratschlag, der alle Optionen – bis auf die Rücksprache mit Buschtöns – kombinierte:

„Ich habe Herrn D. Althaus empfohlen, dass Sie zunächst mit D. Seeberg sprechen, zumal D. Althaus D. Herrmann [sic] um Fühlungnahme mit diesem gebeten hatte. Ob H.[ermann] in solchen Verhandlungen sehr geschickt ist, weiss ich nicht. Eine Besprechung mit D. Hymmen sollte zunächst das Ziel haben, überhaupt einmal festzustellen, inwieweit der Plan schon feste Form hat, ob es sich um eine Ausgabe der deutschen Schriften handelt, welcher Verlag gewonnen ist und Ob [sic] diesem wirklich das Papier genehmigt ist."[15]

Tatsächlich hatte sich Althaus bereits am 19. Februar 1943 um eine Sondierung über Hermann bemüht[16], der „*vertraulich* bei E. Seeberg oder auch bei dem EOK" anfragen sollte, „was an der Sache ist, und, falls etwas an ihr ist, E. Seeberg nahezulegen [hatte], daß er sich mit Knolle einmal in Verbindung

---

[12] BOBERACH u.a., Handbuch (wie Kap. I, Anm. 223), S. 246.
[13] ALGW 202, o.P.
[14] Ebd.
[15] ALGW 202, o.P.
[16] S. dazu das Regest in Arnold WIEBEL (Hg.): Rudolf Hermann, Aufsätze – Tagebücher – Briefe, Berlin 2009 (AHST, Bd. 14), S. 357.

setzt, damit eine unerfreuliche Konkurrenz vermieden wird."[17] Der Wortlaut der zunächst von Heckel gebotenen Informationen findet sich fast wörtlich bei Knolle, Althaus, Hermann und Seeberg, wobei nur die am Informationsfluss beteiligten Personen – Buschtöns, Knolle und Althaus – unerwähnt bleiben.

2. Die erste Kenntnis von Kurt Alands Editionsprojekt (1943)

Noch bevor sich der Vorstand austauschen und abstimmen konnte, traf bei Knolle ein weiterer Brief von Heckel ein, der unter dem 5. März 1943 auf eine zweite Gefahr aufmerksam machte:

„Inzwischen habe ich bei einem Besuch von Herrn Klotz herausgebracht, dass Herr Lic. Aaland [sic] bei Klotz eine 10-bändige deutsche Lutherausgabe macht, die von Klotz wahrscheinlich aufgrund ihrer früheren Verhandlungen mit ihm angeregt worden ist. Ich würde empfehlen, dass jetzt bald die Landeskirchen die offizielle Mitteilung bekommen und dass wir auch die auswärtigen Kirchen [...] bereits festlegen. Herr Klotz rechnete offenbar mit meinem Empfehlen, da er aber sah, dass ich die ganze Sache durchschaute, zog er sich stillschweigend zurück. Einen Papierantrag hat er schon gestellt."[18]

Knolle war entrüstet. Am 8. März 1943 schrieb er Heckel:

„Ihre Aufklärung vom 5. März schlägt dem Fass den Boden aus. Sowohl Herr Klotz wie Herr lic. Aaland sind genauestens über Plan und Stand unserer Ausgabe unterrichtet. Der Verlag Klotz hatte s.[einer] Z[ei]t. mit Böhlau wegen Beteiligung verhandelt. April 1942 fragte Klotz bei mir an, ob er nach Ausscheiden von Böhlau als Bewerber um die Ausgabe auftreten könne. Ich musste ihm mitteilen, dass der Vertrag mit Bertelsmann bereits abgeschlossen sei. Herr lic. Aaland hat mich im vorigen Jahre bei Gelegenheit von Verhandlungen mit dem Bibelarchiv besucht. Wir haben Plan, Durchführung, Mitarbeiter unserer Ausgabe besprochen, auch die ablehnende Stellung des Oberkirchenrates. Er hat sich zu gelegentlicher Mitarbeit bereit erklärt!!"[19]

Zu dem amtlichen Verrat trat nunmehr nach Knolle ein zweiter: ein persönlicher.

Bevor diese Einschätzung anhand früherer und späterer Dokumente zu überprüfen sein wird, gilt es, die Reaktionen der führenden Vereinsvertreter auf die beiden Konkurrenzunternehmen zu verfolgen. Aufgrund der Situation lag es nahe, die Gegenprojekte im Zusammenhang zu behandeln. Tatsächlich unterlief Knolle zunächst sogar das Missverständnis, die beiden Vorhaben miteinander zu identifizieren und von einer editorischen Zusammenarbeit

---

[17] Die oben gebotenen Auszüge basieren auf einer Kopie des Originalschreibens von P. Althaus an R. Hermann, die im UAE G1/30, Nr. 11a (Korr. Rudolf Hermann), o.P., verfügbar ist.

[18] ALGW 201, o.P.

[19] ALGW 201, o.P.

zwischen Seeberg und Aland auszugehen. In dem eben zitierten Brief an Heckel vom 8. März 1943 deutet sich das zunächst noch nicht an. Er bietet immerhin Neuigkeiten zu der über Hermann unternommenen Kontaktaufnahme zu Seeberg:

„Seeberg hat Prof. Herrmann geantwortet, ihm sei verschiedentlich gesagt worden, ein Gegenunternehmen läge nicht vor. Von ihm gehe der Plan nicht aus, sondern vom Verlage und anderen sachkundigen Persönlichkeiten. Er meint, wir müssten an ihn herantreten, da es sich bei uns ja auch nur um einen *Plan* handele."[20]

In seinen weiteren Überlegungen deutet sich das benannte Missverständnis aber an:

„Ich habe jetzt vorgeschlagen: 1. D. Althaus schreibt an Seeberg, dass er irregeführt ist[.] Die Ausgabe der Luther-Gesellschaft ist sowohl dem Verlage wie Herrn lic. Aaland [sic] bekannt. Sie ist nicht ein Plan, sondern seit 1937 bei Böhlau vorbereitet, seit 1941 von Bertelsmann fest übernommen, finanziert und in einigen Bänden im Manuskript festgestellt [sic]. 2) Ob und wie man mit dem Verlage Klotz verfahren soll, soll Herr Mohn angeben. 3) Ob und wie man zu Herrn lic. Aaland Stellung nehmen sol[l,] habe ich anheimgestellt. 4) Ihren Rat, die Kirchenregierungen des In- und Auslandes zu benachrichtigen, habe ich als wichtig weitergegeben. Ich hoffe, dass ich die Durchführung bald mit Ihnen besprechen kann."[21]

Vor allem wird Knolles Fehldeutung einer Kooperation zwischen Seeberg und Aland im Brief an den Verleger Mohn vom selben Tag deutlich:

„Aus beiliegendem Durchschlag ersehen Sie, dass der Verlag Klotz eine zehnbändige deutsche Lutherausgabe herausbringen will. Ich füge ergänzend hinzu, dass Prof. Seeberg sich zur Herausgabe bereit erklärt hat. Auf eine von uns veranlasste Anfrage von Professor Herrmann [sic] hat er diesem erklärt, dass ihm gesagt sei, ein Gegenunternehmen läge nicht vor. – Ich bitte, den Namen von Herrn Bischof D. Heckel in diesen Zusammenhängen nicht zu nennen. Ich bitte nun um Ihre Stellungnahme, insbesondere ob und wie Sie es als Verleger für geeignet halten, gegenüber dem Verlage Klotz zu verfahren."[22]

Weder Heckel noch Knolle wollten damit persönlich involviert werden und bemühten sich, den Verleger und andere Vorstandsmitglieder nach ihren Instruktionen agieren zu lassen. Zunächst reagierte Mohn am 11. März 1943 distanziert auf Knolles Erwartung, er solle sich engagieren:

„Sie meinen, daß ich als Verleger mit dem Verlag Klotz verhandeln solle. Die Sache ist schwierig; denn juristisch ist gegen Herrn Klotz nichts zu machen. Selbst wenn gewisse Vorverhandlungen eingeleitet waren, so sind sie doch nicht zum Abschluß gekommen. Mit mir hat er überhaupt noch nicht verhandelt und wenn – nach Ihren Darstellungen – man

[20] Ebd.

[21] Ebd.

[22] ALGW 700, o.P.

wohl manches in seinem Verhalten anders gewünscht hätte, so liegt doch keine Möglichkeit vor, gegen ihn vorzugehen."[23]

Sodann hinterfragte er die zeitnahe Erfolgsaussicht einer Konkurrenzausgabe: „Übrigens glaube ich nicht, daß im Augenblick eine akute Gefahr besteht. Selbst wenn Herr Klotz wirklich schon einen Papierantrag gestellt hat, wird er nach meiner Kenntnis der Papierlage nicht auf Genehmigung rechnen dürfen."[24] Vor allem aber gab er die verlegerische Richtlinie vor, nur eine Ausgabe erscheinen zu lassen, wobei er für die Verhandlungen die Verantwortung der Luther-Gesellschaft betonte. Darin war Mohn bereit, Knolle zu konzedieren, dass dieser sich selbst zurückhalten dürfe, womit der Vorsitzende in die Pflicht genommen wurde:

„Wichtiger scheinen mir die Verhandlungen der Herausgeber. Je weiter auf beiden Seiten die Arbeiten gediehen sind, desto schwieriger ist eine Einigung zu erreichen. Das Ziel sollte auf alle Fälle sein, daß nur *eine* Ausgabe erscheint. Auch ich glaube, daß Herr Professor D. Althaus als Vorsitzender der Luthergesellschaft die Verhandlungen führen sollte."[25]

Mohn erlag also ebenso dem Missverständnis, dass es nur eine Konkurrenzunternehmung gebe, in der Seeberg und Aland zusammenarbeiteten. Im Umgang mit den beiden warb er um Verständnis und Konzilianz.[26] Prioritätsansprüchen der Luther-Gesellschaft war Mohn über Gebühr bereit, entgegenzukommen, womit er vor allem wohl darum bemüht war, Knolle zu Gesprächen zu bewegen.[27] Nachdrücklich betonte Mohn seine verlegerische Verantwor-

---

[23] ALGW 700, o.P.

[24] Ebd.

[25] Ebd.

[26] Ebd.: „Es fragt sich, ob er [Althaus] an Herrn Professor D. Seeberg oder an Herrn Lic. Aalant [sic] zunächst herantritt. Nach allem, was ich bisher sehe, hat Herr Professor D. Seeberg ja völlig korrekt gehandelt, zumal er sich erkundigte, ob nicht von anderer Seite etwas Derartiges geplant ist. Und darum ist doch wohl zu hoffen, daß er den von unserer Seite geäußerten Bedenken zugänglich sein wird und dann seinerseits mithilft, eine Einigung zustande zu bringen. [...] Vielleicht wäre es aber auch möglich, daß zunächst die Verhandlungen mit Herrn Lic. Aalant wieder aufgenommen würden, und zwar in Anknüpfung an Ihre früheren Besprechungen. Da scheint es mir notwendig, zunächst einmal die Gegenseite zu verstehen, wenn man überhaupt ins Gespräch kommen will. Denkbar wäre ja immerhin, daß Herr Lic. Aalant auf Grund der Besprechung mit Ihnen in Erkenntnis Ihres Planes und Ihrer Grundsätze zu der Überzeugung gekommen ist, daß das Ganze wesentlich anders gestaltet werden müsse. Ich hätte es ja freilich auch dann für wünschenswert gehalten, daß er die Besprechungen mit Ihnen fortsetzte und sich mit Ihnen über die ihm nötig scheinenden Änderungen zu verständigen suchte."

[27] Ebd.: „Wesentlich wird sein, ihm zu sagen, wie weit unsere Vorarbeiten schon gediehen sind, d.h. daß doch schon ganz Erhebliches geleistet wurde und nur die Kriegsverhältnisse eine Verschiebung der Herausgabe veranlaßt haben. Wir hätten ja tatsächlich schon zu Beginn des Krieges einen oder zwei Bände herausbringen können[,] als eine Papiergenehmigung noch nicht nötig war. Wir haben darauf verzichtet, weil die Beschaffung neuer

tung und Entschlossenheit, eher selbst zurückzutreten und Verluste hinzunehmen, als den Markt durch zwei Konkurrenzangebote zu erschöpfen:

„Ich möchte raten, daß auf alle Fälle irgendwie, sei es durch Herrn Professor D. Althaus oder durch Sie selbst der Versuch gemacht wird, die beiden vorhandenen Strömungen nun zusammenzuleiten und über die Grundsätze der Arbeit zu einer Einigung zu kommen. [...] Sofern der Verlag Klotz-Hinrichs zum Rücktritt nicht zu bewegen ist, erkläre ich Ihnen gegenüber heute schon, daß, wenn den Einigungsbemühungen damit gedient wäre, ich zum Verzicht bereit wäre. Über die Verrechnung der von mir gezahlten Beträge würden wir uns schon irgendwie verständigen. Denn nichts scheint mir schlimmer, als wenn zwei Ausgaben gleichzeitig herausgebracht würden. Im Gegenteil muß meines Erachtens unter allen Umständen erreicht werden, daß *nur eine Ausgabe* herauskommt. Selbst wenn im einzelnen Herr Professor D. Seeberg und Herr Lic. Aalant manches anders gestalten wollen, als Sie und Ihr Mitarbeiterkreis, so bleibt doch auf alle Fälle die Tatsache einer starken Zersplitterung und Kraftvergeudung bestehen, sowohl auf theologischer wie auf verlegerischer Seite, die wir volkswirtschaftlich, wie für unser evangelisches Schrifttum im besonderen, nicht verantworten können.“[28]

In der Luther-Gesellschaft engagierte sich in erster Linie der Schatzmeister. Am 13. März 1943 schrieb Hosemann an Althaus, dass er mit Seeberg ein Gespräch über eine geplante Historische Kommission für den 18. März verabredet hatte.[29] Der Termin wurde von Seeberg jedoch abgesagt, da dessen Berliner Wohnung am 1. März „zerstört und zunächst unbewohnbar gemacht worden“ sei.[30] Hosemann erneuerte daher sein Angebot an Knolle, sich „mit D. Hymmen oder Buschtöns“ auszutauschen.[31] Althaus wiederum antwortete Hosemann am 15. März 1943[32]; seine Ausführungen verdeutlichen die Hintergründe des getrübten Verhältnisses zwischen Seeberg und Knolle:

„Was nun die von E. Seeberg geplante Ausgabe angeht, so hat mir R. Hermann, den ich bat, bei E. S.[eeberg] anzufragen, mitgeteilt, dass nach Angabe von E. S.[eeberg] tatsächlich der Plan besteht und dass Seeberg von einer Konkurrenz nichts wusste. Er, Seeberg, stelle D. Knolle anheim, sich nunmehr an ihn zu wenden. D. Knolle hat keine Neigung dazu, weil seine Beziehungen zu S.[eeberg] getrübt sind, vor allem durch eine Besprechung[33]. D. Knolle meint nun, ich als Präsident solle an E. S.[eeberg] schreiben. Aber ich

---

guter Schriften bereits auf Schwierigkeiten stieß und das Papier schon nicht mehr die erwünschte Güte hatte.“

[28] Ebd.

[29] ALGW 202, o.P. Zu den historischen Hintergründen s. Anm. 243 f. und Kap. III, Anm. 159.

[30] Wie Anm. 29.

[31] Ebd.

[32] Im Auszug enthalten in J. Hosemann an Th. Knolle, 20. März 1943, ALGW 202, o.P.

[33] Wahrscheinlicher als die Annahme einer Seebergschen Rezension eines Werkes von Knolle – die sich in der ThLZ und der ZKG bisher nicht finden ließ – ist ein literarischer Bezug von Knolle auf Seeberg entweder in der Zeitschrift „Luther“ oder dem LuJ.

stehe auch mindestens nicht gut mit ihm.[34] So läge mir viel daran, wenn Sie doch mit ihm hätten reden können. Aber vorläufig ist das ja nun unmöglich. Es will mir fast scheinen, dass es nun, nachdem Hermann Seeberg gefragt und dieser Knolle anheimgestellt hat, sich mit ihm ins Benehmen zu setzen, *zunächst* von uns der Weg zu Seeberg, nicht der zu Hymmen oder Buschtöns gegangen wird. Das ist nun wohl loyaler. Aber wenn Herr D. Knolle anderer Meinung ist, dann bin auch ich dankbar für jeden Schritt, den Sie in Berlin tun können."[35]

Hosemann teilte dies am 20. März Knolle mit[36], der sich dem Votum des Schatzmeisters bereits am 17. März angeschlossen hatte[37].

Auf den 17. März 1943 datiert ein Entwurf der Knolleschen Luther-Ausgabe, der die begrifflichen Anregungen von Heckel in der Bezeichnung der drei Abteilungen aufgreift und auf die Kritik an der Beschränkung auf deutschsprachige Texte reagiert:

„Die Ausgabe der Luther-Gesellschaft soll sämtliche deutsche Schriften sowie die wichtigsten lateinischen in Ergänzungs-Bänden bringen. Die Schriften erscheinen in drei sachlich geordneten Reihen.

I. Reihe: der [sic] *Kampf.*

a) gegen das Papsttum
b) gegen das Schwärmertum
c) gegen das Judentum.

II. Reihe: Der *Neubau.*

a) der Kirche
b) der Obrigkeit
c) des Volkes

III. Reihe: Das *Erbe.*

a) in Auslegung
b) in Predigten
c) in Katechismus.

Jede Reihe umfasst 6 Bände zu durchschnittlich 500 Seiten[.] [...] Die Lesbarkeit und Verständlichkeit wird erleichtert durch Ueberschriften und Unterteile, die den Text gliedern und übersichtlicher machen."[38]

Das Datum verdeutlicht, dass Knolle sein Konzept in Anbetracht der Konkurrenzsituation zu bündeln suchte. Die integrierten Impulse – Heckels Begriff-

---

[34] Wie weit Althaus in seinen eigenen Differenzen gegenüber Seeberg zu gehen bereit war, zeigt sich im Umgang mit dem gemeinsamen Freund Hermann; 1941 regte Althaus an, dieser möge fachliche Anfragen an Seeberg künftig besser „als direkten Widerspruch" vortragen; so nach einem Regest von WIEBEL, Aufsätze (wie Anm. 16), S. 354

[35] Wie Anm. 32.

[36] J. Hosemann an Th. Knolle, 20. März 1943, ALGW 202, o.P.

[37] Dies ergibt sich aus ebd.

[38] ALGW 732, o.P.

lichkeit und die Berücksichtigung lateinischer Texte – gehen unabhängig davon auf die Vorjahre zurück. Althaus hatte von Anfang an lateinische Texte und Übersetzungen gefordert[39], was Knolle zunächst als eine Perspektive für Anschlussarbeiten relativierte und dann ganz ignorierte, womit er zu seinem eigenen Vorhaben der deutschen Texte zurückkehrte. Die erste vorsichtige Hinterfragung dieser Beschränkung seitens des Verlegers begegnet in Mohns Analyse der Marktsituation vom 22. Februar 1941[40]. Obgleich sich Mohn gegenüber Knolle von diesem Punkt ein Jahr später vorsichtig distanzierte, nahm die Konkretion einer Planung mit lateinische Texte berücksichtigenden Ergänzungsbänden zu[41], was man nicht nur sachlich und verlegerisch als sinnvoll ansehen kann. Es war auch die gebotene Reaktion auf die von staatlicher wie kirchlicher Seite abgewiesenen Antragstellungen, von denen besonders die Begründung des Evangelischen Oberkirchenrates Mitte Juli 1941[42] die heuristische und editorische Beschränkung auf deutschsprachige Texte als verfehlt zurückgewiesen hatte. Noch in der Situation, in der sich Knolle auf die Erweiterung um Ergänzungsbände einließ, hielt er es für nötig, gegenüber Mohn die Berechtigung seines eigenen Standpunktes aufrechtzuerhalten und zu erklären, dass die Bedeutung der lateinischen Schriften „für das Verständnis des Gesamtwerkes Luthers sehr überschätzt" werde.[43] Der erzwungene Abstimmungsprozess, den das Konzept vom 17. März 1943 dokumentiert, hatte somit zuvor stattgefunden. Er reagierte auf die neuerliche Situation nur insofern, als er die letzten Absprachen, die ihrerseits schon ein Jahr zurücklagen, bündelte.

3. Klarheit über Alands Editionsprojekt (1943)

In jenen Tagen musste Knolle auch die Nachricht erreicht haben, dass Aland ein von Seeberg unabhängiges Editionsprojekt betrieb. Aland hatte am 12. März 1943 an Althaus geschrieben und sein eigenes Engagement erklärt.[44] Für Alands persönliche und wissenschaftliche Integrität mussten schlüssige Ausführungen von Bedeutung sein, nachdem Aland bereits ein Jahr zuvor, im April 1942[45], bei einem Treffen in Hamburg von Knolle über das Vorhaben der Luther-Gesellschaft informiert worden war.

---

[39] S. Kap. I, Anm. 54.
[40] S. Kap. I, Anm. 246.
[41] S. Kap. I, Anm. 281 und unten Anm. 78.
[42] S. Kap. I, Anm. 221.
[43] S. Kap. I, Anm. 281.
[44] In einer maschinenschriftlichen Abschrift Knolles in ALGW 201, o.P., und ALGW 732, o.P.
[45] S. Anm. 50.

Verantwortlich dafür war der kontaktfreudige und diplomatisch ambitionierte Bischof Heckel gewesen. Am 31. März 1942 hatte er Aland als möglichen Mitarbeiter oder Kooperationspartner für das Editionsunternehmen Althaus empfohlen:

„Lieber Althaus! Für die Ausgabe von Luthers Werken möchte ich anregen H. Lic theol Aland in Berlin mitheranzuziehen. Der Mann hat großes Interesse an der wissenschaftlichen Arbeit und besonders der Lutherausgabe. Er scheint mir nach einer Aussprache, die ich mit ihm hatte, ein frischer Kopf zu sein, der unter Lietzmanns Hand tüchtig erzogen ist und gut reitet. Da ich leider zur Sitzung nicht da sein kann, möchte ich diese Anregung gemacht haben, die die L.[uther]G.[esellschaft] nicht bereuen wird.“[46]

Überraschend ist der in seinem handschriftlichen Befund eindeutige Hinweis auf Alands Reitkünste. In einem späteren Brief an Althaus gibt Aland an, erstmals im Evangelischen Oberkirchenrat von Knolles Editionsprojekt gehört zu haben; der anschließende Austausch mit Heckel wird nicht lokalisiert, ist aber davon unabhängig, weshalb auch ein gesellschaftlicher, vielleicht sogar ein sportlicher Anlass denkbar ist: „Zu den Gesprächen mit Herrn Hauptpastor Knolle darf ich kurz bemerken, dass ich zum ersten Mal von seiner Ausgabe m.W. Anfang 1942 auf dem EOK hörte. Bei einer Unterredung mit Herrn Bischof Heckel kam dann der Plan zufällig auch zur Sprache.“[47] Die Qualifizierung als „Unterredung“ macht jedoch eine Besprechung wahrscheinlicher als eine gemeinsame sportliche Aktivität. Hinzu kommt, dass Aland Ende 1940 kriegsverletzt heimgekehrt war.[48] Nach einer späteren Erinnerung des Verlegers Leopold Klotz soll Lietzmann ihm die Übertragung der Herausgeberschaft der „Theologischen Literaturzeitung“ auf Aland im selben Jahr mit den Worten empfohlen haben: „Setzen Sie Aland nur in den Sattel, reiten kann er dann von allein“.[49] Die zeitliche Nähe der beiden Formulierungen macht wahrscheinlich, dass Heckel eine entsprechende Referenz aufgegriffen und missverstanden hatte.

In zumindest einem Punkt erweist sich Heckel gegenüber Althaus und Knolle im Licht des späteren Aland-Briefes als ein nicht ganz ehrlicher Makler. Der in den überprüfbaren Daten exakte Brief Alands[50] erwähnt, dass

---

[46] ALGW 201, o.P.

[47] ALGW 201, o.P., und ALGW 732, o.P.

[48] Vgl. dazu detailliert Martin HENGEL: Laudatio Kurt Aland, in: Kurt Aland in memoriam, Münster 1995, S. 17–34, hier: S. 20, und kurz: Friedemann MERKEL: Predigt im Trauergottesdienst für Prof. D. Kurt Aland. 21. April 1994 in der Evangelischen Universitätskirche Münster, in: ebd., S. 7–11, hier: S. 9. Zudem Hermann KUNST: Kurt Aland. Eine Würdigung, in: Martin Brecht (Hg.): Text – Wort – Glaube. Studien zur Überlieferung, Interpretation und Autorisierung biblischer Texte, Berlin und New York 1980 (AKG, Bd. 50), S. 1–15; hier: S. 1, 3.

[49] Zitiert nach KUNST, Aland (wie Anm. 48), S. 4.

[50] Dies gilt für das Treffen zwischen Aland und Knolle April 1942 in Hamburg, auf das Knolle in zeitlicher Nähe, Anfang Mai 1942, verweist, s. dazu Th. Knolle an J. Hosemann,

Aland bereits im ersten Gespräch mit Heckel an Knolles Beschränkung auf die deutschen Schriften Luthers Kritik geübt und darin Heckels Zustimmung gefunden habe:

„U.a. sagte ich bei dem Gespräch mit Herrn D. Knolle, dass ich mir eine Lutherausgabe, in welcher die 95 Thesen, de captivitate Babylonica, de servo arbitrio usw. sowie wenigstens eine Auswahl aus den exegetischen Schriften der Frühzeit fehlten, nicht denken könne und wies auch auf die Schwierigkeit der Scheidung innerhalb der Briefe hin, ganz zu schweigen von dem Problem der Nachschriften der Predigten und Tischreden. Herr Hauptpastor Knolle glaubte mir nur teilweise und sehr bedingt zustimmen zu können, anders als Herr Bischof Heckel, der mir gegenüber den Wunsch äusserte, dass ich in eine nähere Beziehung zur Luther-Gesellschaft treten solle.“[51]

Mit der Empfehlung Alands an Althaus entlastete Heckel sich selbst von der konzeptionellen Kritik an Knolles Ansatz, soweit seine Zustimmung zu Aland substantiell begründet und nicht situativ motiviert gewesen war.

Wichtig an Alands Schreiben an Althaus vom 12. März 1943 ist die geschilderte Chronologie der Ereignisse und verlegerischen Interessen. Von dem Editionsprojekt der Luther-Gesellschaft habe Aland „Anfang 1942“[52] gehört; ein Gespräch mit Heckel habe Vertiefungen ergeben, bevor das Hamburger Treffen mit Knolle im April 1942[53] stattfand. In beiden Unterhaltungen habe er Kritik geäußert, „wie auch seinerzeit gegenüber Herrn Prof. Thulin“[54]. Der Hinweis auf den Leiter der Lutherhalle überrascht, da dieser sonst unerwähnt bleibt. Denkbar ist daher, dass Thulin Aland im Evangelischen Oberkirchenrat über das Editionsprojekt informierte, obgleich weder für Aland noch Thulin amtliche Verbindungen zum Oberkirchenrat bestanden, sieht man davon ab, dass Thulin ein Drittel seines Gehalts von der Evangelischen Kirche der Altpreußischen Union bezog[55] und Aland sich auch in zeitlicher Nähe in verschiedenen kirchlichen Zusammenhängen als bestens vernetzt erwies[56]. Bei dem Hamburger Treffen im April 1942 habe Aland seine Mitarbeit nicht in Aussicht gestellt:

„Von einer Mitarbeit durch mich kann allerdings wohl nur indirekt die Rede gewesen sein, insofern als Herr D. Knolle sagte, solche Pläne wie ich sie hätte, liessen sich nur in Zusammenarbeit aller interessierten Wissenschaftler bewältigen (was zu erreichen ich für mög-

---

3. Mai 1942, ALGW 201, o.P., und das Aland ein Jahr später auf April 1942 datiert in ALGW 201, o.P., und ALGW 732, o.P.: „Die Unterhaltung mit Herrn D. Knolle fand im April 1942 in Hamburg statt, als ich zur Sitzung des Deutschen Bibelarchivs dort war.“

[51] ALGW 201, o.P., und ALGW 732, o.P.

[52] S. oben Anm. 47.

[53] S. oben Anm. 50.

[54] Wie Anm. 44.

[55] Friedrich WINTER: Die Evangelische Kirche der Union und die Deutsche Demokratische Republik. Beziehungen und Wirkungen, Bielefeld 2001 (UnCo, Bd. 22), S. 328.

[56] S. dazu unten Anm. 483.

lich hielt), die Ausgabe der deutschen Schriften durch die Luther-Gesellschaft müsse aber in einer Hand liegen, um eine einheitliche Textgestalt sicher zu stellen.“[57]

Seine Ankündigungen habe vielmehr Knolle nicht eingehalten:

„Es trifft zu, dass Herr D. Knolle mir einen Sonderabzug zugesagt hat (allerdings von seinem Aufsatz im Luther-Jahrbuch bezw. der Zeitschrift, der Vorschläge zur Gestaltung von Luthertexten macht, nicht von Druckproben selbst). [...] Das war Ende April 1942, also beinahe vor einem Jahr. Seitdem habe ich weder den Sonderdruck erhalten, noch sonst etwas von Herrn D. Knolle oder der Lutherausgabe gehört, [sic] Vor [sic] mir aus etwas zu unternehmen, war nach Lage der Dinge weder möglich noch zweckmäßig. So werden Sie, sehr verehrter Herr Professor, es verstehen, dass ich mich innerlich völlig ungebunden fühle, denn daraus, dass ich einmal meine abweichende Meinung zu einem Plan zum Ausdruck gebracht hatte, nachdem ich danach gefragt worden war, waren doch wirklich keine Verpflichtungen herzuleiten.“[58]

Vor dem Hintergrund der vorangegangenen Parallelfälle (Beyer [1938], Bornkamm [1938], Petsch [1938] und Hoffmann [1940]) ist das geschilderte Vorgehen Knolles vollkommen plausibel, der sich demnach auch 1942 gegenüber Aland unter Hinweis auf die „Proben“ aus der Zeitschrift „Luther“ von 1938[59] editorisch auszuweisen suchte. Im Dezember 1942 habe sich für Aland, der „[s]ich mit ähnlichen Gedanken schon lange beschäftig[t]e“, die Zusammenarbeit mit Klotz ergeben:

„Als ich, wohl im Dezember vorigen Jahres, bei einem Aufenthalt in Leipzig zum ersten Mal von den Plänen des Verlages L. Klotz hörte, eine 10 bändige Lu[ther]-Ausgabe herauszubringen, habe ich mich deshalb gern für die Herausgabe zur Verfügung gestellt. Es handelt sich hierbei also um ein Unternehmen des Verlages[,] welches in Erinnerung an die seinerzeitige Lutherausgabe des Verlages Perthes als Zentnerausgabe [sic! Klar intendiert und wohl auch in dem Originalbrief: „Zentenarausgabe“] erscheinen soll.“[60]

Der Austausch mit Klotz dürfte sich aus der seit Ende 1940 bestehenden Zusammenarbeit an der „Theologische[n] Literaturzeitung“[61] ergeben haben und lässt sich in der Datierung nicht überprüfen. Von der Seeberg-Unternehmung erklärt Aland im Austausch mit Vertretern der Luther-Gesellschaft, im März

[57] Wie Anm. 44.

[58] Ebd.

[59] S. Kap. I, Anm. 77 f.

[60] Wie Anm. 44.

[61] Vgl. dazu die exakten Angaben in BArch Koblenz N1248/124, o.P., im Schreiben vom 24. Juni 1941, dessen Text in der Edition von Kurt ALAND (Hg.): Glanz und Niedergang der deutschen Universität. 50 Jahre deutscher Wissenschaftsgeschichte in Briefen an und von Hans Lietzmann (1892–1942). Mit einer einführenden Darstellung, Berlin und New York 1979, S. 1024 f., Nr. 1185, abgedruckt ist. Die Fassung des Bundesarchivs ist jedoch nicht von Lietzmann alleine unterschrieben, sondern von Lietzmann und Aland. Beide sind als Schriftleiter ausgewiesen, wobei Lietzmanns Funktion „bis zum 31.10.1940“ terminiert wird, bevor Aland „ab 1.12.1940“ folgte. Die Verantwortung für den November bleibt offen, Alands Verantwortung ab Dezember 1940 ist jedoch eindeutig.

1943, „zum ersten Mal [zu] höre[n]“[62]. Aufgrund der angegebenen Unkenntnis dieses Vorhaben hält er – argumentativ schlüssig – Überschneidungen seiner Edition mit dem Seeberg-Projekt für möglich, schließt sie gegenüber dem Vorhaben der Luther-Gesellschaft jedoch aus. Mehrfach hebt er hervor, aufgrund des unterschiedlichen Ansatzes keine „Konkurrenz“ sondern allenfalls eine „Ergänzung“ zu sein.[63] Die Differenz macht er an mehreren Punkten fest. Gegenüber dem Ansatz Knolles betont er: „Das sprachliche Scheidungsprinzip schien mir weder ausreichend noch genügend begründet“.[64]

Aufschlussreich ist die Schilderung seines eigenen Editionsvorhabens, die man als die erste Gesamtzusammenfassung der späteren Ausgabe „Luther deutsch“ werten kann:

> „Sie soll eine Auswahlausgabe sein und nicht lediglich deutsche sondern auch die wichtigsten der lateinischen Schriften (in Uebersetzung) enthalten, wobei innerhalb der einzelnen Schriften z.T. gekürzt wird, bezw. nur kürzere Abschnitte wiedergegeben werden. Gedacht ist als Leser nicht an den Pfarrer, sondern an den gebildeten Laien. Die Anordnung ist nicht chronologisch, sondern nach inhaltlichen Gesichtspunkten, u.s.w.“[65]

Nach Zustimmung des Verlegers sei Aland „gern bereit, Ihnen zur persönlichen Kenntnisnahme den eingehenden Plan meiner Ausgabe zu übersenden“.[66] Knolle erhielt in der Folge Alands Plan, doch ist dieser im Archiv der Luther-Gesellschaft nicht mehr vorhanden.[67] In seinem Schreiben an Althaus suchte sich Aland abschließend wissenschaftlich zu empfehlen, wobei er die Sorge um seine berufliche Perspektive[68] offen benannte:

> „Dass ich [...] diese Lutherausgabe übernommen habe, liegt [...] auch an der schwierigen Lage des wissenschaftlichen Nachwuchses, die in meinem Fall noch besonders kompliziert ist. Wenn die mir aufgetragene Vertretung des Lietzmannschen Lehrstuhles auch sehr ehrenvoll ist, so bleibt unsereinem doch nur Arbeit und nochmals Arbeit übrig, will man in künftigen besseren Zeiten auf ein Vorwärtskommen rechnen. Vor allen Dingen hoffe ich, dass von meinen Arbeiten zur alten Kirchengeschichte endlich auch einmal etwas erschei-

---

[62] Wie Anm. 44.

[63] Ebd.: „Die beiden Ausgaben bedeuten m.E. keine Konkurrenz, sondern eine Ergänzung.“ „[Z]u der Ausgabe der Luther-Gesellschaft, welche von Herrn D. Knolle bearbeitet wird, steht sie jedoch in keinem Konkurrenzverhältnis, da sie sich wesentlich andere Ziele setzt und völlig anders aufgebaut ist.“

[64] Ebd.

[65] Ebd.

[66] Ebd.

[67] S. unten Anm. 265.

[68] In diesen Zusammenhang dürften auch Alands abgelehnter Aufnahmeantrag in die NSDAP vom 30. Mai 1940 und die Bemühungen Mitte 1942 um einen Wechsel in die Philosophische Fakultät gehören; dazu und zu früheren, nicht in jeder Hinsicht vergleichbaren Überlegungen Erich Seebergs 1939 s. Ludwig, Fakultät (wie Kap. I, Anm. 91), S. 120. Die Akten zu dem handschriftlichen Aufnahmeantrag befinden sich im BArch Berlin R 9361–II/8519, im Film: PK A 33, S. 2086–2094. Ausführlich zu dem geplanten Fakultätswechsel s. unten Kap. 4. Seeberg und Aland – Perspektiven auf die Berliner Fakultät.

nen kann und dass meine kommentierte kritische Ausgabe der Apostelgeschichte[69] bald fertig wird."[70]

Alands Ausführungen sind in sich chronologisch stimmig und in den Hinweisen auf Knolles Agieren glaubhaft. Zwei Punkte gilt es hervorzuheben: Der Auskunft Alands, im Dezember 1942 von Klotz für die Betreuung der Luther-Ausgabe kontaktiert worden zu sein, kommt hohe Bedeutung zu, da sie den vorherigen Austausch mit Knolle als unabhängig von dem späteren Editionsplan mit Klotz schildert. Zugleich bleibt der Quellenwert dieser Aussage hinterfragbar. Für Alands Darstellung spricht Knolles Korrespondenz aus den betreffenden Monaten. So hatte ihn am 14. April 1942 – vor Alands Besuch – ein Anschreiben von „Leopold Klotz in Firma: J. C. Hinrichs Verlag[,] Leopold Klotz Verlag" erreicht:

„Sie erinnern sich vielleicht daran, dass im Frühjahr 1939 zwischen der Firma Hermann Böhlau in Weimar und mir Besprechungen stattfanden über die Möglichkeit einer vielleicht gemeinsamen Uebernahme der von der Luther-Gesellschaft geplanten neuen Luther-Ausgabe. Ihr an die Firma Böhlau gerichteter Brief vom 19. Mai 1939 ist mir damals zur Kenntnis vorgelegt worden. Ich habe nun über die Angelegenheit aus Weimar nichts wieder gehört, bis ich jetzt auf Rückfrage von dort erfahre, dass die Verbindung der Luther-Gesellschaft mit dem Verlag Böhlau inzwischen gelöst sei. Im Zusammenhang mit anderen bei mir zum 400. Todestag Luther schwebenden Verlagsplanungen wäre es mir von großem Wert zu erfahren, in welchem Stadium sich der Plan der neuen Luther-Ausgabe jetzt befindet, und ob es vielleicht angebracht wäre, dass nach dem Ausscheiden der Firma Böhlau ich nun meinerseits für die Firma Hinrichs als Bewerber um den Verlag auftrete."[71]

Knolle antwortete nicht, und Klotz fragte am 8. Mai 1942 – nach Alands Besuch – abermals nach, wobei er die Abschrift seines Briefes als Einschreiben versandte.[72] Am 11. Mai 1942 entschuldigte sich Knolle mit einer „dienstlich[en ... A]bwesen[heit]"[73] und erklärte:

„In Sachen der Luther-Ausgabe hat nun unsere Verbindung mit dem Verlage Bertelsmann-Gütersloh dazu geführt, dass bei diesem die geplante Luther-Ausgabe erscheinen soll. Der Vertrag darüber ist bereits fertig. Ich hatte damals Ihre Bereitwilligkeit, mit der Firma Böhlau-Weimar die Ausgabe zu übernehmen, sehr begrüsst und wäre auch grundsätzlich sehr gerne bereit gewesen, die Verbindung mit Ihnen einzugehen, ahnte aber nicht, dass

[69] Keine Hinweise darauf bieten die Bibliographie Kurt Aland, in: Kurt Aland in memoriam, Münster 1995, S. 41–71, und die Bibliographie Kurt Aland. Zusammengestellt von Beate KÖSTER und Christian UHLIG in: BRECHT, Text (wie Anm. 48), S. 377–397, wobei sich die textkritische Arbeit natürlich mit der späteren Herausgabe des Nestle-Aland überschneidet.

[70] Wie Anm. 44.

[71] ALGW 732, o.P.

[72] ALGW 732, o.P.

[73] ALGW 732, o.P.

Sie allein eine solche Ausgabe machen wollten und habe auch in der Beziehung nichts mehr vom Verlage Böhlau gehört."[74]

Eine zwischen den beiden Briefen liegende, von Klotz angeregte informelle Kontaktaufnahme durch Aland wird man in Anbetracht der Offenheit der Anfrage, der Transparenz der Erkundigungen und der noch ausstehenden Antwort Knolles als unwahrscheinlich ansehen dürfen.

Eine zeitnahe Schilderung seines Gesprächs mit Aland bietet Knolle selbst. Am 3. Mai 1942 schrieb er Heckel nach dessen Empfehlung von Aland.[75] Aland hatte sich kurz zuvor „im Auftrage des E.[vangelischen]O.[ber]K.[irchenrats] [...] wegen des Bibel-Archivs" in Hamburg befunden.[76] Mit ihm habe Knolle „eine ernste Besprechung" gehabt: „Er [Aland] anerkennt die Notwendigkeit einer Luther-Ausgabe, meint sogar dass E.O.K. und Reichskirchenministerium noch lange nicht das letzte Wort in der Frage der Unterstützung geredet hätten, deutet aber die Möglichkeit einer vom E.O.K. inaugurierten Ausgabe an."[77] Aland war demnach bestens über die Vorgänge und Einschätzungen im Evangelischen Oberkirchenrat informiert, aus denen das Seeberg-Projekt hervorgehen sollte. Mehr Ähnlichkeiten mit diesem als mit „Luther deutsch" haben auch Alands ursprüngliche Überlegungen:

„Er wünscht natürlich (wie wir alle) am liebsten eine Gesamtausgabe und zwar die Lateinschriften in Ursprache und Uebersetzung! Das scheint mir z.[ur] Z[ei]t. unmöglich – einfach wegen des Umfanges, der auf das Dreifache unserer geplanten Ausgabe zu schätzen ist. Unsere Ausgabe ist auch schon verlegerisch so weit im Angriff, dass wir sie nicht mehr im Ganzen zur Diskussion stellen können. Ergänzungsbände mit übersetzten Lateinschriften habe ich mit Bertelsmann vereinbart. Mit lic. Aland bleibe ich in Verbindung."[78]

Ausweislich von Alands Auskünften aus dem Frühjahr 1943 tat Knolle dies nicht.

Knolles erste Reaktionen auf Alands Brief an Althaus dokumentieren sich in seinen Marginalien zum maschinenschriftlichen Durchschlag des Textes. Alands Auskunft: „In beiden Gesprächen, ebenso wie auch seinerzeit gegenüber Herrn Prof. Thulin, habe ich gegen den Plan der Luther-Gesellschaft Bedenken angemeldet, denn eine Veröffentlichung lediglich der deutschen Schriften – wenn auch vollständig – schien mir nicht ganz glücklich", kommentierte der Hamburgische Hauptpastor mit den Worten: „das ist das Argument Buschtöns".[79] Eine sachlich berechtigte Kritik an seinem eigenen Editionsvorhaben war für Knolle damit undenkbar. Die Ablehnung im Evangelischen Oberkirchenrat konnte nur politisch motiviert gewesen sein; vergleich-

[74] Ebd.
[75] ALGW 201, o.P.
[76] Ebd.
[77] Ebd.
[78] Ebd.
[79] Ebd.

bare Voten in der zeitlichen Folge mussten davon genetisch abhängig sein. In einer Abschrift leitete Knolle Alands Brief an Heckel weiter.[80] Handschriftlich vermerkt er darauf: „Herrn Bischof D Heckel zur Kenntnis: Nun sind es bereits 3 Ausgaben", womit sich das anfängliche Missverständnis einer Identifizierung der Alandschen mit der Seebergschen Unternehmung aufgeklärt hatte.[81]

Für Heckel waren Alands Eröffnungen nicht vorteilhaft. Der Bischof, der Aland zuvor empfohlen hatte, nun aber in seiner eigenen Integrität hinterfragbar war, antwortete Knolle am 19. März 1943.[82] Er suchte Aland argumentativ, persönlich und professionell zu diskreditieren: „Was Aland schreibt, überzeugt mich nicht. Er ist ein sehr eitler Herr und ebenso geschäftig. [...] Mir ist kein Zweifel, daß Aland sich übernimmt und sich allzuviel zutraut".[83] Den Ausgang des editorischen Wettbewerbes machte Heckel von äußeren Umständen abhängig: „Meines Erachtens kommt es darauf an, wer das Papier bekommt."[84] Zugleich sah er Aland nun als Hauptkonkurrenten und – den vermeintlich geschwächten – Seeberg als potentiellen Bündnispartner: „Mit Seeberg müßte man zu einer Einigung kommen können, denn nach glaubwürdiger Versicherung hat er nicht selbst die Initiative ergriffen. Außerdem wurde er bei der letzten Bombenbeschädigung stark mitgenommen und hat sich nach Ahrenshop [sic] zurückgezogen."[85] Abermals betrachtet Heckel sich und seine Kontakte als entscheidend:

> „Ferner schlage ich vor, daß, außer Inanspruchnahme der Kirchenbehörden, von meiner Seite bald die Teilnahme der auswärtigen Kirche organisiert wird. Wer hier am meisten schafft, der wird das Rennen gewinnen. Ich sehe die Sache durchaus mit Ruhe an. Ich bin aber gespannt, wie die Sache weiterverfolgt wird."[86]

4. Seeberg und Aland – Perspektiven auf die Berliner Fakultät

Bevor die anschließenden Entwicklungen und Entscheidungen zu den Editionsprojekten zu schildern sind, muss eine Selbstaussage Alands kritisch hinterfragt werden: Ist es denkbar, dass Aland, wie er Mitte März 1943 gegenüber Althaus angab[87], bis zu diesem Zeitpunkt noch nicht von dem Seebergschen Editionsprojekt gehört hatte? Immerhin wirkten Seeberg und Aland seit

[80] ALGW 201, o.P.
[81] Ebd.
[82] ALGW 201, o.P.
[83] Ebd.
[84] Ebd.
[85] Ebd.
[86] ALGW 201, o.P.
[87] S. dazu oben Anm. 62.

mehreren Jahren im kirchengeschichtlichen Seminar der Theologischen Fakultät an der Berliner Universität. Aus der Annahme einer kollegialen Nähe ließe sich auch Alands Aussage gegenüber Althaus erklären, dass ihm „eine Ueberschneidung" mit „der Ausgabe von Herrn Prof. Seeberg [...] aus persönlichen Gründen recht unangenehm wäre".[88] Ist aber dann nicht auch ein Wissen um die laufenden Arbeiten wahrscheinlich?

Tatsächlich war das Verhältnis zwischen den beiden in hohem Maße belastet. Besonders zwei Vorgänge dürften dabei von Bedeutung gewesen sein. Der erste hängt mit Alands kometenhaftem Aufstieg in der theologischen Wissenschaftspublizistik zusammen. Schon zum 5. Dezember 1940 übernahm er – als fünfundzwanzigjähriger Habilitand – die Schriftleitung der „Theologischen Literaturzeitung", die sein Lehrer Hans Lietzmann einen Monat zuvor niedergelegt hatte.[89] Die nominelle Herausgeberschaft lag bei dem im Feld stehenden älteren Lietzmann-Schüler Hans-Georg Opitz, der im Juli 1941 fallen sollte.[90] Faktisch versah Aland als Schriftleiter des führenden theologischen Rezensionsorgans von Beginn an die Aufgabe, aber noch nicht das Amt des Herausgebers. Gerade während seiner ersten Monate hatte er zudem Rezensionen zu verantworten, die noch von Lietzmann koordiniert worden waren. Dazu zählte eine Besprechung von Seebergs 1940 erschienener Monographie „Grundzüge der Theologie Luthers".[91] Für sie hatte Lietzmann zunächst Werner Elert angefragt und dann mit Rückert darüber befunden, dass Seebergs „hochtrabende Oberflächlichkeit" zurückgewiesen werden müsse.[92] Gegenüber Hirsch erklärte Lietzmann, dass nur er unter den Schülern „von Holl" für eine entsprechende Reaktion in Frage komme.[93] Hirsch war schon mit der ersten Post zu der Auftragsarbeit bereit und erklärte es, noch ohne auch nur einen Blick in das anzuzeigende Buch geworfen zu haben, für „unmöglich", „ein Buch über ‚Luthers Theologie'" zu schreiben.[94] Luther könne nur als „Vorläufer und Wegbereiter eines neuen Christentums [...] in geistes- und theologiegeschichtlichen Einzel-Studien, die von Luther bis zu uns hingehen", nach dem Vorbild Holls dargestellt werden.[95]

---

[88] Ebd.

[89] S. dazu oben Anm. 61.

[90] Zu Opitz' Tod s. die Anzeige in der ThLZ 66/9 f. (September/Oktober 1941), Sp. 241 f.

[91] Erich SEEBERG: Grundzüge der Theologie Luthers, Stuttgart 1940. Kurz zu dem Vorgang s. auch KAUFMANN, Anpassung (wie Anm. 1), S. 222 mit Anm. 545.

[92] H. Lietzmann an E. Hirsch, 11. September 1940, ALAND, Glanz (wie Anm. 61), S. 1006, Nr. 1159

[93] Ebd.

[94] E. Hirsch an H. Lietzmann, 12. September 1940, ebd., S. 1006 f., Nr. 1160.

[95] Ebd.

Hirsch lieferte seinen Text am 1. Februar 1941[96]; er erschien im Mai/Juni-Heft als Leitartikel unter der Überschrift „Zu Luthers Theologie".[97] Die erste Anmerkung weist den Beitrag als Rezension des Seebergschen Werkes aus. Hirsch eröffnet mit einer redaktionellen oder editorischen Indiskretion, indem er einleitend erklärt:

„Es ist kein erfreuliches Geschäft, das unten angeführte Buch zu besprechen, und ich kann die Fachgenossen verstehen, die vor mir die Rezension abgelehnt haben. Aber der dzt. Herausgeber hat meinem Versuche gegenüber, mich der unfruchtbaren Mühe gleichfalls zu entziehen, den Ehrenpunkt berührt, und so ist die Arbeit an mir hängen geblieben."[98]

Im Wissen um den Wortlaut der Lietzmannschen Anfrage ist offenkundig, dass Hirsch übertreibt. Dennoch hatte er genau diesen Passus Lietzmann zur Bedingung für den Abdruck des Textes gemacht:

„Der erste Absatz der Seebergbesprechung ist nötig. Da E. Seeberg mir gegenüber den Verdacht haben oder aussprechen kann, daß ich als persönlich mit ihm Verhäkelter indirekt gegen ihn mich räche, so muß klar sein, daß Du mich durch Berührung des Ehrenpunkts in die Zwangslage gebracht hast, ihn zu besprechen. Anders *kann* und *darf* ich die Besprechung nicht veröffentlichen. Über eine einzelne Wendung dabei kannst Du mir natürlich, wenn Du willst, einen Änderungsvorschlag machen. Um die Sache selbst kommen wir nicht herum."[99]

Hirschs Beitrag ist das Meisterstück eines sachliche Gegensätze anzeigenden und punktuelle Wertschätzung signalisierenden Verrisses. So verfüge das Werk über eine transparente Gliederung und *„eine elegante geistreiche Diktion."*[100] Formal könne es demnach ansprechen, inhaltlich sei es verfehlt. Dazu trage auch der familiäre Systemzwang bei, dem Seeberg obliege, indem er das theologische Erbe seines Vaters zu bewahren suche, während ihm selbst bewusst sei, dass argumentativ mittlerweile „das Rückgrat" fehle.[101]

Ein nur wenige Monate älterer Brief von Althaus verdeutlicht, wie klar ein Zeitgenosse „die E. Seeberg-Clique" von einem Lietzmann verbundenen Rezensentenkreis unterscheiden konnte.[102] Ungeachtet der Frage, wie angemessen die Bezeichnung die vorausgesetzten Beziehungen abbildet, brach während der folgenden Monate ein Sturm der Entrüstung über die Schriftleitung der „Theologische[n] Literaturzeitung" herein. Im Seeberg-Nachlass ist ein

[96] E. Hirsch an H. Lietzmann, 1. Februar 1941, ebd., S. 1015 f., Nr. 1173.

[97] Emanuel HIRSCH: Zu Luthers Theologie, in: ThLZ 66/5 f. (Mai/Juni 1941), Sp. 129–134.

[98] Ebd., Sp. 129.

[99] E. Hirsch an H. Lietzmann, 1. Februar 1941 (wie Anm. 96), S. 1015.

[100] HIRSCH, Theologie (wie Anm. 97), Sp. 130.

[101] Ebd., Sp. 133.

[102] P. Althaus an H. Lietzmann, 24. Dezember 1940, in: ALAND, Glanz (wie Anm. 61), S. 1012 f., Nr. 1167.

Teil der betreffenden Briefe in Abschriften erhalten.[103] Seeberg selbst reagierte öffentlich, indem er in der von ihm mitherausgegebenen „Zeitschrift für Kirchengeschichte“ mit dem Beitrag „Ein neues Lutherbild in der Sicht eines Epigonen“ replizierte und beklagte, dass sich Hirsch ihm gegenüber „in der von ihm beliebten Tonart vergriffen“ habe, wobei es „merkwürdig [sei], daß die Th.L.Z. eine in einem so absichtlich geringschätzigen Ton gehaltene Besprechung wie selbstverständlich und wortlos gebracht“[104] habe. Die Voten in den bei der „Theologischen Literaturzeitung“ eingehenden Leserbriefen stehen nur teilweise in Abhängigkeit von Seebergs publizistischer Reaktion. Ein frühes Beispiel stellt etwa das Schreiben Rudolf Hermanns dar, der am 16. Mai 1941 vorsichtig anfragt, ob es nicht im Sinne eines positionell vermittelnden Rezensionsorgans sein könnte, den Beitrag Hirschs um „ausgleichende Worte“ „vonseiten der Schriftleitung“ zu ergänzen.[105] Lietzmann und Aland verzichteten auf eine entsprechende Antwort. Aus Alands späterer Edition der Lietzmann-Briefe ist ein „Schemabrief“ vom 24. Juni 1941 bekannt, der die „Forderung“ nach einer publizistischen Reaktion der Schriftleitung zurückweist und sich auf den „Grundsatz offener wissenschaftlicher Aussprache [...] als Basis der ThLZ“ beruft.[106] Alands Ausgabe druckt den Text als allein von Lietzmann verantworteten und unterzeichneten Brief ab[107], während die archivalisch erhaltenen Durchschläge auch Aland anführen[108]. Die Quellenlage legt die Annahme nahe, dass Lietzmann sich des Vorgangs annahm und Aland nominell einbezog. Auch in der zeitlichen Folge – im März 1942[109] – hob Aland gegenüber Seeberg die Verantwortlichkeit Lietzmanns hervor. Über einen gemeinsamen Vertrauten, den Juristen Werner Haugg, bemühte sich Aland zeitgleich um eine Vermittlung. In einem Brief an Seeberg schilderte Haugg den Ausgleichsversuch als seine eigene Idee; im weiteren Verlauf des Textes wird jedoch klar, dass Aland mit konkreten Bitten an Haugg herangetreten war:

„Ihr Schmerzenskind Aland, der doch jetzt mit Lietzmann Vorlseungen [sic] etwas tätig und beauftragt ist, ist auf meine Initiative hin nun sehr gewillt, sich ernstlich mit Ihnen auszusöhnen. Er hat mir nochmals gesagt, dass er mit der Buchsache von damals wirklich nichts zu tun habe, es habe dies Lietzmann gemacht und er habe von sich aus noch darauf

[103] BArch Koblenz N1248/124, o.P.

[104] Erich SEEBERG: Ein neues Lutherbild in der Sicht eines Epigonen, in: ZKG 60 (1941), S. 197 f., hier: S. 197.

[105] R. Hermann an K. Aland, 16. Mai 1941, maschinenschriftlicher Durchschlag, BArch Koblenz N1248/124, o.P.

[106] H. Lietzmann an „...“, 24. Juni 1941, in: ALAND, Glanz (wie Anm. 61), S. 1024 f., Nr. 1185; zur Klassifizierung der literarischen Gattung s. ebd., S. 1192, für das Zitat ebd., S. 1024.

[107] Ebd., S. 1025.

[108] BArch Koblenz N1248/124, o.P.

[109] S. dazu die folgende Anm. 110.

hingewiesen, dass es wohl Aerger geben würde. Er hat auch die Absicht, wenn Sie wieder in Berlin wären, Ihnen ein Besuch zu machen und bat mich in dieser Hinsicht etwas vorzufühlen, damit er nicht einer Abweisung von vornherein anheimfiele."[110]

Im Ganzen war die Rezension sogar zu einem Politikum geworden. Schon am 22. Mai 1941 hatte Seeberg über seinen Verlag Kohlhammer dessen Kontakte ins Propagandaministerium sondieren lassen.[111] Am 20. Juni 1941 sprach er deswegen sogar persönlich dort vor.[112] Aland selbst erinnerte sich später an eine Vorladung ins Propagandaministerium mit Androhung weitreichender Konsequenzen.[113] Zugleich überlegte Seeberg sehr schnell, ob die Hirsch-Rezension nicht sogar in Werbeprospekten zitiert werden könne, um den Absatz des Buches zu erhöhen.[114] Auch nahm Kohlhammer Seebergs Vorschlag[115] auf, der „Theologischen Literaturzeitung" bis auf weiteres keine Rezensionsexemplare mehr zur Verfügung zu stellen[116].

Vor diesem Hintergrund ist der zweite Vorgang zu berühren, der das Verhältnis zwischen Seeberg und Aland belastete: Alands wenige Monate nach der Hirsch-Rezension laufendes Habilitationsverfahren. Aland selbst schildert es anonymisiert in seiner Einleitung zu den Lietzmann-Briefen, wobei er die beteiligten Personen – sich selbst und den Juristen Werner Haugg – im „Na-

---

[110] W. Haugg an E. Seeberg, datiert „Sonntag", BArch Koblenz N1248/12, Bl. 78 f., hier: Bl. 79 Der maschinenschriftliche Brief ist textimmanent relativ zu datieren. Er setzt den Abschluss von Hauggs Manuskript „Aus dem Kirchenwesen einer kleinen Stadt" voraus und erhofft dessen baldige Drucklegung in der ZKG: „Wenn es also in das Weberheft kommen könnte, wäre es schön. [...] Wenn es nicht im nächsten Heft erscheinen könnte, sondern erst im übernächsten Heft, könnten Sie nicht Herrn Kohlhammer bitten und erwirken, dass er dann doch alsbald (.d.h. [sic] wenigstens auf alle Fälle rechtzeitig vor Weihnachten) einige Sonderdrucke (bis zu 50 Stück) herstellen liesse, denn ich hätte es so sehr gern bis Weihnachten fertig vorliegen." Der Text erschien als Werner HAUGG: Aus dem Kirchenwesen einer kleinen Stadt, in: ZKG 61 (1942), 256–287. Das dem Mitherausgeber Weber „zum 60. Geburtstag 28. Dezember 1942 [...] gewidmet[e]" (ebd., S. [1]) von Haugg sog. „Weberheft" ist der nicht weiter unterteilte Gesamtband des Jahres 1942. Hauggs Beitrag ist unterschrieben, ebd. S. 287: „Abgeschlossen im März 1943". Überprüft man die Datierung der übrigen Beiträge des Bandes, so ist keiner von diesen nach Oktober 1942 abgeschlossen. Auch keines der angezeigten und rezensierten Werke fällt in das Jahr 1943. Die Jahreszahl von Hauggs Beitrag ist somit in 1942 zu korrigieren, was eine exakte Datierung des Begleitbriefes an Seeberg in den März 1942 erlaubt.

[111] E. Seeberg an Dr. Rühle, BArch Koblenz N1248/146, o.P.

[112] E. Seeberg an Dr. Rühle, 19. Juni 1941, BArch Koblenz N1248/146, o.P.: „Wegen der Besprechung von Hirsch werde ich morgen im Propagandaministerium vorsprechen."

[113] ALAND, Glanz (wie Anm. 61), S. 124, Anm. 72. Vgl. dazu auch mit weiteren, wohl dem persönlichen Gespräch mit Aland geschuldeten Details: KUNST, Aland (wie Anm. 48), S. 4.

[114] Wie in Anm. 111; zudem wie in Anm. 112.

[115] Wie in Anm. 112.

[116] W. Kohlhammer Verlag an E. Seeberg, 27. Juni 1941, BArch Koblenz N1248/146, o.P.

mensregister“ seitengenau ausweist und damit exakt zuordnet.[117] Nach Alands Bericht habe Erich Seeberg „diese Habilitation [...] mit allen Mitteln zu verhindern gesucht – mit politischen und kirchenpolitischen Einwänden gegen die Person des Habilitanden, wie mit sachlichen gegen das ganze Verfahren.“[118] Entscheidend sei schließlich gewesen, dass Seeberg auf die „Unterstützung“ eines „einflussreichen Juristen“ – eines Referenten im Reichsministerium für kirchliche Angelegenheiten – vertraut habe, „jener Jurist“ aber ein „Studienfreund des Habilitanden [war] (wovon Seeberg nichts wußte)“ und „jener Jurist“ Lietzmann „ebenfalls sehr schätze (was Seeberg gleichfalls unbekannt war)“.[119]

Auf Grundlage der erhaltenen Materialien im Seeberg-Nachlass und der Berliner Personalakten von Aland und Seeberg stellen sich die Vorgänge etwas anders dar. Demnach war Seeberg seit 1935 – nach Ende seines Dekanats – über mehrere Jahre nicht zu Fakultätssitzungen eingeladen worden.[120] Selbst zu den Habilitationsverfahren seiner Schüler Peter Meinhold, Fritz Fischer und Konrad Weiß hatte man Seeberg 1935, 1936[121] und 1939[122] nicht zugezogen. Bei anderen Promotionsvorgängen, wie dem Wilhelm Schneemelchers zum Licentiaten, fühlte sich Seeberg durch die nachgeordnete Reihenfolge im Umlaufverfahren brüskiert.[123] Hintergrund war ein anhaltender Kon-

---

[117] ALAND, Glanz (wie Anm. 61), S. 153; für die Zuordnung von „Aland, Kurt“ s. ebd., S. 1223, von „Haugg, Werner“ ebd., S. 1240. Aland selbst war auf diese formale Lösung sehr stolz, wie sich sein zeitweiliger Münsteraner Kollege Rudolf Smend, Göttingen, erinnert.

[118] ALAND, Glanz (wie Anm. 61), S. 153.

[119] Ebd.

[120] Vgl. dazu das undatierte Typoskript „Vorwürfe der Gegner“ in BArch Koblenz N1248/124, o.P.: „Prof. Seeberg besucht seit 5 Jahren keine Fakultätssitzungen --- Die Wahrheit ist folgende: Er ist 3 Jahre lang nicht eingeladen worden; wurde bei allen Angelegenheiten ausgeschaltet, selbst bei der Habilitation seiner Schüler und bei Berufungen. Da er vom Dekan vor Ausländern brüskiert worden ist, verzichtete er um des Friedens willen auf die Teilnahme an diesen Sitzungen.“ Präziser in der Datierung ist E. Seeberg an das Reichsministerium für Erziehung, Kunst und Wissenschaft, 5. Dezember 1938, BArch Koblenz N1248/86, Bl. 1: „Seit Frühjahr 1935, wo ich mein Dekanat aufgab, bin ich bis 1937 zu Fakultätssitzungen überhaupt nicht eingeladen worden. Es handelt sich dabei vor allem um [...] Berufungsvorgänge“.

[121] E. Seeberg an das Reichsministerium für Erziehung, Kunst und Wissenschaft, 5. Dezember 1938 (wie Anm. 120).

[122] S. dazu mit präzisen Angaben zur Korrespondenz des Jahres E. Seeberg an den Rektor der Berliner Universität, 15. Juli 1941, BArch Koblenz N1248/124, o.P. Das Schreiben liegt, ebd., auch in einer auf den 14. Juli 1941 datierten Fassung vor, die als Konzept zu werten ist und im Folgenden daher nicht zitiert wird. Das aktenkundige Original des finalen Briefes befindet sich in HUB, UA, UK S 044, II, Bl. 104.

[123] Unter dem Datum des 3. Dezember 1938 s. HUB, UA, Theol. Fak. 123 [„Akten der Theologischen Fakultät betr. Promotion Lic. theol. 1940–1941], Bl. 77: „Einverstanden.

flikt mit dem langjährigen Dekan Arnold Stolzenburg[124], der – parteipolitischer Verbindungen ungeachtet, in Teilen sogar durch diese motiviert – dazu führte, dass Seeberg, wie er rückblickend schrieb, „um des Friedens willen auf die Teilnahme an“[125] fakultären Sitzungen verzichtete. Die Veranlassungen oder Gründe des Konfliktes zwischen Seeberg und Stolzenburg erfordern eine eigene Erhellung.[126] Die archivalische Überlieferung bietet mehrere Erklärungsmuster aus unterschiedlichen Perspektiven. Seeberg[127] und dessen Schüler[128] verweisen auf die Undankbarkeit Stolzenburgs, der sich von seinen akademischen Förderern, Reinhold und Erich Seeberg, abgewandt habe. Stolzenburg und der Berliner Rektor Hoppe[129] prangern dagegen Seebergs Per-

---

Darf ich mich erkundigen, ob ich grundsätzlich alle Arbeiten als letzter bekomme? Ich beanstande erneut die Reihenfolge des Kursierens.“

[124] Zu A. Stolzenburg s. Matthias WOLFES: Protestantische Theologie und moderne Welt. Studien zur Geschichte der liberalen Theologie nach 1918, Berlin und New York 1999 (TBT, Bd. 102), S. 392 mit Anm. 380.

[125] S. Anm. 120.

[126] LUDWIG, Fakultät (wie Kap. I, Anm. 91), S. 100, erklärt die Spannungen aus den Schwierigkeiten während des Berufungsvorgangs, die Stolzenburg Seeberg vorwarf.

[127] Zahlreiche Anhaltspunkte aus der Perspektive E. Seebergs und der von ihm zusammengestellten Materialien bietet neben BArch Koblenz N1248/99 besonders BArch Koblenz N1248/86. Am umfassendsten ist E. Seebergs zusammenfassender Rückblick im Schreiben an das Reichsministerium für Erziehung, Kunst und Wissenschaft, 5. Dezember 1938, BArch Koblenz N1248/86 (wie Anm. 120). Ein frühes Selbstzeugnis stellt dar: E. Seeberg an Kirchenrat Mattiat im Kultusministerium, 24. April 1935, HUB, UA, UK S 044, II, Bl. 6 f.

[128] In der Perspektive des Seeberg-Schülers Gerhard K. Schmidt, brieflich [mit handschriftlichen Korrekturen Erich Seebergs im Typoskript] an den Reichsminister für Erziehung, Wissenschaft und Volksbildung, 1939, BArch Koblenz N1248/99, werden kirchenpolitische Komponenten ausgeblendet und die Entzweiung aus dem Umstand erklärt, dass Stolzenburg, ein Schüler Reinhold Seebergs und Protegé Erich Seebergs, sich von seinen akademischen Mentoren abgewandt und zum „schärfste[n] Gegner seines eigenen, inzwischen verstorbenen Lehrers und persönlichen Förderers geworden war.“ S. ebd., S. 6 sowie, vergleichbar, S. 17; weiter, ebd., S. 17: „Doch damit nicht genug! Prof. Stolzenburg übertrug dies Verhalten [...] auf die Schüler Geheimrat Seebergs, so besonders auf dessen Sohn, den Prof. D. Erich Seeberg und dessen Schüler.“ Für eine weitere Schülerperspektive s. das Schreiben H. van Beunigens an E. Seeberg, 22. Juni 1937, BArch Koblenz N1248/99, es „sei zwischen Prof. Stolzenburg und Prof. Seeberg ein [sic] längere Zeit während Spannung“.

[129] Die Sicht Stolzenburgs erschließt sich aus den Dokumenten in Seebergs Berliner Personalakte HUB, UA, UK S 044, bes. II, Bl. 55: A. Stolzenburg an den Rektor, 3. Juni 1940: „Herr Seeberg hat vor 1933 in typisch bürgerlicher Haltung dem Nationalsozialismus gegenüber eine schroff ablehnende Stellung eingenommen. Er hat dann 1933 noch rechtzeitig den Anschluß an die Partei gefunden, ohne daß das auf seine innere Haltung irgend welchen Einfluß gehabt hätte. So war seine Führung des Dekanats, als er 1933 gegen die Stimmen der Nationalsozialisten in der Fakultät zum Dekan gewählt war, so wenig nationalsozialistisch und erzielte ein solches Gegeneinander aller gegen alle, daß Rektor Krü-

sönlichkeitsstruktur und unzureichende nationalsozialistische Überzeugung an. Die Gründe für den Konflikt bleiben jedoch vielfältig.[130] Aufschlussreich ist, dass die Spannungen bereits 1934 unter dem Dekanat Seebergs begonnen und sich an dessen vermittelnder Position gegenüber DC-kritischen Fakultätskollegen entzündet hatten.[131] In den kirchenpolitischen Auseinandersetzungen

---

ger bei seinem Amtsantritt 1935 einen Wechsel im Dekanat vornahm. Herr Seeberg, der nie für eine Idee, sondern immer nur für seinen resp. seiner Anhängerschaft Vorteil gekämpft hat und dessen Charaktreristikum [sic] ein maßloser Ehrgeiz ist, nahm das zum Anlaß, in die Opposition zu treten." – Ein wichtiges Dokument von Seiten der Universitätsleitung ist der Brief des Rektors Hoppe an den Reichsminister für Wissenschaft, Erziehung und Volksbildung vom 26. [Entwurf] bzw. 27. [Ausfertigung in mehreren Durchschlägen] Juli 1940, ebd., HUB, UA, UK S 044, bes. II, Bl. 71 f.; 73–76; 77–80; demnach sprach Seeberg bei ihm 1937 nach Amtsantritt vor und suchte ihn „über Absichten der Rektoratsführung auszufragen". Der weitere Kontakt lief überwiegend über Seebergs Gattin: „Es ist nämlich das Eigentümliche, daß fast niemals Prof. Seeberg selbst erscheint [...], daß vielmehr seine Ehefrau Besprechungen, Telefonate usw. führt." Persönlich distanziert sich Hoppe von Seeberg massiv: „Meine persönliche Meinung von der charakterlichen Haltung des Prof. Seeberg ist eine geringe." Er scheine von „ungewöhnlich starkem Ehrgeiz" getrieben und „in seiner nicht geringen Eitelkeit verletzt". Seeberg hatte von dem Vorwurf der „Eitelkeit" bereits früh Kenntnis und betonte demgegenüber die Differenzen im kirchenpolitischen Engagement, s. HUB, UA, UK S 044, II, Bl. 6.

[130] Ausweislich seines Briefes vom 20. Juli 1938 an den Referenten W. Groh im Ministerium für Wissenschaft, Erziehung und Volksbildung, BArch Koblenz N1248/86, Bl. 71–73, erklärte Seeberg die Besetzung der systematischen Theologie in Berlin, deren einen Lehrstuhl Stolzenburg innehatte („von dem ausser einer theologiegeschichtlichen Arbeit über Buddäus und Pfaff, auf Grund welcher er promoviert und habilitiert worden ist [...], nichts Wesentliches mehr erschienen ist"), zu einer Schwachstelle der Fakultät. Sein eigener Vorschlag, in der Nachfolge von Wobbermin in die Systematik zu wechseln, wurde nicht realisiert. In zeitlicher Nähe bemühte sich Seeberg auch, die Aufmerksamkeit des Berliner SS-Obersturmbannführer Six auf seine Fakultätskollegen Witte und Stolzenburg zu lenken, E. Seeberg an Six, 20. Juli 1938, BArch Koblenz N1248/86, Bl. 76 f. Stolzenburg seinerseits hatte nach Aussage Seebergs verschiedentlich versucht, Seeberg politisch zu diskreditieren; s. dazu das Schreiben vom 5. Dezember 1938 (wie Anm. 120).

[131] 1934 wurde Seeberg von dem stellvertretenden Berliner Gauleiter Görlitzer, abschriftlich an den Preußischen Minister für Wissenschaft, Kunst und Volksbildung, 22. November 1934, BArch Koblenz N1248/86, Bl. 133, vorgeworfen, seine Parteigenossen Witte und Stolzenburg nicht ausreichend gegen „einen stetig zunehmenden persönlichen Widerstand" „unter der Führung der Professoren *Sellin* und *Lütgert*, sowie unter Mithilfe des Professors *Lietzmann*" geschützt zu haben; auf diesen Vorgang nimmt auch auf Grundlage Berliner Archivalien Bezug: Sven KINAS: Massenentlassung und Emigration, in: Heinz-Elmar Tenorth (Hg.): Geschichte der Universität Unter den Linden, Bd. 2: Die Berliner Universität zwischen den Weltkriegen 1918–1945, Berlin 2012, S. 325–403, hier: S. 352 mit Anm. 108. Seeberg selbst erinnerte in einem späteren Zusammenhang daran, eine Versetzung Lietzmanns 1934 verhindert zu haben. Ausgangspunkt war, wie Seeberg am 29. November 1934 dem Minister für Wissenschaft, Kunst und Volksbildung schreibt, der in der Fakultät aufbrechende kirchenpolitische Gegensatz in Folge des von „D. R. Seeberg auf Anfordern und im Auftrag der Fakultät über die Thesen der Deutschen Christen [... er-

dürfte Seeberg eine Position zwischen dem extremen NSDAP-Flügel der Fakultät und dem Kreis um Sellin, Lütgert und Lietzmann eingenommen haben. Ungeachtet der übrigen Faktoren wird es nicht falsch sein, wenn man den Konflikt aus einem innerfakultären Machtkampf des Jahres 1934 erklärt, in dem Seeberg zunächst Stolzenburg marginalisierte und dann Stolzenburg zwischen 1935 und 1942 Seeberg, bevor der Wechsel im Rektorat von Hoppe auf Kreuz es Seeberg erlaubte, über den neuen Dekan Friedrich Wilhelm Schmidt wieder verstärkt über fakultäre Entwicklungen informiert und in einzelne Zusammenhänge eingebunden zu werden.

Im Frühjahr 1941 waren die innerfakultären Differenzen ein weiteres Mal an die Universitätsleitung gelangt, nachdem sich Stolzenburg als Dekan beschwert hatte, Seeberg sei „spontan u[nd] grundlos nicht in die Fak.[ultäts]-Sitzungen gekommen."[132] Seeberg legte seine Sicht der Dinge in einem persönlichen Schreiben an den Rektor am 23. März 1941 dar.[133] Darin nahm er auf die früheren Habilitationsverfahren Bezug:

> „Wenn Herr D. Stolzenburg erklärt, ich sei zu allen Habilitationen eingeladen worden, so ist das nur im äußeren Sinn wahr. Im inneren Sinn ist es unwahr. Ich erhielt die Einladungen, wie jeder Dozent, zu der Vorlesung des betr. Habilitanden, nicht aber zu dem Entscheidenden, nämlich den Kommissionssitzungen, in denen über die Leistung der Betreffenden beschlossen wurde. Das auch dann nicht, wenn es sich um meine eigenen Schüler u[nd] Fachgenossen handelte."[134]

Dieser Hintergrund ist von Bedeutung, um Seebergs Reaktion auf das nächste Habilitationsverfahren, das ohne seine Kenntnis und Beteiligung eingeleitet worden war, angemessen einzuordnen. Vier Monate nach seinem Schreiben an den Rektor, am 11. Juli 1943, erfuhr Seeberg von dem laufenden Habilitationsverfahren Alands[135]. Die Begutachtung war bereits abgeschlossen, die Arbeit lag zur Einsicht im Dekanat aus, und für den 21. Juli wurde zur Aus-

---

stellten] Gutachten[s]". In Seebergs frühem Selbstzeugnis HUB, UA, UK S 044, II, Bl. 7, deutet sich an, dass Seeberg Reichsbischof Müller unterstützte und Stolzenburg seinerseits vorwarf, sich indifferent verhalten zu haben: „Ich habe in der letzten Zeit in der Tat Stolzenburg nicht mehr herangezogen, weil er bei allen entscheidenden Dingen, wo es galt, den Kopf hinzuhalten, sich versagt hat und trotz Aufforderung nicht beteiligt hat. So war es, als es galt, im November 1934 den Reichsbischof zu stützen, so war es[,] als er mit den älteren Fakultätskollegen einem Essen zu Ehren eines amerikanischen Professors fernblieb, an dem der Reichsbischof teilnahm".

[132] E. Seeberg an den Rektor Hoppe, 23. März 1941, Original in: HUB, UA, UK S 044, II, Bl. 101. Eine von eigener Hand genommene Abschrift behielt Seeberg; sie befindet sich in BArch Koblenz N1248/86, Bl. 7.

[133] Ebd.

[134] Ebd.

[135] Alands Anmeldungsunterlagen datieren auf den 28. Juni 1941; s. dazu HUB, UA, PA nach 1945, Aland, Kurt, II, Bl. 15–24.

sprache eingeladen.[136] Seeberg reagierte rechtskundig und rasch. Der Einladung entnahm er, dass neben Lietzmann als Gutachter „Herr [...] Lic. [Walter] Wendland“ bestellt worden war, der der Fakultät lediglich als „Lehrbeauftragter für brandenburgschiche KG“ verbunden war, wie Seeberg am Rand der Einladung notierte.[137] Am 13. Juli fasste Seeberg seine Einschätzung in einem Briefkonzept an den Bonner Dekan, seinen Freund Anton Jirku zusammen: Es liege ein „Verstoß gegen den § 5 Ausführungsbestimmung Abs[satz] 3 d[er] R[eichs] Hab[ilitations] Ordnung“[138] vor, der Gutachten zweier ordentlich berufener Fakultätsmitglieder voraussetze. In der Tat hält der betreffende Passus der „Durchführungsbestimmungen“ fest, auf den sich Seeberg in eigenen Worten, aber in präziser Wiedergabe des Inhalts und der formalen Zählung (einschließlich des Abschnittes), bezieht: „Für die Prüfung der Habilitationsschrift bestimmt der Dekan zwei planmäßige Professoren als Berichterstatter.“ [139] Hinzu kam, dass Seeberg sich fachlich übergangen fühlte: „Aland ist Historiker, u[nd] zwar für *neue* Zeit. Das Thema betrifft den Pietismus über den ich 2 große Bücher veröffentlicht habe. Wir sind so weit, daß in meinem eigenen Fach sich Leute habilitieren, ohne daß ich gefragt werde.“[140] Auffallend ist, dass Seebergs erste Reaktion sachlich gehalten ist und keine persönlichen Diskreditierungen bietet. In seiner Einschätzung der juristischen Situation wurde er von Jirku schon am Folgetag brieflich bestärkt: „Sie sind vollkommen im Recht! Sie müssen sich beim R[eichs]E[rziehungs]-M[inister] beschweren. Verschafft Ihnen der nicht Ihr Recht, dann gehen Sie an die Kanzlei des Führers. In Wirklichkeit verdient Ihr Dekan 25 Hiebe drauf.“[141] Zeitgleich mit Jirku, am 14. Juli, setzte Seeberg seinen formalen Protest gegen das Verfahren an den Dekan auf:

---

[136] HUB, UA, UK S 044, II, Bl. 107; zudem: 35. Der betreffende, von Seeberg annotierte Durchschlag der Einladung des Dekans Stolzenburg befindet sich im BArch Koblenz N1248/124, o.P.

[137] BArch Koblenz N1248/124, o.P. Die Richtigkeit der Angabe bestätigt die letzte Auflage von Degener vor der Wiederbegründung durch Walter Habel 1951: Herrmann A.L. DEGENER (Hg.): Degeners Wer ist's? Eine Sammlung von rund 18 000 Biographien mit Angaben über Herkunft, Familie, Lebenslauf, Veröffentlichungen und Werke, Lieblingsbeschäftigung, Mitgliedschaft bei Gesellschaften, Anschrift und anderen Mitteilungen von allgemeinem Interesse. Auflösung von ca. 5000 Pseudonymen, Berlin [10]1935, S. 1712: „Lic. theol., Pfarr., Lehrbeauftr. d. Uni.“

[138] Rückseitig auf dem Schriftstück, BArch Koblenz N1248/124, o.P.

[139] Bernhard RUST [stellvertretend als Reichsminister für Wissenschaft, Erziehung und Volksbildung]: Neufassung der Reichs-Habilitations-Ordnung, in: Deutsche Wissenschaft[,] Eziehung und Volksbildung. Amtsblatt des Reichsministeriums für Wissenschaft, Erziehung und Volksbildung und der Unterrichts-Verwaltung der anderen Länder 5/5 (5. März 1939), S. 126–185 [Nr. 103], hier: S. 130.

[140] Wie Anm. 137.

[141] BArch Koblenz N1248/124, o.P.

„Gegen die geschäftliche Behandlung des Habilitationsgesuchs Aland lege ich Protest ein, da sie gegen Absatz 3 der Durchführungsbestimmung zu § 5 der Reichshabilitationsordnung verstösst, (2 planmässige Professoren als Berichterstatter). Eine unter diesen Bedingungen etwa zustandekommende Habilitation werde ich nicht anerkennen.“[142]

Einen weiteren Tag später, am 15. Juli 1941, wandte sich Seeberg an den Rektor der Berliner Universität.[143] Gegenüber dem Rektorat berief sich Seeberg auf den im Schreiben an den Dekan „zum Ausdruck gebrachten juristischen Grund“, die „Verletzung der Berufsehre“ und darauf, dass er „als Mitglied [der Fakultät] in seinen Rechten als Professor und Mensch ständig verletzt“ werde.[144] Von Hand fügte er dem maschinengeschriebenen Brief hinzu: „Vielleicht haben Sie einen Moment Zeit, um die Angelegenheit zu besprechen?“[145]

Es kam anders. Der Rektor suchte, laut Aktennotiz von seiner Hand, eine Besprechung, aber nicht mit Seeberg, sondern mit dem Dekan Stolzenburg.[146] In dem Treffen vom 19. Juli wurde die bereits von Stolzenburg gefundene Lösung festgehalten: „als 2. Referent hat sich d. Dekan selbst eingesetzt“.[147] Eine weitere handschriftliche Notiz belegt, dass schon Vorkehrungen gegen eine mögliche fachliche Hinterfragung Stolzenburgs als Zweitreferent getroffen wurden, indem dieser aufgrund seiner Arbeit zu „Budeus [sic] u. Pfaff [... zum] Fachmann auf d.[em] Gebiet d.[er] Theologie-Geschichte“ erklärt wird.[148] Die offizielle Mitteilung Stolzenburgs an die Fakultät war bereits zwei Tage zuvor aufgesetzt worden und lag dem Rektorat während des Gespräches vor.[149] Sie hält das Korreferat durch Stolzenburg fest, bestimmt „Herrn Wendland als Spezialisten“ zum „3. Gutachter“ und verlegt die „wissenschaftliche Aussprache [...] auf Freitag den 25. d. Mts. 12 Uhr s.t.“[150] Stolzenburgs Votum als Zweitgutachter datiert auf den 18. Juli und beschränkt sich auf den eher einem Umlaufverfahren angemessenen Zusatz zu Lietz-

---

[142] BArch Koblenz N1248/124, o.P. Für das aktenkundige Originalschreiben s. HUB, UA, UK S 044, II, Bl. 105. Zudem s. HUB, UA, PA nach 1945, Aland, Kurt, II, Bl. 8.

[143] Wie oben Anm. 122.

[144] Ebd.

[145] Ebd. Hier nach HUB, UA, UK S 044, II, Bl. 104; für die Identifizierung der Handschrift legt sich ein Vergleich mit dem Schreiben E. Seeberg an Rektor Hoppe, 7. September 1940, HUB, UA, UK S 044, II, Bl. 23, nahe; s. dort u.a. die Übereinstimmung in der Schreibweise des Wortes „Angelegenheit“.

[146] Entsprechend Anm. 122 s. den Zusatz von Hoppe in HUB, UA, UK S 044, II, Bl. 104.

[147] Ebd.

[148] Mit Kopierstift ebd.

[149] HUB, UA, UK S 044, II, Bl. 106; zudem: 34.

[150] Ebd.

manns Gutachten: „Bin mit dem obigen Urteil absolut einverstanden. Empfehle die Arbeit zur Annahme.“[151]

Am 20. Juni 1941 wandte sich der Rektor sodann an den Reichswissenschaftsminister.[152] Wann dessen Antwort eintraf, ist unklar. In einer Aktennotiz vom 16. August 1941 hielt das Rektorat jedoch fest: „1) Entscheidung des Ministers vom 11/8 41 [...] nach der Durchführungsbestimmung § 5 d.[er] R.[eichs]H.[abilitations]O.[rdnung] 2) Abschr.[ift] an die Theol.[ogische] Fak.[ultät] zur Benachr.[ichtigung] d.[es] Prof. Seeberg.“[153] Das Dekanat ließ sich für die Benachrichtigung Seebergs Zeit. Seeberg wurde von Stolzenburg erst am 8. September 1941 ein Auszug aus dem Ministerialschreiben mitgeteilt, der den konkreten Einzelfall unberührt lässt und die Bestimmungen der Reichshabilitationsordnung unkommentiert so referiert, wie sie Seeberg vorausgesetzt und Stolzenburg durch sein Korreferat erfüllt hatte: mit einer Begutachtung durch zwei „planmäßige [...] Professoren“.[154] Die ursprüngliche Bestellung des Lehrbeauftragten Wendland zum zweiten Referenten war damit ein klarer Verfahrensfehler, auf den Seeberg zutreffend hingewiesen hatte. Nach Alands Zusammenfassung hatte Seeberg auf Anraten Hauggs darauf verzichtet, dem Habilitationskolloquium beizuwohnen, um „die Auseinandersetzung mit Lietzmann [...] und der Fakultät nicht auf die Spitze zu treiben“.[155] Den positiven Ausgang des Habilitationsverfahrens hätte Seeberg wohl auch nicht verhindern können. An der wissenschaftlichen Aussprache nahm – neben Aland und sechs Fakultätsmitgliedern – in der Tat der Rektor teil.[156] Wendland wurde nicht zugezogen.[157] Alands „Diplom“ zum „Lic. theol. habil.“ datiert auf den 25. Juli 1941, den Tag des Kolloquiums.[158] In der Folgezeit aktualisierte Aland seinen Titel entsprechend auf „Lic. ha-

---

[151] Im Original: HUB, UA, PA nach 1945, Aland, Kurt, II, Bl. 27. Abschriftlich: ebd., Bl. 28 f.

[152] Dies erschließt sich aus A. Stolzenburg an E. Seeberg, 8. September 1941, BArch Koblenz N1248/124.

[153] Handschriftlicher Zusatz (16. August 1941) auf dem Aktenvermerk vom 22. Juni 1941; HUB, UA, UK S 044, II, Bl. 103.

[154] Ebd. wird aus dem Ministerialschreiben kommentarlos zitiert: „Die nach Abs. 3 der Durchführungsbestimmungen zu § 5 der RHabil.O. für die Prüfung der Habilitationsschrift vom Dekan als Berichterstatter zu bestimmenden planmäßigen Professoren sollen nach Möglichkeit Vertreter der Fachgebiete sein, für das die Lehrbefugnis erstrebt wird. Beide Professoren prüfen die Arbeit, geben nach Abs. 4 der Durchführungsbestimmungen zu § 5 a.a.O. ein begründetes Gutachten ab und schlagen die Annahme oder Ablehnung vor.“

[155] ALAND, Glanz (wie Anm. 61), S. 153.

[156] S. dazu die protokollarische Zusammenfassung für den Reichsminister für Wissenschaft, Erziehung und Volksbildung unter dem 23. Februar 1942 in: HUB, UA, PA nach 1945, Aland, Kurt, II, Bl. 36.

[157] Ebd.

[158] In einer Abschrift in HUB, UA, PA nach 1945, Aland, Kurt, I, Bl. 13. Für ein Exemplar des Originals s. HUB, UA, PA nach 1945, Aland, Kurt, II, Bl. 46.

bil."[159] Auch erschien die 1941 eingereichte Habilitationsschrift „Ph. J. Spener in Berlin 1691–1705. Eine Übersicht über die Bestände der Berliner Archive"[160] 1943 im Druck. Sie dürfte mit dem zweiten Kapitel „Ph. J. Spener in Berlin" von Alands „Spener-Studien. Arbeiten zur Geschichte des Pietismus I" zu identifizieren sein.[161] Das betreffende Kapitel erklärt seine „äußere" Veranlassung aus dem „Jahr 1941"[162] und hebt in den Danksagungen „nicht zuletzt [... die] stete Hilfe und Beratung" von „Herrn Pfarrer Lic. Wendland"[163] hervor, der damit nicht nur als vorgesehener zweiter und schließlicher dritter Referent in dem – in der Drucklegung unerwähnt bleibenden – Habilitationsverfahren zugezogen worden war, sondern in gewisser Hinsicht auch als Betreuer angesehen werden könnte.

Die Habilitation musste sich für Aland mit der Hoffnung auf eine akademische Besser- oder Festanstellung verbunden haben. Sein Berufsziel hatte er schon als 24jähriger am 18. Oktober 1939 bei der Anmeldung für das Promotionsverfahren zum Lizentiaten formuliert: „Mein Ziel ist die Universitätslaufbahn (Fachrichtung Kirchengeschichte und Neues Testament)."[164] Über seine Anbindung an die Berliner Fakultät erklärte Aland bei dieser Gelegenheit, er habe zunächst „als persönlicher Assistent"[165] von Lietzmann begonnen (als Arbeitsbeginn benennt Aland „Ostern 1937"[166], in einem etwas früheren Dokument führt er den „1.3.1938"[167] an), bevor ihm „Ostern 1939 [...] die Wahrnehmung der Assistentenstelle an der Abt. A des Kirchengeschichtlichen Seminars der Universität Berlin übertragen"[168] worden sei.

Die Akten legen Präzisierungen nahe. Die erste dokumentierte Anstellung datiert vom „1. April bis zum 30. September 1939" und betrifft eine Tätigkeit, die Lietzmann als Assistentenstelle beantragt hatte, die ihm aber nur als

---

[159] S. dazu etwa den Stempel auf dem Brief K. Aland an P. Althaus, 28. März 1943, LKAK, 98.11, Nr. 104 (s. unten Anm. 266).

[160] Zu dem Titel s. das in Anm. 136 benannte Einladungsschreiben.

[161] Kurt ALAND: Spener-Studien. Arbeiten zur Geschichte des Pietismus I, Berlin 1943 (AKG, Bd. 28). Ein Exemplar der Abgabefassung ist in den Akten nicht erhalten.

[162] Ebd., S. 68: „Das Jahr 1941, in dem sich Speners Amtsantritt in Berlin zum 250. Male jährt, gab den äußeren Anstoß zu der vorliegenden Untersuchung, deren Anfänge schon länger zurückliegen."

[163] Ebd., S. 69.

[164] HUB, UA, Theol. Fak. 122, Bl. 121 [ausformulierter, als solcher nicht überschriebener Lebenslauf unter Betonung des Bildungsganges].

[165] Ebd.

[166] Ebd.

[167] Handschriftlicher „Lebenslauf", 20. März 1939, HUB, UA, PA nach 1945, Aland, Kurt, I, Bl. 8.

[168] Wie Anm. 164.

„wissenschaftliche Hilfskraft am Kirchengeschichtlichen Seminar" genehmigt worden war.[169] Am 20. März 1940 machte sich Lietzmann dafür stark,

> „die Anstellung des Assistenten bei meiner Seminarabteilung (wissenschaftliche Hilfskraft) Lic. Kurt Aland ab 1. April um ein weiteres Jahr zu verlängern. Herr Aland tut zwar zur Zeit militärischen Dienst bei der Wehrmacht, hat aber gerade jetzt auf meinen Antrag einen längeren Urlaub von seinem Truppenteil erhalten".[170]

Dass ein erheblicher finanzieller Unterschied zwischen einem Assistentenverhältnis und der Anstellung einer wissenschaftlichen Hilfskraft bestand, verdeutlichen die Reaktionen des Dekans Stolzenburg. Den Antrag vom März 1940 unterstützte er „auf das wärmste."[171] Als sich Lietzmann nach Alands Verwundung und noch vor Abschluss des militärischen Entlassungsverfahrens am 25. Januar 1941 dafür einsetzte, ihn „als Assistent mit dem höchstmöglichen Einkommen für zwei Jahre verlängern zu wollen"[172], schloss sich der Dekan diesem Vorschlag zunächst an[173] und warb gegenüber dem Kurator damit, dass Aland als Assistent auch Aufgaben in der „Schriftleitung einer wissenschaftlichen Zeitschrift" verrichten könne[174]. Dem widersprach der Kurator umgehend, wobei er auf die üblichen Anstellungssätze verwies.[175] Schon am 3. Februar 1941 revozierte Stolzenburg: „[N]ach reifer Überlegung" sei er zu der Erkenntnis gekommen, dass es prinzipiell falsch sei, statt mehrerer wissenschaftlicher Hilfskräfte nur einen Assistenten einzusetzen.[176] Die am 27. Februar 1941 bewilligte und bis zum 31. März 1942 reichende Weiterbeschäftigung Alands beschränkte sich auf die Anstellung als

[169] Präzise dazu s. H. Lietzmann an den Kurator der Berliner Universität, 14. April 1939, HUB, UA, PA nach 1945, Aland, Kurt, I, Bl. 27: „Durch den Fortgang des Dozenten H.G. Opitz ist eine Assistentenstelle am kirchengeschichtlichen Seminar frei geworden. [...] Ich habe den stud. theol. Kurt Aland für diese Stelle ausersehen und beantrage, ihm die Nachfolge von Opitz zu übertragen." Die Genehmigung einer vom „1. April 1939 bis zum 30. September 1939" befristeten Tätigkeit als „wissenschaftliche Hilfskraft am Kirchengeschichtlichen Seminar" datiert auf den 3. Juli 1939; HUB, UA, PA nach 1945, Aland, Kurt, I, Bl. 28. Entsprechend s. auch die vollständige Auflistung früherer Tätigkeiten in HUB, UA, PA nach 1945, Aland, Kurt, I, Bl. 55.

[170] H. Lietzmann an den Kurator der Berliner Universität, 20. März 1940, HUB, UA, PA nach 1945, Aland, Kurt, I, Bl. 31^{v}.

[171] A. Stolzenburg an den Kurator der Berliner Universität, 21. März 1940, HUB, UA, PA nach 1945, Aland, Kurt, I, Bl. 31^{r}.

[172] H. Lietzmann an den Kurator der Berliner Universität, HUB, UA, PA nach 1945, Aland, Kurt, I, Bl. 33.

[173] S. dazu den Handvermerk A. Stolzenburgs, ebd.

[174] S. dazu die in der folgenden Anm. referierte Reaktion des Kurators.

[175] Kurator der Berliner Universität an A. Stolzenburg, 30. Januar 1941, HUB, UA, PA nach 1945, Aland, Kurt, I, Bl. 34.

[176] A. Stolzenburg an den Kurator der Berliner Universität, HUB, UA, PA nach 1945, Aland, Kurt, I, Bl. 35.

wissenschaftliche Hilfskraft.[177] Am 14. März 1941 unternahm Lietzmann einen weiteren Versuch auf Besserstellung, indem er „die freie Oberassistentenstelle der Theologischen Fakultät“ für Aland beantragte.[178] Stolzenburg unterstützte den Antrag, legte aber Wert darauf, dass es sich um keine dauerhafte Anstellung handle, sondern eine zeitliche Befristung auf den Krieg fixiert werde.[179] Die erfolgte Beförderung setzte voraus, dass das am 10. Mai 1941 angeforderte[180] und am 9. Juli 1941[181] ausgestellte politische Führungszeugnis der NSDAP keine Einschränkungen „in politischer Hinsicht“ formulierte. Am 2. September 1941 wurde Aland die Stelle des Oberassistenten rückwirkend zum 1. April 1941 in der Vertretung übertragen.[182] Die Ernennungsurkunde datierte auf den 4. Oktober 1941.[183] Befristet war die Stelle zunächst bis zum 30. September 1943.[184] Aufgrund der gesundheitlichen Situation Lietzmanns wurde Aland zudem im Sommersemester 1942 mit der kirchengeschichtlichen Hauptvorlesung betraut.[185] Den betreffenden Antrag stellte Stolzenburg am 12. März 1942[186] und wiederholte den Vorschlag als ausdrücklichen Wunsch Lietzmanns am 8. April[187]; für den Fall, dass eine auswärtige Vertretung bevorzugt würde, schlug Lietzmann Ernst Wolf aus Halle vor[188].

Entweder unmittelbar nach seiner theologischen Habilitation, „Anfang August“ 1941[189], oder spätestens einen Monat nach Ernennung zum Oberassis-

[177] Kurator an den Direktor der Kirchengeschichtlichen Abteilung des Theologischen Seminar der Berliner Universität [H. Lietzmann], HUB, UA, PA nach 1945, Aland, Kurt, I, Bl. 36.

[178] H. Lietzmann an den Kurator der Berliner Universität, HUB, UA, PA nach 1945, Aland, Kurt, I, Bl. 38.

[179] Unter dem 28. März 1941 s. handschriftlich in ebd.

[180] Kurator an das Gaupersonalamt der NSDAP, 10. Mai 1941, HUB, UA, PA nach 1945, Aland, Kurt, I, Bl. 39.

[181] HUB, UA, PA nach 1945, Aland, Kurt, I, Bl. 44.

[182] Vermerk des Kurators der Berliner Universität, HUB, UA, PA nach 1945, Aland, Kurt, I, Bl. 48.

[183] Vorbereitend s. dazu HUB, UA, PA nach 1945, Aland, Kurt, I, Bl. 50.

[184] Kurator der Universität Berlin, 4. Oktober 1941, HUB, UA, PA nach 1945, Aland, Kurt, I, Bl. 50–54, hier: Bl. 53.

[185] Reichsminister für Wissenschaft, Erziehung und Volksbildung an den Kurator der Berliner Universität, 16. April 1942, HUB, UA, PA nach 1945, Aland, Kurt, II, Bl. 53.

[186] Das Datum wird erwähnt in ebd. Eine Abschrift liegt vor: A. Stolzenburgs an den Reichsminister für Wissenschaft, Erziehung und Volksbildung, 12. März 1942, HUB, UA, PA nach 1945, Aland, Kurt, II, Bl. 50.

[187] A. Stolzenburg an den Reichsminister für Wissenschaft, Erziehung und Volksbildung, HUB, UA, PA nach 1945, Aland, Kurt, II, Bl. 52.

[188] Ebd.

[189] So die Selbstauskunft in K. Aland an einen namentlich nicht benannten „Professor“, 24. Juni 1942, HUB, UA, PA nach 1945, Aland, Kurt, III, Bl. 14: „Anfang August des vergangenen Jahres richtete ich an die philosophische Fakultät der Universität nach dem Er-

tenten, vor dem 10. November 1941[190], suchte Aland seine Position zu stärken, indem er eine Habilitation in der Philosophischen Fakultät beantragte. Der Dekan, der Ägyptologe Hans Grapow, leitete die Anfrage unkommentiert an den Rektor mit der Bitte „um Prüfung und Entscheidung" weiter.[191] Dieser wandte sich offenbar an den Reichsminister für Wissenschaft, Erziehung und Volksbildung, da in dessen Auftrag bereits am 23. Dezember 1941 die Zustimmung zum Habilitationsverfahren in der Philosophischen Fakultät erteilt und Alands „dortige [...] Förderung empfohlen" wurde.[192] Hinsichtlich seiner Denomination hatte Aland „Geschichte des Christentums" angeregt; hierzu drang das Ministerium auf eine Alternative.[193]

Die sich anschließenden Entwicklungen wird man etwas anders schildern müssen, als sie aus der jüngsten fakultätsgeschichtlichen Darstellung bekannt sind. Nach dieser hatte Aland die Unterstützung der Philosophischen Fakultät, des Reichserziehungsministeriums und des Reichskirchenministeriums.[194] Den entscheidenden Widerspruch habe der noch amtierende theologische Dekan Stolzenburg eingelegt, der von Aland fachliche „Solidarität [...] bis zu einer allgemeinen Lösung der Frage der Theologie an der Universität" forderte, „statt als erster einen Stein aus dem Gebäude herauszubrechen."[195] Aland war freilich keineswegs der erste.[196] Und mit Stolzenburgs Votum war der Vorgang nicht beendet. Im April 1940 war bereits Seebergs Schüler Fritz Fischer in die Philosophische Fakultät gewechselt.[197] Im Hintergrund dürfte stehen, dass nach einer „Vereinbarung vom 26. April 1940" zwischen dem Reichsministerium für Wissenschaft, Erziehung und Volksbildung und der Universität

---

werb des Lic. habil. das Gesuch um Zulassung zur Probevorlesung." Bei dem Adressaten des Briefes handelt es sich nicht um H. Grapow, der in dem Schreiben namentlich genannt und in seinen Voten referiert wird.

[190] Das Datum ergibt sich aus dem in der folgenden Anm. benannten Brief.

[191] H. Grapow an den Rektor der Berliner Universität, 10. November 1941, HUB, UA, PA nach 1945, Aland, Kurt, III, Bl. 2. In seinem „Vorwort" führt ALAND, Glanz (wie Anm. 61), S. VII, eine Studie Grapows an, um zu illustrieren, wie „fremd" „die Vergangenheit geworden" sein kann.

[192] In einer Abschrift vom 5. Januar 1942 s. HUB, UA, PA nach 1945, Aland, Kurt, III, Bl. 1. Zu dem Datum des Erlasses s. ebd., Bl 2, in Abschrift vom 13. Mai 1942 das Schreiben des Reichsministers für Wissenschaft, Erziehung und Volksbildung an den Rektor der Berliner Universität.

[193] Ebd.

[194] LUDWIG, Fakultät (wie Kap. I, Anm. 91), S. 120.

[195] Zitiert aus einem Schreiben vom 21. Mai 1942 nach ebd.

[196] Hierauf weist LUDWIG, Fakultät (wie Kap. I, Anm. 91), S. 119 f., selbst differenziert hin.

[197] Ebd. Für den ausführlichen Briefbeleg s. WIEBEL, Briefwechsel (wie Einleitung, Anm. 13), S. 338. Zu F. Fischers Bedeutung für die Geschichtswissenschaft der Nachkriegszeit s. etwa Klaus GROßE KRACHT: Die zankende Zunft. Historische Kontroversen in Deutschland nach 1945, Göttingen ^{2}2011, S. 47–67.

an der „Theologischen Fakultät keine Dozenten neu ernannt“ werden sollten.[198] Aus einem Brief des Juristen Haugg ergibt sich, dass im März 1942 zwei weitere Seeberg-Schüler Habilitationen an der Philosophischen Fakultät planten: Ernst Reffke und Winfried Zeller.[199] Seeberg, der während seines Konfliktes mit Stolzenburg für sich selbst einen Fakultätswechsel in Betracht gezogen hatte[200], fasste das um sich greifende Interesse pragmatisch zusammen: „Den jungen Herren wird geraten, sich um Dozenturen in der phil. Fak. zu bewerben, wenn es Kirchenhist.[oriker] sind.“[201]

Wichtig ist nun, dass in das Frühjahr 1942 ein Wechsel im Rektorat fällt, der – wie schon 1935 – zu einer Veränderung im theologischen Dekanat führte. Auf den gegenüber Seeberg skeptischen Rektor Hoppe folgte in der Universitätsleitung Lothar Kreuz[202], ein Studienfreund Seebergs[203]. Als Dekan wurde Stolzenburg im August 1942 von Friedrich Wilhelm Schmidt abgelöst, der von den verschiedensten Personen und Gruppen in der Fakultät als Interessenvertreter und Vertrauensmann angesehen wurde. Stolzenburg etwa rühmte ihn 1941 neben sich und Hempel als den „Einzige[n...], den man [...] mit Bestimmtheit zu den Deutschen Christen rechnen“ dürfe.[204] Seeberg sah in ihm während Stolzenburgs Dekanat seinen Brückenkopf in der Fakultät. Er trug ihm Vorschläge zu Fakultätsangelegenheiten, Personalfragen und Berufungsverfahren entweder selbst oder über seinen Sohn Bengt vor.[205] Wie zu

[198] BArch Berlin R 4901/13288, o.P.

[199] Dies ergibt sich aus dem in Anm. 110 benannten und datierten Schreiben: „Reffke hat jetzt der Erz.[iehungs]Min.[ister] geschrieben, dass er nun überall zur Habilitation zugelassen wäre und die Sachen alsbald einreichen könnte. Ob seine vorliegende theologische Habilitationsschrift in der philosophischen Fakultät angenommen werden könne, habe die betreffende Fakultät zu entscheiden. [...] Ich bin auch gern bereit noch weiter daran mitzuhelfen und mitzuwirken nach Kräften. [...] Zeller, der wohl in Rumänien steckt, schrieb mir dieser Tage, er weiss wohl nicht so recht was er eigentlich will. [...] Dann will er auch zur Habilitation zugelassen werden, also doch wohl auch (simile Reffke) bei der philosophischen Fakultät. Er muss doch dann einen Antrag einreichen“. Zu Zeller s. AUERBACH, Catalogus (wie Kap. I, Anm. 147), S. 54 f.

[200] LUDWIG, Fakultät (wie Kap. I, Anm. 91), S. 120.

[201] E. Seeberg an R. Hermann, 22. Oktober 1942, zitiert nach WIEBEL, Briefwechsel (wie Einleitung, Anm. 13), S. 341 f.

[202] Zu ihm und seinem Rektorat s. Anne Chr.[istine] NAGEL: Die Universität im Dritten Reich, in: Heinz-Elmar Tenorth (Hg.): Geschichte der Universität Unter den Linden, Bd. 2: Die Berliner Universität zwischen den Weltkriegen 1918–1945, Berlin 2012, S. 405–464, hier: S. 451–453.

[203] LUDWIG, Fakultät (wie Kap. I, Anm. 91), S. 121.

[204] Zitiert aus einem Brief an F. W. Schmidt vom 19. Mai 1941 nach Kurt MEIER: Die Theologischen Fakultäten im Dritten Reich, Berlin und New York 1996, S. 386, Anm. 68.

[205] Beides ergibt sich aus der Korrespondenz im BArch Koblenz N1248/32.

zeigen sein wird, setzte auch Aland früh auf Schmidt, dem er seine persönliche und berufliche Situation darlegte.[206]

Alands Anstellung im kirchengeschichtlichen Seminar fiel noch unter das Dekanat Stolzenburgs. Auch die Abstimmung über ein Habilitationsverfahren in der Philosophischen Fakultät betraf zunächst Stolzenburg und den dortigen Dekan Grapow. Beide hatten auf Fakultätsebene über ein ministeriell empfohlenes Verfahren zu entscheiden, zu dem sich Grapow zunächst ein Votum des Rektorats erbeten hatte. Demgegenüber setzte der Rektor bewusst auf eine Entscheidung der Fakultäten. Das strategische Vorgehen des Rektorats legt ein Brief vom März 1942 nahe. In ihm berichtet der Jurist Haugg:

„Ich hörte, dass Prof. Kreutz die Sache mit den theologischen Habilitationen in der philosoph.[ischen] Fakultät nicht so sehr fördere, weil er statt dessen die Erledigung dieser Sachen in der theol.[ogischen] Fakultät durchdrücken wolle. M.E. bietet das so gut wie gar keine Aussicht auf Erfolg. Ich nehme an, dass dies auch Ihre [Seebergs] Meinung ist."[207]

Indem Kreuz eine Klärung auf Fakultätsebene einforderte, setzte er darauf, dass die Theologische Fakultät um der Bewahrung ihrer Selbständigkeit willen nicht anders konnte, als sich ablehnend zu positionieren. Diese Aufgabe kam im Fall Alands zunächst Stolzenburg und dann Schmidt zu. Der Sache nach stimmten beide überein; in ihren praktischen Konsequenzen unterschieden sie sich jedoch. Während Stolzenburg aus prinzipiellen Gründen gegen einen Fakultätswechsel Alands argumentiert hatte, bemühte sich Schmidt, den „Fall Aland" – die Formulierung begegnet erstmals in einem Schreiben des Dekans an den Rektor[208] – als einen Sonderfall zu behandeln. Diese Position verband Schmidt mit der des philosophischen Dekans, der kein Interesse daran hatte, dass seine Fakultät „künftig grundsätzlich als Auffang von Theologen zu dienen" habe, wie es Grapow in einer Stellungnahme gegenüber dem Rektor formuliert hatte.[209] Dessen ungeachtet suchte auch Grapow, Aland zu unterstützen[210], der ihm gleichermaßen als eine Ausnahme galt. Seine Bemühungen erstreckten sich bis ins Folgejahr. Noch am 25. März 1943 leitete Grapow eine Fakultätssitzung, in der beschlossen wurde, für Aland ei-

---

[206] Über Schmidts Dekanat wurde zuletzt festgestellt, dass „wir aufgrund der Quellenlage nur sehr unzureichend informiert" seien, LUDWIG, Fakultät (wie Kap. I, Anm. 91), S. 121. Vor diesem Hintergrund erweist sich Schmidts Korrespondenz mit Seeberg als auch für die Geschichte der Berliner Fakultät von Bedeutung. Hinzu kommen einzelne Briefe aus der Personalakte Alands, die für eine Neubewertung des Habilitationsvorhabens in der Philosophischen Fakultät herangezogen werden müssen.

[207] Wie Anm. 110.

[208] F. W. Schmidt an den Rektor der Universität, 25. August 1942, HUB, UA, PA nach 1945, Aland, Kurt, I, Bl. 21.

[209] H. Grapow an den Rektor der Universität, o.D., in Abschrift vom 14. Oktober 1942, HUB, UA, PA nach 1945, Aland, Kurt, I, Bl. 32.

[210] Für die persönliche Motivation s. unten Anm. 222.

nen „Lehrauftrag für ‚Geistesgeschichte der Neuzeit‘ zu beantragen.“[211] Alands eigener Wunsch galt zu diesem Zeitpunkt der Formulierung: „Spätantike oder neuere Religionsgeschichte.“[212] Aus einem Schreiben Alands vom 24. Juni 1942 werden die wissenschaftspolitischen oder strategischen Hintergründe deutlich: „Bei meinen verschiedenen Arbeiten habe ich mich der Unterstützung des Ministeriums für kirchliche Angelegenheiten sowie der Dienststelle Rosenberg erfreuen dürfen, in deren neuer Zeitschrift ‚Die Religionswissenschaft‘ mehrere Untersuchungen von mir erscheinen sollen.“[213]

Aland erklärt dies und seine gesamte berufliche sowie persönliche Situation brieflich einem namentlich nicht genannten „Professor“, den er am 23. Juni mündlich gesprochen hatte.[214] Auf diesen führt er auch den „Vorschlag“ zurück, „die Verleihung einer Dozentur in der philosophischen Fakultät“ mit „der Beibehaltung meiner Stelle als Oberassistent [...] und vor allem mit einer weiteren Vertretung der Lietzmannschen Professur (wenn möglich auf längere [Zeit ...] etwa bis zur Wiederherstellung Prof. Lietzmanns [...] zu vereinen“, für dessen Realisierung Aland „besonders dankbar“ wäre.[215]

Ein zweiter Brief, in dem Aland den Adressaten ebenfalls nur mit „Sehr verehrter Herr Professor“ anspricht, berichtet am 27. Juni 1942 von dem zwei Tage zuvor erfolgten Tod Lietzmanns und regt eine persönliche Einflussnahme des Angeschriebenen auf das Ministerium an, um sich der Anliegen Alands anzunehmen.[216] Denkbar ist, dass es sich um die Dozentur in der Philosophischen Fakultät handelt; möglich ist jedoch auch, dass es um die Vakanz des Lietzmannschen Lehrstuhls geht. Darauf weist der folgende Passus hin, mit dem Aland eine Nachbesetzung zu verhindern sucht:

„Prof. Stolzenburg will wohl einen Antrag auf Neubesetzung des Ordinariates stellen. Aber abgesehen davon, dass der einzige in Frage kommende Kandidat, Campenhausen, schon in Wien die Opitzsche Professur vertritt (seine Ernennung ist auch hier allerdings fraglich wegen seiner bedauerlichen politischen und wohl auch bis zu gewissem Grade kirchlichen Belastung) und ausserdem Soldat ist, glaube ich, dass Ihre Ansicht die richtige ist, dass das

---

211 Auszug aus dem Protokoll der Fakultätssitzung am 25. März 1943, HUB, UA, PA nach 1945, Aland, Kurt, III, Bl. 37.

212 Ebd.

213 Wie oben Anm. 189. Zu dem Zeitschriftenprojekt s. Michael FAHLBUSCH, Ingo HAAR und Alexander PINWINKLER (Hg.): Handbuch der völkischen Wissenschaften. Akteure, Netzwerke, Forschungsprogramme, Teilbd. 1, Berlin und Boston 2017, S. 2144.

214 S. dazu den Eingangspassus des in Anm. 189 benannten Schreibens.

215 Ebd.

216 K. Aland an namentlich ungenannten Professor, HUB, UA, PA nach 1945, Aland, Kurt, III, Bl. 13: „Unsere Unterredung am Donnerstag konnte zu meinem Bedauern nicht zu Ende geführt werden, weil ich zur Vorlesung musste. Und nachher konnte ich Sie leider nicht mehr erreichen. Aber mein Brief an Prof. Groh [...] enthält ja alles Notwendige. Ich wäre Ihnen aufrichtig dankbar, wenn Sie sich der Angelegenheit, vielleicht auch in einem Gespräch mit den zuständigen Stellen des Ministeriums annehmen würden, denn ob ich bei Prof. Stolzenburg viel Unterstützung zu erwarten habe, weiss ich nicht.“

Ordinariat nicht wieder besetzt werden wird. Wenn das Ministerium, was das Wahrscheinlichere ist, den Weg einer interimistischen Vertretung wählt (was schon notwendig ist, damit die Studenten für das Studium der Kirchengeschichte und der damit zusammenhängenden Fragen nicht allein auf sich angewiesen sind), so weiss ich nicht, auf wen seine Wahl fallen wird. – So lange Prof. Lietzmann gelebt hätte, das weiss ich, wäre ich sein Vertreter gewesen. Dass ich seine Forschungsarbeit weder führen noch aufnehmen kann, darüber bin ich mir ja völlig im [... klaren;] dagegen bin ich aber imstande, seine Lehrtätigkeit in Vorlesung [... und] Seminar weiterzuführen, was mir – bis zu eine[r ... weit]eren endgültigen Regelung der Frage – nicht unwichtig erscheint. Eltester[217] ist mit mir darin einer Meinung."[218]

Die politische sowie kirchenpolitische Diskreditierung Campenhausens und die angeregte Einflussnahme auf das Ministerium dienten dem erkennbaren Ziel, eine längerfristige Lehrstuhlvertretung mit der erhofften Dozentur und der Wahrnehmung der Oberassistentenstelle zu verbinden. Vor diesem Hintergrund ist auch der Ausgang der Bemühungen um eine Habilitation in der Philosophischen Fakultät zu verstehen. Am 17. April 1943 teilte der Reichsminister für Wissenschaft, Erziehung und Volksbildung Aland mit, dass er nur einer Fakultät angehören könne:

„Ihre Verbundenheit mit der Theologischen Fakultät hätten Sie aufzugeben, denn es geht nicht an, daß Sie an Ihre alte Fakultät wieder, wenigstens vollständig, ausgeliehen werden. Dem steht kein Ausgleich durch die Besoldung gegenüber. Als Angehöriger der Philosophischen Fakultät können Sie Bezüge nur in der Form von Diäten erhalten. Diätenstellen sind aber derzeit nicht verfügbar. Auch eine Lehrauftragsvergütung kommt aus gewissen Gründen nicht in Frage [...]. Auch die Theologische Fakultät würden [sic] Nachteile von Ihrem Übertritt zur Philosophischen Fakultät haben, da sie Sie voraussichtlich überhaupt nicht mehr wird heranziehen können."[219]

Das Argument entspricht einem Votum des Ministerialreferenten Wilhelm Groh[220] aus einem Rundlauf im Reichsministerium für Wissenschaft, Erziehung und Volksbildung.[221] Damit zerschlug sich das Habilitationsverfahren in der Philosophischen Fakultät. Letztlich scheiterte es an Alands akademisch nicht realisierbarem Wunsch einer fakultätenübergreifenden Ämterkombination. Offen muss bleiben, ob dieses Anliegen den unmittelbar Beteiligten, wie dem Dekan Grapow in der Philosophischen Fakultät, vollständig bekannt war, oder ob sie die Berechtigung des Anliegens angemessener verstehen konnten, als es uns heute möglich sein mag. Grapows letztes Votum in der Sache besteht in einem Schreiben an seinen nicht näher zu präzisierenden Fa-

217 Zu ihm s. AUERBACH, Catalogus (wie Kap. I, Anm. 147), S. 15 f.

218 Wie Anm. 216.

219 HUB, UA, PA nach 1945, Aland, Kurt, III, Bl. 35.

220 Zu ihm s. Michael GRÜTTNER, Art. Groh, Wilhelm, in: ders.: Biographisches Lexikon zur nationalsozialistischen Wissenschaftspolitik, Heidelberg 2004 (Studien zur Wissenschafts- und Universitätsgeschichte, Bd. 6), S. 64.

221 „Vermerk" unter dem 16. Mai o.J., in: BArch Berlin R 4901/13288, o.P.

kultätskollegen Schmidt, das mit den Worten schließt: „Es liegt uns ja beiden daran, dem armen Jungen bald zu helfen.“[222]

Helfen wollte Aland auch der neue Dekan in der Theologischen Fakultät, Schmidt. Es spricht viel dafür, dass er der namentlich nicht ausgewiesene Adressat war[223], an den sich Aland mit dem Anliegen gewandt hatte, eine längerfristige Vertretung der Lietzmann-Professur zu erwirken. Eine der ersten Amtshandlungen Schmidts als Dekan war es, sich am 1. August 1942 beim Reichsminister für Wissenschaft, Erziehung und Volksbildung dafür einzusetzen, über den Umgang mit Lietzmanns Lehrstuhl erst nach „ruhiger Überlegung“ zu befinden und dessen Vertretung „in der Zwischenzeit“ als „Zwischenlösung“ Aland zu übertragen.[224] Für diese Protektion machte Seeberg Schmidt umgehend Vorhaltungen, verwies ihn auf den Abdruck der Hirsch-Rezension und regte eine Vertretung des Lehrstuhls durch den zu diesem Zeitpunkt bereits 60jährigen Bonner Ordinarius Ernst Kohlmeyer an.[225] Der Dekan sah sich darauf am 5. August 1942 zu einer ausführlichen Erklärung und persönlichen Distanzierung von Aland veranlasst:

„Ihre Informationen sind mir interessant und zum großen Teil neu. Wenn ich Aaland [sic] verlängert habe, dann hat das folgende Gründe: 1) wollte ich Zeit und Ruhe für die Frage der Wiederbesetzung Lietzmann. Sie ist vorläufig – mir deshalb bis zu Ihrer Rückfrage – für mich nicht einmal eine ‚Frage‘, über die ich ‚nachdenke‘. Erst recht rede ich mit keiner anderen Fak.[ultät] darüber. Es will ja gar nicht und soll auch nicht eilen! 2) Aaland selber kenne ich bloß vom Seminar her. Da ich keinen Assistenten habe, hat er mir geholfen. Dabei hat er mir früher auch von seinen Schwierigkeiten erzählt, daß er zwischen theol. u. philos. Fakultät hinge, ohne daß einer der Dekane ihm helfe. Von Stolzenburg wußte ich überdies, daß St.[olzenburg] ihn *nicht* leiden kann. Für mich Anlaß mehr, die ja schon bestehende Vertretung ruhig zu verlängern. A.[land] ist zudem kriegsbeschädigt und verheiratet. Und mir stets mit großem Vertrauen begegnet. Von den Spannungen mit Ihnen hatte ich (soll ich sagen: glücklicherweise?) nichts, aber auch nichts [sic] gewußt. Die sind natürlich mehr als unerfreulich, aber von der ThLZ abgesehen, am wenigsten seine eigene Schuld. Was die Sache mit der ThLZ angeht, werde ich ihn mir real vornehmen, wenn er vom Urlaub zurück ist. Er soll aber gar nicht erst das Gefühl bekommen, als ob seine Person in unserer Fak.[ultät] von ‚kirchenhistorischer Bedeutung‘ ist. Im Augenblick halte ich *trotz* allem diese ‚Zwischenlösung‘ für gut: als Zwischenlösung ist sie nicht zu vieler Aufmerksamkeit wert (Kohlmeyer etwa zu holen gibt der Sache unnötiges Gewicht und brächte Diskussionen in Fluss, die ich *jetzt* gar nicht einmal wünsche). Ich bin froh, daß ich als ‚ahnungsloser Tor‘ *meine* Linie einfach in Gang bringen kann, von der Vergangenheit unbelastet. Es wird bestimmt nur sein Gutes haben. Für Ihr Vertrauen danke ich Ihnen.“[226]

---

[222] H. Grapow an Schmidt, 3. April 1943, HUB, UA, PA nach 1945, Aland, Kurt, II, Bl. 34.

[223] S. oben Anm. 189 und 216.

[224] HUB, UA, PA nach 1945, Aland, Kurt, II, Bl. 51.

[225] Die benannten Punkte erschließen sich aus dem in der Folgeanm. benannten und oben zitierten Antwortbrief.

[226] BArch Koblenz N1248/32, o.P.

Bei seiner Entscheidung blieb Schmidt; er fasste sie am 2. Oktober 1942 gegenüber Seeberg nochmals zusammen: „Lietzmanns Nachfolge lassen wir vorläufig liegen, um alles in Ruhe zu überlegen. Dagegen werde ich Aaland sofort als Vertretung verlängern lassen."[227]

Nicht nur für Alands Vertretung des Lietzmannschen Lehrstuhls musste sich Schmidt gegenüber Seeberg verantworten. Seeberg hatte auch davon erfahren, dass Schmidt dessen Bemühung um ein zweites Habilitationsverfahren in der Philosophischen Fakultät unterstützte. Am 2. Oktober 1942 reagierte Schmidt darauf, dass Seeberg seine Protektion Alands hinterfragt hatte:

„ad vocem Aland (weil Sie damit beginnen). 1) der Fall ‚Aland' als persönlicher *Einzel*fall ist mir, so gern ich einem jungen Kollegen helfe, in diesem Zusammenhang sehr unwesentlich. 2) Ihn zum Anlaß einer generellen Regelung zu machen, war nicht auf meine, sondern *Grapows* Initiative hin der Wunsch des Rektorats. Grapow aber sieht einfach darum eine Klärung herbeizuführen veranlaßt, weil Aland aus Not in die phil.[osophische] Fak. hinüberwechseln will. 3) Im Interesse Alands habe *ich* seine philos.[ophische] Habilitation *unterstützt* – unter der Voraussetzung natürlich, daß die normale Lösung nicht realisierbar ist. Aber eben dies grundsätzlich *aufzuklären*, erscheint [Rektor] Kreuz, [Dekan] Grapow u. mir allerdings wichtig. Das Ergebnis wird wohl – negativ sein."[228]

Für eine grundsätzliche Hinterfragung des Fakultätswechsels machte Schmidt damit zum einen den Dekan der Philosophischen Fakultät, Grapow, und zum anderen den Rektor verantwortlich. Der Hinweis auf das Rektorat dürfte, wie oben ausgeführt[229], zutreffend sein.

In der Folgezeit wurde der institutionelle Status Alands im kirchengeschichtlichen Seminar mit einer klaren amtlichen Vorrangstellung Seebergs fixiert. Verantwortlich dafür war Schmidt, der auf eine Rektoratsanfrage im Oktober 1942 reagierte[230] und seine Entscheidung Seeberg nochmals ausführlich darlegte.[231] Aus der dienstlichen Annäherung unter Seebergs Supervision

---

[227] BArch Koblenz N1248/32, o.P.

[228] BArch Koblenz N1248/32, o.P.

[229] S. Anm. 207.

[230] F. W. Schmidt an den Kurator der Universität, 19. Oktober 1942, BArch Koblenz N1248/124, o.P.: „In Beantwortung Ihres Eilbriefes vom 16. d.[es] M[ona]ts. erkläre ich mich einverstanden, daß der mit der Vertretung des Lehrgebietes von Prof. Lietzmann beauftragte Oberass.[istent] Lic. *Aland* mit der einstweiligen Führung der Geschäfte des Kirchenhistorischen Seminars, Abteilung Lietzmann, und des Seminars für Christliche Archäologie und Kirchliche Kunst beschäftigt wird in verantwortlicher Unterstellung unter den Fachordinarius für Kirchengeschichte, Dr. [sic] *Seeberg*. Sollte diese Einschränkung Ihre Zustimmung nicht finden können, so übernehme ich als Direktor des Gesamtseminars die Geschäfte persönlich."

[231] 19. Oktober 1942, BArch Koblenz N1248/124, o.P. So habe er auf Anfrage vor der Entscheidung gestanden, selbst „die Geschäfte des kg. Seminars Lietzmann und des Seminars für christl. Archäologie bis auf weiteres zu übernehmen *oder* sie auf Aland übertragen zu lassen. Dazu nur noch: Ich möchte keine Aufblähung Alands und außerdem soll klar heraustreten, daß *Sie* als Fachordinarius für KG ‚da' sind. Das ist der Sinn meiner Ihnen

entwickelte sich ein fernmündlicher und brieflicher Austausch zwischen den beiden Kollegen. Am 1. März 1943 – zwei Wochen, bevor Aland erklärte, von der Nachricht einer durch Seeberg geplanten Luther-Ausgabe überrascht zu sein – hatten die beiden telefoniert, wobei Aland es bedauert, dass ihm „eine völlige Darlegung der Assistentenverhältnisse an unserer Fakultät" nicht gelungen sei, weshalb er nochmals brieflich ansetzte.[232] Spielraum für fachliche Gespräche eröffneten dermaßen elementare, amtliche Unterhaltungen kaum. Ende 1943 fiel Seeberg selbst aufgrund erheblicher gesundheitlicher Beschwerden[233] für die Lehre aus; seine Vertretung während des Wintersemesters 1943/44 übernahm ab Dezember Aland.[234] Schmidt nahm dies am 28. April 1944 zum Anlass, um nochmals persönlich bei Groh im Reichswissenschaftsministerium um eine theologische Dozentur für Aland und, ausführlicher, um eine Besserstellung für sich selbst zu ersuchen.[235] Drei Briefe von Aland an Seeberg haben sich erhalten.[236] Am 21. Dezember 1941 nahm er kurz auf die Lehrstuhlvertretung Bezug und lieferte sonst ebenso wie auch am 10. Februar 1944 und 31. Oktober 1944 zusammenfassende Berichte über das kirchengeschichtliche Seminar und die Kriegssituation. Auf eigene Pläne und damit fachliche Fragen geht er nur am 10. Februar 1944 ein:

> „Ob, wann und wie ich dazu kommen werde, einiges Neue, was ich zu den Paulusbriefen festgestellt zu haben glaube, zusammenhängend vorzulegen, weiss ich auch noch nicht. Am besten klappt es zur Zeit immer noch mit Wessenberg, wo mir durch das Entgegenkommen der süddeutschen Archive schöne Möglichkeiten geboten sind. Hoffentlich werde ich sie auch ausnutzen können."[237]

Spätestens zum Frühjahr 1944 hatten sich somit eine amtliche sowie persönliche Annäherung und ein ansatzweiser Austausch zwischen Aland und See-

---

mitgeteilten Entscheidung." „Noch eines zum Schluß: wie mir [Wilhelm] Groh [vom Ministerium für Wissenschaft, Erziehung und Volksbildung] sagt, wird Lietzmanns Nachfolge während dem Krieg *nicht* erledigt." Seeberg selbst teilte die während des Kriegs fortbestehende Vakanz R. Hermann am 22. Oktober 1942 mit; s. dazu WIEBEL, Briefwechsel (wie Einleitung, Anm. 13), S. 341.

[232] K. Aland an E. Seeberg, 1. März 1943, BArch Koblenz N1248/1, o.P.

[233] Angedeutet in WIEBEL, Briefwechsel (wie Einleitung, Anm. 13), S. 369, Anm. 508. Vertiefungen erlaubte besonders Seebergs Korrespondenz mit F. Schulze-Maizier im BArch Koblenz N1248/34, o.P.

[234] F. W. Schmidt an E. Seeberg, 1. Dezember 1943, BArch Koblenz N1248/32, o.P.: „Trotzdem [trotz der Kriegssituation mit Bombardement] wollen wir [die Fakultät] nächste Woche die Vorlesungen wieder aufnehmen. Ich habe darum nun auch einen Anschlag, daß ich Aland mit Ihrer Vertretung beauftragt habe. [Rektor] Kreuz, den ich gerade noch *vor* den Terrorangriffen wegen Ihres Urlaubs sprach, war sehr nett und vernünftig".

[235] F. W. Schmidt an W. Groh, BArch Berlin R 4901/13288, o.P.

[236] Alle befinden sich in BArch Koblenz N1248/1, o.P.

[237] Ebd.

berg ergeben. Von Bedeutung dafür dürfte Dekan Schmidt gewesen sein, der schon am 22. Dezember 1943 Seeberg geschrieben hatte:

„Prof. Aland leistet uns manche guten Dienste, gerade auch mit Ihrer Vertretung. Es war doch ganz gut, daß Sie sich auf meinen Rat so freundlich mit ihm versöhnt haben. Ich habe übrigens dem Minister noch einmal nahegelegt, ihm doch eine theologische Dozentur zu übertragen. Helfen wird meine Bitte ja kaum, aber sie schien mir angebracht und auch in Ihrem Sinne."[238]

Im Frühjahr 1944 hatte Schmidt auch Aland für eine nicht näher benannte Auszeichnung – wahrscheinlich das Kriegsverwundetenkreuz[239] – vorgeschlagen, die ihm im September 1944 verliehen werden sollte; in der Nominierung wusste er sich mit Seeberg einig.[240] Das Verhältnis zwischen Schmidt und Aland blieb vertrauensvoll. Am 11. Mai 1944 hatte der Dekan von Aland erfahren, dass sich Seebergs

„‚Lama' [...] beschwert [habe], daß er von mir bei Habilitationen u.[nd] Promotionen dauernd übergangen werde, was ‚unstatthaft' sei. Dabei kann davon keine Rede sein, ich handle ganz legal. Aber es zeigt doch auch das Gerede, daß er in mir bereits ‚Partei' oder gar den ‚bösen Feind' wittert. Komisch, daß die Leute immer ihre eigenen Untugenden anderen anzudichten belieben."[241]

Im Unterschied zu Stolzenburg hatte Schmidt großen Wert darauf gelegt, Seeberg wieder in einzelne Qualifikationsverfahren einzubinden.[242]

---

[238] F. W. Schmidt an E. Seeberg, 22. Dezember 1943, BArch Koblenz N1248/32, o.P. Vgl. dazu auch W. Haugg an E. Seeberg, 19. Februar 1944, BArch Koblenz N1248/11, o.P.: „Schmidt hat wegen der Dozentur von Aland noch einen Vorstoss unternommen, sicherlich vergeblich. Aland hat jetzt ein Heftchen Wessenberg herausgegeben." Zur Frage der Dozentur s. LUDWIG, Fakultät (wie Kap. I, Anm. 91), S. 120.

[239] Dies ergibt sich zum einen aus Schmidts Klage in dem in der Folgeanmerkung benannten Brief darüber, selbst nicht nominiert zu werden, und der Aussage von F. W. Schmidt an E. Seeberg, 6. Oktober 1944, BArch Koblenz N1248/32, o.P.: „Daß *Sie* mir das KrVKr verschaffen wollen, hat mich gerührt."

[240] S. dazu F. W. Schmidt an E. Seeberg, 17. September 1944, BArch Koblenz N1248/32, o.P.

[241] BArch Koblenz N1248/32, o.P. Für die spöttische Chiffre eines Kollegen s. auch den Brief F. W. Schmidts an E. Seeberg, 23. September 1944, BArch Koblenz N1248/32, o.P.: „Abstriche werden wir zwar machen, d.h. auf Ihr ‚Lama' und seinen socius Gruehn verzichten müssen (ihre UK Stellung ist aufgehoben)." Aufgrund der Nähe zwischen Gruehn und Stolzenburg (s. dazu LUDWIG, Fakultät [wie Kap. I, Anm. 91], S. 107, 111) liegt es nahe, letzteren mit dem „Lama" zu identifizieren.

[242] Nach F. W. Schmidt an E. Seeberg, 5. Juli 1943, BArch Koblenz N1248/32, o.P., übernahm Schmidt selbst kirchengeschichtliche Prüfungen (etwa in „Lic.Examen Dillschneider" 1943), suchte aber Seeberg in das Habilitationsverfahren „sein[es] Schützling[s ... Winfried] *Zeller*" zu integrieren. Krankheitsbedingt konnte Seeberg nicht an dem Verfahren teilnehmen; nach Rücksprache mit ihm versah Ernst Benz die entsprechende Funktion, s. dazu F. W. Schmidt an E. Seeberg, 12. Juli 1943, BArch Koblenz N1248/32, o.P.

Bereits Mitte August 1943 war Seeberg als Fürsprecher Alands in einem weiteren Zusammenhang aufgetreten, indem er dessen Nominierung als „Sekretär“ einer neu einzurichtenden „Historischen Kommission“ bei der Deutschen Evangelischen Kirche unterstützte. Hintergrund war eine Initiative aus dem Jahr 1941, die „[u]m aus der Verkrampfung des Kirchenstreits herauszukommen“, darauf zielte, „daß sich die Geistlichen mehr als bisher ernsthaft mit theologischen Fragen beschäftigen sollen“.[243] Kirchliche Archivare nahmen dies zum Anlass, eine institutionelle Bündelung historischer Forschungen und editorischer Bemühungen zu fordern und strukturell vorzubereiten. Einen guten Überblick über die nachfolgenden Entwicklungen bietet Hosemann als Leiter des Archivamts, als er 1944 offenbar auf den Vorwurf einer Vernachlässigung des Vorhabens reagierte.[244] Demnach fand der Vorschlag grundsätzliche Zustimmung. In der Umsetzung ergab sich schnell ein Konsens, dass während des Krieges keine eigene Kommission, sondern nur Vorarbeiten durch einen „jungen Wissenschaftler [möglich waren ...], der die in Frage kommenden Professoren allmählich für eine solche Kommission und für ihre Mitarbeit gewinnen würde. Das Augenmerk wurde auf den Pfarrer und Lic. Dozenten Maurer-Marburg-Caldern[245] gerichtet“. Aus politischen Gründen wurde davon Abstand genommen:

> „Der R[eichs]M[inister] f[ür] kirchl.[iche] Angelegenheiten, der Leiter der D[eutschen]-E[vangelischen]K[irchen]K[anzlei] und Prof. Dr. Erich Seeberg haben mir im gegenseitigen Einvernehmen als einen neuen Bewerber für die Tätigkeit als Sekretär der zu gründenden Hist.[orischen] Kommission [...] den Lic. Habil. [sic] Aland [...] vorgeschlagen. Dieser würde, wie der Leiter der Fin[anz]Abteilung unter dem 12.8.43 [...] mitgeteilt hat, auch die Billigung des R[eichs]M[inisteriums] f[ür] kirchl.[iche] Angelegenheiten finden. Darauf habe ich mit Lic. Habil. Aland verhandelt mit ihm also dieselben Vorbesprechungen gehabt, wie mit Lic. Maurer und gleichzeitig sein Einverständnis gefunden, nachdem ich mich versichert hatte, daß auch die in erster Linie beteiligten Professoren keine grundsätzlichen Bedenken gegen Herrn Aland haben würden. Nachdem diese Arbeit geleistet war[,] habe ich den Antrag v. 8.3.44 [...] gestellt [...]. Seine [... Alands] Beauftragung wird von Prof. D. Erich Seeberg unterstützt und die Professoren D. [Heinrich] Bornkamm, D. Dr. [Gerhard] Ritter und Dr. [Rudolf] Smend haben sich nicht dagegen ausgesprochen, wenn sie auch der Beauftragung von Lic. Maurer offenbar den Vorzug gegeben hätten.“[246]

Die weiteren Verzögerungen resultierten laut Hosemann aus verschiedenen, nicht von ihm zu verantwortenden Gründen. Für Aland bedeutete dies fortgesetzte berufliche Unsicherheit; Hinweise darauf, dass er von Seebergs Fürsprache wusste, ließen sich bislang nicht finden.

---

[243] Aus zeitlicher Nähe s. Dr. Lerche am 25. Juni 1941 in EZA 805/4, o.P.

[244] S. dazu J. Hosemann am 8. Juli 1944 in EZA 805/4, o.P.

[245] Zu dem späteren Erlanger Kirchenhistoriker s. Harry OELKE: Art. Maurer, Wilhelm, in: RGG[4], Bd. 5, Tübingen 2002, Sp. 924. Zudem s. AUERBACH, Catalogus (wie Kap. I, Anm. 147), S. 35.

[246] Wie Anm. 244.

Als unwahrscheinlich muss gelten, dass Seeberg politische oder kirchenpolitische Reserven gegen Aland hegte, der es offenbar verstand, in verschiedene Richtungen Loyalität zu signalisieren. Die Personalakte bietet bis 1945 keine Anhaltspunkte für nonkonformistische oder oppositionelle Positionen. Der Lebenslauf des Jahres 1939 erklärt vielmehr:

„Am 9. November 1933 trat ich in die SA ein, aus der ich am 20.2.1936 auf Anordnung des Sturmbannarztes wegen Krankheit ehrenvoll ausscheiden musste. Anschliessend trat ich in die NSV ein, in der ich mich auch als Blockwart betätigt habe. An den Einrichtungen der Studentenführung: Fachschaft, politische Schulung [...] habe ich mich beteiligt. Seit dem WS 1938/39 leite ich eine Arbeitsgemeinschaft in der Fachgruppe."[247]

In einem etwas früheren Dokument präzisiert Aland, dass er „wegen im SA-Dienst zugezogener Krankheit ehrenvoll Abschied" aus der SA nahm[248], der er als Sturmmann[249] angehört hatte. Im Mai 1940 ersuchte Aland um Aufnahme in die NSDAP, wurde aber „wegen konfessioneller Gebundenheit" abgewiesen.[250] Die „Bestätigung der Ablehnung" erfolgte „durch den Beschluss des Kreisgerichtes" am 4. April 1941.[251] In der Personalakte fand dieser Vorgang keine Erwähnung, deutet aber eine zweite Richtung an, die Aland selbst nach Kriegsende betonte, als er sich am 25. Juli 1945 besonders für seine SA-Mitgliedschaft verantworten musste. Demnach war er

„[g]leich von Anfang an im Kirchenkampf aktiv bei der Bekämpfung der NS-Gruppe der ‚Deutschen Christen' tätig gewesen. Nach Teilnahme an illegalen Vorlesungen Verfahren vor dem Universitätsrichter (1937). 1938 verbotenes kirchliches Examen abgelegt, obwohl von Ministerium u. Gestapo schärfstens untersagt. Von Gründung an Sekretär beim nachher von der Gestapo verbotenen ‚Seminar für evangl. Jugendführung'. 1938 Verfahren vor dem Sondergericht. Antifaschistische schriftstellerische Tätigkeit (Aufsätze u. Broschüren gegen Rosenberg, Ludendorff[252] u.ä.) Eintritt in die SA 1933 erzwungen, bei Verweige-

---

247 Wie Anm. 164. Das Phänomen einer vergleichsweise kurzen SA-Mitgliedschaft begegnet auch bei dem etwa altersgleichen Lietzmann-Schüler Wilhelm Schneemelcher, s. dazu dessen Lebenslauf, der mit dem Antrag auf „Zulassung zur Lizentiatenpromotion" unter dem 16. Juni 1938 an der Theologischen Fakultät eingereicht wurde, HUB, UA, Theol. Fak. 123 [„Akten der Theologischen Fakultät betr. Promotion Lic. theol. 1940–1941], Bl. 71: „Seit November 1933 bin ich in verschiedenen nationalsozialistischen Formationen als Mitglied tätig gewesen (S.A., H.J., N.S.V.). Aus gesundheitlichen Gründen musste ich mich von aktiver Betätigung zurückziehen." Dekan Stolzenburg erklärte dazu dem Universitätskurator am 27. Oktober 1938, ebd., Bl. 76: „Daß er [aus der H.J.] 1936 ausgeschieden ist, lag an gesundheitlichen Gründen. Er hatte eine Hautgeschichte, die für absehbare Zeit auch den Dienst in anderen Formationen unmöglich gemacht hätte."

248 Wie Anm. 167.

249 S. dazu die Selbstangabe HUB, UA, PA nach 1945, Aland, Kurt, I, Bl. 14.

250 S. oben Anm. 68.

251 Ebd.

252 Dazu gehört Kurt ALAND: Wer fälscht? Die Entstehung der Bibel. Zu den „Enthüllungen" E. und M. Ludendorffs, Berlin [1936]. Bei dem Heft handelt es sich um eine geschickte und sachkundige Kompilation bibelwissenschaftlicher Einleitungsinformationen,

rung Fortsetzung des Studiums untersagt. Dennoch auf schnellstem Wege Austritt (unter erheblichen Schwierigkeiten).“[253]

Außerhalb der Personalakte spielte Alands SA-Mitgliedschaft später für das Ministerium für Staatssicherheit eine Rolle, als es frühere Verbindungen zu NS-Organisationen von Mitgliedern des Spiritus-Kreises überprüfte.[254] Bei Aland wurde eine Zugehörigkeit zur Marine-SA angenommen.[255] Literarisch ging Aland auf die SA in der „Einleitung“ zur Lietzmann-Briefausgabe ein, in der er zu dem Versuch eines Studenten, Lietzmann als „Förderndes Mitglied der SS“ zu gewinnen, bemerkte: „So etwas war damals [1933] möglich, als der Ruf der SS noch durchaus neutral, ja oft besser als der der als proletig geltenden SA war.“[256]

Alands ebenfalls in der „Einleitung“ gebotene Schilderung Seebergs als eines persönlichen, ideologischen Gegners Lietzmanns und in dessen Folge seiner selbst wird man mit Blick auf das Habilitationsverfahren weithin korrigieren müssen. Erklärbar mag sie aus der situativen Perspektive Alands, seiner eingeschränkten Kenntnis der Vorgänge und möglicherweise auch dem Versuch sein, Seebergs Gegnerschaft für den Ausweis einer politischen und kirchenpolitischen Opposition zu reklamieren, die Aland für sich rückblickend seit 1945 in Anspruch nahm. Hinweise darauf, dass Seeberg Aland persönlich diffamierte, ließen sich in den eingesehenen amtlichen Korrespondenzen und

---

aus denen an einer Stelle ein argumentativer Anschluss an Emanuel Hirsch herausragt. S. dazu ebd., S. 19, zunächst das Hirsch-Zitat, dessen Ende lautet: „Die Wahrheit ist also [...], daß das *Vaterunser* einen *Bruch* mit der *jüdischen Weise zu beten* voraussetzt und alle eigentümlichen Züge des jüdischen Glaubens ausgetilgt hat. Das wäre denn wohl klar“. Aland erklärt in einem neuen Abschnitt, der aus einem einzigen Satz besetzt, dazu, ebd.: „Es ist wirklich klar.“ Für Aland ergab sich aus seinem Erstlingswerk die Aufnahme in die Reichsschrifttumskammer und eine Auseinandersetzung mit dem Evangelischen Presseverband, der das Heft in einer hohen Auflage verlegte, s. dazu BArch Berlin R 9361–V/12439 bzw. im Film RK I 3, S. 728–820. Aland beklagte sich bei der Reichsschrifttumskammer, dass ihm der Evangelische Presseverband nur ein Honorar von 550 Reichsmark gezahlt habe. Dagegen erklärte Aland, die mündlichen Vereinbarungen hätten eine Summe von 100 Reichsmark für jede weitere Auflage zugesichert, ebd., S. 728; vom Evangelischen Presseverband forderte Aland „10 % Beteiligung am Nettoumsatz“ seiner Veröffentlichung, s. ebd., S. 778. Ein „Ausgleichsverfahren vor der Reichsschrifttumskammer“, ebd., S. 782, scheiterte; die Reichsschrifttumskammer befand sich damit für unzuständig und legte Aland am 7. Dezember 1938 nahe, ebd., S. 758, „den ordentlichen Rechtsweg zu beschreiten.“

[253] Entsprechend s. auch die vollständige Auflistung früherer Tätigkeiten in HUB, UA, PA nach 1945, Aland, Kurt, I, Bl. 14. Ausführlich s. weiter das eigene Dokument „Betr. die zeitweilige Zugehörigkeit des Lic. habil. Aland zur SA.“, ebd., Bl. 15.

[254] Thomas GROßBÖLTING: SED-Diktatur und Gesellschaft. Bürgertum, Bürgerlichkeit und Entbürgerlichung in Magdeburg und Halle, Halle/Saale 2001 (Studien zur Landesgeschichte, Bd. 7), S. 229, 452.

[255] Ebd.

[256] ALAND, Glanz (wie Anm. 61), S. 138.

Briefen mit Fakultätsangehörigen nicht finden. Pointierte Formulierungen, die eine eingeschränkte fachliche Wertschätzung zum Ausdruck bringen, begegnen gleichwohl im Austausch mit engen Vertrauten. Am 4. Februar 1943 schreibt Seeberg so an Rudolf Hermann, den Patenonkel seines ‚Ando' genannten Sohnes Wolfgang[257]: „Wir haben hier auch für die Lietzmannsche Professur, die während des Krieges nicht besetzt werden soll, den Lic-habil. Aland, dessen Talente bescheiden sind, als Vertreter eingesetzt. Auch hier war der Gesichtspunkt maßgebend, damit den Anspruch auf die Stelle aufrecht zu erhalten."[258] Dem befreundeten Juristen Rudolf Smend, dessen ältester Sohn sein Patenkind war, erklärte Seeberg 1944: „Aland ist ein munterer Lietzmann im kleinen. Ein kleiner Listiger, mit gewaltigem philologischem Hochmut und falsch aufgelösten Abkürzungen in Handschriften".[259]

Trotz der institutionellen Annäherung und fachlichen Förderung Alands durch Seeberg blieb das Verhältnis im Ganzen distanziert. Vor diesem Hintergrund kann es als unwahrscheinlich, vielleicht sogar als ausgeschlossen gelten, dass Seeberg seine Editionspläne Aland eröffnet hat. Um so plausibler ist es gerade im März 1943, dass Aland eine editorische Konkurrenz zu Seeberg „aus persönlichen Gründen recht unangenehm"[260] gewesen wäre. Alands Selbstzeugnis wird damit auch in diesem Punkt gestützt, wobei noch immer denkbar, im Quellenbestand aber kaum zu überprüfen bleibt, dass Aland über seine Kontakte in den Evangelischen Oberkirchenrat Kenntnis von Seebergs Editionsprojekt besaß. Von Bedeutung könnte gewesen sein, dass Alands Studienfreund Haugg im Oberkirchenrat sowohl über die Editionsabsichten Knolles als auch die Seebergs umfassend informiert war.

5. Entscheidungen zu Alands Editionsprojekt (1943)

Für das weitere Vorgehen der Luther-Gesellschaft gegenüber Aland war das Votum des Verlegers entscheidend. Mohn hatte Alands Schreiben vom 12. März 1943 von Knolle erhalten, was sich aus seiner Antwort an diesen vom 18. März 1943 erschließt.[261] Mit ungebrochener Geduld warb er darum, die Gemeinsamkeiten wahrzunehmen:

---

[257] Die Patenschaft legt sich aus den Briefen Ando Seebergs an R. Hermann nahe, die im EZA im Hermann-Nachlass erhalten sind. Herrn Dekan Bengt Seeberg, Fulda, danke ich für seine freundliche Einschätzung, dass die Annahme der Patenschaft zutrifft. Sein verstorbener Vater habe „gelegentlich" in familiärer Vertrautheit von „Rüdchen Hermann" gesprochen (Brief vom 2. April 2019).

[258] WIEBEL, Briefwechsel (wie Einleitung, Anm. 13), S. 352.

[259] Zitiert nach einem Brief E. Seebergs an R. Smend, 13. Oktober 1944, nach KAUFMANN, Anpassung (wie Anm. 1), S. 225, Anm. 554.

[260] S. oben Anm. 88.

[261] ALGW 700, o.P.

„Danach scheint er [Aland] durchaus Verständnis für unsere Lage zu haben und immerhin zu Besprechungen bereit zu sein. Es scheint, als wenn die Sache von Klotz ausgeht. Interessant ist mir übrigens, dass Herr Lic. Aland dieselben Bedenken äussert, die auch ich gegen Ihren Plan vorbrachte: die wichtigsten Schriften fehlen zu lassen, weil sie von Luther selbst nur lateinisch vorliegen – sodass wir auch schon an Ergänzungsbände dachten. So gäbe es doch immerhin Anknüpfungspunkte zu Besprechungen.“[262]

Noch bevor Knolle reagieren konnte, verdeutlichte Mohn seinen Standpunkt am 20. März in einem weiteren Brief:

„Die Sorge um unsere Luther-Ausgabe beschäftigt mich weiter. Noch sehen wir ja wohl nicht ganz klar, wie weit Herr Professor D. Seeberg eigene Pläne verfolgt und was dort am Werke ist. Trotzdem möchte ich jetzt schon weiteres dazu äussern. Das allerwichtigste scheint mir zu sein, dass eine Einigung der Herausgeber zustande kommt. Herr Lic. Aland betont, dass er an die Laien denke. Aber gerade an diese Kreise wollen ja auch Sie mit Ihrer Ausgabe heran. [...] Den Hauptabnehmerstamm werden ganz gewiss wieder die Pfarrer bilden und selbst die Pfarrer, die von der Studienzeit her gewöhnlich irgendeine kleinere Ausgabe im lateinischen Originaltext haben, wahrscheinlich ja die Bonner Ausgabe, werden vielleicht auch eine deutsche Ausgabe gern nehmen. Wenn Sie aber eine 10bändige oder die bereits vorhandene Münchner Ausgabe besitzen, werden die wenigsten nun auch noch über 200.– RM für eine 18bändige Ausgabe anwenden. [...] Ich möchte darum dringend raten, dass Sie irgendwie mit Herrn Lic. Aland in Verhandlungen eintreten und sich wenn nötig auf einer mittleren Linie mit ihm verständigen, dass eine Einigung zustande kommt. [...] Die verlegerische Seite der ganzen Angelegenheit ist meines Erachtens weniger wichtig. [... I]ch betone [nochmals ...], dass ich eine Doppelarbeit auf diesem Gebiet volkswirtschaftlich und auch vom Stande des evangelischen Schrifttums aus nicht glaube verantworten zu können.“[263]

Wiederum unterbreitete Mohn sein Angebot, als Verleger selbst notfalls von dem Projekt zurückzutreten. Gegenüber der neuen Situation von drei Konkurrenzausgaben reagierte Mohn mit seiner alten Position: Eigener Verluste ungeachtet dürfe es nur eine Edition geben.

Knolle seinerseits kündigte am 22. März 1943 Mohn an, mit Aland hart, aber ergebnisoffen verhandeln zu wollen:

„Ihre Beurteilung des Erscheinens mehrerer Ausgaben teile ich. Auf meine Veranlassung hat D. Althaus Herrn lic. Aland geantwortet, dass es sich um ein Konkurrenzunternehmen handele. Ich hatte übrigens lic. Aland vom Plan der hauptsächlichen Lateinschriften in Ergänzungsbänden unterrichtet, auch weiss er genau, dass sich unsere Ausgabe auch an die Laien richtet. Er [korrigiert zu D A, wohl: D. Althaus] meint, er würde sich jetzt direkt an mich wenden. Ich werde mich auf Verhandlungen einlassen, wenn sie begehrt werden, und will auch nicht eigensinnig auf meinem Plan beharren, wenn nichts anderes zu machen ist. Allerdings wollen wir nicht das Feld kampflos räumen. Dass sie auch zur Ausgabe nach wie vor stehen, danke ich Ihnen. Ich hoffe, dass wir von Ihrer Bereitwilligkeit, davon zurückzutreten, keinen Gebrauch zu machen brauchen.“[264]

---

[262] Ebd.
[263] ALGW 700, o.P.
[264] ALGW 700, o.P.

Abermals unterstellte Knolle dem vermeintlichen Konkurrenten Unaufrichtigkeit, wobei nun der populäre Ansatz und die teilweise Zweisprachigkeit als fragwürdige Übereinstimmungen gelten.

Die Lösung brachte nicht Knolles, sondern Alands Verhandlungsgeschick. Dem Wissenschaftler gelang es, die nicht akademisch angebundenen Beteiligten der Luther-Gesellschaft – Knolle und Hosemann – davon zu überzeugen, dass sie eigentlich der Wissenschaft dienten, während er selbst auf eine reine Popularisierung ziele. Am 24. März besuchte er zunächst Heckel und legte diesem mündlich dar, was er Althaus geschrieben hatte. Für Heckel war nach dem Treffen klar, dass nicht Aland, sondern Seeberg der Konkurrent der Luther-Gesellschaft sei, mit dem man „zu einer Einigung kommen" sollte.[265] Sodann schrieb er am 28. März nochmals an Althaus, nachdem er zwischenzeitlich zudem Briefauszüge aus der früheren Verlagskorrespondenz von seinem Verleger Klotz angefragt hatte, die er zusammen mit dessen Antwort beilegte.[266] Althaus gegenüber wiederholte er, „dass die beiden Unternehmungen sich im Aufbau und Zielsetzung kaum überschneiden, wenigstens soweit ich über die Ausgabe der Luther-Gesellschaft unterrichtet bin."[267] Differenzierter als zuvor legte er seinen Kenntnisstand dar:

„Bei den Gesprächen vor einem Jahr habe ich lediglich davon erfahren, dass es sich um eine Ausgabe der deutschen Schriften, dieser aber vollständig in etwas über 20 Bänden handeln solle. Dabei sollte innerhalb der Ausgabe, wenn ich mich recht erinnere, eine

[265] Heckel an Knolle, 25. März 1943, ALGW 201, o.P.: „Gestern besuchte mich Lic. Aland. Ich habe ihm zu verstehen gegeben, dass seine Beteiligung an der Glotz'schen [sic] Lutherausgabe eine gewisse Peinlichkeit bedeutet. Er hat mir erklärt, dass er von Anfang an seine Bedenken ausgesprochen hätte und dass er, da er selbst über die Sache nichts mehr gehört und auch nicht beteiligt worden sei, sich in seinen Entschlüssen völlig frei gefühlt habe. Es handle sich auch um eine Ausgabe völlig anderer Art, mehr für gebildete Kreise berechnet als für wissenschaftliche Zwecke. Ich glaube, wir werden in dieser Sache nichts ausrichten. Es ist in gewissem Sinn schade, da Aland sich ohne Zweifel auch für unsere Sache hätte gewinnen lassen können. Aber es wird wohl hinzunehmen sein, dass es sich um eine sehr verschiedene Sache handelt. Dagegen bleibt es doch wohl eine Hauptaufgabe, mit Seeberg ins reine zu kommen, denn seine Ausgabe wird natürlich im echtesten Sinn eine Konkurrenzausgabe, deswegen wäre es sehr erfreulich, wenn man auf diesem Boden zu einer Einigung kommen könnte."

[266] Beide Schreiben befinden sich im LKAK, 98.11, Nr. 104, o.P.: L. Klotz an K. Aland, maschinenschriftlicher Brief, 25. März 1943 mit Anlage „*Abschriften*" (aus den Briefen vom 4. Mai 1939 [s. Kap. I, Anm. 144], 19. Mai 1939 [s. Kap. I, Anm. 149], 14. April 1942 [s. Anm. 71], 8. Mai 1942 [s. Anm. 72] und 11. Mai 1942 [s. Anm. 73]) und K. Aland an P. Althaus, maschinenschriftlicher Brief, 28. März 1943; ausweislich des handschriftlichen Zusatzes von Althaus leitete dieser das Originalschreiben von Aland am 30. März 1943 „mit der Bitte um Rückgabe" weiter; die Aktenlage seines Nachlasses spricht dafür, dass Knolle auf eine Rücksendung an Althaus verzichtete.

[267] Ebd.

Dreiteilung stattfinden. Wie diese Gruppen aber gedacht waren, bzw. wie die einzelnen Bände aussehen sollten, kann ich nicht mehr sagen, bzw. wurde nicht besprochen."[268]

Wichtig ist Aland seine Zusammenfassung:

„Jedenfalls steht der von mir entworfene Plan in keinerlei Abhängigkeitsverhältnis zu dem von Herrn D. Knolle, den ich im einzelnen ja gar nicht kenne. Das ganze Unternehmen geht [...] auf einen Vorschlag von Herrn Klotz zurück. Entsprechend seiner Zielsetzung, die mir sehr einleuchtete und mit meinen Ansichten ganz übereinstimmte, habe ich den Plan dann entworfen."[269]

Seinen spezifischen Ansatz umreißt er: „ohne Rücksicht auf Erscheinungsjahr und urspr.[üngliche] Sprache werden die verschiedenen Schriften entsprechend dem Thema des Bandes straff zusammengefasst. Die Kürzungen sind meist sehr erheblich, zuweilen so, dass gewissermassen nur ein Exzerpt geboten wird."[270] Zudem hebt Aland die rein äußerlichen Unterschiede im Format hervor: „etwa in der Grösse der Hefte des Insel- oder des Eckart-Verlages [...] im Taschenformat" von „10 Bänden".[271] Sogar auf seinen Besuch bei Heckel nimmt Aland Bezug.[272] Zu einer beratenden Unterstützung der Knolleschen Luther-Ausgabe sei er gerne bereit, wobei er selbst „das Verhältnis der Ausgabe von Herrn D. Knolle zu der von Herrn Prof. Seeberg [...] (Tatsächliches weiss ich bisher noch garnicht [sic]) [... als] eine Konkurrenz mit all ihren Schwierigkeiten" ansehe.[273] An Knolle wiederum schickte Aland seinen Editionsplan. Dieser leitete ihn seinem Verleger am 9. April 1943 weiter.[274] Aus dem in Wittenberg archivalisch nicht mehr erhaltenen Dokument folgerte Knolle:

„Sie ersehen daraus, dass es sich darin um eine Auswahl sehr geringen Umfanges handeln wird, die noch weit hinter der Münchner Ausgabe zurückbleibt, im Aufbau auch nichts Neues bietet. So unerfreulich das Erscheinen einer weiteren Luther-Auswahl ist, so wenig werden wir das hindern können. Sie bedeutet auch keine Konkurenz [sic] für unsere Ausgabe. Eine Vereinigung dieser und unsrer Ausgabe ist auch nicht möglich. Ueber die von Seeberg geplante Ausgabe habe ich noch keine Nachricht. D. Althaus wartet wohl noch auf Antwort auf einen Brief an Seeberg."[275]

Entsprechend schrieb Knolle auch an Heckel:

---

[268] Ebd.

[269] Ebd.

[270] Ebd.

[271] Ebd.

[272] Ebd.: „Kürzlich war ich auf dem E[vangelischen]O[ber]K[irchenrat] und habe die Gelegenheit benutzt, Ihrem Vorschlag entsprechend mit Herrn Bischof Heckel ausführlich über das ganze Problem zu sprechen."

[273] Ebd.

[274] ALGW 700, o.P.

[275] ALGW 700, o.P.

„Nachdem ich nähere Auskunft über die Luther Ausgabe im Verlage Klotz bekommen habe, sehe ich, dass diese ja noch einen weit geringeren Umfang als die Münchener Ausgabe hat. Sie bietet im übrigen im Aufbau garnichts [sic] Neues, arbeitet weithin mit Exenten [korrigiert zu Exenpten; wohl intendiert: Exzerpten]. Ihren Zweck kann ich nicht einsehen, aber eine Konkurrenz für unsere Ausgabe ist sie nicht.“[276]

Knolle hatte damit Einschätzungen und Formulierungen von Aland in Teilen wörtlich aufgegriffen. Ein Interesse an fachwissenschaftlicher Beratung hatte er offensichtlich nicht; Alands entsprechendes Angebot blieb unbeantwortet.

Mohn schloss sich dem Urteil Knolles am 15. April 1943 an:

„Besten Dank für die näheren Angaben über die von Herrn Lic. Alant [sic] geplante Luther-Ausgabe. Die Auswahl ist allerdings so klein, wird selbst für die Münchner Ausgabe keine Konkurrenz bedeuten, sondern eher für die Calwer Ausgabe. Die Münchner Ausgabe, die ja wohl auch wiederkommen wird, bleibt natürlich starke Konkurrenz für uns.“[277]

Alands Ausgabe konnte nach Einschätzung des Verlegers Mohn und der Verantwortlichen in der Luther-Gesellschaft getrost erscheinen. Sie galt es weder zu verhindern noch war mit deren Herausgeber zu verhandeln. Im Vergleich zu der geplanten eigenen Edition war sie – im Unterschied zu Seebergs Ausgabe – keine „Konkurrenz“.

6. Alands Entwurf seiner späteren Ausgabe „Luther deutsch“

Es ist ein Glücksfall, dass sich das von Aland Knolle übersandte Gliederungskonzept seiner späteren Ausgabe „Luther deutsch“ im Nachlass des Hamburgischen Hauptpastors in Kiel erhalten hat.[278] Es findet sich dort im maschinenschriftlichen Original (Abb. 3) und mehreren Durchschlägen der Abschrift, die Knolle u.a. für den Versand an Mohn[279] genommen haben dürfte.

Aufschlussreich ist bereits der im März 1943 vorgesehene Titel der *„Luther-Ausgabe des Verlages Klotz/Hinrichs“*: „Martin Luther, Werke – in neuer Auswahl für die Gegenwart“. Alle Bestandteile dieser Formulierung blieben in der späteren Publikation von „Luther deutsch“ in dem Untertitel erhalten: „Die Werke Martin Luthers in neuer Auswahl für die Gegenwart“.[280] Ein

---

[276] 15. April 1943, ALGW 201, o.P.

[277] ALGW 700, o.P. Vgl. dazu bereits am 11. März 1943 Mohn an Knolle, ebd.: „Erschwerend kommt hinzu, daß die Münchner Ausgabe inzwischen vergriffen ist und wohl auch – evtl. in anastatischem Neudruck mit geringerem Risiko – wiederkommen wird, sobald die Kriegslage das Papier für theologische Literatur freigibt.“

[278] LKAK, 98.11, Nr. 104, o.P. Die in diesem Unterkapitel nicht anderweitig ausgewiesenen Zitate s. ebd.

[279] S. oben Anm. 274.

[280] Für die Übersicht s. ALAND, Hilfsbuch (wie Kap. I, Anm. 18), S. 519; für die im nachfolgenden diskutierten Bandeinteilungen ebd., S. 520.

Lic. habil. Kurt Aland
Berlin NW 7 Bauhofstr. 5

Luther-Ausgabe des Verlages Klotz/Hinrichs

Martin Luther, Werke - in neuer Auswahl für die Gegenwart

I. Die Anfänge

Psalmenvorlesung
Römerbriefvorlesung
Galaterbriefvorlesung
Hebräerbriefvorlesung

II. Der Reformator

Vorrede zum 1.Bd. der lat.Schriften
95 Thesen mit d. Resolutionen
Sermon von den guten Werken
An den christlichen Adel
Von d. babyl.Gefangenschaft
Von der Freiheit eines Christenmenschen
de votis monasticis

III. Der neue Glaube

Grosser Katechismus
Schmalkaldische Artikel
De servo arbitrio(?)

IV. Der Kampf um die reine Lehre

Von Menschenlehre zu meiden
Eine treue Vermahnung
Wider die himmlischen Propheten
Grosses Bekenntnis vom Abendmahl
de servo arbitrio(?)

V. Schriftauslegung

An die Ratsherren, 1.Teil
Vom Dolmetschen
Aus den Vorreden zu den einzelnen biblischen Büchern
aus der Auslegung der 7 Busspsalmen
Magnificat(?)
Auslegung deutsch des Vaterunsers
aus der Auslegung des Joh.Ev.
Auslegung einzelner Sprüche usw.

VI. Die Predigt

VII. Tischreden

VIII. Briefe

IX. Kirche und Gemeinde

Von den Conciliis und Kirchen, 3.Teil gekürzt
Dass eine christliche Gemeinde
Eine Predigt, dass man Kinder zur Schule halten solle
Deutsche Messe
Lieder

X. Volk und Staat

Von weltlicher Obrigkeit
Auslegung des 101.Psalms
An die Ratsherren
Ob Kriegsleute auch in seligem Stande sein können
Vom Kriege wider die Türken
Von den Juden und ihren Lügen

Die Ausgabe bemüht sich, alles Zeitgebundene sowie die Abschnitte von lediglich historischem Interesse fortzulassen und eine Auswahl im Hinblick auf den Menschen der Gegen

Abb. 3: Kurt Alands Gliederungsentwurf für die mit Leopold Klotz für den J. C. Hinrichs Verlag geplante Luther-Ausgabe (März 1943)

Nachsatz erläutert genau diesen Ansatz: „Die Ausgabe bemüht sich, alles Zeitgebundene sowie die Abschnitte von lediglich historischem Interesse fortzulassen und eine Auswahl im Hinblick auf den Menschen der Gegenwart zu treffen.“[281] Auch die vorgesehenen Bände stimmen in ihren Überschriften und der Reihenfolge bis auf wenige Ausnahmen mit der späteren Veröffentlichung überein. Abweichungen betreffen die Sequenz der gedruckten Bände acht bis zehn („Die Predigten“, „Tischreden“, „Die Briefe“), die im Konzept mit der Bandzählung sechs bis acht vorgezogen war („*Die Predigt*“, „*Tischreden*“, „*Briefe*“). Der in der Drucklegung die zweite Hälfte eröffnende Band („Kirche und Gemeinde“) folgte 1943 an vorletzter Position. Die größte Veränderung betrifft den 1943 unter der Überschrift „*Volk und Staat*“ vorgesehenen Schlussband. Die Formulierung wurde in der Drucklegung in „Der Christ in der Welt“ geändert. Die enge Beziehung der Bände „*Kirche und Gemeinde*“ und „*Volk und Staat*“ bzw. „Der Christ in der Welt“ aufeinander blieb jedoch erhalten: 1943 wie später wurde ein Zweischritt geboten (1943 mit den beiden Schlussbänden, in der Drucklegung mit den Bänden fünf und sechs).

In der Auflistung der zu berücksichtigenden Einzelschriften ist das Konzept von 1943 weithin schematisch. Erkennbar sind die grundlegenden Ideen, die im Laufe der Jahre erprobt, entwickelt und teilweise verändert wurden. Die Vorläufigkeit seines Plans war Aland völlig klar. In seinem zweiten Schreiben an Althaus erklärt er über den Plan, in der vorliegenden

> „Gestalt [...] ist er natürlich noch nicht endgültig. Denn bei der Ausarbeitung (mehrere Bände sind in Bearbeitung, bei verschiedenen ist das Ms. schon erheblich gefördert) ergaben sich immer wieder neue Gesichtspunkte und Abwandlungen.“[282]

1943 war Aland klar, dass „*Die Anfänge*“ aus den frühen Vorlesungen erhoben werden sollten. Für den „*Reformator*“ war eine von der „Vorrede zum 1. Bd. der lat.[einischen] Schriften“ bis zu „de votis monasticis“ bestehende Sequenz vorgesehen.

Als signifikant ist aus den übrigen Bänden das Konzept zu „*Volk und Staat*“ herauszuheben. 1943 beabsichtigte Aland eine Zusammenstellung aus: „Von weltlicher Obrigkeit[,] Auslegung des 101. Psalms[,] An die Ratsherren[,] Ob Kriegsleute auch in seligem Stande sein können[,] Vom Kriege wider die Türken[,] Von den Juden und ihren Lügen“. Alands editorische Überlegung zum Umgang mit den Judenschriften hat Parallelen zu anderen zeitgenössischen Auswahlausgaben, namentlich den von Campenhausen herausgegebenen „Hauptschriften“.[283] An dieser Stelle soll dies nur festgehalten werden, bevor im Rahmen des „Rückblick und Ausblick“ überschriebenen Schlussteils darauf nochmals einzugehen sein wird.

---

[281] Der sich auf der Rückseite fortsetzende Text bietet nur noch eine weitere Zeile: „Umfang jedes Bandes rd. 10 Bogen im kl. 8 Format (11 x 18 cm)“.

[282] S. oben Anm. 266. Ev. auch „ergeben“ [a und e übertippt]. Ebd. die weiteren Zitate.

[283] S. dazu Rückblick und Ausblick, Anm. 11–19.

7. Klarheit über Seebergs Editionsprojekt (1943)

Für Knolle und seine Kollegen hatte das mitgeteilte Konzept vor allem eine Bedeutung: Während Aland als vermeintlich zu vernachlässigender Konkurrent aus dem Spiel war, blieb Seebergs Editionsvorhaben zunächst eine unberechenbare Größe. Trotz seiner persönlichen Reserven hatte Althaus an Seeberg geschrieben, und im April warteten Knolle, Heckel, Hosemann sowie Mohn gespannt auf Nachrichten aus Erlangen.[284] Seebergs Antwort traf in der zweiten Aprilhälfte 1943 und somit im zeitlichen Anschluss an die Aland betreffenden Entscheidungen ein. Im Unterschied zu der Erleichterung, die Knolle und Mohn gegenüber Alands Vorhaben empfanden, waren sich Knolle und Hosemann nun darüber einig, in einer sehr „unerfreulichen"[285] Situation zu sein. Zunächst erhielt Knolle eine Abschrift des Seeberg-Briefes; dann sandte Knolle einen Durchschlag an Hosemann weiter.[286] Im Archiv der Luther-Gesellschaft sind weder der Brief noch eine Abschrift greifbar, wohl aber die Reaktionen der unmittelbar Beteiligten. Am 30. April 1943 erklärte Knolle dem Schatzmeister:

„Wir befinden uns in einer nicht erfreulichen Zwangslage, die uns nötigt, auf den Vorschlag Seeberg's einzugehen. Kommt eine die Arbeit der Luther-Gesellschaft würdigende Zusammenarbeit zustande, so hoffe ich, dass wir mit Herrn Mohn eine uns nicht schädigende Auseinandersetzung finden werden. Hat er doch zugesichert, das für den Fall des Nichtzustandekommens unserer Ausgabe die bereits gezahlten Honorare nicht zurückgezahlt zu werden brauch[en]".[287]

Hosemann stimmte am 7. Mai 1943 der düsteren Einschätzung zu, sah die Luther-Gesellschaft aber noch immer im Recht:

„Auf die Einigung mit Seeberg bin ich gespannt. Die ganze Lage ist höchst unerfreulich. [...] Mich bedrückt die ganze Lage auch dadurch, dass der Evangelische Oberkirchenrat [...] jede Unterstützung unserer Ausgabe abgelehnt hat, und nun durch seinen Referenten selbst die treibende Kraft der Seeberg-Unternehmung ist. Muss man dagegen nicht aufsässig werden?"[288]

Es kam zu keinem Aufstand der beiden, sondern zu einem Treffen mit Seeberg. Anzunehmen ist, dass dieses entweder von Seeberg oder von Althaus

[284] Am 9. April 1943 meldete Th. Knolle H. Mohn, ALGW 700, o.P.: „Ueber die von Seeberg geplante Ausgabe habe ich noch keine Nachricht. D. Althaus wartet wohl noch auf Antwort auf einen Brief an Seeberg." Am 15. April 1943 schrieb Th. Knolle Th. Heckel, ALGW 201, o.P.: „Bisher habe ich noch nicht erfahren, ob und wie Seeberg auf die Anfrage von D. Althaus reagiert hat." Am selben Tag erklärte Mohn Knolle, ALGW 700, o.P.: „Im übrigen wird man abwarten müssen, was Herr Professor D. Seeberg schreibt."

[285] S. unten Anm. 287 f.

[286] ALGW 202, o.P.

[287] ALGW 202, o.P.

[288] ALGW 202, o.P.

angeregt worden war, da bei Knolle und Hosemann keine Überlegungen zu einem persönlichen oder direkten Austausch mit Seeberg begegnen. Das Gespräch fand Ende Mai 1943 in Dresden statt. Das wichtigste Dokument über das Treffen ist Knolles Brief an Mohn vom 1. Juni 1943.[289] Er eröffnet auch erste Einblicke in das Editionsvorhaben Seebergs und basiert auf der „Besprechung zwischen Herrn Professor D. Althaus und mir [Knolle] einerseits und Herrn Professor D. Erich Seeberg und Dr. Schultze-Maizier andererseits".[290] Dass Seeberg von Friedrich Schulze-Maizier begleitet wurde, mochte für die Vertreter der Luther-Gesellschaft eine Überraschung gewesen sein: Er war kein akademisch ausgewiesener oder an eine Institution angebundener Forscher[291], kein Luther-Experte, wohl aber ein vielseitiger Literat und umtriebiger Publizist. Für den Insel-Verlag hatte er u.a. Meister Eckharts Predigten und Traktate[292] sowie ein Luther-Brevier[293] herausgegeben. Möglicherweise zählte Schulze-Maizier gerade aufgrund seiner fachlichen Interessen, seines Veröffentlichungsprofils und seiner Distanz zu universitären Angelegenheiten zu Seebergs Bekannten.[294] Anhaltspunkte dafür, dass Seeberg daran dachte, Schulze-Maizier, der über keine Festanstellung verfügte, in die Herausgeberschaft oder die operativen Geschäfte seiner Luther-Ausgabe einzubeziehen, finden sich nicht. Rudolf Hermann, der zum wichtigsten wissenschaftlichen Mitarbeiter Seebergs an der Luther-Ausgabe werden sollte, aber erst nach Schulze-Maizier in diese eingebunden wurde, erklärte dessen Beauftragung später aus Verbindungen zum Verleger und zum Herausgeber: „Herr [...] Dr. Schultze-Maizier [sic ...] ist eine Art Berater unseres Verlegers und war ein guter Bekannter Seebergs".[295]

Wichtig sind nun die Hinweise auf die von Seeberg beabsichtigte Luther-Ausgabe als solche. Dazu berichtet Knolle von dem Dresdener Treffen unter Hinweis auf eine archivalisch in Wittenberg nicht mehr erhaltene Beilage:

„D. Seeberg legte den beiliegenden Plan der von ihm geplanten Ausgabe vor. Ausser den dort angegebenen vier Abteilungen sollen noch je zwei Bände Briefe, Tischreden und Predigten erscheinen. Der Gesichtspunkt der Ausgabe ist Herausstellung der unzweifelhaft

---

[289] In Durchschlägen in ALGW 700, o.P., und LKAK, 98.11, Nr. 104, o.P.

[290] Ebd.

[291] Für einen kurzen Hinweis s. nur WIEBEL, Briefwechsel (wie Einleitung, Anm. 13), S. 372, Anm. 512.

[292] Meister Eckharts deutsche Predigten und Traktate, ausgewählt, übertragen und eingeleitet von Friedrich SCHULZE-MAIZIER, Leipzig 1927, ^{2}[1934], ^{3}1938. Darauf bezieht sich auch DEGENHARDT, Eckhartbild (wie Anm. 7), S. 27, Anm. 2.

[293] Luther-Brevier. Gestaltet und eingeleitet von Friedrich SCHULZE-MAIZIER, Leipzig [1938].

[294] Schulze-Maiziers Nachlass befindet sich im Deutschen Literaturarchiv Marbach; Korrespondenzen mit Seeberg sind darin nicht erhalten, wohl aber Tagebuchaufzeichnungen von 1943 bis 1969 und eine ca. 120 Seiten umfassende Sammlung von Luther-Studien.

[295] R. Hermann an W. Caspari, 11. Januar 1946, EZA 712/114, Bl. 94.

echten Schriften Luthers. Jede Abteilung soll einen Direktor erhalten, der seinerseits sich die Mitarbeiter wählen kann. Die Ausgabe ist auf 20–21 Bände in ähnlicher Grösse wie die unsere im Umfang von je ca. 600 Seiten berechnet. Der Verkaufspreis für die gesamte Ausgabe ist auf ca. 400 Mark geschätzt. Der Verlag ist Alfred Metzner – Berlin. Das Propaganda-Ministerium soll die Ausgabe als kriegswichtig bezeichnet haben, sodass der Verlag nicht mit Druck- und Papier-Schwierigkeiten rechnen zu müssen glaubt. Der Evangelische Oberkirchenrat Berlin hat Unterstützung in Aussicht gestellt, auch wohl finanzielle Beihilfe. An Mitarbeitern sind in Aussicht genommen: Professor D. [Rudolf] Herrmann [sic] – Greifswald (Dir. der 1. Abteilung: Theologische Schriften) Professor D. [Georg] Wünsch[296] – Marburg (Dir. der 3. Abteilung: Lebensfragen) Professor D. [Alfred] Uckeley[297] – Marburg (Tischreden) Domprediger D. [Bruno] Döhring – Berlin (Predigten) Ferner: Professor F.[riedrich]W.[ilhelm] Schmidt[298] – Berlin, Professor D. [Leopold] Zscharnack[299] – Königsberg, Professor D. [Martin] Doerne – Leipzig, Dozent lic. [Theodor] Siegfried[300] – Marburg. Professor Seeberg bot uns eine Mitarbeit in der Form an, dass er mir das Direktorat der zweiten Abteilung (Schriften, die Geschichte sind) und der vierten Abteilung (Kirchliche Fragen) evtl. auch die Herausgabe der Briefe überlassen wollte, evtl. sollten wir auch Mitarbeiter aus unsern Kreisen auch für andere Abteilungen nennen können, insbesondere Herrn Professor D. Althaus und D. Doerne; auch erklärte er sich einverstanden, falls D. Bornkamm und D. Rückert, mit denen er ja erhebliche Streitigkeiten gehabt hat, mittun wollten. Die Besprechung trug informatorischen Charakter, wir haben uns alle Entschließungen vorbehalten."[301]

Eine zeitnahe Zusammenfassung von Schulze-Maizier illustriert, dass dieser seine Rolle Seeberg gegenüber vor allem in einer positiven Verstärkung sah. Am 21. Juni 1943 erklärt er brieflich:

„Es ist doch völlig klar, dass Sie der *Einzige* sind, der Spannkraft, Spannweite und Autorität genug hat, all die divergierenden Kräfte auf das gemeinsame Werk hin zu konzentrieren. Ich kann Ihrem Vorschlag nur zustimmen, dass Sie der Luthergesellschaft lediglich die kirchlichen Schriften anvertrauen wollen und dass die Direktoren jetzt ihr endgiltiges Programm aufstellen."[302]

Als präziser erweist sich dem gegenüber Knolles Zusammenfassung. Nach ihr unterbreitete Seeberg der Luther-Gesellschaft damit einen auf Parität in der Bearbeitung bedachten Vorschlag, der seine Hauptherausgeberschaft unhinterfragt ließ, und erklärte sich darüber hinaus zu weitreichenden Kooperationen bereit. Neben zwei der vier Direktorien stellte er einen Anteil an den außerhalb der „Abteilungen" stehenden Bänden in Aussicht. Das Konzept zielt mit dem Echtheitskriterium auf eine Gesamtausgabe, die – wie Knolle

[296] Zu Georg Wünsch s. AUERBACH, Catalogus (wie Kap. I, Anm. 147), S. 53 f.

[297] Zu ihm s. unten Anm. 332.

[298] Dass Hermann bis 1926 nach persönlichen Gesprächen Zweifel gegen Schmidt hegte und Julius Schniewind als Fürsprecher eintrat, ergibt sich aus J. Schniewind an R. Hermann, 6. Dezember 1926, in: WIEBEL, Aufsätze (wie Anm. 16), S. 245 f., hier: S. 245.

[299] Zu Zscharnack s. AUERBACH, Catalogus (wie Kap. I, Anm. 147), S. 55.

[300] Zu ihm s. unten Anm. 419.

[301] Wie Anm. 289.

[302] F. Schulze-Maizier an E. Seeberg, BArch Koblenz N1248/34, o.P.

später ergänzt – bei lateinischen Texten zweisprachig erscheinen solle. Die systematische Abgrenzung der vier „Abteilungen" (1. „Theologische Schriften", 2. „Schriften, die Geschichte sind", 3. „Lebensfragen", 4. „Kirchliche Fragen") deutet eine Akzentuierung nach Gegenwartsrelevanz an, womit die zweite Abteilung eine historisierende Abwertung andeuten mag. Knolle und Althaus legten bei dem Treffen darauf Wert, keine Absprachen einzugehen. Zugleich hatten sie eine Entscheidung angekündigt. Am 5. Juni 1943 teilte Althaus Seeberg mit, dass eine „endgültige Antwort auf Ihr Angebot" noch „etwas dauern" würde, „[d]a D. Knolle erst an den Verleger schreiben und wir auch die übrigen Leute unseres geschäftsführenden Ausschusses [...] erst hören müssen".[303] Zugleich trug er Kritik an einer Mitarbeit von Wünsch vor und setzte sich für eine Mitarbeit Doernes ein. Althaus hatte damit Anliegen Knolles vertreten.

Knolles Vorgehen gegenüber seinem eigenen Verleger war klar: Dessen Zustimmung zu dem Editionsprojekt der Luther-Gesellschaft durfte nicht fallen. Aus diesem Grund schilderte er weit ausführlicher als den Seebergschen Plan seine eigenen „Bedenken" gegen diesen.[304] Darin bemüht er sich,

---

[303] BArch Koblenz N1248/1, o.P.

[304] Wie Anm. 289: „Dafür [für Althaus Stellungnahme] bemerke ich, dass wir erhebliche Bedenken sowohl gegenüber den Plan in seiner Ausführbarkeit wie auch gegenüber unserer Mitarbeit haben. Es stellte sich heraus, dass ausser der vorliegenden Skizze und Ergänzungsvorschlägen von Prof. Herrmann [sic ...] noch keinerlei Arbeit geleistet ist. Über die Gestaltung der Texte und deren Schwierigkeit herrschte keine zureichende Vorstellung. Man wollte die ‚Grundsätze für die äussere Textgestaltung bei der Herausgabe von Quellen zur neueren Geschichte', die von der Konferenz der Landesgeschichtlichen Publikations-Institute im Jahre 1930 angenommen sind, zu Grunde legen. Das bedeutet also den wortgetreuen Abdruck des Original-Textes mit moderner Umschreibung und Interpunktion. Man glaubte, die zerschnittenen Exemplare der Weimarer Ausgabe dafür verwenden zu können, ein Unterfangen, das wegen der unzähligen Korrekturen am Text unmöglich ist. Die Lateinschriften sollen in lateinischem Wortlaut und deutscher Uebersetzung abgedruckt werden. Für letztere wollte man alte Vorlagen und neuere Uebersetzungen verwenden, also auf eine neue wissenschaftlich gesicherte Uebersetzung verzichten. Mir scheint das einer wissenschaftlichen Ausgabe unwürdig zu sein. Sollen sämtliche echten Luther-Schriften in der Ausgabe sein, so würde sich der Umfang ganz erheblich erweitern, ein Gesichtspunkt, den wir geltend machten und der Prof. Seeberg zur Nachprüfung veranlassen wird. Er gab selbst zu, dass diese Zusammenstellung doch auch wieder den Charakter einer Auswahl haben würde. Tatsächlich fehlen sehr wichtige echte Schriften, u.a. die Lieder. Die Verbindung mit einer Reihe von Mitarbeitern würde für die Luther-Gesellschaft eine schwer ertragbare Belastung bedeuten. So hat der Direktor der zweiten Abteilung, Prof. D. Wünsch, die These vom Zusammenbruch der Sozialgestaltung im Luthertum vertreten. Manche andere der vorgeschlagenen Herren haben sich an der wissenschaftlichen Lutherforschung bisher kaum beteiligt. Es wird schwer halten, uns nahestehende Lutherforscher von Rang für die Mitarbeit zu gewinnen. D. Doerne, der von Seeberg gefragt war, aber Plan und Mitarbeiter noch nicht kannte, hat seine Zustimmung von unserer Stellungnahme abhängig gemacht. Die Ausgabe wird nach Auswahl und Ge-

das Argumentationsmuster zu erneuern, das soeben gegen Aland zum Erfolg geführt hatte: Die eigentliche fachwissenschaftliche Kompetenz verkörpere – im Unterschied zu den Vertretern der akademischen Theologie – die Luther-Gesellschaft. Seeberg sei editorisch im Umgang mit Luther unerfahren, an der Ausgabe letztlich uninteressiert und sein Konzept gegenüber dem eigenen weder durchdacht noch praktisch umsetzbar. An der vorgesehenen Sprachgestalt kritisiert Knolle einen zu konservativen Umgang. Mohn wiederum stellt er einen Verlust von 8.000 Reichsmark in Aussicht, sollte er von der Zusammenarbeit mit der Luther-Gesellschaft Abstand nehmen.[305]

Während er auf Mohns Antwort wartete, informierte Knolle auch Heckel, der sich bereits früh für eine Zusammenarbeit mit Seeberg ausgesprochen

---

staltung rein wissenschaftlichen Charakter tragen. Ob ihr damit bei der Höhe der Kosten der nötige Absatz gesichert ist, möchte ich bezweifeln. Ich glaube nicht, dass der Durchschnittspfarrer Wert darauf legen wird, eine Ausgabe zu haben, in der die langatmige Leipziger Disputation allein 260 Seiten (nach der Weimarer Ausgabe) einnimmt. Insbesondere aber glaube ich nicht, dass das baldige Erscheinen dieser Ausgabe, deren erste Bände bereits im nächsten Jahr herauskommen sollen, gesichert ist. Die mündliche Zusicherung eines Referenten scheint mir nicht dafür eine genügende Grundlage zu geben. Demgegenüber halte ich nach Anlage, Vorbereitung und Durchführung unsern Plan für wesentlich besser. Die Erfahrungen, die ich in der jahrelangen Bearbeitung gemacht habe, stehen den andern nach meinem deutlichen Eindruck nicht zur Verfügung. Unsere Ausgabe wird nach dem Preis, der bei 18 Bänden nur die Hälfte beträgt, und nach der Gestaltung des Textes, die der Gegenwartssprache mehr Rechnung trägt, einen viel weiteren Kreis von Gebildeten erreichen. Sie wird dem Bedürfnis nach einer Luther-Ausgabe für das deutsche Volk in ganz anderem Maße entgegen kommen. Sie scheint mir verlegerisch viel besser fundiert zu sein. Sie wird in Wirklichkeit auch den ganzen Luther in seinen deutschen Schriften wiedergeben, während jene Ausgabe, wenn sie nicht auf dreissig bis vierzig Bände erweitert wird, doch wieder eine Auswahl ergeben wird. Ich glaube nicht, dass wir Herrn Prof. Seeberg zu unserer Ausgabe bekehren werden. Er äusserte sich mehrfach skeptisch über die Notwendigkeit einer neuen Luther-Ausgabe überhaupt. Er hat die Leitung des Ganzen nur übernommen, weil bestimmte Kräfte, die von unserm Plan gehört hatten, ihm die Zustimmung des Propaganda-Ministeriums, des Oberkirchenrats und den Verlag präsentierten. Prof. Seeberg würde die Herausgabe auch selbstverständlich ohne unsere Beteiligung mit andern Mitarbeitern betreiben. Für unsere Entschliessung wird es nun wichtig sein, ob Sie als Verleger an unserer Ausgabe festhalten, selbst auf die Gefahr hin, dass jene Ausgabe erscheint. Ich möchte glauben, dass Sie dabei kein Risiko laufen". Zugleich warnte Knolle: „Von meinen bisherigem Arbeiten könnte nichts in der bisherigen Form in der neuen Ausgabe verwertet werden, weil ja die Textgestalt eine ganz andere ist. Man müsste daher mit einem Verlust von ca. 8000 Mark rechnen, die bereits in Honorare investiert sind."

[305] Die Angaben gegenüber Mohn (s. dazu den Schluss der Voranm.) sind im Licht der Korrespondenz mit dem Schatzmeister zu präzisieren; s. dazu Knolle an Hosemann, 24. April 1944: „Ich habe ihm [Mohn] als unsere Ausgaben aus dem Honorarfonds M 7500,– angegeben. Freilich habe ich bisher erst M 6.250,–, erhalten. Doch ist es sachlich richtig, inzwischen das Honorar für drei Bände in Anrechung zu bringen, sodass ich noch M 1250,– zu erhalten hätte."

hatte, über seine „grössten Bedenken" gegenüber dem betreffenden Editionsprojekt.[306] Von Hosemann wiederum empfing er Nachrichten aus Berlin, nachdem sich dieser dort bei Oberkonsistorialrat Söhngen nach der Seeberg-Ausgabe erkundigt hatte. Dessen Antwort datiert auf den 9. Juni 1943 und bestätigt, dass Seeberg eine Luther-Ausgabe plane und der Evangelische Oberkirchenrat mit ihr befasst sei.[307] Dessen Rolle ist Söhngen jedoch als ausgleichend zu schildern und in seiner Bedeutung zu relativieren bemüht:

„Der EOK. ist auch schon mit der Bitte um Beihilfe angegangen worden, hat den Antrag aber zunächst dilatorisch behandelt; man will ihm nur dann stattgeben, wenn es vorher zu einer Einigung mit der Luthergesellschaft gekommen ist. [...] Es ist übrigens nicht so, dass der EOK diese Ausgabe starten würde, wie Sie anzunehmen scheinen, sondern nach der Erklärung von Buschtöns wird die Ausgabe auch dann herauskommen, wenn der EOK jede Beihilfe verweigert, da verschiedene staatliche Stellen nicht unerhebliche Mittel zur Verfügung gestellt haben und auch schon ein Verlag da ist, der die Ausgabe herausbringen will."[308]

Mohns Reaktion datiert auf den 11. Juni 1943.[309] Mit ihr kehrte er ein weiteres Mal zu seinen früheren Argumenten zurück, die er gegen eine Konkurrenz

[306] 13. Juni 1943, ALGW 201, o.P.: „In Sachen der Luther-Ausgabe haben D. Althaus und ich – wie Sie wissen – mit D. Seeberg und Dr. Schultze-Maizier in Dresden verhandelt. Ich habe daraufhin zunächst noch einmal eine Stellungnahme von Herrn Mohn veranlasst, deren verzögerte Antwort mir in den nächsten Tagen zugehen soll. [...] Heute nur so viel, dass der Seeberg-Plan nach Anlage, Mitarbeiterkreis und Wahrscheinlichkeit der Durchführung grösstem [sic] Bedenken unterliegt."

[307] In einer auszugsweisen maschinenschriftlichen Abschrift in LKAK, 98.11, Nr. 104, o.P.

[308] Ebd.

[309] ALGW 700, o.P.: „Ihr Bericht über Ihre Dresdener Beratungen zur Lutherausgabe zeigen ja leider ein sehr ernstes Bild. Denn die Pläne von Herrn Professor D. Seeberg bedeuten eine Konkurrenz, die nicht schwer genug genommen werden kann. 1.) Der Umfang hält sich ziemlich in den gleichen Grenzen wie Ihr Plan. [...] Im Gegenteil glaube ich, daß schon die Münchner Ausgabe hauptsächlich in den Pfarrhäusern geblieben ist. Hält man sich aber an diese Tatsache, so ist der Gedanke, den wichtigsten Schriften auch den lateinischen Urtext hinzuzufügen, verlegerisch nicht schlecht. [...] [E]s wäre [...] ernsthaft zu prüfen, ob Ihr Plan *neben* dem von Herrn Professor D. Seeberg wirtschaftlich noch durchführbar ist. 2.) Die Konkurrenz wird wesentlich verstärkt dadurch, daß Herr Professor D. Seeberg sehr enge Fühlung mit den amtlichen Kreisen zu haben scheint. [...] Wie Sie aus unsern früheren Verhandlungen wissen, fußten die Vorschläge des Verlages Herm. Böhlau Nachf., Weimar, auf einem nach meinem Dafürhalten recht großen Optimismus. Mehr aus Prestigegründen trat ich in seinen Vertragsentwurf ein, nicht ohne an eine Sicherung im Falle des verlegerischen Fehlschlages zu denken. [...] Die Lage hat sich in den letzten zwei Jahren wesentlich verschlechtert, nicht zuletzt durch den bei fast allen Verlagen theologischer, ja überhaupt christlicher Literatur inzwischen in Gang gekommenen, wo nicht beendeten Ausverkauf. [...] Dieser neue Konkurrenzplan kommt Ihrer Ausgabe erheblich näher als die von Herrn Lic. Alant in Arbeit genommene von nur 10 kleinen Bänden; näher auch noch, als die Münchener Ausgabe, mit deren Neuauflage wir nach dem

zu der angenommenen Kooperation zwischen Seeberg und Aland vorgetragen hatte.[310] „[V]olkswirtschaftlich" sei es nicht zu verantworten, dass zwei so gleichartige Editionen erschienen. Er selbst nehme den zu erwartenden Verlust auf sich. In einem Nachtrag ergänzte Mohn am Folgetag, dass die äußeren Bedingungen während des Krieges für sämtliche seiner Verlage die Drucklegung der eigenen Ausgabe verhinderten.[311] Für Knolle bot sich damit keine Alternative mehr: Er musste mit Seeberg kooperieren. Bis dahin blieb nur eine Möglichkeit: Eine bindende Entscheidung, die seitens der Luther-Gesellschaft in zeitlicher Nähe zugesagt worden war, zu verzögern.

8. Veranlassung und Hintergrund der Seeberg-Ausgabe

An eben dieser Stelle, an der die Entscheidung der Luther-Gesellschaft bereits die Zeitgenossen auf eine Geduldsprobe stellte, lohnt ein rückblickender Perspektivwechsel auf die Anfänge der Seeberg-Ausgabe. Wo liegen diese, wer waren die wesentlichen Akteure, welche Interessen wurden verfolgt und wie war der Stand der Vorarbeiten? Zur zeitlichen Einordung sei nochmals darauf hingewiesen, dass die Luther-Gesellschaft am 6. Februar 1943 über Heckels Vermittlung Kenntnis von dem Vorhaben erlangt hatte.[312]

Seeberg selbst hatte die Anregung zu seiner Edition gerade vier Monate zuvor erreicht. Sie war von eben jenem Mann vorgetragen worden, den Knolle in besonderer Weise verdächtigt hatte, seine Ausgabe hintertrieben zu haben: dem Berliner Oberkonsistorialrat Friedrich Buschtöns. Am 9. Oktober 1942 schrieb dieser Seeberg von einer Verlagsanfrage, die man als ein Angebot, das man nicht ablehnen könne, interpretieren mag:

Kriege mit Sicherheit zu rechnen haben. Ich bin der Meinung, daß eine solche Doppelarbeit unter keinen Umständen zu verantworten ist, weder vom Standpunkt eines Verlegers [...] noch von volkswirtschaftlichem Gesichtspunkt aus, der [...] auch nach einem siegreichen Kriegsende für viele Jahre eine erheblich größere Rolle wird spielen müssen, als wir es von früher gewohnt sind. Ich kann darum meinerseits an dem Plane der Veröffentlichung Ihrer Lutherausgabe nur festhalten, wenn diese neue Ausgabe nicht zustande kommt. [...] Für mich ist zur Zeit keine andere Entscheidung möglich. Ich muß dann eben den Verlust von ca. RM 8.000.– auf mich nehmen. Die Einzelheiten können später geregelt werden. [...] Hinzukommt, daß mir leider die Hände gebunden sind, und ich daher während des Krieges nichts unternehmen kann."

[310] S. dazu oben Anm. 28.

[311] Nachtrag zu dem Schreiben vom 11. Juni 1943 vom 12. Juni 1943, ALGW 700, o.P.: „Mein Verlag C. Bertelsmann darf nichts mehr bringen, was irgend ins Theologische hineinreicht. Und der Rufer-Verlag wird geschlossen und darf während des Krieges keine Papieranträge mehr stellen, gleichviel für welche Art von Literatur."

[312] S. oben Anm. 10.

„Nun habe ich Ihnen noch etwas Wichtiges mitzuteilen. Ohne meine Veranlassung erschien bei mir der Direktor eines der bedeutendsten deutschen Verlage – nichttheologischer Art –, um mich in folgenden zwei Punkten um Rat zu fragen. 1.) Der Verlag beabsichtigt in einer Sammlung von Handschriften berühmter Männer einen Faksimiledruck einer lutherischen Schrift herauszugeben.[313] Die mir vorgelegten technischen Proben von Musikerbriefen in Faksimile waren hervorragend.[314] Der Verlag wollte gerne von mir wissen, welche Schrift sich am besten dazu eigne bezw. welche Handschriften vorhanden seien. 2.) Gleichzeitig beabsichtigt dieser Verlag, der über beste Parteibeziehungen verfügt, eine Gesamtausgabe Luthers herauszugeben und zwar in zwanzig – fünfundzwanzig Bänden. Die Ausstattung soll vortrefflich sein. Er nannte den Namen eines der bekanntesten Buchkünstler, der die Arbeit überwachen soll. Gleichzeitig sollen aber auch die besten Texte gewählt werden. Der Verlag rechnet mit einer Investierung von rund 350.000 M ohne Honorare. Er will die Ausgabe ohne Zuschüsse in den Handel bringen und glaubt, sie aus bestimmten Gründen auch in der Jetztzeit in Angriff nehmen zu können. Da es sich um geschäftliche Dinge handelt, bitte ich um Vertraulichkeit, da der Verlagsdirektor befürchtete, dass andere Firmen etwas von seinem Plane erführen. Ich habe ihm daraufhin Folgendes gesagt: Die Durchführung beider Unternehmen würde von der Kirche sicher begrüsst werden. Ich wäre auch der Ueberzeugung, dass das finanzielle Risiko gering wäre, da mit einem Absatz von 3–4000 Exemplaren zu rechnen wäre, wenn die Herstellung und Lieferung sich über mehrere Jahre verteilen würde. Für die wissenschaftliche Bearbeitung sei ich aber nicht zuständig. Ich nannte dann Ihren Namen und wir verabredeten, dass ich Ihnen schreiben soll, um zu erfahren, wann Sie einmal nach Berlin kommen, um in einer mündlichen Besprechung die Angelegenheit zu klären. Jedenfalls wird der Verlag ohne Sie nichts unternehmen. Aber ich habe den festen Eindruck, dass er entschlossen ist, die Luther-Ausgabe herauszubringen."[315]

Seeberg sah zweierlei als relevant an. Er unterstrich in dem Schreiben, dass der namentlich ungenannte Verlag „<u>nicht</u>theologischer Art" sei und über „<u>beste</u> Parteibeziehungen" verfüge.[316]

Dennoch reagierte er nüchtern und pragmatisch abwägend. Bis Mitte März 1943 fanden in Berlin drei Vorbesprechungen statt.[317] Als Vertreter des Metzner-Verlags stellte sich Dr. Rolf Voigt vor[318], der 1930 in den Verlag einge-

---

[313] Auf Faksimile verzichtet der Metzner-Band: Briefe großer Deutscher an Kinder. Deutsche Männer schreiben an Kinder, hg. v. Erika HOFFMANN, Berlin [1941]. Verlegerisch war das Buch erfolgreich. Es erfuhr 1942 eine zweite Auflage und regte weitere Produktion bei Metzner an, darunter: Briefe großer Deutscher an Kinder. Deutsche Frauen schreiben an Kinder, hg. von Erika HOFFMANN, Berlin 1944.

[314] Der Sachkenntnis von Johannes Schilling verdankt sich die Identifizierung dieses Hinweises mit der hochwertigen Produktion: Briefe Wolfgang Amadeus Mozarts. Hg. mit Originalbriefen in Lichtdruck im Auftrage des Zentralinstituts für Mozartforschung am Mozarteum in Salzburg von Erich H.[errmann] MÜLLER VON ASOW, 5 Bde., Berlin 1942.

[315] Maschinenschriftlicher Brief, BArch Koblenz N1248/5, o.P.

[316] Ebd.

[317] E. Seeberg an R. Hermann, 11. März 1943, in: WIEBEL, Briefwechsel (wie Einleitung, Anm. 13), S. 355 f.: „Bisher sind 3 Vorbesprechungen in Berlin gewesen."

[318] Zu diesem s. ANON.: Zum Tode von Dr. Rolf Voigt, in: Börsenblatt für den Deutschen Buchhandel. Frankfurter Ausgabe 20 (1964), S. 686. Ferner, unter der Überschrift

treten war[319] und dort eine Schlüsselrolle einnahm. Beim Metzner-Verlag war er als Komplementär einer der Gesellschafter; zugleich verantwortete er geschäftsführend den „Verlag für Standesamtswesen“[320], der ebenfalls auf Alfred Metzner zurückging und eine immense Blüte im Zuge der rassetheoretisch begründeten Abstammungsnachweise und Stammbuchauflagen, einschließlich einschlägiger Periodika, erfuhr[321]. Voigt vertrat einen wirklich finanzstarken und politisch abgesicherten Verlag. Seeberg ließ sich in seinem Urteil über die Unternehmung davon aber nicht beeinflussen. Nach den ersten Gesprächen zur Ausgabe stellte er gegenüber Voigt fest: „Im übrigen sind bei den Besprechungen, die wir bisher hatten, die Bedenken eher gestiegen als gefallen.“[322] Zu den Gesprächspartnern muss Friedrich Schulze-Maizier gehört haben, dessen Beteiligung schon für Zeitgenossen erklärungsbedürftig war.[323] Sein Name begegnet erstmals in einem Schreiben Voigts an Seeberg, das ausdrücklich auch Schulze-Maiziers Kontaktdaten benennt, weshalb davon auszugehen ist, dass die Personalie auf einen Vorschlag des Verlegers zurückgeht: „ich hatte Gelegenheit, mit Herrn Dr. Schulze-Maizier (Berlin-Wilmersdorf, Detmolder Str. 51, II. Telef.: 86 37 26) kurz zu sprechen. Er hat sich lebhaft für eine Mitarbeit interessiert und erwartet von Ihnen Nachricht, um sich über Art und Umfang der Arbeit mit Ihnen unterhalten zu können.“[324] Schulze-Maizier musste für Seeberg als ein vom Verlag vermittelter „Helfer“ erscheinen, als den er ihn später mehrfach bezeichnete.[325] Mit einer immensen Geschwindigkeit, bereits Anfang Januar 1943, ließ Voigt in der Leipziger Druckerei „Poeschel & Trepte“, einer der besten deutschen, international hoch angesehenen Druckereien jener Zeit[326], Probeseiten in Schwabacher und

„Bewährung im Übergang – Rolf Voigt“, Siegfried MARUHN: 75 Jahre Verlag für Standesamtswesen, Frankfurt/Main und Berlin 1999, 37 f.; Bilder von Voigt finden sich ebd., S. 62, 66, 77 und m.E. auch 76. Präzise biographische Angaben zu Voigt und verlagsgeschichtliche Aufschlüsse liefern die Materialien, die für den Lizenzantrag 1945 zusammengestellt wurden, s. dazu BArch Berlin R 9361–V/147856, o.P.

[319] MARUHN, Verlag (wie Anm. 318), S. 37.

[320] Ebd.

[321] So fasse ich zusammen: ebd., S. 13–17.

[322] E. Seeberg an R. Voigt, 14. Januar 1943, EZA 712/115, Bl. 86.

[323] S. oben Anm. 290–295.

[324] 10. Dezember 1942, EZA 712/116, Bl. 89.

[325] E. Seeberg an R. Hermann, 1. April 1943, in: WIEBEL, Briefwechsel (wie Einleitung, Anm. 13), S. 356: „übermorgen wird mich hier ein Helfer besuchen, mit dem ich Vorschläge und Anschreiben besprechen will.“

[326] Den Hinweis auf die Bedeutung der Druckerei verdanke ich Johannes Schilling. Auch die von Metzner verlegte hochwertige Mozart-Produktion (s. dazu oben Anm. 314) wurde in der Leipziger Offizin gedruckt, die im Dezember 1943 von Bomben zerstört wurde; s. dazu Christian SCHEFFLER: Art. Poeschel, Carl Ernst, in: NDB, Bd. 20, Berlin 2001, S. 573.

Antiqua erstellen[327], auf deren Grundlage sich Seeberg für Antiqua aussprach[328]. In seinen „Bedenken" gegen das Vorhaben ließe er sich durch solche Vorentscheidungen nicht einschränken. Mitte Januar 1943 regte er eine Aussprache mit dem Verlag an:

„Ich beabsichtigte, demnächst eine erneute Besprechung zu veranstalten, zu der ich mir erlauben werde, auch Sie und einige andere Herren einzuladen, in der wir dann vielleicht zu einer definitiven Stellungnahme kommen können. Schon heute möchte ich Ihnen aber einige der Bedenken vorlegen, die in den Besprechungen sich verstärkend aufgetreten sind. Es wird recht schwierig sein, Mitarbeiter zu finden, da die meisten jüngeren Herren im Feld stehen. Ebenso bestand gar keine Klarheit über die Honorarfrage. Ferner wurde die Frage gestellt, wie stark jeder Band werden sollte. Ausserdem wurde das Problem der Übersetzungen der lateinischen Schriften erneut besprochen und eine solche Übersetzung im Hinblick auf ihre Schwierigkeit und auf die Kürze der zur Verfügung stehenden Zeit in Frage gestellt. Es wurde die Anregung gegeben, die Übersetzungen gegebenenfalls in Ergänzungsbänden vorzulegen. Schließlich blieb die Frage unbeantwortet, ob der Text der Weimarer Ausgabe ohne weiteres abgedruckt werden könne, ohne dass juristische Verwicklungen eintreten würden. Dasselbe Problem könnte sich auch bei der Übernahme alter oder neuer Übersetzungen der lateinischen Texte ergeben."[329]

Zusammenfassend vorwegzunehmen ist, dass Seeberg hier Fragen bündelt, die bis zum Ende der Unternehmung nicht abschließend geklärt werden konnten und immer wieder zu neuen Antwortansätzen führten.

Auf Seiten Seebergs ist damit an ein problemorientierter und pragmatischer Zugang zu dem Vorhaben zu beobachten. Der Verlag hatte dagegen von Anfang an ein herausragendes Interesse an kirchlicher Finanzierung. Der erste Gesprächspartner Voigts war mit Buschtöns eben kein Fachwissenschaftler, sondern ein Kirchenfunktionär gewesen, den der Verleger sofort davon überzeugen konnte, dass er selbst immense Geldsummen zu investieren bereit sei. Schon zum Jahresbeginn 1943 hatte Voigt zudem mit dem ranghöchsten geistlichen Vertreter des Oberkirchenrats, Johannes Hymmen[330], gesprochen, der nach Voigts Auskunft an Seeberg „eine weitgehende Unterstützung der Ausgabe" zugesagt habe[331]. Grundlegend setzte der Verlag somit auf eine kirchliche Mitfinanzierung.

Als die treibende Kraft im Berliner Oberkonsistorium erweist sich tatsächlich Friedrich Buschtöns. Dies geht aus dem ersten Brief hervor, mit dem Seeberg am 14. Januar 1943 einen fachwissenschaftlichen Mitarbeiter anfrag-

[327] R. Voigt an E. Seeberg, 7. Januar 1943, EZA 712/116, Bl. 90. Das betreffende Muster hat sich ausweislich des Papierstempels („Poeschel & Trepte Leipzig") erhalten in EZA 712/116, Bl. 179 und ist handschriftlich in Blei überschrieben mit „Schriftproben des Verlages."

[328] Wie Anm. 322.

[329] Ebd.

[330] Zu ihm s. Kap. I, Anm. 225.

[331] Wie Anm. 327.

te. Es handelt sich um den Marburger praktischen Theologen, Alfred Uckeley[332], einen der wenigen Duzfreunde Seebergs. Er hatte sich 1933 den „Deutschen Christen“ angeschlossen und war 1934 von Königsberg nach Marburg versetzt worden.[333] Das „zunächst vertaulich[e]“ Schreiben Seebergs an ihn bietet eine aufschlussreiche Momentaufnahme:

„Hier ist der Gedanke bei dem Verlag Alfred Metzler [sic], der über grosse Mittel verfügt, aufgetaucht, eine neue Luther-Ausgabe zu machen, die etwa 20–25 Bände umfassen soll. Die Kirche (Buschtöns, Hymmen) interessiert sich für den Plan und will denselben materiell fördern. Bei den Vorbesprechungen, die ich in dieser Sache gehabt habe, stellte sich heraus, dass es sich empfiehlt, für Tischreden, Briefe und Predigten je einen Herausgeber zu bestellen, dem die Aufgabe zufallen würde, selbständig eine Auswahl aus dem betreffenden Gebiet zu veranstalten, bei der ein eigenes und selbständig gesehenes Lutherbild herausspringen müsste. [...] Wegen der Predigten wollte ich den Oberkonsistorialrat Dr. Freytag[334] (alten Mitarbeiter der Weimarer Ausgabe) befragen. Hinsichtlich der Tischreden wollte ich an Dich die Frage richten, ob Du nicht Lust hättest, eine Sammlung derselben in dieser Ausgabe, die 2 Bände umfassen dürfte, zu machen. [...] Die Sache ist noch sehr im Werden. Ich selbst habe allerhand Bedenken, ob für eine solche Lutherausgabe neben der Clemen'schen und der Münchener und Braunschweiger Raum ist. Aber der Verleger hat grosse Lust und hält die Schwierigkeiten für überwindbar und für gering. Buschtöns meint, eine solche Ausgabe habe uns gefehlt und würde *die* Lutherausgabe bei allen Pfarrern werden, wenn die Kirchenbehörde sich hinter dieselbe stellen würde, – und dies würde sie ja also tun.“[335]

In editorischer Hinsicht ist an diesem frühen Dokument spannend, dass Seeberg seit seinen ersten Überlegungen eine Edition plante, die auf eine gewisse Vielfalt von Luther-Bildern angelegt war, die ihrerseits durch die jeweiligen editorischen Verantwortlichen generiert würde. Ihm war klar, dass jede Auswahl und Ausgabe mit Selektionsprozessen verbunden war, die zu einer spezifischen Perspektive führten. Für seine Ausgabe setzte er auf eine gewisse Pluralität.[336] Seine Bedenken gegenüber dem Editionsprojekt erklären sich aus der Marktlage, die sich auf die bereits erschienenen Ausgaben beschränkt und in der Knolles Vorhaben keine Rolle spielt. Wichtig ist schließlich der Hinweis auf Buschtöns, der eine Förderung der Edition aus kirchenpolitischen Interessen betrieb, indem er eine Luther-Ausgabe für die deutsche Pfarrerschaft schaffen wollte.

Noch bevor in dieser editorisch offenen Situation erste konzeptionelle, finanzielle oder personelle Entscheidungen getroffen waren, traf ein Brief von

[332] Zu ihm s. Michael DOMSGEN: Art. Uckeley, Alfred, in: RGG[4], Bd. 8, Tübingen 2005, Sp. 684. S. weiter AUERBACH, Catalogus (wie Kap. I, Anm. 147), S. 51.

[333] DOMSGEN, Uckeley (wie Anm. 332), Sp. 684.

[334] Zu Albert Freitag s. BOBERACH u.a., Handbuch (wie Kap. I, Anm. 223), S. 80.

[335] EZA 712/115, Bl. 87.

[336] Hierauf antwortete R. Hermann an E. Seeberg am 2. April 1944, EZA 712/115, Bl. 29 f., hier: Bl. 30: „Ich bin ja auch eigentlich der Meinung, eine *Ausgabe* solle nicht ein Lutherbild gestalten. Das ist Sache von Monographien.“

Rudolf Hermann bei Seeberg ein. Anlass für dieses Schreiben war die Nachricht, die Heckel aus dem Oberkirchenrat am 6. Februar 1943 an Knolle gesandt hatte, der seinerseits weitere Vorstandsmitglieder informiert hatte. Über Althaus wurde Hermann in Greifswald am 19. Februar 1943[337] mit der Bitte um Aufschluss gefragt, und dieser schrieb ohne Verzug, am 21. Februar 1943, an Seeberg:

„Von Seiten der Luthergesellschaft interessiert man sich für ein Gerücht, des Inhalts, daß Sie eine 20bändige deutsche Lutherausgabe vorbereiten, für die sogar das Papier bereitstände. Der E[vangelische] O[berkirchenrat] unterstütze diesen Plan, zu dem Sie wiederum nur entschlossen seien, falls Sie wüßten, daß von anderer Seite nichts unternommen würde. Nun plant aber auch die Luthergesellschaft, bzw. D. Knolle in Hamburg, eine große deutsche Lutherausgabe, für die Vorarbeiten (sogar die Honorzahlungen) schon seit etwa 1½ Jahren im Gange sind. Nun bittet man mich [...], ob ich nicht vertraulich einmal nachfragen wolle, ob Sie sich mal mit D. Knolle in Verbindung setzen wollen, damit eine Konkurrenz vermieden werde? [...] Ich weiß von einem solchen Plan von Ihnen nichts. Sollte er aber bestehen, so habe ich keine Lust, mich zwischen 2 Stühle zu setzen. Wollen Sie also auf die Frage etwa nicht eingehen, so lassen Sie mich bitte zwar wissen, daß Sie meinen Brief erhalten haben. Aber antworten Sie dann bitte nicht weiter darauf. Ich kann dann sagen, daß ich darüber nichts in Erfahrung gebracht habe.“[338]

Auf diese Anfrage konnte Seeberg nur überrascht reagieren. Am 25. Februar 1943 antwortete er seinem Vertrauten Hermann, der seinerseits den ihm freundschaftlich verbundenen, zu Seeberg aber in einem spannungsvollen Verhältnis stehenden Althaus[339] bewusst unerwähnt gelassen hatte[340]:

„Was die Frage [...] angeht, so bin ich erstaunt darüber, woher Sie so genau orientiert sind. Aber sei dem, wie ihm wolle, – ich selbst habe keine besondere Lust zu dieser ganzen Ausgabe; aber sowohl der Verlag wie andere sachkundige Persönlichkeiten sind sehr dafür und halten eine solche Ausgabe für zeitgemäß; da glaube ich mich nicht versagen zu dürfen. Verschiedentlich ist mir auch gesagt worden, daß ein Gegenunternehmen nicht vorläge. Da ich von solchen Gegenunternehmen (etwa Eckhart-Ausgabe oder all die Ficker-Fälle) genug habe, habe ich keine Lust mich in diese Stänkereien, die sich daran zu knüpfen pflegen, einzulassen. Andererseits muß ich aber sagen, daß die Pläne von Herrn Pastor Knolle, der sich mir gegenüber nur sehr unfreundlich zu stellen wußte, soweit sie in seinem Hirn ruhen, kein Interesse für mich bieten. Vollends habe ich gar keinen Anlass, mich meiner-

---

[337] S. oben Anm. 16.

[338] BArch Koblenz N1248/12, Bl. 311 f. Ediert bei WIEBEL, Briefwechsel (wie Einleitung, Anm. 13), S. 353 f., hier: S. 353.

[339] Vgl. dazu alleine Anm. 102.

[340] Erst am 6. Juni 1943 ergänzt Hermann diesen; s. dazu R. Hermann an E. Seeberg, in: WIEBEL, Briefwechsel (wie Einleitung, Anm. 13), S. 360–362, hier 361: „Seit Althaus seinerzeit an mich schrieb, wovon ich Ihnen sogleich Kenntnis gab und womit ich eine Art Brücke herzustellen suchte, habe ich von Althaus lediglich einen kurzen Dank dafür und die Mitteilung erhalten, daß er es Knolle weitergegeben habe.“

seits an Herrn Pastor Knolle zu wenden. Wenn er etwas von mir will, so kann er ja den Versuch machen, mit mir in Verbindung zu treten.“[341]

Die Anfrage der Luther-Gesellschaft ließ Seeberg (Abb. 4) vergleichsweise unberührt. Sie steigerte seine „Lust“ auf die Unternehmung nicht, über die er vor allem aus fachwissenschaftlicher Verantwortung gegenüber vorhandenen Verlags- und Kircheninteressen nachdachte. Zugleich kannte er seine eigenen Kapazitäten. Am 6. März 1943 schrieb er daher an Hermann: „Ich weiß nicht, ob ich jetzt dazu komme, mich um die Lutherausgabe zu kümmern. Hätten Sie nicht evtl. Lust, auch an dieser Ausgabe, die nicht eine wissenschaftliche, sondern eine praktische werden soll, mitzuarbeiten?“[342] Fünf Tage später bot er, möglicherweise nach Rückfrage, nähere Informationen:

„Die Ausgabe soll 25 Bände umfassen, der Verlag Metzner will das Papier beschaffen, die Ausgabe wendet sich besonders an Pfarrer und hat die Unterstützung des Ev.[angelischen] Oberkirchenrats, das Honorar soll pro Bogen 70–80 M sein. Wenn ich kann, will ich hier [in Ahrenshoop] einen Gesamtentwurf für das Unternehmen machen.“[343]

Hermanns (Abb. 5) Antwort ist bemerkenswert. Zunächst einmal ließ er sich Zeit. Am 1. April fragte Seeberg direkt bei ihm nach: „Besteht Ihrer Ansicht nach eigentlich ein Bedürfnis nach solcher Ausgabe? Nach meiner nicht.“[344] Nun erst, am 4. April, konstatierte Hermann, dass er zu einer Mitarbeit einzig bereit sei, wenn keinerlei kirchenpolitische Motive – weder von Seiten der „Deutschen Christen“ noch derjenigen der „Bekennenden Kirche“ – für die Ausgabe bestimmend seien. Seine Motivation zur Mitarbeit könne nur die einer persönlichen Verbundenheit sein:

„Da ich nicht weiß, von woher Sie dazu [zu der Ausgabe] aufgefordert sind – denn der E.[vangelische]O[berkirchenrat] ist doch wohl nur als Protektor und Geldgeber darin? – so kann ich diese Frage schwer beantworten. Ich für meine Person halte [sie] für keineswegs notwendig. Aber ich könnte mir denken, daß kirchenpolitische Stellen einen stärker, sei es politisch unterstrichenen, sei es kirchlich, sei es antisemitisch unterstrichenen Luther für heilsam hielten. [...] Wenn Sie mir also auf meine Fragen nur schreiben, ich möchte mich nicht beunruhigen, [...] so nehme ich das als Ihre Zusicherung, daß das Eisenacher Institut[345], die D.[eutschen]C.[hristen] und die B.[ekennende]K.[irche] nicht finanziell oder ideell hinter der Sache stehen. Ich würde also nicht mitmachen, weil ich die Sache von mir aus für irgendwie notwendig hielte – wenigstens nicht, ehe ich weiß, worum es geht (ich

341 Ebd., S. 354 f., hier: S. 354.

342 Ebd., S. 355

343 11. März 1943, ebd., S. 355 f.

344 Ebd., S. 356.

345 Zu dem „Institut zur Erforschung und Beseitigung des jüdischen Einflusses auf das deutsche kirchliche Leben“ s. Oliver ARNHOLD: „Entjudung“ – Kirche im Abgrund. Die Thüringer Kirchenbewegung Deutsche Christen 1928–1939 und das „Institut zur Erforschung und Beseitigung des jüdischen Einflusses auf das deutsche kirchliche Leben“ 1939–1945, Bd. 2: Das „Institut zur Erforschung und Beseitigung des jüdischen Einflusses auf das deutsche kirchliche Leben“ 1939–1945, Berlin 2010 (SKI, Bd. 25/2).

Abb. 4 (oben): Erich Seeberg (um 1942)
Abb. 5 (unten): Rudolf Hermann (um 1943)

könnte mir z.B. denken, daß man vom alten bzw. jungen Walch, und seiner Ausgabe viel lernen könnte), sondern ich würde mitmachen, weil Sie mich freundlich dazu auffordern, und weil mir Ihr Wort auf meine Ihnen bekannten Fragen als Freundeswort und als Zusicherung im soeben bezeichneten Sinne gelten soll. Was weiß ich, wofür alles der E.[vangelische]O.[berkirchenrat] Geld geben mag!“[346]

Während Seeberg und Hermann darin übereinstimmten, dass eine neue Luther-Ausgabe keineswegs nötig sei, begann Hermann konstruktiv zu überlegen, nach welchen editorischen Prinzipien eine neuerliche Unternehmung sinnvoll sein könnte. Entsprechend dürfte der Hinweis auf Walch zu deuten sein, dessen materiale Kompilation und Präsentation bis heute ein Alleinstellungsmerkmal markieren.

Drei Tage nach Hermanns Anfrage politischer sowie kirchenpolitischer Interessen antwortete Seeberg nüchtern und unter nochmaliger Betonung seiner eigenen Distanz zu dem Vorhaben. Beiläufig erwähnte er einleitend, dass Althaus zwischenzeitlich den direkten Kontakt zu ihm gesucht habe, wozu ihn Knolle möglicherweise aufgefordert hatte:

„Althaus schrieb inzwischen einen etwas undurchsichtigen Brief. Mein Auftraggeber ist der Dr. Voigt vom A. Metzner Verlag in Berlin. Er ist mit Buschtöns und Hymmen liiert. Der Gedanke ist wohl, daß der EOK die Ausgabe, die er begrüßt, empfehlen und bei der Vertreibung helfen soll. Diese Dinge muß der Verleger regeln, der 1 Million in die Ausgabe stecken will. Kirchenpolitische Gruppen, schon gar das Eisenacher Institut, haben nichts mit der Sache zu tun. Ich bin leidenschaftslos an der Sache beteiligt und werde mich über Ihre Hilfe freuen und lasse ihnen demnächst ein näheres Programm zugehen. Zunächst muß man mal sehen, wie man sich mit den Althausschen Plänen auseinandersetzt; Auch [sic] da lasse ich dem Verleger die Vorhand. Mein Ehrgeiz ist diese Ausgabe nicht.“[347]

Die Aussage ist insofern von Interesse, als Voigt im Gespräch mit Seeberg offenbar eine noch höhere Investitionsbereitschaft signalisiert hatte. Einen Beleg dafür, dass Voigt dazu bereit war, die zu veranschlagenden Summen tatsächlich an die Millionengrenze zu führen, wird die nur einen Monat später erfolgte Antragstellung beim Evangelischen Oberkirchenrat liefern.[348]

Bis zum April fehlte für alle weiteren Schritte noch jede Voraussetzung. Nicht einmal ein editorisches Konzept lag zu diesem Zeitpunkt vor. Aufgesetzt wurde dieses von Seeberg erst Ende März oder Anfang April. Am 1. April kündigte er Hermann an: „Ich habe einen Plan entworfen, und übermorgen wird mich hier ein Helfer besuchen, mit dem ich Vorschläge und Anschreiben besprechen will.“[349] Der am 3. April in Ahrenshoop erwartete Besucher war kein anderer als Schulze-Maizier. Dieser wiederum diktierte am 9. April nach seiner Rückkehr nach Berlin die mit Seeberg besprochenen Doku-

---

[346] WIEBEL, Briefwechsel (wie Einleitung, Anm. 13), S. 356–358, hier: S. 357.
[347] 7. April 1943, ebd., S. 358.
[348] Vgl. dazu Anm. 408.
[349] Wie Anm. 325.

mente. Er durfte auf die Zuarbeit von Seebergs „alter“[350] Sekretärin zurückgreifen, die für ihn seit den 1930er Jahren Korrespondenzen und Arbeitsvorgänge erledigt hatte, die im Zusammenhang mit der „Zeitschrift für Kirchengeschichte“ standen.[351] Von seinen Fortschritten in Berlin berichtete Schulze-Maizier Seeberg und bot zugleich Neuigkeiten aus dem Oberkirchenrat:

„Gestern diktierte ich Frl. Caspar den Entwurf, die Einteilung sowie die verabredeten Briefe, die heute abgehen. Eben erreichte ich Herrn Oberkonsistorialrat Buschtöns, dem ich über die durch den Brief von Prof. Althaus geschaffene Lage berichtete. Herr Buschtöns ist gleich Ihnen der Meinung, dass wir uns durch jenen Brief in keiner Weise beirren zu lassen brauchen. Herr Buschtöns hob hervor, dass die Luthergesellschaft schon vor zwei Jahren dem E.[vangelischen]O.[ber]K.[irchenrat] den Plan einer 12bändigen Ausgabe der deutschen Schriften Luthers vorgelegt habe, der in einem von Herrn Buschtöns ausgearbeiteten Gutachten abgelehnt worden sei, da er für ungeeignet befunden wurde. Wir hätten also, so meint Herr Buschtöns, sowohl in Bezug auf die amtliche Förderung als auch die Papierfrage einen derartigen Vorsprung, dass wir uns durch die Bedenken des Herrn Althaus in keiner Weise beirren zu lassen brauchten. Herr Buschtöns regte an, ob Sie, sehr verehrter Herr Professor, der Opposition des Herrn Althaus nicht vielleicht dadurch die Spitze abbrechen könnten, dass Sie ihn zur Mitarbeit an unserer Ausgabe aufforderten?“[352]

Ein Nachtrag kündigte baldige finanzielle Unterstützung von kirchlicher Seite an: „Herr Buschtöns hofft bereits in einigen Wochen auf dem Weg über das Ministerium die ersten Gelder für unsere Ausgabe flüssig machen zu können.“[353]

Das Dokument enthält eine Fülle aufschlussreicher Informationen. Zum einen bestätigt es Knolles immer wieder geäußerten Verdacht, dass Buschtöns persönlich für die gescheiterte Antragstellung im Evangelischen Oberkirchenrat verantwortlich sei. Ungeachtet der Frage nach der sachlichen Berechtigung der vorgebrachten Argumente war es Buschtöns selbst, der zwei Jahre später für sich in Anspruch nahm, das ablehnende Schreiben vom 16. Juli 1941[354] verfasst zu haben. In seiner Veranlassung leitet sich das Seeberg angetragene Editionsprojekt damit wirklich direkt von dem Vorhaben der Luther-Gesellschaft ab. Ein weiterer wichtiger Punkt betrifft die Anregung einer Kooperation zwischen Seeberg und der Luther-Gesellschaft. Auch diese geht auf Buschtöns zurück und setzt voraus, dass das Seeberg-Projekt materiell und finanziell so stark aufgestellt sei, dass die Luther-Gesellschaft entweder

---

[350] Die Bezeichnung begegnet auf der Postkarte E. Seebergs an R. Hermann, 9. November 1943, EZA 712/114, o.P. [nach Bl. 15], der mit einem Satz zitiert wird in WIEBEL, Briefwechsel (wie Einleitung, Anm. 13), S. 371, Anm. 511.

[351] Einen handschriftlichen Brief Maria Caspars vom 21. August 1932 an E. Seeberg für die ZKG s. in BArch Koblenz N1248/6, o.P. Für die frühen 1940er Jahre s. entsprechend ausgewiesenen Dokumente in BArch Koblenz N1248/6, o.P., und BArch Koblenz N1248/124, o.P.

[352] 10. April 1943, BArch Koblenz N1248/34, o.P.

[353] Ebd.

[354] S. Kap. I, Anm. 221.

im direkten Wettbewerb unterliegen müsse oder sich einer erzwungenen Zusammenarbeit zu beugen habe.

9. Seebergs Ansatz, erster Entwurf und frühe Reaktionen (1943)

Die von Seeberg in Ahrenshoop aufgesetzten Dokumente, die in Berlin am 9. April 1943 getippt und am Folgetag versandt wurden, sind inhaltlich von großer Bedeutung. Sie bieten erstmals Aufschluss über das Seeberg vorschwebende Editionskonzept.

Seebergs Ansatz begegnet zunächst in einer Zusammenfassung des Editionsvorhabens, mit der künftige Mitarbeiter gewonnen werden sollten. Der Text hat sich in Hermanns Exemplar erhalten, der mit diesem Dokument offiziell angefragt wurde[355]. Es bietet einleitend Hinweise auf den vorläufigen Titel, die vorgesehene Zielgruppe und die verfolgte Konzeption:

„Die neue deutsche Lutherausgabe lehnt sich dankbar an die grosse wissenschaftliche Weimarer Ausgabe an; aber sie will nicht wissenschaftlichen Zwecken dienen, sondern praktischen und erzieherischen. Sie will Luther unserm Volk und allen, die ihn verehren, unmittelbar zugänglich machen, und zwar den echten Luther. Daher sind auch Nachschriften oder auch andere korrigierte Editionen der Schriften Luthers tunlichst fortgelassen."[356]

Die Gliederung bietet gegenüber den zuvor bereits geschilderten Strukturen nur zu der dritten Abteilung, den Lebensfragen, Vertiefungen, die „Schriften über Lebensfragen mit Unterabteilung: Ehe, soziale, ethische, politische" umfassen sollte. Zur Sprachgestaltung heißt es:

„Aufgenommen werden deutsche und lateinische Schriften Luthers. Erstere in der von den deutschen Archiven akzeptierten Form der Rechtschreibung; letztere mit deutscher Übersetzung, wobei über die Heranziehung alter Übersetzungen von Fall zu Fall entschieden werden soll. An die Spitze jeder abgedruckten Schrift Luthers soll eine ganz kurze Einleitung gestellt werden, die das zur Einführung Nötigste zu sagen hat."[357]

Zu den bereits feststehenden Mitarbeitern heißt es: „Die Redaktion der Predigten übernimmt Oberhofprediger D. Doehring, die der Briefe Pfarrer Lahr[358], der Tischreden Professor D. Uckeley, der Theologischen Schriften

---

[355] F. Schulze-Maizier an R. Hermann, 10. April 1943, EZA 712/115, Bl. 131. R. Hermanns Antwort an Schulze-Maizier datiert auf den 13. April 1943, EZA 712/115, Bl. 134.

[356] „Entwurf" überschriebener Anhang zu F. Schulze-Maizier an R. Hermann, 10. April 1943 (wie Anm. 355), hier: Bl. 133.

[357] Ebd.

[358] Wie anschließende Fassungen zeigen, dürfte der Greifswalder Titular- und spätere Marburger Honorarprofessor Heinrich Laag (1892–1972) gemeint sein; zu ihm s. unten Anm. 407

Prof. D. Hermann, der die Lebensfragen behandelnden Werke Professor D. Wünsch. Über alles Andere wird noch entschieden."[359]

Der vorgesehene Titel „Die neue deutsche Lutherausgabe" mag irritieren, stellt aber den ersten und einzigen auf Seeberg zurückzuführenden entsprechenden Vorschlag dar. Als sachgemäß könnte man ihn ansehen, da kein lateinischer Text Luthers ohne deutsche Übersetzung geboten werden sollte, doch wird man Ähnlichkeiten zu den Überlegungen bemerken, zwischen denen sich Knolle bewegt hatte, der von der „*Kleine*[n] *Weimarer Luther-Ausgabe*"[360] zur „Gesamtausgabe der deutschen Schriften D. Martin Luthers"[361] gelangt war. Völlig neu waren demgegenüber das Anliegen und der Anspruch Seebergs, „den echten Luther" bieten zu wollen. Wie kam er darauf, und was verstand er darunter? Bereits an dieser Stelle wird man zusammenfassen müssen und vorgreifen dürfen. Denn Seebergs Verständnis änderte sich, wofür der kritische Dialog mit Hermann entscheidend war. Den konzeptionellen Ausgangspunkt markiert offenkundig die konspirationstheoretisch anmutende Annahme, frühere Editoren hätten Luthers eigenes Wort kontaminiert oder gar verfälscht. Die einfache Lösung, die Seeberg zunächst vorschwebte, bestand darin, nur diejenigen Texte auszuwählen, die Luther selbst in den Druck gegeben hatte. Am klarsten trug Hermann diesen Ansatz zwei Jahre später vor, als er Seebergs Konzept zusammenzufassen suchte: „Die Besonderheit der neuen Ausgabe besteht darin, dass sie nur solche Schriften Luthers bringt, die Luther selbst hat drucken lassen – diese aber vollständig. Sie bringt also den authentischen Luther und lässt alle redigierten Schriften weg."[362] In Einzelfragen hatte Seeberg gegenüber Hermann entsprechend argumentiert. Zu Beginn der konzeptionellen Diskussionen, im Mai 1943, erklärte er Hermann, nur „die wirklich gedruckten Predigten u.[nd] die betr.[effenden] aus den Postillen heraus[zu]bringen", was zur Konsequenz haben werde: „So werden die vorreform.[atorischen] Predigten fallen müssen."[363] Aufschluss über die grundlegende Motivation Seebergs mag eine beiläufige Formulierung in einem Brief an Hermann aus dem Folgejahr bieten: „Rörer hat sehr viel zur Verwässerung der Lutherschriften beigetragen. Ihm traue ich am allerwenigsten. Sie haben vollkommen recht, dass eine Handschrift Rö-

---

[359] Wie Anm. 355.

[360] S. Kap. I, Anm. 32.

[361] S. Kap. I, Anm. 93 und 102.

[362] R. Hermann an den Evangelischen Oberkirchenrat, 28. November 1945, EZA 712/115, Bl. 172.

[363] E. Seeberg an R. Hermann, handschriftliche Karte, 8. Mai 1943, EZA 712/115, o.P. [zwischen Bl. 149 und 150]. R. Hermann reagierte auf diese Position erst am 24. Oktober 1944, EZA 712/115, Bl. 4–7, hier: Bl. 5, mit dem Hinweis, dass die lateinischen Texte doch zweifellos von Luther stammten und man sie auch nach der „W.A. [...] als ‚echte' Texte anzusehen hat."

rers unserem Echtheitsprinzip nicht entspricht."[364] Zu diesem Zeitpunkt hatte sich Seeberg schon erkennbar einer Aufnahme von Handschriften geöffnet, was gerade für die Frühzeit der sog. reformatorischen Entwicklung von großer Bedeutung war. Zugleich ergab sich daraus eine gewaltige materiale Hypothek: Luthers Römerbriefvorlesung war von Johannes Ficker 1908 und 1938 in verschiedener Intensität ediert worden[365]; die erste Psalmenvorlesung aber blieb bis zu dem von Reinhard Schwarz 1993 verantworteten Band 55/1 der WA eine editorische Herausforderung.[366] Auf die Integration der frühen Vorlesungen und die damit verbundenen Implikationen kamen Seeberg und Hermann vergleichsweise schnell. Ebenfalls schon im Mai 1943 erklärte sich Seeberg aufgeschlossen gegenüber einer „etwaige[n] Übernahme der Psalmenvorlesung, in der doch die Motive des jungen Luther offener daliegen, als im Römerbrief. Wir wollen doch noch einmal hier darüber sprechen. Sie gehört m.E. zu einer Auswahl, die den quellenmässig gesicherten, echten Luther bringen will".[367] Neben den Auswahlkriterien für Drucke und Handschriften galt es zu klären, wie mit Texten umzugehen sei, die nur in Teilen auf Luther zurückzuführen sind. Beispiele hierfür stellten die Schwabacher Artikel dar, das Marburger Religionsgespräch oder die Disputationen. Die Aufnahme der Schwabacher Artikel war für Seeberg selbstverständlich, wurde von Hermann aber hinterfragt: „Über die Schwabacher Artikel sprachen wir auf der Sitzung bereits. Sie sind nicht von Luther allein, also nicht eigentlich ‚echt'. Nehmen wir sie auf, so müssen wir vieles aufnehmen."[368] Ebenso galt ihm: „Das ‚Marburger Gespräch' ist nicht der ‚echte[']Luther. Es war deshalb von mir [...] fortgelassen worden."[369] Hermann bemühte sich damit in der gewissenhaftesten Weise, Seebergs eigene Anliegen ernst zu nehmen und nach einer stringenten Umsetzung zu suchen.

Leichter hatte es demgegenüber Schulze-Maizier, der sich die Unterscheidung sehr einfach vorstellte, indem er Seeberg im Juni 1943 anbot: „Gern will ich an Hand der Weimarer Ausgabe den Umfang der sicher echten Lutherschriften berechnen; nur darf ich Sie bitten, mir dazu auf unserm Prospekt alle von Ihnen für genuin Lutherisch gehaltenen Schriften rot anzukreuzen, damit ich genau weiss, was ich vorzunehmen habe."[370] Für Schulze-Maizier

---

[364] E. Seeberg an R. Hermann, 24. Februar 1944, EZA 712/115, Bl. 45.

[365] Johannes FICKER: Anfänge reformatorischer Bibelauslegung, Bd. 1: Luthers Vorlesung über den Römerbrief 1515/1516, Leipzig 1908. Sodann verantwortete Ficker die ausführliche Edition in WA 56 (1938) und in den Nachschriften in WA 57 (1939).

[366] Für die Vorgeschichte der editorischen Bemühungen s. die gute Zusammenfassung von BEUTEL, Ebeling (wie Einleitung, Anm. 3), S. 167 f.

[367] E. Seeberg an R. Hermann, 20. Mai 1943, EZA 712/115, Bl. 151.

[368] R. Hermann an E. Seeberg, maschinenschriftlicher Brief, 4. November 1943, EZA 712/114, Bl. 10–15, hier: Bl. 11.

[369] Ebd.

[370] F. Schulze-Maizier an E. Seeberg, 21. Juni 1943 (wie Anm. 302).

gründete die Auswahl der „echten" Schriften Luthers letztlich in der Autorität Seebergs. Entsprechend bemerkte er im Oktober 1943 gegenüber Seeberg: „Dass Sie selbst jetzt die echten Schriften zusammenstellen, bedeutet einen weiteren Schritt vorwärts bei der Arbeit."[371] Für Hermann wie Seeberg öffnete sich die Anwendbarkeit des Echtheitskriteriums immer mehr in die Frage, ob man eine Gesamt- oder Auswahlausgabe anstrebe. Seeberg verknüpfte dies zudem mit der Frage der Übersetzungen, indem er im August 1943 die Alternative zwischen einer Gesamtausgabe ohne Übersetzungen und einer Auswahlausgabe mit Übersetzung eröffnete.[372] Hermann regte im November 1943 die Rücksprache mit dem Verlag an: „Für unsere Besprechung, die ja vor neuen Fragen steht – der echte L[uther] oder Auswahl – halte ich die Anwesenheit des Verlegers für nötig."[373] Seeberg brachte dies am 10. Dezember 1943 auf die brachiale Formel: „Grundfrage bleibt, ob der ‚echte' Luther ‚total' gebracht wird oder eine Auswahl. Sie selbst kommen zum Schluß des Protokolls über der Arbeit selbst auch zum Auswahlprinzip".[374] Letztlich lieferte die Chiffre des „echten" Luther den Anstoß zu einer Abstimmung über die Auswahlprinzipien, die zunächst ergebnisoffen diskutiert wurden, aber schon nach etwa einem Jahr zu einem Quellen- und Schriftkorpus führten, das unter den Editoren im wesentlichen feststand.

Den Ausgangspunkt und die Grundlage der materialen Abstimmungen hatte Seeberg pragmatisch gewählt, indem er das „Verzeichnis von Luthers Schriften" durchsah, das Gustav Kawerau 1917 veröffentlicht hatte und das in einer Aktualisierung durch Otto Clemen 1929 erneut erschienen war.[375] In Teilen mochte dieses Vorgehen eine sachliche Notwendigkeit gewesen sein, da Seeberg in Ahrenshoop, wo er seinen ersten Entwurf erstellte, im Unterschied zur Berliner Wohnung über keine Weimarana verfügte. Im weiteren Austausch über Editionseinheiten erwies sich das Verzeichnis als vorteilhaft, da die wenigsten der beteiligten Kollegen eine eigene WA besaßen und deren Zugänglichkeit auf öffentlichen Bibliotheken kriegsbedingt sehr eingeschränkt war. Seebergs erster Entwurf hat sich in einem Exemplar erhalten[376],

---

[371] F. Schulze-Maizier an E. Seeberg, 27. Oktober 1943, BArch Koblenz N1248/34, o.P.

[372] Für den Wortlaut dieses an P. Althaus– und über diesen auch an Th. Knolle – gerichteten Vorschlages, dessen argumentative Subtilität darin besteht, von dem Echtheitskriterium als solchem nicht abzusehen, s. Anm. 458.

[373] R. Hermann an E. Seeberg, 29. November 1943, in: WIEBEL, Briefwechsel (wie Einleitung, Anm. 13), S. 368.

[374] E. Seeberg an R. Hermann, 10. Dezember 1943, EZA 712/116, Bl. 23.

[375] Gustav KAWERAU: Luthers Schriften nach der Reihenfolge der Jahre verzeichnet, mit Nachweis ihres Fundortes in den jetzt gebräuchlichen Ausgaben. 2. von D. Otto Clemen durchgesehene Auflage, in: Georg Buchwald: Luther-Kalendarium und Gustav Kawerau: Verzeichnis von Luthers Schriften, Leipzig 1929 (SVRG 147 [Jg. 47/2]), S. 161–206.

[376] Entsprechend datiere ich: EZA 712/115, Bl. 136–139; einen Beleg für diese Identifizierung bietet die Beilage des betreffenden Schriftsatzes in einer etwas gestrafften Seiten-

das bereits die mit dem Dresdener Gespräch geschilderte vierteilige Gliederung aufweist.[377] Größtes Interesse an dem Dokument hatte Hermann. Er fragte es sofort an und wurde – nach Schulze-Maizier und der Sekretärin, Fräulein Caspar, – zum ersten aufmerksamen Leser. Hermann erhielt es nach dem 15. April 1943[378] und antwortete schon am 20. April mit einer grundsätzlichen Rezension, die aufmerksam die editorischen Entscheidungen und deren Alternativen reflektiert.[379] So nimmt er wahr, dass die Aufteilung „sachliche [...] Gesichtspunkte" in den Vordergrund rückt, die Vorteile gegenüber chronologischen eröffnet.[380] Zugleich macht er sich für eine rein deutsche Ausgabe stark:

„Da die neue Ausgabe aber nur pädagogischen und praktischen Zwecken dienen will, so frage ich, ob man es nicht machen könnte wie Walch, wie die Braunschweig-Berliner, die Münchener und wie einige ganz alte Ausgaben, und nur deutsche Texte bringen? Die lateinischen also in zuverlässiger Übersetzung. Man gewönne dadurch eine Masse Raum, und könnte die Parallele der Goethe-Ausgaben, von der ich Ihnen schrieb und die Ihnen ja gefiel, viel eher durchführen, zumal wenn bei dem Plan von 25 Bänden geblieben wird".[381]

Zudem hob Hermann Walch nochmals als ein editorisches Muster hervor, wobei er damit sogar die Beschränkung auf Luther hinterfragte:

„An das ja eigentlich sehr schöne Walchsche Princip, um eine Lutherschrift Dokumente, die dazu gehören, u.U. auch Gegenschriften [...] zu gruppieren, denken Sie nicht? Wenn nicht, so liesse sich vielleicht auf diese Vorzüge Walchs, die leider bisher von keiner Ausgabe nachgeahmt sind, hinweisen, da der Walch in überraschend vielen Pfarrgemeindebibliotheken, gerade auch auf Dörfern, vorhanden ist."[382]

Aufmerksam bedachte Hermann auch den Umgang mit Luthers Judenschriften, mit denen er sich selbst ein bis zwei Jahre zuvor intensiv beschäftigt hatte. In Hermanns Nachlass befindet sich ein Vortragsmanuskript „Luther und die Juden", das sich „Gegen ein DC Gutachten 1942" richtet[383], möglicher-

verteilung zu der Antragstellung von R. Voigt an den Evangelischen Oberkirchenrat in Berlin vom 12. Mai 1943 (wie Anm. 406). Im Textbestand erkenne ich keine Unterschiede zwischen den beiden Dokumenten. Für eine maschinenschriftliche Abschrift durch Th. Knolle s. unten Anm. 449.

377 S. dazu Anm. 301.

378 R. Schulze-Maizier an R. Hermann, 15. April 1943, EZA 712/115, Bl. 140: „Die von Herrn Prof. Seeberg zusammengestellte vorläufige Auswahl lasse ich Ihnen gleichzeitig durch das Sekretariat zukommen".

379 R. Hermann an E. Seeberg, EZA 712/115, Bl. 142–144.

380 Ebd., Bl. 142.

381 Ebd.

382 Ebd., Bl. 144.

383 Der archivalisch nach dem 11. Februar 1941 datierte Text EZA 712/371 wurde ausweislich der im Nachlass erhaltenen Korrespondenz am 24. September 1966 Johannes Brosseder mitgeteilt. Es ist bedauerlich, dass dieser das Dokument weder in seiner erst 1971 abgeschlossenen Abgabe-, noch der Druckfassung seiner Dissertation berücksichtigt

weise noch in das Jahr 1941 zurückreicht und vor allem eine Auseinandersetzung mit Theodor Pauls sucht. Vor diesem Hintergrund ist verständlich, dass Hermann den Themenkomplex mit besonderer Kompetenz und Sensibilität berührt. Bereits dessen Klassifizierung mit der Einordnung in die Abteilung „Kirchliche Fragen" veranlasst ihn zu dem Votum: „Sind die Judenschriften gerade unter die Kirchenfrage zu stellen? Das fände ich ungünstig."[384] Zudem bemerkt er, dass Seebergs Auswahl unvollständig ist. Seeberg nimmt die in der derzeitigen Diskussion sog. judenfreundliche Frühschrift „Dass Jesus Christus ein geborener Jude sei ([nach Kawerau] Nr. 184)", die berüchtigte Spätschrift „Von den Juden und ihren Lügen" und „Vom Schem Hamphoras" auf.[385] Trotz dieser sachlich ausgewogenen – und auch gegenüber allen späteren Auswahlausgaben umfassenderen – Dokumentation fragt Hermann nach: „Haben Sie bei den Judenschriften Davids letzte Worte absichtlich weggelassen? Könnte man nicht ev. zwischen ihr und dem Schem Hamphoras noch die Waage schwanken lassen?"[386] In der Gesamtanlage vermisst er darüber hinaus Luthers „Kirchenlieder" und Disputationen: „Ich weiss aber zufällig schon seit Jahren, dass Althaus mit einer genauen Bearbeitung von Luthers Disputationen befasst ist, auch mit deutschen Übersetzungen. Da Sie in Ihrer letzten Karte ein mögliches Übereinkommen mit den dortigen Plänen andeuten, erwähne ich das eigens."[387]

Seebergs Reaktionen auf diese erste detaillierte Rezension seines Konzeptes sind interessant. Handschriftlich bestätigte er zunächst in Blei auf dem Brief Hermanns seine eigene Einschätzung zu den Judenschriften, deren Stellung unter den „Kirchliche[n] Fragen" er kommentiert: „Bleibt so".[388] Auch zu seiner Auswahl hält er fest: „Soll bleiben".[389] Ausführlicher diktierte er seine Entscheidung sodann Schulze-Maizier, der Hermann am 23. April 1943 erklärte:

„Herr Prof. Seeberg möchte darauf bestehen, dass die lateinischen Texte lateinisch *und* in deutscher Übersetzung gebracht werden. Herr Prof. Seeberg, der Ihnen für Ihre Bemühung und für Ihre wertvollen Anregungen vielmals danken läßt, möchte auch auf seiner Formulierung ‚Schriften, die Geschichte sind' beharren, da es sich ja um Schriften handelt, die tatsächlich Weltgeschichte *sind.* Da die Bände bei der bisherigen Aufstellung sehr umfangreich ausfielen, auch noch Einleitungen und Anmerkungen hinzukommen, so möchte Herr

---

hat; s. dazu Johannes BROSSEDER: Luthers Stellung zu den Juden im Spiegel seiner Interpreten. Interpretation und Rezeption von Luthers Schriften und Äußerungen zum Judentum im 19. und 20. Jahrhundert vor allem im deutschsprachigen Raum, München 1972 (BÖT, Bd. 8).

[384] Wie Anm. 379.

[385] S. dazu den Entwurf (wie Anm. 376) unter „Kirchliche Fragen".

[386] Wie Anm. 379.

[387] Ebd.

[388] Ebd.

[389] Ebd.

Prof. S.[eeberg] es bei dem jetzigen Plan belassen; indes können nötigenfalls *Ergänzungs*-Bände hinzukommen. Da ja Luther die *Kirche* reformiert hat, dürfte nach Herrn Prof. Seeberg alleinig die Abt. ‚Kirchl[.] Fragen' die Abt. ‚Theol. Schriften' wohl etwas an Umfang übertreffen. – Die Judenschriften sollen *des*halb in Abt. *IV.* stehen, weil sie bei einer anderen Plazierung leicht als vom *völkischen* Problem her gesehen [...] würden, was sie für Luther doch nur am Rande waren. In fast allen anderen Punkten schliesst Herr Prof. S.[eeberg] sich Ihrer Meinung *an*. [...] ‚Davids letzte Worte' sollen *mit*aufgenommen werden, aber *auch* ‚Schem Hamphoras'. [...]"[390]

Die Lieder sollen „zu den *Predigten* kommen".[391] Deutlich macht Seeberg zudem, dass er als Gesamtherausgeber den Abteilungsdirektoren weitreichende Kompetenzen eröffnen möchte: „Die Entscheidung über die Aufnahme der *Disputationen* stellt Herr Prof. S.[eeberg] Ihnen anheim; er selbst steht ihnen kritisch gegenüber."[392] Walch gegenüber verbleibt Seeberg skeptisch, bietet aber eine aufschlussreiche Information zu Buschtöns:

„Walch gilt vielen als Vorbild, auch Herrn Ob. KonsistorialRat Buschtöns; die Aufnahme auch von *Gegen*schriften ist jedoch *nicht* vorgesehen. – Herr Prof. S.[eeberg] ist Ihnen für Ihre Bandübernahme sehr dankbar; er bittet Sie, seine Anregungen gerade in der theol. Abt. selbständig weiter auszubauen."[393]

Noch vor dieser ausführlichen Reaktion hatte Seeberg Hermann bereits in einer handschriftlichen Postkarte ermuntert: „Im übrigen meine ich, Sie sollen als ‚Direktor' der theol. Abt. in den meisten Fragen freie Hand bekommen u[nd] also ruhig dazu tun."[394]

Reaktionen aus Berlin – dem Evangelischen Oberkirchenrat und dem Verlag – sind nicht überliefert. Am 15. April 1943, keine zwei Wochen nach Abschluss des Entwurfs, bemerkt Seeberg gegenüber Hermann: „Manche in Berlin kritisieren an unserer Einteilung u[nd] wollten einfach chronologisch vorgehen."[395] Auf dieser Postkarte berichtete Seeberg noch zweierlei: „Die Althausausgabe hat kein Geld bekommen".[396] Und: „Auch Klotz-Aland, die eine 3. Auswahl machen wollen, sind einstweilen ohne Geld (!)."[397] Hier zeigt sich Seebergs erste nachweisliche Kenntnis des Alandschen Editionsprojektes. Mitte April 1943 dürfte er entweder direkt aus dem Oberkirchenrat oder indirekt über Voigt davon erfahren haben. Der Kontext ist eindeutig: Die Nachricht über die finanziellen Nachteile der Konkurrenzunternehmen sollten die Motivation zu der eigenen Ausgabe steigern. Keine zwei Wochen später, am 29. April 1943, stellte Buschtöns auch 4.000 Reichsmark aus kirchlichen Mit-

---

[390] EZA 712/115, Bl. 147 f., hier: Bl. 147.
[391] Ebd., Bl. 148.
[392] Ebd.
[393] Ebd.
[394] 23. April 1943, EZA 712/115, Bl. 146.
[395] EZA 712/115, Bl. 135.
[396] Ebd.
[397] Ebd.

teln in Aussicht.[398] Seeberg habe dazu nur einen formlosen Antrag „unter dem Titel des Kirchengeschichtlichen Seminars" an den Oberkirchenrat zu richten, der festhielte, „dass die Mittel für die Unterstützung von Mitarbeitern einer in Vorbereitung befindlichen im kirchlichen und völkischen Interesse liegenden Lutherarbeit verwandt werden sollen."[399] Am 7. Mai 1943 berichtete Seeberg davon auch Hermann: „Wir müssen uns mal nächstens treffen. Einige 1000 m[ark] (4) will Buschtöns [...] zur Verfügung stellen."[400] Mit der finanziellen Förderung verband sich offenkundig das Interesse, auf das symbolträchtige Jubiläumsjahr 1946 – das auch Heckel, Knolle und Klotz bedacht hatten – mit den ersten Bänden der Ausgabe hinzuarbeiten. Seeberg hielt dies gegenüber Hermann fest: „Die ersten Bände sollten, wenn wir das Leben behalten, 1946 zu erscheinen beginnen."[401]

Um dieses Ziel zu erreichen, entwickelte Seeberg unter Rücksprache mit Buschtöns einen Plan für das praktische Vorgehen, der ihm auch unter den Kriegsbedingungen realisierbar erschien. Er begegnet erstmals in der Korrespondenz mit Hermann ebenfalls am 7. Mai 1943: „Buschtöns stellt im Domkand.[idaten]stift eine WA zum Zerschneiden zur Verfügung. Die Texte können also aneinandergeklebt werden, und man müßte nur in Anm.[erkungen] Erklärungen bringen, wie zu jeder Schrift eine kurze Einleitung. Damit ist die PapierFrage erledigt."[402] Nicht nur die Verfügbarkeit der Arbeitsmaterialien galt es so zu sichern, auch die erforderlichen Arbeitskapazitäten waren erheblich zu reduzieren, da keine Schreibkräfte für die lateinische Texterstellung – um die es hier vorrangig ging – benötigt wurden. Seebergs rechtliche Bedenken waren zwischenzeitlich ausgeräumt worden: „Urheberrechtlich soll auch die Ausschlachtung der W.A. möglich sein, ich habe mich als doppelt Beteiligter immer wieder danach erkundigt."[403] Für die Übersetzungen schien Seeberg ein strukturell vergleichbares Vorgehen möglich und geboten: „Von den Übers.[etzungen] würde ich die alten be[vorzugen ...], zb. für de servo arbitrio die Jonassche u.[nd] sie einfach abdrucken. Ebenso ist es auch möglich, die anderen Übers.[etzungen], wo welche vorhanden sind, zu benutzen".[404] Die Schreib- und Übersetzungsarbeiten sollten damit auf ein Minimum reduziert werden. Gleiches gilt letztlich für die editorischen Tätigkeiten, für die Seeberg immer wieder betont, die Einleitungen und Anmerkungen seien so kurz wie möglich zu halten. Am 8. Mai 1943 schärft Seeberg Hermann ent-

[398] F. Buschtöns an E. Seeberg, BArch Koblenz N1248/5, o.P.
[399] Ebd.
[400] EZA 712/115, Bl. 149.
[401] Ebd.
[402] Ebd.
[403] Ebd.
[404] Wie Anm. 400.

sprechend ein: „ebenso *kurze* Einleitungen; in den Anm. nur kurze Erklärungen“.[405]

Zwischen Ende April und Anfang Mai 1943 hatte sich Seeberg ein Gesamtbild für ein Editionsunternehmen geformt, das er zu koordinieren und zu verantworten bereit war. Seine Euphorie blieb jedoch eingeschränkt. Schon früh zeichnete sich eine produktive Rollenverteilung zwischen ihm und Hermann ab. Während Seeberg nach pragmatischen Lösungen und strukturell tragfähigen Entscheidungen suchte, hinterfragte Hermann – der sich der Arbeit aus persönlicher Loyalität zu Seeberg unterzog – ergebnisoffen und kompromisslos in fachlicher Verantwortung Konzeption und Realisierungsmöglichkeiten.

10. Antragstellungen zu Seebergs Editionsprojekt (1943)

Für den Vertreter des Verlages, Voigt, und den Oberkirchenrat Buschtöns waren im Mai 1943 die Voraussetzungen für eine erfolgsversprechende Antragstellung auf finanzielle Förderungen durch den Evangelischen Oberkirchenrat in Berlin gegeben. Voigt reichte am 12. Mai 1943 ein entsprechendes Gesuch ein: „*Betr.* Veranstaltung einer Luther-Ausgabe in 20 Bänden. *Bezugnahme* auf die gehabte Vorbesprechung.“[406] Der Antrag eröffnet mit einem neuen Titelvorschlag, dem der „Berliner Ausgabe“, und argumentiert nachdrücklich mit der Autorität Seebergs:

„Unter der Leitung von Professor Seeberg beabsichtige ich eine neue deutsche Luther-Ausgabe in 20 Bänden (Berliner Ausgabe) herauszubringen, die sich an die große wissenschaftliche Weimarer Ausgabe anlehnen soll. Diese Ausgabe ist notwendig, da seit Jahren keine für den praktischen Gebrauch ausreichende Luther-Ausgabe vorhanden ist. Die wissenschaftliche Weimarer Ausgabe ist wegen ihrer erstrebten Vollständigkeit zu umfangreich und für die Allgemeinheit zu teuer, abgesehen davon ist sie in einzelnen Bänden vergriffen und daher komplett nicht zu erreichen. Kleine Ausgaben dienen anderen Zwecken. Die vorgesehene Berliner Ausgabe will Luther unserem Volk, den weiteren theologischen Kreisen und allen, die ihn verehren, unmittelbar zugänglich machen, und zwar den echten Luther. Diese Ausgabe wird fraglos auch im Ausland starke Aufnahme finden und somit in besonderer Weise der Auslandspropaganda dienen. Das von Luther geprägte Deutsch wird im allgemeinen übernommen, lateinische Schriften werden gleichzeitig in deutscher Übersetzung wiedergegeben, gelegentliche Anmerkungen sollen schwer verständliche Ausdrü-

---

[405] EZA 712/115, o.P. [zwischen Bl. 149 und 150]. Vgl. auch F. Schulze-Maizier an R. Hermann, 22. Juni 1943, EZA 712/115, Bl. 37: „Es war vorgesehen, die Einleitungen nur ganz kurz zu halten, im Umfang von wenigen Seiten.“ F. Schulze-Maizier an R. Hermann, 31. Juli 1943, EZA 712/115, Bl. 38: Laut Auskunft Seebergs sollen die Einleitungen „möglichst kurz und sachlich“ sein. Später, am 1. August 1944, erklärt E. Seeberg R. Hermann, EZA 712/115, Bl. 65: „Zeilenzählung halte ich übrigens auch für notwendig. Anmerkungen müssen möglichst auf ein Minimum reduziert werden.“

[406] EZA 7/5870, o.P.

cke erklären, ein Glossar wie ein sehr sorgfältiges Register sorgen für die leichte Handhabung der Ausgabe. Die Anordnung soll nach der anliegenden Disposition erfolgen, *in* jeder Abteilung werden die Schriften chronologisch geordnet sein. Herr Professor Seeberg hat bereits folgende Herren als Mitarbeiter gewonnen: Döhring, Hermann, Laag[407], Uckeley, Wünsch; er steht mit weiteren Bearbeitern in erfolgreichen abschließenden Verhandlungen. Die schriftlichen Verhandlungen führt Dr. Schulze-Maizier, der auch als Herausgeber mitarbeitet. Übersetzer für die lateinischen Texte sind bestimmt. Auf Grund der Vorkalkulation wird sich für die Ausgabe von 20 Bänden ein Gesamtpreis von etwa Mk. 400.– bis Mk. 425.– ergeben. Bei der Errechnung dieses Preises sind die Kosten für die Herstellung mit etwa Mk. 800.000.– angenommen. Weitere nicht vorauszusehende Ausgabeposten können sich ergeben. Als Grundlage sind 7000 Exemplare pro Band angenommen. In die Herstellung einbezogen sind auch die Ausgaben für eine repräsentative Ausstattung, insbesondere für die Beigabe von faksimilierten Seiten aus Originaldrucken. Er soll angestrebt werden, den Verkaufspreis auf möglichst Mk. 300.– bis Mk. 320.– für die Berliner Ausgabe zu 20 Bänden zu bringen. Darf angenommen werden, daß jährlich etwa 5 Bände erscheinen können, so wird dieser Preis auch dann tragbar sein, wenn die Mittel der Interessenten begrenzt sind. Um diesen vorteilhaften Preis erreichen zu können, wird um die Bereitstellung einer finanziellen Mithilfe ergebenst gebeten. Eine Senkung des Bandpreises von etwa Mk. 21.– auf etwa Mk. 16.– ist möglich, wenn ein Zuschuß zu den Herstellungskosten in Höhe von Mk. 5000.– pro Band bewilligt werden kann. Die Zahlung dieses Beitrages wird dann erwartet, wenn das abgeschlossene Manuskript für jeweils einen Band vorliegt und auf entsprechende Anforderung seitens des Evangelischen Oberkirchenrates zur Einsichtnahme eingereicht werden kann. Es soll angestrebt werden, einen ersten Band zu Beginn des Jahres 1944 fertigzustellen, damit im Jahre 1946 wenn möglich bereits 12–15 Bände vorliegen."[408]

Interessant sind an dem Antragstext nicht nur sachliche Ungenauigkeiten (wie die sonst nie in Betracht gezogene Mitherausgeberschaft Schulze-Maiziers), sondern vor allem drei Einzelpunkte. Zum einen zeichnet sich ab, dass Voigt neben kirchlichen Geldern auch Mittel der Auslandspropaganda und damit staatliche Förderungen einzuwerben hoffte. Die Antragstellung dürfte in zeitlicher Nähe zu dem Schreiben an den Evangelischen Oberkirchenrat erfolgt sein. Schon eine Woche später, am 14. Mai 1943, berichtete Seeberg handschriftlich an Hermann: „Ich will auch mit dem Verleger einen Vertrag machen; er schrieb mir, daß man in Propag[andaministerium] nicht die Notwendigkeit der Ausgabe eingesehen habe u[nd] sie [nicht] fördern wolle. Er also bat, wir möchten neu anfragen."[409] Schon Mitte Mai 1943 war damit Voigts erste Antragstellung gescheitert. In der Anregung, Seeberg möge einen eigenen Versuch unternehmen, mag sich andeuten, dass er auf diesen nicht nur editorische, sondern auch politische Hoffnungen setzte. Gegenüber dem Oberkirchenrat argumentierte Voigt, zweitens, mit einer reinen Senkung des

---

[407] Zu ihm s. Ulrich FABRICIUS: Art. Laag, Heinrich, in: NDB, Bd. 13, Berlin 1982, S. 358 f.

[408] Wie Anm. 406.

[409] S. dazu E. Seebergs handschriftlichen Brief an R. Hermann, 14. Mai 1943, EZA 712/115, Bl. 150.

Ladenpreises, wofür er die Herstellungskosten in eine schwindelerregende Höhe trieb, jede Einzeldifferenzierung – etwa mit Blick auf Honorarfragen – schuldig blieb und zugleich eine Nachfrage von „7000 Exemplaren pro Band" angab, die gegenüber den früheren Absprachen und Erwartungen fast verdoppelt wurde. Bezieht man die Posten aufeinander, gibt sich zu erkennen, dass pro Band Herstellungskosten von 40.000 Reichsmark budgetiert werden, von denen Voigt jeweils 5.000 Reichsmark, genau ein Achtel, kirchlich einzuwerben suchte. Im Ganzen belaufen sich die von ihm beantragten kirchlichen Mittel auf 100.000 Reichsmark. Vor diesem Hintergrund versteht sich, drittens, die angebotene Einzelfallentscheidung, die faktisch auf eine kirchliche Supervision, möglicherweise sogar Zensur des jeweiligen Bandes hinausläuft. Buchhalterisch höchst problematisch bleibt an der Rechnung, dass Voigt mit einer immensen Gewinnspanne arbeitet: Pro Einzelband veranschlagt er Herstellungskosten von 5,71 und einen Verkaufspreis von 21 Reichsmark. Die vorgeschlagene Senkung des Verkaufspreises auf 16 Reichsmark erweist sich rechnerisch als reines Phantasieprodukt, das allenfalls aus einer minimalen Reduktion der Gewinnmarge und einer weitreichenden Finanzierung der Herstellungskosten durch den Oberkirchenrat zu erklären sein dürfte. Die Antragstellung als solche ist wirtschaftlich unseriös und hätte prinzipiell zurückgewiesen werden müssen.

Ausweislich der handschriftlichen Notizen auf dem Dokument wurde man vor oder während des Umlaufverfahrens in Ansätzen auf die inakzeptable Kalkulation aufmerksam. In Bleistift vermerkte einer der beteiligten Leser: „Nimmt man an, daß von den 7000 Exemplaren 4000 zu je 400 M verkauft werden, so ergibt sich eine Gesamt*einnahme* von 1 600 000 M. Ihr stehen die Herstellungskosten mit 800 000 M gegenüber".[410] Die offizielle Antwort fand einen anderen Grund, um auf eine bindende Zusage zu verzichten. Seebergs Konzept hatte, auch um Spielraum für Ergänzungen zu haben, auf eine vollständige Verteilung der Editionseinheiten auf die vorgesehenen Bände verzichtet.[411] Am 16. Juni 1943 erklärt vor diesem Hintergrund der Evangelische Oberkirchenrat dem Alfred Metzner Verlag:

„Wir begrüßen die Absicht Ihres Verlages, eine neue möglichst umfassende Ausgabe von Luthers Werken herauszubringen, die geeignet ist, einem tiefer gehenden Eindringen in die Geisteswelt des grossen Reformators zu dienen. Zu der dem Antrag beigefügten Inhaltsübersicht wollen wir zunächst noch keine Stellung nehmen, da sie nur elf von den geplanten zwanzig Bänden umfasst und offenbar nur vorläufigen Charakter trägt. Immerhin wollen wir unter Zustimmung unserer Finanzabteilung uns schon jetzt grundsätzlich bereit erklären, durch einen nach Erscheinen jedes Bandes zu zahlenden Zuschuss zur Verbilligung des Verkaufspreises [handschriftlich korrigiert aus: „der Druckosten"] beizutragen, müssen

[410] Wie Anm. 406.

[411] S. dazu Seeberg an Hermann (wie Anm. 409) für dessen Annahme eines größeren Umfangs: „Das ist gut. Denn, weil ich das kommen sah, habe ich den ‚Plan' um 17 Bände vorgesehen. Ich dachte an neue Bände, die sich [...] ergeben würden."

jedoch unsere abschliessende Zusage von der Prüfung des endgültigen Planes des Gesamtwerkes abhängig machen. Auch behalten wir uns die Äusserung von Wünschen vor Drucklegung eines jeden Bandes, in dessen Manuskript uns rechtzeitig Einblick zu geben wäre, vor. Wir empfehlen von Anfang an die Bearbeitung eines sorgfältigen, den gegenwärtigen Bedürfnissen angepassten Registers ins Auge zu fassen, das als Wegweiser in den Reichtum der Schriften Luthers notwendig erscheint."[412]

Das von Voigt unterbreitete Angebot einer Einzelbandprüfung war von kirchlicher Seite angenommen worden. Eine rechtsverbindliche Zusage stellte dies jedoch nicht dar. Die Erarbeitung eines Gesamtkonzepts war als formale Auflage für weitere Entscheidungsprozesse benannt worden. Sowohl Voigt als auch Buschtöns hatten die finanzadministrativen Kontrollmechanismen des Oberkirchenrates massiv unterschätzt. Für Voigt, Buschtöns und – soweit er transparent informiert wurde – Seeberg bestand damit eine Aussicht auf kirchliche Förderung, aber ohne jede Rechtssicherheit und mit möglichen Eingriffen in die editorische Verantwortung.

11. Frühe Mitarbeiter Seebergs und deren Motivationen (1943/1944)

Ungeachtet der finanziellen Einschränkungen, für deren Mitteilung an Seeberg sich keine Hinweise finden lassen, setzte sich die Arbeit in der Organisation der Edition fort. Vorrangig war es für Seeberg, geeignete und verlässliche Mitarbeiter zu finden. In der Berliner Fakultät zählte dazu sein Vertrauensmann, der amtierende Dekan Friedrich Wilhelm Schmidt.[413] Dessen Zusage vom 15. April 1943 ist insofern von Belang, als sie eine weitere Motivation zur editorischen Unterstützung verdeutlicht – eine politische sowie kirchenpolitische:

„Nachdem die Münchener Lutherausgabe, an der ich in der 1. u. 2. Aufl. mit de servo arbitrio beteiligt war[414], in die Hände der Barthianer (Merz) geraten ist, scheint mir ein solches neues Unternehmen besonders geboten und verdienstlich. Daß Sie auch Althaus zuvorgekommen sind, kann ich nur begrüßen".[415]

[412] EZA 7/5870, o.P.

[413] Zu ihm s. oben Anm. 204 und das Kapitel II. „4. Seeberg und Aland – Perspektiven auf die Berliner Fakultät" im ganzen.

[414] S. hierzu Hans Heinrich BORCHERDT (Hg.): Martin Luther. Ausgewählte Werke, Bd. 5, München 1923, S. VII–286. Hans Heinrich BORCHERDT (Hg.): Martin Luther. Ausgewählte Werke. Zweite veränderte Auflage besorgt von Georg Merz, Ergänzungsreihe erster Band: Martin Luther. Vom unfreien Willen, hg. v. Friedrich Wilhelm Schmidt, München 1934.

[415] F. W. Schmidt an E. Seeberg, EZA 712/115, Bl. 80.

Schmidt war bei Seeberg zunächst als Abteilungsdirektor vorgesehen, wollte sich dann aber selbst auf eine abermalige Bearbeitung der von ihm bereits edierten Schrift gegen Erasmus beschränken.[416]

Für Seeberg stand schon bald fest, dass er bis zu einem Votum der Luther-Gesellschaft keine abschließende Personalentscheidung vornehmen dürfe. Am 14. Mai 1943 erklärte er Hermann: „Ich warte noch auf eine Antwort von Althaus, dem ich Kooperation angeboten habe, was freilich nicht Koordination bedeutet. Brauchen tun wir ihn nicht. [...] Ich meine, es sollten Plätze frei bleiben für die an Althaus etwa angebotenen, wenn es zu dieser Kooperation kommt."[417] Eine Woche zuvor, am 7. Mai 1943, hatte er einige Überlegungen zu möglichen Mitarbeitern angestellt, wobei auffällig ist, dass Seeberg in Anbetracht der kirchenpolitischen Differenzen so gezielt nach älteren Kollegen suchte, dass er sogar übersah, dass einzelne der von ihm vorgeschlagenen Personen – wie Paul Kalkoff – bereits verstorben waren.[418] Ausweichlich der handschriftlichen Zusätze eines späteren Entwurfs war ihm schon früh die Zusage seines Freundes Uckeley fraglich, indem er notierte: „Uckeley" und „Siegfried", womit er darauf reagiert, dass Theodor Siegfried seine grundsätzliche Bereitschaft schon am 23. März 1943 zugesagt hatte[419], bevor sich Uckeley unter Hinweis auf sein „Augenleiden" und eine zunehmende „Kurzsichtigkeit" am 9. September 1943 von dem Editionsvorhaben zurückzog[420]. Von großer Bedeutung ist, dass für „VI. Briefe (2 Bände)" drei Kandidaten begegnen: „W. Köhler? Aland? Zscharnack".[421] Der Kontakt zu Walther Köhler in Heidelberg wurde zum Jahresende 1943 gesucht. Im Dezember überlegte Köhler, die „Resolutiones" zu den 95 Thesen „oder auch de s[ervo] arb[itrio]" zu übernehmen.[422] Am 11. Januar 1944 sagte er die Bearbeitung der „Resolutiones" zu, wobei seine Motivation schlicht die war, den Text zu

---

[416] S. dazu zusammenfassend E. Seeberg an R. Hermann, 14. März 1944, EZA 712/115, Bl. 48: „Den Berliner Schmidt wollte ich als Direktor für Abtl. II gewinnen. Er schlug dann de Servo vor, weil er es schon in der Münchener Ausgabe gemacht hat."

[417] S. oben Anm. 409.

[418] Wie oben Anm. 400, u.a.: „P. Hillig bitte ich nicht heranzuziehen. Uckeley hatte ihn vor 2 Jahren beraten, er möge sich mal mit mir in Verbindung setzen. Darauf antwortete er, er wolle das nicht tun u[nd] wolle mit allem, was nach deutschen Christen röche, nichts zu tun haben. Es wäre mir nun peinlich, wenn man den Herrn heranzöge, der sich [...] so über mich geäußert hat." Zu seinen Alternativvorschlägen zählen: „P. Lic Groh in Blüthen bei Perleberg, [...] Leopold Zscharnack" und „P. Kalkof", wobei Seeberg entgangen sein musste, dass Paul Kalkoff bereits 1928 verstorben war.

[419] Th. Siegfried an E. Seeberg, EZA 712/115, Bl. 81: „*Sehr* gern beteilige ich mich daran". Zu Siegfried s. AUERBACH, Catalogus (wie Kap. I, Anm. 147), S. 46.

[420] A. Uckeley an E. Seeberg, BArch Koblenz N1248/35, o.P.

[421] Wie oben Anm. 376.

[422] E. Seeberg an R. Hermann, 19. Dezember 1943, WIEBEL, Briefwechsel (wie Einleitung, Anm. 13), S. 369 f., hier: S. 370.

kennen und bereits einmal ediert zu haben.[423] Interessant ist zudem, dass Seeberg Aland als Bearbeiter der Briefbände erwog, nachdem er von dessen Editionsprojekt nachweislich Kenntnis erlangt hatte[424].

Eine besondere editorische Herausforderung stellte aufgrund der komplexen Quellenlage und der noch ausstehenden Weimarana-Bände die erste Psalmenvorlesung dar.[425] Schon im Oktober 1943 war für Seeberg klar, dass dafür nur der bereits für die WA vorgesehene Mitarbeiter in Frage käme, der langjährige Vertraute und Schüler Johannes Fickers: Karl August Meißinger.[426] Meißinger verfügte seit 1933 über keine Festanstellung mehr und lebte in Gauting bei München als freier Literat.[427] Zu seinen Werken zählte der 1939 erschienene und bis 1946 drei Auflagen erlebende „Roman des Abendlandes“[428]. Seeberg kannte und zitierte dieses Werk, als es darum ging, das Verhalten zu Meißinger zu erklären, der zunächst zusagte[429], um dann zu revozieren: „Meis[s]ingers Pläne hängen wohl mit d.[em] Satz in s.[einem] Roman d[es] Abendlandes zusammen: Am Anfang war das Geld.“[430] Ungeachtet dessen stand für Seeberg fest, dass einzig Meißinger diese Aufgabe schultern könne und zugleich eine zweite intrikate Auftragsarbeit ausführen müsse: „Meißinger soll die Ps[almenvorlesung] edieren und übersetzen, evtl auch den Römerbrief.“[431] Noch im März 1944 zeigte sich der Verleger Voigt ebenfalls zuversichtlich: „Die Gründe seines [Meißingers] Zurückziehens waren

---

[423] W. Köhler an R. Hermann, EZA 712/115, Bl. 74: „Dass ich für Ihre Lutherausgabe die Resolutionen in Auftrag bekomme, ist mir ganz besonders wert; sie sind eine alte Liebe von mir, ich habe sie ja auch einmal mit den Thesen und den Gegenschriften herausgegeben. Ich warte also jetzt auf weitere Instruktionen von Ihnen.“ Unklar ist, ob es bei dieser Zusage blieb. Nach der später zu schildernden Kooperation mit der Luther-Gesellschaft äußerte Köhler Bedenken; s. dazu den undatierten handschriftlichen Brief E. Seebergs an R. Hermann, EZA 712/114, Bl. 143, der entsprechend der Ordnung des Konvolutes nach dem 9. Juni 1944 zu datieren sein dürfte: „Aber es könnten sich Schwierigkeiten mit W. Köhler ergeben, der nichts mit Knolle zu tun haben wollte“.

[424] S. dazu Anm. 397.

[425] S. Anm. 366.

[426] S. dazu Anm. 607. Kurz zu ihm s. auch WIEBEL, Briefwechsel (wie Einleitung, Anm. 13), S. 365, Anm. 505.

[427] Kurz dazu Werner SCHULZE: Art. Meißinger, Karl August, in: NDB, Bd. 16, Berlin 1990, S. 691 f.; hier: S. 692.

[428] Karl August MEISSINGER: Roman des Abendlandes, Leipzig [und München] 1939 [^{3}1946]. Seeberg bezieht sich auf die Überschrift des Eröffnungskapitels, ebd., ^{3}1946, S. 9: „Im Anfang war das Geld“.

[429] E. Seeberg an R. Hermann, 19. Dezember 1943, WIEBEL, Briefwechsel (wie Einleitung, Anm. 13), S. 369 f., hier: S. 370: „Meissinger will die [... Psalmen] 1513 etc mit Übersetzung gern machen. Er hat diese Vorlesung genau durchgearbeitet und sollte sie eigentlich in der W[eimarer] A[usgabe] neu edieren. Nun könnte er es hier bei uns machen und die WA so entlasten.“

[430] E. Seeberg an R. Hermann, 12. Januar 1944, EZA 712/116, o.P. [nach Bl. 23].

[431] Ebd.

erfreulicherweise keine sachlichen wie bei Herrn Haugg. Die Honorarfrage wird in der Tat zu regeln sein.“[432] Als diplomatische Geheimwaffe wurde der zu diesem Zeitpunkt in Schlesien lebende Schulze-Maizier auf ihn angesetzt, der sich zunächst brieflich ankündigte[433] und seine Erfahrungen nach einem persönlichen Besuch zusammenfasste:

„Herr Meissinger [...] gab [...] mir leider eine glatte Absage: Er könne mir nur wiederholen, was er Ihnen bereits geschrieben habe, dass nämlich zur Zeit von einer Bearbeitung von Ps I für die neue Ausgabe keine Rede sein könne. Wir wären ja der Kritik gegenüber gedeckt durch den Hinweis, dass die Neubearbeitung ‚dieses verteufelten Textes‘ durch den Krieg aufgehalten sei. Was das Römerkolleg anlange, so mache er darauf aufmerksam, dass die Übersetzung von Ellwein auch in ihrer Neubearbeitung von 1937[434] noch viele Fehler enthalte, über die er, Herr Meissinger, gehört werden müsse, spätestens bei der Korrektur. Er habe darüber im persönl.[ichen] Einvernehmen seinerzeit mit Herrn Ellwein und dem inzwischen verstorbenen Verleger[435] verhandelt. [...] Sie haben recht: Nachdem wir so erstklassige Mitarbeiter fanden, brauchen wir Herrn Meissinger nicht nachzulaufen. Zumal seine Absage ja kategorisch lautet.“[436]

Die erste Psalmenvorlesung blieb in der Folgezeit unbesetzt.

Für den Römerbrief suchte und fand Hermann Ersatz, indem er seinen Greifswalder Kollegen Ernst Lohmeyer gewann.[437] Das Beispiel Lohmeyers illustriert, dass Seeberg[438] und Hermann[439] besonders im lokalen kollegialen Umfeld Mitarbeiter zu rekrutieren suchten, wobei sowohl akademische als

---

[432] R. Voigt an E. Seeberg, 21. März 1944, BArch Koblenz N1248/146, o.P.

[433] F. Schulze-Maizier an E. Seeberg, 31. März 1944, BArch Koblenz N1248/34, o.P.: „An Herrn Meissinger schreibe ich nun gleichzeitig in Ihrem Sinne. Ich werde ihn also fragen, ob er die erste Psalmenvorlesung und eventuell noch die Randbemerkungen aus der Frühzeit übernehmen will. Ich werde ihm noch einmal Absicht und Plan der Ausgabe darlegen und ihn besonders von der Honorarseite her zu locken suchen. Sollte sich eine Reise nach München als unumgänglich erweisen, so müsste ich eben hinfahren“.

[434] S. dazu zunächst Martin Luther. Vorlesung über den Römerbrief 1515/1516. Übertragen von Eduard ELLWEIN, München 1927, und dann Hans Heinrich BORCHERDT und Georg MERZ (Hg.): Martin Luther. Ausgewählte Werke. Zweite veränderte Auflage, Ergänzungsreihe zweiter Band: Martin Luther. Vorlesung über den Römerbrief 1515/1516 [Laut Impressum: „Diese Schrift wurde aus dem Lateinischen in die deutsche Sprache von Eduard Ellwein übertragen“], München 1935.

[435] Nach freundlichem Hinweis von Johannes Schilling handelt es sich um den am 9. Juni 1943 verstorbenen Albert Lempp.

[436] F. Schulze-Maizier an E. Seeberg, 14. April 1944, BArch Koblenz N1248/34, o.P.

[437] S. unten Anm. 651. Zusammenfassend s. dazu auch WIEBEL, Briefwechsel (wie Einleitung, Anm. 13), S. 373, Anm. 514. Zu Lohmeyer s. zuletzt die vorzügliche Studie von Thomas K.[onrad] KUHN: „Es ist unheimlich still um ihn ...“. Der Weg zur Rehabilitation Ernst Lohmeyers (1945–1996), in: Christfried Böttrich (Hg.): Ernst Lohmeyer. Beiträge zu Leben und Werk, Leipzig 2018 (GThF, Bd. 28), S. 15–139, sowie den gewichtigen Sammelband als solchen.

[438] S. Anm. 606.

[439] Vgl. etwa Anm. 607 und 631.

auch kirchliche Bezüge[440] von Belang waren. In den jeweiligen Motivationen spielten persönliche Verbindungen und wechselseitige Verpflichtungen eine nicht unerhebliche Rolle.

Seebergs frühe Personalüberlegungen waren von pragmatischen Aspekten und äußeren Notwendigkeiten gekennzeichnet. Teilweise[441] war Seeberg dazu bereit, von persönlichen Befindlichkeiten abzusehen. Nach dem Dresdener Treffen mit den Vertretern der Luther-Gesellschaft erklärte Seeberg Hermann am 3. Juni 1943:

> „Inzwischen habe ich mit Althaus und Knolle in Dresden gesprochen. Da Bertelsmann zugemacht wird, haben sie gar keinen realen Hintergrund. Trotzdem will ich mir ihre Mitarbeit gefallen lassen und bin bereit, ihnen das Direktorium über die kirchlichen Schriften zu geben. Es ist mir auch recht, wenn mir persönlich so unsympathische Menschen wie Bornkamm und Rückert mitarbeiten. Mehr kann man ja an Opferwilligkeit nicht erwarten; hoffentlich wird das auch so empfunden."[442]

Für Seeberg und Hermann bedeutete das Treffen und die anschließende Zeit des Wartens auf eine Entscheidung selbst eine Einschränkung, die weitere personalpolitische Entscheidungen und damit auch editorische Arbeiten behinderte.

12. Entscheidungen zu Seebergs Editionsprojekt (1943/1944)

Auf Seiten der Luther-Gesellschaft waren diese Entwicklungen nicht oder nur sehr eingeschränkt bekannt. Das Votum des Verlegers Mohn vom Juni 1943[443] ließ der Luther-Gesellschaft letztlich keine andere Wahl als eine Zusammenarbeit oder einen vollständigen Rückzug. Knolle arbeitete nun daran, eine Entscheidung der Verantwortlichen zumindest zu verzögern. In dieser Verschleppung kooperierte er mit Hosemann aus unterschiedlichen Motiven: Knolle bemühte sich, den Verlust seiner Alleinherausgeberschaft abzuwenden, während Hosemann finanzielle Verbindlichkeiten der Luther-Gesellschaft gegenüber Bertelsmann und Mohn zu vermeiden suchte. Knolle und Hosemann verband die Überzeugung, dass die Luther-Gesellschaft Prioritätsrechte besitze, die in den anstehenden Verhandlungen mit Mohn auf der einen und Seeberg auf der anderen Seite zu wahren seien. Hosemann machte vor-

[440] Vgl. auch Anm. 359 und 631.
[441] Vgl. dagegen oben Anm. 418.
[442] EZA 712/115, Bl. 152.
[443] S. Anm. 309.

	Seiten der Weimarer Ausgabe
I. Theologische Schriften	
Vorrede zur Ausgabe seiner Schriften(Kaweraus Verzeichnis Nr.534)	
Vorrede zu den biblischen Büchern	4
Vorrede zur Ausgabe der Theologia deutsch	2
Römerbrief	230 + 230
Galaterbrief 1519	170 + 170
A 800 Seiten	
Die sieben Bußpsalmen (1517) Nr.261	70
Sermon vom Ablaß und Gnade (1518)	3
Die zehn Gebote (1518)	6
Asterisci Lutheri (1519)	33
Auslegung des 109.Psalms	20
Auslegung deutsch des Vaterunser	50
Assertio omnium articulorum Martini Luther per bullam Leonis	60+60
Kurze Form der 10 Gebote, des Glaubens und Vaterunsers	25
Sermon von der Betrachtung des Leidens Christi	6
Magnificat	60
Rationis Latomianae	80+80
B 540 Seiten	
De servo arbitrio	187+187
Vier Psalmen an die Königin von Ungarn	60
Grosser Katechismus	115
Kleiner Katechismus	90
Das schöne Confitemini	120
Der 101. Psalm	64
Der 23. Psalm über Tisch ausgelegt	20
Das 14. und 15.Kapitel Johannis	70
Gegen die Antinomer	10
Gegen Heinrich von England	40
Wider Hans Worst	104
C 981 Seiten	

-2-

	Seiten der Weim.Ausgabe
II. Schriften, die Geschichte sind	
An den christlichen Adel	65
De captivitate Babylonica	75+75
Von der Freiheit eines Christenmenschen	18
Heidelberger Disputation	70+70
Resolutionen zu den Thesen	100+100
Acta Augsburg	20+20
Appellatio ad Papam	6+6
Appellation oder Berufung an ein christl.frei Konsilium	4+4
A 640 Seiten	
Disputation zu Leipzig	130+130
Resolutionen dazu	40+40
Warum des Papstes Bücher verbrannt sind	20
Sermon zu Erfurt	5
Erbieten (Nr.112)	2
Acta Worms	60
Wider die Bulle des Endchrists	15
Sendbrief an Leo X	9
An den Bock zu Leipzig (1521)	3
Grund und Ursach aller Artikel M.L. so durch römische Bulle verdammt sind	150
Acta Jenensia(1524)	15
Ein Brief an die Fürsten zu Sachsen von aufrührerischen Geist	10
Bauernschriften	[illegible]+4+7+5+15
Schwabacher Artikel	6+5
Marburger Gespräch	60
Vermahnung an die Geistlichen zu Augsburg (1530)	70
Schmalkaldische Artikel	60
Warnung an seine lieben Deutschen (Nr.389)	50
B 970 Seiten	
III. Lebensfragen	
Von den guten Werken (1520)	75
Sermon vom ehelichen Stand	5
De votis monasticis	100+100
Welche Personen verboten sind zu ehelichen	1
Vom ehelichen Leben	30
Das 7.Kapitel St.Pauli an die Korinther	50
An die Herren deutschen Ordens, falsche Keuschheit zu meiden	12
Dass die Eltern die Kinder zur Ehe nicht zwingen sollen	6
Von Ehesachen	40

-3-

	Seiten der Weim.Ausgabe
Sermon von der Bereitung zum Sterben	12
Sendbrief, ob jemand ohne Glauben gestorben selig werden möge	4
Ob man vor dem Sterben fliehen möge	50
Tröstung an die Christen zu Halle	30
Von Herrn Lenhard Keiser, um d.Evangeliums willen verbrannt	25
A 550 Seiten	
Kleiner Sermon vom Wucher (Nr.82)	5
Grosser Sermon vom Wucher	25
Von Kaufhandlung und Wucher	30
An die Pfarrherren, wider den Wucher zu predigen	90
Treue Vermahnung an alle Christen, sich zu hüten vor Aufruhr	12
Von weltlicher Obrigkeit	40
Ob Kriegsleute im seligen Stand sein können	40
Daß weltl.Obrigkeit d.Wiedertäufern mit leibl.Strafen zu wehren schuldig sei(Nr.470)	8
Vom Krieg wider die Türken	40
Heerpredigt wider die Türken	37
Vermahnung zum Gebet wider die Türlen	40
B 380 Seiten	
IV. Kirchliche Fragen	
Sermo de virtute excommunicationis	6 + 6
Eine kurze Unterweisung, wie man beichten soll	6
Sermon vom Sakrament der Buße (Nr.78)	10
Sermon vom Bann (Nr.94)	3
Confitendi ratio(Nr.101)	12
Sermon zu Sakrament der Taufe	10
Taufbüchlein	6
Von der Widertaufe (Nr.312)	30
Sermon v.hochw.Sakrament d.Leichnams Christi & d.Brüderschaften	16
Sermon vom Neuen Testament, d.i. der Messe	26
Sermon v.d.würdigen Empfahung d.Leichnams Christi(Nr.141)	5
De abroganda missa privata (Nr.155)	60+60
Vom Mißbrauch der Messe	80
Bulle vom Abendfressen des Papstes	30
Von beiderlei Gestalt des Sakraments	[illegible]
Vom Anbeten des Sakraments des hl.Leichnams Christi	25
Wider die himmlischen Propheten	150
A 575 Seiten	

-4-

	Seiten der Weim. Ausgabe
Brief an d.Christen zu Straßburg wider d.Schwärmergeist(Nr.238)	6
Sermon vom Sakrament wider die Schwarmgeister	50
Bericht an einen guten Freund von beiderlei Gestalt d.Sakraments (Nr.318)	60
Dass diese Worte noch feststehen	250
Vom Abendmahl Christl. Bekenntnis	250
Von der Winkelmesse (Nr.436)	10
B 630 Seiten	
Vom Papsttum zu Rom wider den hochberühmten Romanisten zu Leipzig	40
Wider den falsch genannten christlichen Stand des Papstes	50
Das Papsttum mit seinen Gliedern gemalt (Nr.268)	35
Donatio Constantini (Nr.467)	20
Von den Konziliis und Kirchen	150
Wider das Papsttum zu Rom vom Teufel gestiftet	90
Dass Jesus Christus ein geborener Jude sei (Nr.184)	22
Von den Juden und ihren Lügen	120
Vom Schem Hamphoras	70
C 600 Seiten	
An die Ratsherren, dass sie Schulen einrichten	25
Eine Predigt, dass man Kinder zur Schule halten soll	70
Sendbrief vom Dolmetschen	15
Vorrede zu Historia Capellae	2
Fabeln des Aesop	20
Klageschrift der Vögel gegen W.Sieberger (Nr. 443)	2
Sprichwörtersammlung (Nr.642)	20
Dass d.Christl.Gemeinde Recht habe, alle Lehre zu urteilen	5
Ordnung eines gemeinen Kastens	16
Die Ordnung des Gottesdienstes der Gemeinde	2
Betbüchlein (Nr.177)	120
De instituendis ministris Ecclesiae	50 + 50
Deutsche Messe und Ordnung des Gottesdienstes	50
Unterricht der Visitatoren	50
Traubüchlein	6
Von den Schlüsseln (Nr.363)	70
Von Schleichern und Winkelpredigern (Nr.410)	10
Einfältige Weise zu beten (Nr.455)	20
Brief wider die Sabbather (Nr.512)	25
Exempel, einen christl.Bischof zu weihen (Nr.572)	30
D 630 Seiten	

Abb. 6: Erich Seebergs Zusammenfassung seines Editionsvorhabens (Juni/Juli 1943) in der Abschrift Theodor Knolles

standsintern für den Verrat der eigenen Interessen sowohl Mohn[444] als auch den Evangelischen Oberkirchenrat[445] verantwortlich.

Zunächst verhinderten Knolle und Hosemann eine Sitzung des Geschäftsführenden Ausschusses der Luther-Gesellschaft bis Oktober und erklärten dies Seeberg[446] und Schulze-Maizier[447] im Juli 1943 aus einer Verkettung persönlicher Umstände. Vorab übersandte Knolle eine von ihm und Althaus unterzeichnete „Stellungnahme" zu dem Seeberg-Projekt, die „auch da, wo wir kritisch eingestellt sind, als Beitrag unserer Mitarbeit gewertet werden [möge], zu der wir grundsätzlich bereit sind."[448] Das Votum bezog sich auf den detaillierten Editionsplan (Abb. 6), den Seeberg demnach vor Anfang Juli 1943 zur Verfügung gestellt hatte.[449] Der Schriftsatz der Luther-Gesellschaft ist als Konzept oder gekürzte Zusammenfassung in Knolles Nachlass und in der finalen Gestalt in Hermanns Nachlass erhalten.[450] Die bei Knolle verblie-

---

[444] J. Hosemann an Th. Knolle (wie Anm. 311): „Ich bedaure die Ängstlichkeit von Herrn Mohn sehr. Vor allen Dingen hätte er unseren Plan etwas energischer vertreten können."

[445] J. Hosemann an P. Althaus, 22. Juli 1943, ALGW 202, o.P., in grundsätzlicher Skepsis gegenüber einer Einigung mit Seeberg und mit einseitigen Schuldzuweisungen: „Ich fürchte, dass dies bei allem guten Willen, im Hinblick auf die Gegenseite nicht gelingt, will mich aber gern von der Unrichtigkeit meines Pessimismus überzeugen lassen. Ich hatte mich noch vor meinem Urlaub an Oberkonsistorialrat Lic. Dr. Söhngen persönlich gewandt, und meinem Unmut darüber Ausdruck gegeben, dass der Evangelische Oberkirchenrat in Berlin hier offenbar das gegnerische Unternehmen unterstützt, während er uns seinerzeit einen glatten Korb gegeben hatte. Die Antwort von Lic. Dr. Söhngen erlaube ich mir in Abschrift zur Kenntnisnahme beizufügen. Ich werde den Verdacht nicht los, dass der ganze Plan der Gegenseite erst entstanden ist, nachdem man durch unsere verschiedenen Eingaben von unserem Vorhaben Kenntnis bekommen hatte." Die Abschrift als solche ist nicht erhalten.

[446] Th. Knolle an E. Seeberg, 5. Juli 1943, ALGW 732, o.P. Der Brief war offensichtlich falsch adressiert; am 12. Juli 1943 ging er nochmals in die Teutonen-Str. in Grunewald; für das Original vom 12. Juli 1943 s. EZA 712/115, Bl. 105.

[447] Th. Knolle an F. Schulze-Maizier, 13. Juli 1943, in wörtlicher Entsprechung zu dem Brief an Seeberg vom 5. Juli 1943, erhalten in ALGW 732, o.P., und LKAK, 98.11, Nr. 104, o.P.

[448] S. Anm. 446 f.

[449] Vgl. dazu den offenen und keine näheren inhaltlichen Aufschlüsse ermöglichenden Zusatz J. Hosemanns an Th. Knolle, 22. Juli 1943, zu der Abschrift eines Briefes von Hosemann an Althaus, 22. Juli 1943, ALGW 202: „Vielen Dank für Ihren Brief vom 15. Juli betr. Entwurf von Erich Seeberg über den Plan der neuen Luther-Ausgabe." Der Text des von Seeberg zur Verfügung gestellten Plans ist erhalten in LKAK, 98.11, Nr. 104, o.P. (Quelle: Abb. 6). Bei dem Dokument dürfte es sich um eine maschinenschriftliche Abschrift handeln, die Knolle zur internen Verbreitung nehmen ließ. Knolles Abschrift und nicht die anzunehmende Vorlage, die in einem Exemplar in Berlin erhalten ist (s. oben Anm. 376), wird aufgrund der besseren Lesbarkeit in der Reproduktion abgebildet. Leider fehlt der Begleitbrief Seebergs. Für Knolle Vorarbeiten zu dem Votum s. ALGW 732, o.P.

[450] LKAK, 98.11, Nr. 104, o.P., und EZA 712/115, Bl. 92–100.

bene Fassung ist von dessen Hand überschrieben: „an Prof. Seeberg. 5. Juli 1943 Gutachten der beiden Präsidenten über den Seeberg-Plan.“[451] Eindeutig ist sie damit dem von Knolle unterzeichneten Begleitbrief unter demselben Datum zuzuordnen.[452] Die abschließende Textfassung des Votums eröffnet mit einer pointierten Zusammenfassung:

„Die beiden Präsidenten der Luther-Gesellschaft haben den Plan einer Luther-Ausgabe im Metzner-Verlag durchberaten und bemerken dazu folgendes I. *Zum Auswahl-Prinzip.* Der leitende Gesichtspunkt der Ausgabe ist die Zusammenstellung der unzweifelhaft echten, von Luther selbst herausgegebenen Schriften. Bei der Prüfung des uns vorliegenden Verzeichnisses, das einen ersten Entwurf darstellt, ergeben sich uns zwei Einwände: 1) Es fehlt eine grössere Zahl von Schriften, die als ebenso ‚echt‘ anzusehen sind wie die aufgeführten. 2) Es sind Schriften aufgenommen, die nicht von Luther stammen.“[453]

Zu beiden Punkten schließen sich umfangreiche Auflistungen von Einzeltexten an, aus denen geschlossen wird, dass „der leitende Gesichtspunkt der Auswahl tatsächlich nicht durchgeführt wird, wahrscheinlich auch nicht durchgeführt werden kann“.[454] Der zweite Hauptpunkt gilt der „*Textgestalt*“. In diesem Zusammenhang stellen Knolle und Althaus einen Vorsprung an Problembewusstsein und Ergebnissen heraus: „Auf Grund der jahrelangen Vorarbeiten unserer geplanten Ausgabe muss gesagt werden, dass die Schwierigkeiten für die Gestaltung des deutschen Textes gar nicht stark genug veranschlagt werden können.“[455] Für eine Kooperation, in der die deutschen Schriften der Luther-Gesellschaft in ein Gemeinschaftsprojekt gleichermaßen integriert würden, zeigen sich die beiden Autoren zuversichtlich: „Gewiss würde für einen solchen Gesamtplan die Unterstützung der Kirchenregierungen zu gewinnen sein.“[456]

Während Hosemann und Knolle die Aussprache verzögerten, bemühten sich Althaus und Seeberg um einen kollegialen und fachlichen Austausch. Althaus übersandte Seeberg einen Aufsatz, für den sich dieser am 11. August 1943 anerkennend und vielleicht gerade um der Beziehungspflege willen in kritischer Eigenständigkeit bedankte.[457] Beiläufig schloss Seeberg an:

„Für die Dinge der L.[uther]ausgabe u.[nd -]auswahl, wo ich Ihnen für alle praktische Arbeit dankbar bin, wie Herrn P. Knolle, wird das Problem sein, ob man eine Ausgabe der ‚echten‘ Lutherschriften macht, dann freilich ohne Übersetzungen, oder ob man eine Auswahl aus den gesicherten Schriften mit Übersetzungen vornimmt. Ich wollte eigentlich Anfang Sept[ember] eine größere Besprechung, etwa in Greifswald vornehmen, damit die Sa-

---

[451] EZA 712/115, Bl. 92.
[452] S. Anm. 447.
[453] Wie Anm. 450.
[454] Ebd.
[455] Ebd.
[456] Ebd.
[457] UAE G1/30, Nr. 11b (Korr. Erich Seeberg), o.P.

che vorankommt. Aber vielleicht sind dann noch zu viele auf Reisen, dann müßten wir dies Anfang Oktober vertagen. Jedenfalls halte ich Sie rechtzeitig auf dem Laufenden."[458]

Knolle sah sich in der Tat außerstande, an einem Treffen mit Seeberg teilzunehmen, was Hosemanns „vollkommen[es]" Verständnis fand.[459] Dies dürfte sich bereits auf den Sitzungstermin in Greifswald bezogen haben, der in den Unterlagen von Hermann für den 4. Oktober 1943 dokumentiert ist.[460] In einer Reisekostenabrechnung vom Oktober 1943 begegnet ein Posten von Fräulein Henry für eine „Besprechung mit den Direktoren der von Prof. Seeberg geplanten neuen Luther-Ausgabe".[461] Diese Rechnung legt nahe, dass Fräulein Henry als einzige Vertreterin der Luther-Gesellschaft nach Greifswald gefahren war. Die Ortswahl der Sitzung wiederum verdeutlicht, dass bereits zu diesem frühen Zeitpunkt Hermann die zentrale Koordinierungsfunktion einnahm.[462]

Das Greifswalder Treffen lässt sich aus verschiedenen Dokumenten rekonstruieren. Gleichermaßen offiziellen Charakter trägt eine getippt vervielfältigte „Niederschrift", die mit einem Unterschriftenstempel Erich Seebergs durch diesen autorisiert wurde.[463] Sie hebt für das Treffen vom 4. Oktober zunächst den grundlegenden Ansatz hervor, „nur die echten, d.h. die direkt überlieferten Schriften Luthers [...] drucken" zu wollen. Für den Gesamtumfang werden „17 Bände zu 700 Seiten" in Betracht gezogen, wobei unklar bleibt, ob „2 Bände Predigten, 2 Bände Tischreden, 2 Bände Briefe" dabei bereits berücksichtigt wurden.[464] Ein Diskussionspunkt war, ob es sich für die „Übersetzungen der lateinischen Schriften" empfehle, auf Walch zu rekurrieren. Kontrovers blieb die Frage der deutschen Sprachgestalt:

„Keine Einigung kam bisher über die Art des Deutschen in den deutschen Schriften zustande. Soll man das archaische Deutsch Luthers beibehalten, oder soll man dasselbe in modernes Deutsch übertragen? Für letzteres spricht, dass die Ausgabe ja auch im Ausland verbreitet werden soll, und dass da auch unsere Blutsverwandten im Ausland an dem alten Lu-

---

[458] Ebd.

[459] J. Hosemann an Th. Knolle, 24. September 1943, ALGW 202, o.P.

[460] Arnold WIEBEL: Chronik von Rudolf Hermanns Lebenszeit und Lebensarbeit mit Einschub längerer Dokumente und Erörterungen, Internet-Fassung Mai 2011. Zuletzt erweitert im März 2016, abrufbar unter: https://theologie.uni-greifswald.de/fileadmin/uni-greifswald/fakultaet/theologie/ls-sys/Unpublizierte_Quellen/Rudolf-Hermann-Chronik_Maerz_2016.pdf (Zugriffsdatum: 26. Dezember 2018), S. 140 f.

[461] Th. Knolle an J. Hosemann, 12. Oktober 1943, ALGW 202, o.P.

[462] Für das Jahr 1944 bietet entsprechende Fundstücke auch WIEBEL, Chronik (wie Anm. 460), S. 64 (Nr. 44 mit Anm. 36, die auf eine 500 Seiten umfassende Übersetzung von Ernst Lohmeyer für Seebergs Ausgabe verweist) und S. 141 (2. Mai 1944).

[463] Für das Exemplar Knolles s. LKAK, 98.11, Nr. 104, o.P., für zwei Exemplare Hermanns EZA 712/115, Bl. 170 f.

[464] Ebd. Aus dem in Anm. 470 angeführten Bericht geht hervor, dass die Bände zusätzlich zu zählen sind und damit ein Gesamtumfang von 23 Bänden vorgesehen war.

ther-Deutsch einen grossen Anstoss nehmen. Über diese Frage sollte noch mit Herrn Professor [Hans-Friedrich] Rosenfeld[465] in Greifswald und mit Herrn Professor [Julius] Schwietering[466] in Berlin gesprochen werden."[467]

Außer Frage steht, dass Luthers Lieder aufgenommen werden, während die Einbindung von Illustrationen insgesamt noch weiterer Klärung bedarf. Als Mitarbeiter sind Knevels[468], Siegfried, Hermann, Wünsch, Knolle und Doehring vorgesehen. Ein Schlusspunkt deutet arbeitsorganisatorische Pragmatik an: „Herr [...] Oberkonsistorialrat Buschtöns" sei zu bitten, „die beiden Exemplare der Weimarer Ausgabe, die zum Teil zerschnitten werden sollten, bei sich aufschneiden und versenden [zu] lassen". Der Verlag möge für „Schreibpapier [...] sorgen".[469]

Auf die Vorarbeiten von Fräulein Henry muss sodann der ausführliche „Bericht über die Besprechung zwischen den Direktoren der von Professor *Seeberg* geplanten Luther-Ausgabe am 5. Oktober 1943 in Greifswald" zurückgehen.[470] Er erhellt bereits den Termin: Geplant war die Sitzung für den 4. Oktober; aufgrund mehrerer Verspätungen wurde das Treffen dann auf den Folgetag verschoben. Seeberg besticht in den wiedergegebenen Gesprächen durch scharfsinnige Situationsanalysen und erfrischende Offenheit. So schilderte er eingangs seinen Eindruck, „die Luther-Gesellschaft wolle den Beginn der Arbeit hinauszögern", da die von Knolle und Hosemann vorgebrachten Gründe „unzureichend" seien.[471] Auch habe er „mehrere Male [betont], dass die Ausgabe gegebenenfalls auch ohne Mitarbeit der Luther-Gesellschaft in Angriff genommen werde."[472] Sensibel reagierte Seeberg auf die kurzfristige Absage seines Verlegers, Voigt, indem er die Sitzung erst eröffnete, nachdem dieser telefonisch erklärt hatte, „dass sein Ausbleiben persönliche, keine sachlichen Gründe habe".[473] Weiter fehlten F. W. Schmidt, Buschtöns und Schwietering. In großer Offenheit wurden auch die nur mündliche „Zusicherung der Unterstützung durch das Propagandaministerium" benannt und die Unmöglichkeit „[i]rgendwelcher Garantieen für" das „Erscheinen" der Ausgabe.[474] Erhebliche editorische Differenzen deuten sich hinsichtlich der deutschen Sprachgestalt an: „Prof. Seeberg tritt ein für archaistische Form, Dr.

---

[465] Zu ihm s. unten Anm. 608.

[466] Zu den lokalen Verbindungen Seebergs zu ihm s. unten Anm. 607.

[467] Wie Anm. 463. Kurz zu ihm s. auch WIEBEL, Briefwechsel (wie Einleitung, Anm. 13), S. 365 f., Anm. 505.

[468] Kurz zu Wilhelm Knevels s. WIEBEL, Briefwechsel (wie Einleitung, Anm. 13), S. 365, Anm. 505.

[469] Ebd.

[470] LKAK, 98.11, Nr. 104, o.P.

[471] Ebd.

[472] Ebd.

[473] Ebd.

[474] Ebd.

Schulze-Maizier (Germanist) für Verneuhochdeutschung. Der Vorschlag der Luther-Gesellschaft, einen Mittelweg einzuschlagen, stösst trotz aufgezeigter Bedenken auf keine grundsätzliche Ablehnung."[475]

Bereits an dieser Stelle ist spannend, einen Blick in das dritte verfügbare Dokument zu werfen, einen „Stimmungsbericht über die Besprechung zwischen den Direktoren der von Professor Seeberg geplanten Luther-Ausgabe am 5.10.1943 in Greifswald."[476] Er ist kürzer gehalten und hat einen anderen Charakter als die ausführliche Dokumentation, muss aufgrund der ergänzenden Detailangaben aber ebenfalls von Henry verfasst oder vorbereitet worden sein. Der „Stimmungsbericht" hebt auch auf Sachfragen und Ergebnisse ab, verbindet diese aber mit persönlichen Zusammenhängen. Hier erfährt man, wer welchen Vorschlag eingebracht hat und welche Tendenzen sich in dem jeweiligen Votum andeuten. So wird erkennbar, wie nüchtern Seeberg das gesamte Editionsvorhaben sah:

„Prof. Seeberg eröffnete die Beratungen mit der Bemerkung, dass man sich jetzt ernstlich überlegen müsse, ob man die Arbeit unter den gegebenen Umständen überhaupt beginnen wolle. Er sprach von der Möglichkeit eines völligen Verzichtes [...]. Prof. Seeberg ist von der Notwendigkeit einer neuen Luther-Ausgabe keineswegs überzeugt, ist vielmehr geneigt, sie für überflüssig zu halten, und seinerseits bereit, von seinem Werke zurückzutreten, das er nur auf Drängen des Verlegers übernommen zu haben schien."

Für den Fortgang plädierten Hermann und Wünsch, und Einigkeit bestand insgesamt darüber, „dass jetzt ohne Zögern mit der Arbeit begonnen werden solle, wenn man überhaupt an ihr festzuhalten gedenke." So sehr sich Seeberg auch hier durch Direktheit und Transparenz empfahl, korrespondiert dieses Verhalten doch seinem Vorgehen in Dresden, woraus Knolle in der Korrespondenz mit Mohn Argumente gegen Seeberg abzuleiten gesucht hatte.[477] Auch der „Stimmungsbericht" der Greifswalder Aussprache liefert reiches Material, das Leser in der Luther-Gesellschaft gegen Seeberg einnehmen konnte:

„Verschiedene Aeusserungen [von diesem] waren geneigt, dieselben [Kritiker] lächerlich zu machen und konnten als kränkend aufgefasst werden. Prof. Seeberg betonte mehrere Male, dass die Ausgabe ‚unwissenschaftlich' werde, wogegen Prof. Herrmann geltend machte, dass sie dennoch mit wissenschaftlichen Mitteln erarbeitet werden müsse."[478]

Hervorzuheben ist für den abschließendem Passus, dass Seebergs Kritik nur einem, dem eigenen Editionsvorhaben galt. Sämtliche Aussprachen bezogen sich auf dieses, was protokollarisch vollkommen stimmig war. Alle Einwände und Anfragen, auch seitens der Luther-Gesellschaft, wurden nur in Bezug auf

[475] Ebd.
[476] LKAK, 98.11, Nr. 104, o.P. Hier s. die nachfolgenden Zitate.
[477] S. dazu Anm. 304.
[478] Wie Anm. 476.

Seebergs Unternehmen diskutiert, das, wie dieser nochmals festhielt, „wenn überhaupt, auch ohne die Luther-Gesellschaft“ zu verfolgen sei.[479] Realismus deutet sich zudem in Seeberg Resümee der Aussprache an: „Die Beratung schloss, ohne dass ein klarer Arbeitsplan und eindeutige Richtlinien gegeben wurden. Prof. Seeberg selbst bezeichnet sie als wenig ertragreich.“[480]

Knolle versandte „den Bericht über die von Professor Seeberg nach Greifswald einberufene Besprechung“ am 12. Oktober 1943 an Althaus und Hosemann, wobei er nicht unterließ, seine „starke[n] Bedenken“ nochmals zu betonen.[481] Ihm war klar, dass sich eine Positionierung nunmehr nicht vermeiden ließ: „Wir werden jetzt endgültig Stellung nehmen müssen. Herr Präsident D. Hosemann schlägt Wittenberg vor. Ich bin damit einverstanden.“[482] Hosemann verfolgte zeitgleich misstrauisch Alands institutionelle und persönliche Vernetzung in Berlin, die auch von Seeberg befördert wurde.[483] Auf Hosemanns Wunsch verschob sich die Sitzung des Geschäftsführenden Ausschusses von Oktober auf November.[484] Über das Treffen vom 22. und 23. November[485] in Wittenberg erfährt man prospektiv, dass es nach Knolle „als Hauptwunsch“ für die Traktandenliste die „Behandlung der Frage der Luther-Ausgabe“[486] vorsehen sollte. Das Thema wurde als erster Tagungsordnungspunkt nach den finanzadministrativen Fragen festgesetzt.[487] Eingeladen waren neben Althaus, Knolle und Hosemann: „Bischof D. Heckel – Berlin, Superintendent Professor [Maximilian] Meichssner – Wittenberg, und Professor Lic.

[479] Ebd.

[480] Ebd.

[481] Der maschinenschriftliche Begleitbrief ist im Durchschlag erhalten in LKAK, 98.11, Nr. 104, o.P.

[482] Ebd.

[483] J. Hosemann an Th. Knolle, 24. September 1943, ALGW 202, o.P.: „Es ist mir nur auffallend, dass Lic. Aland jetzt auch hier genannt wird als Sekretär einer von mir geplanten kirchlichen historischen Kommission. Ich wollte dafür den Dozenten, Pfarrer Maurer in Caldern bei Marburg gewinnen, doch ist dieser nicht genehm. Dagegen schlägt sowohl der Reichsminister für die kirchlichen Angelegenheiten, wie der Leiter der Finanzabteilung bei der Deutschen Evangelischen Kirchenkanzlei Herrn Lic. Aland vor, und auch Professor Seeberg, der vielleicht hinter diesem Plan steht, ist für Aland.“ Aland genoss damit die Protektion von Reichsminister Hermann Muhs und dem Leiter der Finanzabteilung, Georg Cölle. Zu dem Vorgang s. oben Anm. 245 f. und Kap. III, Anm. 114.

[484] S. dazu J. Hosemann an Th. Knolle, 28. Oktober 1943, ALGW 202, o.P.

[485] Das Datum erschließt sich aus dem Schreiben von J. Hosemann an Th. Knolle vom 5. November 1943, ALGW 202, o.P. Auf die vorherige Terminabstimmung mit Althaus ist demnach auch Knolles kurze Nachricht an Hosemann vom 3. November 1943 zu beziehen in ALGW 202, o.P. Bestätigung bietet das Protokoll zur Sitzung des Geschäftsführenden Ausschusses, 22. und 23. November 1943, in Kopie ALGW 100, o.P., in zeitgenössischem Durchschlag ALGW 101, o.P.

[486] So der Wunsch zur Tagesordnung von Th. Knolle an J. Hosemann, 9. November 1943, ALGW 202, o.P.

[487] J. Hosemann an Th. Knolle, 13. November 1943, ALGW 101, o.P.

Thulin – Wittenberg, und Herr [...] Seminardirektor Lic. [Friedrich] Dosse."[488] Zugezogen wurde auf „Wunsch" Knolles und, nach dessen Auskunft, auch Althaus', außerdem „D. Doerne [...], da er früher von Seeberg zur Mitarbeit aufgefordert war, seine Stellungnahme aber von der unsrigen abhängig gemacht hat. Wegen der Kürze der Zeit habe ich [Knolle] D. Doerne gleich eingeladen und ihm das nötige Material übersandt"[489]. Nach dem Protokoll waren nur „Althaus [...,] Knolle [...,] Hosemann [...,] Meichßner [... und] Thulin" anwesend.[490] Über die Inhalte und Ergebnisse des Austauschs geben die zeitnahen Quellen keinen Aufschluss. Lediglich ein Briefwechsel zwischen Knolle und Hosemann aus dem April des Folgejahres wirft Licht auf die Wittenberger Sitzung. Althaus wohnte ihr demnach aufgrund eines Trauerfalls nur am ersten Tag bei.[491] Nach einer Aussprache über die Situation votierte eine klare Mehrheit dafür, „dass nochmals an Seeberg in dem Sinne geschrieben werden sollte, dass wir unsere Mindestforderung anmelden wollten."[492] Knolle und Hosemann war es im Rückblick des nächsten Jahres wichtig, die Entscheidung als von Althaus mitgetragen zu klassifizieren, nachdem dieser offenbar hinter ein Mehrheitsvotum des Ausschusses zurücktreten wollte, das ohne seine Beteiligung zustande gekommen sei.[493] Weitere Details

[488] S. dazu den betreffenden Zusatz „An die Herren" im Schreiben von J. Hosemann an Th. Knolle vom 5. November 1943, ALGW 202, o.P.

[489] Th. Knolle an J. Hosemann, 12. November 1943, ALGW 202, o.P.

[490] Wie Anm. 485.

[491] J. Hosemann an Th. Knolle, 29. April 1944, ALGW 202, o.P.: „Auch mir ist der Brief von Professor D. Althaus über den Wittenberger Beschluss zur Luther-Ausgabe erstaunlich gewesen. Ich bestätige Ihnen gern, dass ich auch meinerseits die Erinnerung habe, dass wir nach D. Althaus Weggang nicht mehr diese Frage beschlussmässig erörtert haben. Es war doch wohl so, dass D. Althaus bis zum Schluss der Abendsitzung zugegen war, und nur am nächsten Morgen fehlte, weil er infolge des Todesfalles abgereist war."

[492] Ebd.: „Nur insofern stimme ich mit D. Althaus überein, dass auch ich der Ansicht war, dass zunächst eine stärkere Ablehnung festzustellen war, mit Seeberg weiter zu verhandeln. Meine, von D. Althaus jetzt als schärfste Einstellung unter den Ausschussmitgliedern gekennzeichnete, Gegnerschaft gegen den Plan Seeberg, war meiner Empfindung nach von allen oder wenigstens fast allen Mitgliedern geteilt. Ich war dann aber erschrocken, dass trotzdem das Ergebnis war, dass nochmals an Seeberg in dem Sinne geschrieben werden sollte, dass wir unsere Mindestforderung anmelden wollten. Dieses Ergebnis war nach meinem Empfinden nach dem Verlauf der Verhandlungen eigentlich nicht zu erwarten; aber es wurde als Ergebnis einstimmig festgestellt, und dem habe ich mich gefügt. Jedenfalls war aber bei dieser Ergebnisfeststellung D. Althaus zugegen, der wohl die Feststellung auch selbst getroffen hat."

[493] Th. Knolle an J. Hosemann, 17. April 1944, ALGW 202, o.P.: „Prof. Althaus ist in seinem auch Ihnen im Durchschlag zugegangenen Brief im Irrtum, wenn er meint, an den [scil: dem] Beschluss, unsere Wünsche noch einmal Seeberg zu notifizieren, nicht beteiligt gewesen zu sein. Ich will ihn nach meiner Rückkehr aus Gütersloh berichtigen. Es wäre mir aber lieb, wenn Sie mir dafür meine Darstellung bestätigen würden. Ueber die Beteiligung ist in Abwesenheit von D. Althaus kein neuer Beschluss gefasst worden; die Notifi-

bietet nur eine wohl von Knolle stammende „Abschrift“[494], die sich als wortidentischer Auszug aus dem Protokoll[495] erweist. Darin wird die Aussprache geschildert:

„D. Knolle berichtet über die Verhandlungen mit Prof. Erich Seeberg, die in Dresden durch die beiden Präsidenten, in Greifswald durch Frl. Henry wegen der Zusammenlegung der von ihm und von uns geplanten Luther-Ausgabe geführt wurden. In sachlicher und personeller Beziehung bestehen schwere Bedenken, unsere Ausgabe zu Gunsten der Seebergschen aufzugeben, zumal der Anteil der Luther-Gesellschaft, der in Dresden angeboten wurde, in Greifswald stark reduziert wurde. Diese Bedenken sollen noch einmal in einem von den beiden Präsidenten unterzeichneten Schreiben an D. Seeberg geltend gemacht werden. Es wird aber damit gerechnet, dass wir – die Zustimmung des Verlegers vorausgesetzt – unsere Ausgabe selbstständig weiterführen. Dazu soll dann ein grösserer Mitarbeiterkreis geschaffen werden. Vorgeschlagen werden dafür: Althaus, Thulin, Doerne, Heckel, [Georg] Helbig, v. Campenhausen, Rob. Frick, Vogelsang, Bornkamm, [Friedrich Karl] Schumann, Gerh. Ritter, Clemen, Buchwald, [Hermann] Steinlein, [Simon] Schöffel, [Volkmar] Herntrich, [Arnold] Schleiff, [Heinrich] Seesemann, Meißinger, [Leonhardt] Fendt, [Ernst] Wolf, [Karl] Eger.“[496]

Zugleich wird deutlich, dass die eigentliche Editionsarbeit ruhte.[497] Interessant ist, dass nur das Protokoll – nicht aber Knolles „Abschrift“ – den Rest eines Satzes bietet, der entweder unvollständig getippt oder bewusst getilgt wurde. Vor der Auflistung möglicher Mitarbeiter liest man: „vorausgesetzt, dass das an Bertelsmann [sic] vorausbezahlte Honorar auch weiter zur Verfügung steht.“[498] Der Passus stellt den ersten und einzigen Hinweis in den Protokollen der Luther-Gesellschaft auf die Honorarvorauszahlungen von Bertelsmann dar. Möglicherweise suchte man aktenkundige Erwähnungen zu vermeiden.

Das beschlossene Schreiben folgte am 20. Januar 1944 an Seeberg nach Ahrenshoop und wurde von Althaus und Knolle unterzeichnet.[499] Es bezieht sich auf eine zwischenzeitliche „Besprechung in Greifswald“ – die Sitzung vom 4. Oktober 1943[500] – , an der „keiner von uns Beiden [...] teilnehmen konnte“.[501] Vor allem dokumentiert das nominell von Althaus und Knolle

---

zierung unserer Wünsche an Seeberg war das Endergebnis unserer Beratung. Dazu wird ja das Weitere erst von meiner Besprechung mit Herrn Mohn abhängen. [...] Ihre Skepsis bezüglich der Durchsetzung unserer Grundsätze im Seeberg-Gremium teile ich durchaus.“

494 S. dazu das in Kap. I, Anm. 310 erwähnte Dokument in LKAK, 98.11, Nr. 104, o.P.

495 S. oben Anm. 485.

496 S. oben Anm. 485 bzw. 494. Der Text oben folgt dem Protokoll.

497 S. dazu das Zitat in Kap. I, Anm. 310.

498 S. Anm. 485.

499 Im Original in EZA 712/115, Bl. 101; als Durchschlag in ALGW 732, o.P.

500 S. Anm. 459.

501 Wie Anm. 499.

vorgetragene und weithin von Knolle stammende Votum[502], dass mittlerweile ein handfester Verteilungskampf tobte.[503] Konzeptionelle Kritik wurde erneuert[504] und die sprachliche Präsentation hinterfragt[505]. Nicht nur im Sinne einer stärkeren Berücksichtigung der Luther-Gesellschaft, sondern als Forderung Knolles, als Mitherausgeber zu fungieren, lässt sich der Passus interpretieren: „Wir bitten Sie, noch einmal zu prüfen, ob und wie Sie diesen unseren Anliegen gerecht werden können, insbesondere wie die Mitverantwortung der Luther-Gesellschaft an der Ausgabe über die Beteiligung ihres 2. Präsidenten als Direktor einer Abteilung hinaus sichergestellt werden könnte."[506] Vor dem Hintergrund der verlegerischen Situation und klaren Positionierung Mohns schließt das Schreiben mit einer Strategie, die offenkundig Knolles Hoffnung entsprang, dass die Veröffentlichung des Seeberg-Projektes ihrerseits gefährdet sei, womit sich Bertelsmann zu einem abermaligen Nachdenken bewegen ließe: „Endlich bitten wir Sie noch um eine Klärung, ob das Erscheinen der Ausgabe überhaupt gesichert ist. Nachdem wir erhebliche Kräfte und Mittel auf unsere Ausgabe verwandt haben, können wir diese nicht aufgeben, wenn Ihre Ausgabe z.Zt. ebensowenig erscheinen kann."[507] Althaus legte noch ein

---

[502] Ein maschinenschriftliches Konzept des Gutachtens, das durch einen handschriftlichen Zusatz auf den 4. Januar 1944 datiert ist, befindet sich im Nachlass Knolles: LKAK, 98.11, Nr. 104, o.P. Es scheint aus der Perspektive Althaus' geschrieben zu sein, führt aber argumentativ die Punkte an, die für Knolle bezeichnend sind, und ist auch im typographischen bzw. formalen Erscheinungsbild wie andere Entwürfe Knolles gestaltet. Ein von Knolles Hand stammendes Briefkonzept, in ebd. darauf folgend, hat den Begleitbrief an Althaus vorbereitet. Es bezieht sich ausdrücklich auf einen beiliegenden Antwortentwurf für Seeberg und führt verschiedene Gründe an, die auf Seiten Knolles im alten Jahr (es muss sich um 1943 handeln) zu dem langen Verzug geführt haben.

[503] So gelten die ebd. angeführten „Bedenken und Vorschläge" der „Beteiligung der Luther-Gesellschaft", die gegenüber dem Dresdener Angebote deutlich schwächer ausfalle; vorgesehen sei „nur noch die eine Abteilung ‚Kirchliche Fragen'". „Dass einer unserer nächsten Mitarbeiter wie Thulin auf seinem Spezialgebiet der Bildbearbeitung zu Gunsten von Knevels ausgeschaltet wird, kann von uns nicht gut geheissen werden. Auch ein Mann wie Doerne, den Sie auch aufgefordert hatten, müsste auf jeden Fall zum Einsatz kommen. Bei mehreren der von Ihnen vorgeschlagenen Bearbeiter haben wir das Bedenken, dass diese auf dem Gebiete der Lutherforschung noch nicht gearbeitet haben, während bewährte Lutherforscher nicht berücksichtigt werden."

[504] Ebd.: „Wir tragen auch nach wie vor Bedenken gegen die Verteilung der Schriften auf die einzelnen Abteilungen".

[505] Ebd.: „Schliesslich müssen wir noch bemerken, dass die Umschreibung des Lutherdeutsch in die Gegenwartssprache, die in Greifswald erörtert wurde und der Sie selbst geneigt zu sein scheinen, für die Luther-Gesellschaft untragbar sein würde."

[506] Ebd.

[507] Ebd.

kurzen „persönlichen Gruß“ bei, der vor allem freundlichen atmosphärischen Bemühungen diente.[508]

Seeberg reagierte mit einem – nicht mehr erhaltenen – Brief vom 21. Februar 1944.[509] Zudem wird noch ein zweites Schreiben von Seeberg erwähnt[510], das dem eben erwähnten wohl vorausging[511]. Am 14. März 1944 berichtete Knolle Hosemann: „In Sachen der Luther-Ausgabe habe ich Herrn Prof. D. Althaus gebeten, nach Eingang der Antwort von Seeberg, eine Entscheidung des Geschäftsführenden Ausschusses herbeizuführen.“ [512] Selbst gab er sich dienend: „Ich möchte dabei nicht maßgebend sein, sondern bin bereit, das zu tun, was die Luther-Gesellschaft für notwendig hält.“[513] Zweifelsohne hoffte Knolle, der seine eigene Enthaltung andeutete, auf eine Entscheidung in seinem Sinn. Zugleich nötigte er Hosemann, die zuvor gemeinsam vertretene Position nun alleine zu verfechten, was dieser dann auch tat.

Althaus nahm den Impuls zur Abstimmung auf, indem er am 17. März ein „Rundschreiben“ bzw. eine „Rundfrage“ an den Ausschuss verschickte, deren Beantwortung nicht nur der Erhebung eines ersten Stimmungsbildes dienen sollte, sondern einer Entscheidung im Umlaufverfahren.[514] Der Text ist in dem Exemplar erhalten, das Knolle „zur Kenntnis u.[nd] zu den Akten“ von Althaus erhielt.[515] Beigefügt waren auszugsweise „Abschriften“ von Briefen Seebergs, doch sind die Anlagen nicht überliefert. Althaus’ Ausführungen sind ergebnisoffen, machen die Unterstützung einer Zusammenarbeit aber leichter als deren Zurückweisung:

„Die Herren Kollegen werden sich erinnern, daß in Wittenberg beschlossen war, E. Seeberg vor unserer endgiltigen Stellungnahme zu der Frage einer Zusammenarbeit an der von ihm geleiteten Luther-Ausgabe noch eine Reihe von Bedenken und Änderungswünschen vorzutragen. E. Seeberg ist darauf zum Teil positiv eingegangen. Ich bitte nun die Mitglieder des Ausschusses, sich zu äussern, ob sie auf Grund der vorliegenden Briefe endgiltig einer Zusammenarbeit mit E. Seeberg zustimmen oder dafür sind, daß die Luther-Gesellschaft die von ihr geplante eigene Ausgabe weiter vorbereitet. Wie die Dinge sich jetzt ent-

---

[508] P. Althaus an E. Seeberg, 25. Januar 1944, EZA 712/115, Bl. 102: „Dem offiziellen Schreiben möchte ich noch einen persönlichen Gruß beilegen. Es ist schade, daß wir uns seit Dresden nicht gesprochen haben – ich hätte gerne die ganzen Fragen der Luther-Ausgabe mit Ihnen nochmals vertraulich erörtert. Aber zur Zeit sehe ich keine Möglichkeit, nach Berlin zu reisen“. Es folgen persönliche Empfehlungen.

[509] Dies ergibt sich aus dem in Anm. 544 zitierten Eingangspassus des Schreibens von P. Althaus und Th. Knolle.

[510] Zwei Briefe erwähnt das in Anm. 514 vorzustellende „Rundschreiben“.

[511] Dieser Schluss legt sich nahe, da Althaus und Knolle das Schreiben von Seeberg vom 21. Februar 1944 als Bezugsbrief nennen; s. dazu unten Anm. 544.

[512] ALGW 202, o.P.

[513] Ebd.

[514] Für die Bezeichnung „Rundschreiben“ s. den in Anm. 517 zitierten Brief. Die Formulierung „Rundfrage“ bietet Th. Heckel an Th. Knolle, 20. März 1944, ALGW 201, o.P.

[515] LKAK, 98.11, Nr. 104, o.P.

wickelt haben, sind die Fragen und Wünsche von unserer Seite an E. Seeberg und seine Antworten positiv und negativ deutlich genug herausgekommen. Es bedarf also, was die grundsätzliche Frage der Mitarbeit angeht, keiner weiteren Verhandlungen. Wir müssen entscheiden. Ich hoffe mit Herrn D. Knolle, daß für unsere Änderungswünsche auch auf dem Boden einer grundsätzlichen Zusage an Seeberg noch Raum ist."[516]

Hosemann reagierte am 25. März 1944, indem er Knolles Kritik und seine eigenen Verdachtsmomente zusammen mit finanziellen Bedenken erneuerte:

„Ich kann mich nach wie vor nicht dafür begeistern, dass wir unseren Plan zu Gunsten des Seeberg'schen Unternehmens glatt aufgeben. Seine jetzige Antwort ist zwar teilweise positiv; aber die Luther-Gesellschaft spielt dabei doch keine besonders ausgezeichnete Rolle. Unser Herausgeber, Herr D. Knolle, bekommt eine Abteilung zugewiesen wie mancher andere. Wir sind also eigentlich nur einer unter vielen, und das tut mir für die Luther-Gesellschaft leid, ganz abgesehen davon, dass der Kreis, in dem sie sich dabei bewegen muss, nicht so einheitlich ist, wie es ihrer Geschichte entspricht."[517]

Hosemanns konkreter Vorschlag zielte darauf, Knolle wiederum verstärkt in die Absprachen über das weitere Vorgehen einzubeziehen, indem er anregte, „die massgebenden Herren zu einer mündlichen Erörterung dieser wichtigen Frage nochmals zusammenkommen" zu lassen, zu denen er auch Knolle zählt, den er – Hosemann verweist Althaus darauf – mit einer Durchschrift des Briefes bedacht hatte.[518] Heckel gehörte dem Ausschuss nicht an, war aber wiederum[519] als offenbar stimmberechtigter Gast zugezogen worden. Der Auslandsbischof sprach sich am 20. März für eine Zusammenarbeit mit

---

[516] Ebd.

[517] Weiter erklärt Hosemann, Früheres wiederholend, ALGW 202, o.P.: „Es will mir nicht in den Kopf, dass D. Seeberg das Prä hat, während wir doch bei Weitem früher angefangen haben und auch in den Vorarbeiten weiter vorgedrungen sind. Der auch von Professor Thulin vertretene Gedanke, dass nur eine Ausgabe herauskommen dürfe, müsste gerechterweise dahin führen, dass Herr Seeberg sich bei uns einordnet; aber nicht umgekehrt. Mir scheint nach wie vor, dass von der Seeberg'schen Seite eine gar zu optimistische Darstellung der Sachlage erfolgt. Ich bin noch nicht überzeugt, dass wir uns seiner angeblichen Machtposition beugen müssen. Allerdings mache ich einen Vorbehalt. Wir können unsererseits nur auf unseren eigenen Pfaden weitergehen, wenn Mohn nicht abspringt. Müssen wir das von Mohn bereits gezahlte Honorar zurückgeben, so sind wir in der Tat machtlos. [...] Ich glaube, vor unserer endgültigen Entschliessung müsste erst der Verlag Bertelsmann ja oder nein sagen. [...] Sagt er jetzt schon nein, weil er das Gelingen der Seeberg'schen Ausgabe voraussieht, so bleibt uns nichts anderes übrig als uns bei Seeberg einzuschalten. Ist er aber bereit, uns das Geld für unsere Arbeit weiter zu belassen, dann würde ich vorläufig auch unsere Arbeit weiter treiben. Je mehr wir erarbeitet haben, desto weniger kann Seeberg an uns vorbeigehen. Ich werde den Verdacht nicht los, dass der ganze Seeberg'sche Plan lediglich durch eine Indiskretion aus dem Evangelischen Oberkirchenrat entstanden ist. Darum sträubt sich bei mir alles dagegen, in einer solchen Situation die Segel zu streichen."

[518] Ebd.

[519] S. dazu Kap. I, Anm. 89.

Seeberg aus, wobei er Knolle seine Bereitschaft benannte, im Falle einer Zustimmung der Luther-Gesellschaft eine Editionseinheit in der Abteilung Wünschs zu übernehmen.[520] Zuvor, am 9. Februar 1944, hatte Hermann Heckel als Editor angefragt und dieser am 22. Februar zugesagt.[521] In einer ers-

[520] Th. Heckel an Th. Knolle, 20. März 1944, ALGW 201, o.P.: „Prof. Althaus hat mir unter dem 7.3. weitere Anlagen zu der Frage der Lutherausgabe geschickt und um eine Stellungnahme gebeten. Wenn ich recht sehe, sucht Seeberg doch grosszügig zu verfahren. Da ich sehr bezweifle, dass mit Bertelsmann eine eigene Sache wirklich herausgebracht werden kann, möchte ich doch dazu neigen, in das Unternehmen Seeb.[erg] nun einzusteigen. Unterwegs wird sich ja manches noch klären und verbessern. Ich glaube, dass auch Prof. Hermann, der an einer Abteilung sitzt, ein sehr entgegenkommender Partner ist. Es wäre gewiss einfacher und schöner gewesen, die ganze Sache allein zu bewältigen, aber bei der Duplizität wird es vielleicht doch günstig sein, auf die eigene Sache zu verzichten und die Koalition einzugehen. Unter diesen Umständen würde ich dann auch sehr dafür sein, dass wir möglichst viele Mitarbeiter von unserer Seite einschleusen. Ich würde dann meinerseits die Aufforderung von Prof. Wünsch, die Tessaradecas für die Ausgabe vorzusehen, die ich bisher dilatorisch behandelt habe, auch annehmen. Ich warte aber die Entscheidung ab. Schön wäre es, wenn wir noch Thulin hineinbrächten."

[521] S. dazu Th. Heckel an unbekannt („Sehr verehrter Herr Professor"), EZA 712/115, Bl. 46. Als Antwort auf einen Brief vom 9. Februar 1944 berichtet Heckel zunächst, der Angriff „war heftig. Die Kirchenkanzlei ist zerstört. Ich interessiere mich sehr für die Lutherausgabe, habe früher auch mal einiges erfahren, weiß aber gar nicht, wie heute der Plan aussieht und wer mitarbeitet. Würden Sie mir darüber mal ein paar Worte schreiben. Es wäre eine feine Aufgabe, aber wie soll unsereiner hier, wenn es so fort geht, noch etwas Gediegenes schaffen. Bei uns heißt es von Tag zu Tag leben. Aber trotzdem würde ich mir Ihren Gedanken überlegen. Wenn man die 14 Tröstungen mit einigen nötigen Korrekturen brauchen kann, würde ich die Sache neu bearbeiten. Wenn Sie mir freundlichst ein Wort der Information schreiben, dann wollen wir in Korrespondenz bleiben." Dass der Brief mit einer hohen Wahrscheinlichkeit an Hermann ging, erschließt sich zunächst aus dem – wohl von Hermann – stammenden handschriftlichen Zusatz „Erl.[edigt] 29. II"; für eine Übereinstimmung des sonst untypischen kapitalen Eingangsbuchstaben mit einer Annotation durch Hermann s. E. Seeberg an R. Hermann, 17. März 1944, EZA 712/114, Bl. 70 f., hier: Bl. 70^{v} oben. Gewissheit bringt sodann der Brief von Th. Heckel an Th. Knolle vom 26. Februar 1944, ALGW 201, o.P.: „Ich habe an Prof. D[.] Herrmann geschrieben, ich habe wohl von der Ausg.[abe] gehört, aber wüßte nichts über Aufbau u.[nd] Mitarbeiter etc.; er müsste mich schon vorher genau ins Bild setzen, ehe ich – zudem unter Bomben – mich zu etwas mehr als Interesse entschließen könnte. Nun werden wir sehen. Mein Eindruck: Seeberg will unsere Sache ruinieren, selbst hat er weder Glaube noch Lust zu dieser Mühsal. Also ruhig weiterarbeiten in der L.[uther]G[esellschaft]." R. Hermann wiederum muss G. Wünsch zügig informiert haben, da dieser auf einer Postkarte an R. Hermann, 1. März 1944, EZA 712/115, Bl. 40, erklärt: „In Beantwortung Ihres Briefes v. 25.2. kann ich Ihnen nur kurz mitteilen, daß ich mit der Übernahme der Herausgabe [...] durch Bischof. J. [sic!] Heckel sehr einverstanden bin. Voraussetzung ist, daß die Schrift innerhalb meiner Abth. bleibt, und daß die Übersetzung wirklich gut ist." Diese Briefstelle macht unwahrscheinlich, dass sich der zuvor benannte Brief an G. Wünsch richtet, während die in Anm. 522 benannte Korrespondenz mit R. Hermann einschlägige Bezugsbriefe voraussetzt. E. See-

ten Wendung zog er am 8. März unter Hinweis auf das Kriegsgeschehen zurück[522], bevor er sich – nach seinem Votum vom 20. März, aber Monate vor der Entscheidung der Luther-Gesellschaft – in einer zweiten Volte Seeberg editorisch zu empfehlen suchte[523]. Seeberg zeigte sich davon wenig beeindruckt und sah Heckel als einen Mann an, der leicht auf amtlichen Druck reagierte.[524] Thulin, der gleichermaßen als Gast kontaktiert worden war, trat ebenfalls für die Kooperation ein.[525] Dosse dürfte sich nicht geäußert haben.

berg wiederum ist als Adressat aufgrund des in Anm. 523 angeführten Schreibens auszuschließen.

[522] Th. Heckel an R. Hermann, EZA 712/114, Bl. 132: „Es ist mir vieles nicht klar, zum Bsp. das Auswahl-Prinzip. Aber das möge dahintreten. Der Tagesangriff auf Berlin, der teilweise g[e]rade in meiner Wohngegend niederfuhr, hat mich belehrt, daß ich hier an der Front nicht für ruhige Editionsaufgaben arbeiten kann. Wir müssen die verbliebene und verbleibende Kraft dem Amt widmen, wo es schon schwer genug ist[,] die Fäden in der Hand zu behalten. In der Anlage sende ich Ihnen mit vielem Dank den Entwurf zurück." R. Hermann berichtete dies maschinenschriftlich E. Seeberg am 12. März 1944, EZA 712/114, Bl. 61–63, zudem in Seebergs Exemplar in EZA 712/115, Bl. 20 f.: „Heckel will nun doch nicht teilnehmen. Der Tagesangriff auf Berlin habe ihn belehrt, dass er dort zu editorischer Arbeit nicht komme. Er scheint aber auch andere Gründe zu haben. Jedenfalls schreibt er, dass ihm an dem Plan vieles nicht klar sei, wiewohl ich ihn über alles Notwendige, und auch über das Verzeichnis, ins Bild gesetzt hatte." E. Seeberg vermutete in einer handschriftlichen Karte an R. Hermann am 20. März 1944, EZA 712/115, Bl. 49: „Die Antwort von Heckel wird mit den Intrigen des Luthervereins zusammen hängen."

[523] Th. Heckel an E. Seeberg, 23. März 1944, EZA 712/115, Bl. 89: „Ich benutze diese Gelegenheit, um Ihnen persönlich ein Exemplar meiner Uebersetzung der ‚Vierzehn Tröstungen' [Helsinki 1941] beizulegen. Herr Professur Wünsch hatte mir wegen der Bearbeitung dieser Schrift für die von Ihnen geplante Luther-Ausgabe geschrieben. Ich habe ihm zunächst einmal die Broschüre übersandt, damit er prüfen kann, ob die Uebersetzung in diesen Rahmen passt. [...] Einige Fehler in der Uebersetzung, die in der Theol. Literaturzeitung hervorgehoben werden, bedürfen der Verbesserung."

[524] E. Seeberg an R. Hermann, 27. März 1944, EZA 712/115, Bl. 51: „Auch Heckel würde auf einen minist[eriellen] Druck reagieren, den ich aber keineswegs will. – Sie arbeiten doch noch, trotz all der kleine Chikanen u[nd] Wichtigtuereien, mit denen das Leben belastet ist."

[525] Dies ergibt sich aus J. Hosemann an Th. Knolle, 17. März 1944, ALGW 202, o.P.: „In Sachen der Luther-Ausgabe habe ich seiner Zeit Ihre gemeinsame Antwort an D. Seeberg erhalten. Jetzt kam die anliegende Postkarte von D. Althaus vom 11. März ds. Js., die ich Ihnen urschriftlich zusenden muss, weil ich leider den Namen des D. theol., an den sich D. Seeberg erneut gewandt hat, nicht entziffern kann." Knolle ergänzt am Rand: „(D. Doerne?)". „Sie werden sofort unterrichtet sein. Ich wäre für gelegentliche Rückgabe der Postkarte dankbar. Neulich war Professor Thulin zu einem Vortrag in Breslau und danach in meiner Wohnung. Er erzählte beim Herausgehen, dass er von D. Seeberg erneut zur Mitarbeit aufgefordert sei. Ein kürzeres Gespräch ergab, dass Thulin entschieden auf dem Standpunkt steht, dass eine Einigung erfolgen müsste, und dass man sich in der heutigen Zeit nicht den Luxus zweier Luther-Ausgaben leisten könne. Ich machte ihm keinen Hehl daraus, dass diese Ansicht von mir nicht restlos geteilt würde. Ich glaube nach unserer letzten Sitzung, dass die Seeberg'sche Ausgabe noch weit im Felde liegt. Sein Rumtasten nach

Er hatte zuletzt eine Sitzung des Geschäftsführenden Ausschusses am 7. und 8. Dezember 1941 besucht[526] und sich 1942 wegen „Heeresdienst[es]" entschuldigen lassen.[527] 1944 befand er sich als Major im jugoslavischen Valjevo, wo er „[v]ermutlich [...] im Herbst 1944 von Partisanen erschossen" wurde.[528] Das Votum des Wittenberger Superintendenten Meichßner ist nicht erhalten. In Anbetracht der sich innerhalb des geschäftsführenden Ausschusses der Luther-Gesellschaft abzeichnenden Mehrheit für eine Kooperation mit Seeberg versicherte Hosemann Knolle seiner persönlichen Bereitschaft, sich auch in Berlin mit allen kirchenamtlichen Mitteln nochmals für die eigene Ausgabe zu verwenden.[529] Knolle selbst waren die Mehrheitsverhältnisse im geschäftsführenden Ausschuss bekannt: Er erhielt die Voten in Durchschlägen; mit der Ausnahme Hosemanns plädieren alle im Archiv der Luther-Gesellschaft erhaltenen und damit auch bei Knolle eingegangenen Rückmeldungen für die Zusammenarbeit, wobei sich Althaus ebenso wie Knolle der Abstimmung enthalten hatte und dem Mehrheitsvotum folgen wollte.[530]

Mitarbeitern lässt darauf schliessen, dass er noch nicht weit vorangekommen ist. Wir würden das Rennen nach meiner Ansicht gewinnen, wenn wir für ruhige Fortführung der Arbeit – soweit dies heute möglich ist – sorgten und einen Vorsprung gewönnen, der überhaupt nicht mehr einzuholen ist. Wenn wir die Luther-Ausgabe im Manuskript ¾ fertig haben, wird sich ein anderer Herausgeber den Luxus nicht mehr leisten können, ein Konkurrenz-Unternehmen aufzumachen. Entscheidend ist hierbei aber die Stellungnahme von Bertelsmann-Mohn. Haben Sie seit Wittenberg mit Herrn Mohn verhandelt? Stellt er uns das Honorar eventuell weiter zur Verfügung? Das sind Fragen, die unbedingt vorher meines Erachtens geklärt werden müssten, ehe wir ja oder nein sagen. Im übrigen muss ich gestehen, dass es jetzt wirklich bald an der Zeit ist, dass wir zu einer Klärung kommen. Wie lange sollen wir uns noch hinhalten lassen?"

[526] S. dazu das Protokoll in Kopie ALGW 100, o.P.

[527] Protokoll vom 15. April 1942, in Kopie ALGW 100, o.P.

[528] ANON.: Art. Dosse, Friedrich Wilhelm Johannes Eberhard, in: Horst-Rüdiger Jarck (Hg.): Braunschweigisches biographisches Lexikon, Bd. 2: 19. und 20. Jahrhundert, Hannover 1996, S. 145.

[529] Wie Anm. 525: „Ich bin auch bereit, mit aller Energie an den Evangelischen Oberkirchenrat zu gehen und den Versuch zu machen, die verhängnisvolle Tätigkeit von Buschtöns etwas einzudämmen. Ich stehe nach wie vor auf dem Standpunkt, dass das Konkurrenz-Unternehmen lediglich durch Indiskretion hervorgerufen ist, weil man unser Beihilfegesuch nicht innerhalb des Evangelischen Oberkirchenrats behalten hat. [...] D. Hymmen ist allgemein von Buschtöns weitgehend eingefangen".

[530] Th. Knolle an J. Hosemann, 5. April 1944, ALGW 202, o.P.: „Das Endergebnis der Rundfrage in Sachen der *Luther-Ausgabe* ist mir von Herrn Prof. D. Althaus noch nicht zugegangen, doch habe ich mehrere Durchschläge von Mitgliedern des Ausschusses bekommen. Diese sind alle ohne Einschränkung für die Zusammenarbeit mit Seeberg. Ihre Stellungnahme ist mir eine besondere Freude, weil sie der Luther-Gesellschaft und meiner Vorarbeit gerecht wird. Ich habe schmerzlich vermisst, dass Herr Prof. D. Althaus nach den letzten Seebergbriefen auf eine eigene Stellungnahme verzichtet und diese dem Ausschuss überlassen hat." In diesen Zusammenhang gehört der Austausch zwischen Knolle und Hosemann oben in Anm. 491–493.

In dieser Situation bemühte sich Knolle um einen weiteren Austausch mit Mohn. Am 5. April 1944 ersuchte er um einen Besprechungstermin[531], der auf den 20. April mit Übernachtung in Gütersloh festgelegt wurde und sich somit auf zwei Tage erstrecken konnte[532]. Hosemann instruierte ihn am 13. April 1944:

„Meines Erachtens braucht er [Mohn] nichts weiter zu tun, als uns das Honorargeld zu belassen. Selbst wenn er sich jetzt noch nicht entschliessen kann, Ihre Neuausgabe herauszubringen, würde ich doch die Weiterarbeit fortsetzen. Ist sie fertig, finden wir auch einen Herausgeber [gemeint: Verleger], wenn normale Zeiten sind. Und wenn der Neuherausgeber nicht Bertelsmann sein sollte, müsste ja der Neuherausgeber die Honorarzahlung übernehmen und Bertelsmann bekäme sein Geld wieder."[533]

Hosemann und Knolle arbeiteten damit an einer Exit-Strategie aus dem Seeberg-Projekt, in der die Gelder von Bertelsmann gleichermaßen ein bei der Luther-Gesellschaft verbleibendes Pfand waren, mit dem Mohn seinen eigenen Verlust im Falle eines Scheitern der Kooperation reduzieren konnte. Mit prinzipieller Kritik wiederholte Hosemann gegenüber Knolle seine Bedenken.[534]

Mohn setzte am 21. April 1944 das „Ergebnis unserer heutigen Besprechung" auf:

„Die Luther-Gesellschaft wird nun also grundsätzlich sich dort [bei Seeberg] finden und zur Mitarbeit bereit erklären. Sollte sich später zeigen, dass die dortigen Pläne [...] undurchführbar werden, so steht der Rufer-Verlag als Nachfolger des theologischen Verlages von Bertelsmann erneut wieder zur Verfügung. Sie werden die Arbeit an den Luther-Werken nach Möglichkeit so einrichten, dass sie, falls sich die neue Planung zerschlägt, auch für unsere alten Pläne brauchbar ist. Ich erkläre mich damit einverstanden, dass Sie die Gelder für diese Arbeiten zunächst vorschußweise aus den Zinsen der Honorarbeträge ent-

---

[531] ALGW 700, o.P.: „Die Verhandlungen mit Herrn Prof. D. Seeberg wegen einer Zusammenlegung der Luther-Ausgabe [sic] haben inzwischen verschiedene Stadien durchlaufen und fordern nun eine endgültige Entscheidung."

[532] S. dazu zunächst H. Mohn an Th. Knolle, 11. April 1944, ALGW 700, o.P., unter Hinweis auf seine zeitlichen und körperlichen Einschränkungen aufgrund einer abheilenden Lungenentzündung. Am 17. April 1944 folgte im Schreiben Mohns an Knolle die Terminbestätigung mit Hinweisen auf Ort und Unterkunft.

[533] ALGW 202, o.P.

[534] Ebd.: „Dass D. Seeberg mit seiner Ausgabe flott vorwärts kommt, glaube ich nicht. [...] Wenn alle Ausschussmitglieder ausser mir für die Zusammenarbeit mit Seeberg sind, so fehlt mir das rechte Verständnis für diese irenische Einstellung. Sollte dahinter nicht – wenigstens teilweise – etwas Autorenegoismus stecken? Die Art, wie sich das Neuunternehmen durch Übernahme unseres Gedankengutes breitgemacht hat, ist mir zu unsympathisch. Wenn einzelne glauben, dass wir uns bei einer Mitarbeit mit unseren Grundsätzen durchsetzen würden, so kann ich diesen Optimismus nur bewundern, aber nicht teilen. Sehen denn die Menschen nicht, was vor sich geht? Man lese doch die Aufsätze von Landgerichtsrat Werner Hauk [Haugg], dem jetzt offenbar massgebenden Referenten im Reichskirchenministerium über das Verhältnis von Kirche und Staat!"

nehmen, die ich bereits an die Luther-Gesellschaft gezahlt habe, nötigenfalls auch diese Beträge selbst in Anspruch nehmen, solange, bis von dem neuen Verleger die vertragsmäßigen Honorare fällig werden und dadurch die Rückzahlungen der Luther-Gesellschaft möglich ist. Soweit diese bisher oder weiterhin zu leistenden Arbeiten aus den neuen Honoraren nicht gedeckt werden können, beanspruche ich keine Rückzahlung, ebenso wie ich keine Zinsen dieser Kapitalien beanspruche."[535]

Mohns Bericht ging zunächst nur an Althaus.[536] Davon unabhängige Ergänzungen bietet Knolles Zusammenfassung für Hosemann vom 24. April 1944:

„Nun möchte ich Ihnen vor allen [sic] über meinen Besuch bei Herrn Mohn berichten. Herr Mohn sieht keine Möglichkeit, unsere Ausgabe während des Krieges herauszubringen, abgesehen von technischen Gründen schon deswegen nicht, weil der Rufer-Verlag stillgelegt ist. [...] Es kommt hinzu, dass auch der Bertelsmann-Verlag sehr scharfen Angriffen ausgesetzt ist. Z.B. sind – was ich streng vertraulich zu behandeln bitte – drei seiner leitenden Herren verhaftet. Herr Mohn rät seinerseits in dieser Lage zu einem Zusammengehen mit Prof. Seeberg trotz aller inneren und äusseren Bedenken. In Sachen seines Honorares machte er folgenden Vorschlag: a) Auf alle aus der Honorarsumme angelaufenen Zinsen verzichtet er. b) Auf eine Rückzahlung des bereits ausgegebenen Honorars verzichtet er. c) Da das Zustandekommen der Seeberg-Ausgabe noch recht ungesichert ist, bleibt der Honorarfonds bis auf Weiteres bei uns bestehen, damit wir für diesen Fall unsere Ausgabe wieder aufnehmen können. d) Solange der Metzner-Verlag noch kein Honorar zahlt, kann die Honorierung aus dem Honorarfonds, insbesondere aus den Zinsen vorgenommen werden. Nach Einsetzen der Honorierung aus dem Metzner-Verlag sind diese Honorare wieder an den Honorarfonds zurückzuzahlen. e) Herr Mohn behält sich vor, im Falle eines Verlustes seines Geschäftes, seiner Einnahmen oder seines Vermögens die Rückzahlung des Honorarfonds abzüglich der verausgegebenen [sic] Honorare zu fordern."[537]

Knolle warb für die Vorteile dieser Regelung und suchte sich zugleich nochmals eine Auszahlung aus dem Honorarfonds[538] zu sichern:

„Dies ist ja eine sehr entgegenkommende Lösung. Sie ermöglicht uns, den Versuch mit Seeberg zu machen, ohne damit endgültig unsere Ausgabe aufzugeben. Ich glaube ja, dass der Metzner-Verlag nicht imstande sein wird, die Ausgabe herauszubringen und möchte mir daher den Rückzug auf obigen Weg sichern. Herr Mohn will mir unsere Abmachungen schriftlich bestätigen."[539]

Als Schatzmeister billigte Hosemann die Absprachen am 29. April 1944: „Seine Vorschläge wegen der Honorarsumme halte auch ich für sehr entgegenkommend. Mir kommt es vor allen Dingen darauf an, dass das Geld bei uns bleibt, damit unsere Arbeit nicht zu stocken braucht, wenn wir selbst allein weiterarbeiten wollen oder müssen."[540] Zugleich war ihm Mohn noch im-

[535] ALGW 700, o.P.
[536] Vgl. dazu J. Hosemann an Th. Knolle, 24. Juni 1944, ALGW 202, o.P.
[537] ALGW 202, o.P.
[538] S. dazu Kap. I, Anm. 271 und in diesem Kapitel Anm. 305.
[539] Wie Anm. 537.
[540] ALGW 202, o.P.

mer zu irenisch[541]; rechtlich meinte Hosemann nach wie vor, eine Priorität der Luther-Gesellschaft verteidigen zu können[542].

Am 5. Mai 1944 teilte Althaus Mohn „zunächst persönlich“ mit, „daß wir zu der Mitarbeit auf der Grundlage dessen, was Ihr Brief vom 21.2.1944 sagt, bereit sind. Unser Zusammengehen ist damit grundsätzlich gesichert. Das offizielle Schreiben wird baldigst folgen.“[543] Es datiert auf den 9. Juni 1944, unter dem Althaus und Knolle als Präsidenten im Namen des Vorstandes der Luther-Gesellschaft Seeberg deren Entscheidung zur Kooperation erklärten.[544] Der Wortlaut des Textes dürfte von Knolle stammen, da er ausführlich die Bedenken erneuert.[545] Knolle schloss vier Tage später mit einem Brief an Seeberg an, in dem er von ihm bereits bearbeitete Schriften außerhalb seiner eigenen Abteilung anzeigte.[546] Seeberg antwortete am 21. Juni integrativ und um Zusammenarbeit werbend:

> „Ich möchte vorschlagen, daß wir nicht von ‚meiner‘ u[nd] ‚Ihrer‘ Ausgabe in Zukunft sprechen, sondern von ‚unserer‘. Ich wäre Ihnen sehr dankbar, wenn Sie die von Ihnen bearbeiteten Schriften uns zur Verfügung stellen würden. Ich würde Ihnen am liebsten gleich die Übernahme der Abt II anbieten, wenn nicht einige Wert darauf gelegt hätten, daß ich eine solche Abteilung edierte. Vielleicht läßt sich bei einer Aussprache ein Ausweg aus dieser Schwierigkeit finden. Eine solche Aussprache wird sowieso in absehbarer Zeit an einem möglichst friedlichen Ort stattfinden müssen.“[547]

---

[541] Ebd.: „Dass auch er [Mohn] für ein Zusammengehen mit D. Seeberg ist, war mir ohne Weiteres klar. Er hatte ja schon früher seinen Standpunkt dahin ausgesprochen und liebt den Kampf nicht.“

[542] Ebd.: „Das Unternehmen D. Seeberg's ist das später gestartete. Er müsste zu uns stossen und nicht wir zu ihm. Reichsjustizminister Thierack hat neulich erklärt, die Justiz sei dazu da, dass alles gerecht und anständig zugehe. Seitdem bin ich wieder ein moderner Jurist geworden. Ich komme nicht darüber hinweg, dass das Konkurrenzunternehmen Buschtöns-Seeberg nach meinem Empfinden unfär [sic] ist; aber ich füge mich der besseren Einsicht der Theologen.“

[543] BArch Koblenz N1248/1, o.P.

[544] Dies erschließt sich aus J. Hosemann an Th. Knolle, 24. Juni 1944 (wie Anm. 536): „Die Erklärung von Herrn Mohn vom 21. April beseitigen [sic] meine Sorgen in grossem Umfange. Ich brauche wohl jetzt nicht weiter auf die Sache einzugehen, nachdem der Würfel gefallen ist und Seeberg die Antwort vom 9. Juni erhalten hat, die Herr D. Althaus mir ebenfalls in Abschrift zugesandt hat.“ Eine Abschrift des Briefes ist erhalten in LKAK, 98.11, Nr. 104, o.P. Darin heißt es: „Wir haben uns auf Grund Ihres Briefes [vom 21. Februar 1944, s. dazu den Eingangspassus des Schreibens] nunmehr entschlossen, an der von Ihnen geplanten Luther-Ausgabe mitzuarbeiten.“ Das Original befindet sich im EZA 712/115, Bl. 103.

[545] Für den auszugsweisen Wortlaut s. unten Anm. 653.

[546] Dies ergibt sich aus dem Antwortbrief: E. Seeberg an Th. Knolle, 21. Juni 1944, handschriftlicher Brief, LKAK, 98.11, Nr. 104, o.P. Zu dem Text s. unten Anm. 679.

[547] Ebd.

Während Seeberg und Knolle sich einander annäherten, erklärte Hosemann seinem Präsidenten, die Kooperation sei die erste Entscheidung „seit 1929", die er „nicht freudigen Herzens" mittragen könne, prognostizierte ein Scheitern der Seeberg-Ausgabe und nahm – im erhaltenen Briefwechsel erstmals – den Vorsitzenden der Luther-Gesellschaft in die Verantwortung, über den weiteren Umgang mit den Bertelsmann-Geldern zu entscheiden.[548]

Am 18. Juni 1944 wurde das Hamburger Hauptpastorat von Bomben[549] zerstört. Wohl die Sekretärin Knolles berichtete Hosemann am Folgetag von dem „Volltreffer" beim „Terrorangriff":

> „Das Haus ist restlos bis in den Keller zerstört, es steht auch nicht das kleinste Stück einer Wand mehr. Durch die Zerstörung sind Herrn D. Knolle sämtliche Unterlagen für die Seeberg-Ausgabe, unsere eigene Ausgabe, der Luther-Gesellschaft, der Luther-Bibliothek [...,] der Buchhaltungsbücher vernichtet."[550]

Bereits am 23. Juni 1944 erreichte Hosemann, wohl ebenfalls von Knolles Sekretärin, die Neuigkeit, „dass es uns gelungen ist, einen grossen Teil der früheren Akten der Luther-Gesellschaft und die augenblicklich laufenden Akten herauszubergen, u.a. auch die Seeberg-Akte".[551] Später, am 9. Oktober 1944, vermeldete auch Knolle Hosemann „gerettete [...] Akten", nachdem er schon am 15. September mitgeteilt hatte: „Es scheint, dass die meisten Akten der Luther-Gesellschaft gerettet sind".[552] Knolles Aufzählungen beschränken sich jedoch auf Materialien zur Geschichte, Buchführung und Ortsgruppenorganisation der Luther-Gesellschaft. Die Luther-Ausgabe bleibt gegenüber dem Vorstandskollegen unerwähnt. Im Namen der Luther-Gesellschaft reichte Knolle am 20. Oktober 1944 sodann einen „Antrag [...] auf Ersatzleistung

---

[548] J. Hosemann an P. Althaus, 1. Juni 1944 (wie Kap. I, Anm. 272): „Ihrem mir im Entwurf [...] zugesandten Schreiben an D. Erich Seeberg zuzustimmen, wird mir, wie Sie verstehen werden, äussert schwer. Meine Bedenken gegen den Beitritt haben sich seither nur verstärkt. [...] Zum 1. Mal seit 1929 kann ich einen wichtigen Beschluss der Luther-Gesellschaft nicht freudigen Herzens mitmachen. Ich darf aber vielleicht die Bitte aussprechen, nicht ausdrücklich davon zu reden, dass wir unseren Plan aufgeben, vielmehr die Möglichkeit offen zu lassen, dass wir unseren Plan weiterverfolgen, wenn, wie ich vermute, der Seeberg'sche Plan scheitert. Jedenfalls haben wir schon das Honorar für 3 Bände gezahlt, für die keine Deckung vorhanden ist, wenn Bertelsmann in irgend einer Form das Geld zurückfordert. Und das übrige, von Bertelsmann vorgeschossene Geld ist auf ein Jahr festgelegt wegen erhöhten Zinsgewinns. Soll ich dies nun sofort kündigen? Ich habe von Herrn Mohn keinerlei schriftliche Erklärung erhalten, wie er die Geldfrage geregelt haben will, trotzdem er Herrn D. Knolle freundliche Zusagen gemacht hat."

[549] Sehr gute predigtgeschichtliche Ausdeutungen des Bombardements von Hamburg erhebt aus den handschriftlichen Predigtvorbereitungen Th. Knolles Malte THIEßEN: Eingebrannt ins Gedächtnis. Hamburgs Gedenken an Luftkrieg und Kriegsende. 1943 bis 2005, München und Hamburg 2007 (Forum Zeitgeschichte, Bd. 19), S. 79– 82.

[550] ALGW 202, o.P. S. dazu auch unten Anm. 688.

[551] ALGW 202, o.P.

[552] ALGW 202, o.P.

für Sachschaden" ein.[553] Neben Arbeits-und Schreibmaterialien hob er vor allem auf Bücherverluste ab: „ca. 1000 Bücher der Bücherei der Luther-Gesellschaft (ca. M 4.100,–)".[554] Von hoher Dringlichkeit war zu dieser Zeit auch die Frage, ob die Luther-Gesellschaft mit dem Versand eines Rundbriefes gegen Presseauflagen verstoßen und in der Organisation von Ort- und Bezirksgruppen das Vereinsrecht verletzt hatte, das eine Einrichtung von „Landes- und Ortsgruppen" exklusiv der NSDAP zusicherte.[555] Ihr Ende schien die Ausgabe der Luther-Gesellschaft damit innerhalb weniger Wochen in doppelter Hinsicht gefunden zu haben: zunächst durch die Abstimmungen mit Mohn und Seeberg – und dann durch die Bomben.

13. Seebergs Edition – vor der Kooperation (1943/1944)

Seeberg und Hermann waren in ihren editorischen Aktivitäten seit dem Dresdener Treffen mit Schulze-Maizier, Knolle und Althaus im Juni 1943 bis zur verbindlichen Antwort der Luther-Gesellschaft im Juni 1944 aufgrund der offenen Situation für ein volles Jahr in ihrem Vorgehen eingeschränkt gewesen. Während dieser Zeit ergaben sich zahlreiche Entwicklungen in persönlicher, editorischer und arbeitsstrategischer Hinsicht.

Schulze-Maizier plante seit Juni 1943, im „Spätsommer" die Reichshauptstadt zu verlassen und „aufs Land [zu] gehen".[556] Bis zu seinem Wechsel nach Schlesien verbrachte er viel Zeit mit dem Ehepaar Seeberg in Ahrenshoop, wo er das leerstehende Zimmer Bengts bewohnen durfte.[557] Seeberg und Schulze-Maizier, die sich wohl erst über den Verleger Voigt kennenge-

---

[553] ALGW 147, o.P. [erste Mappe].

[554] Ebd.

[555] Zu den Zusammenhängen s. Michael LAPP: Die Bezirksarbeit der Luther-Gesellschaft, in: SCHILLING/TREU (wie Kap. I, Anm. 1), S. 184–211, hier: S. 192 f. In den Archivalien s. bes. die auch von Lapp herangezogene Sammlung ALGW 202, o.P. Weiter einschlägig sind die Vorarbeiten und Exemplare der Rundschreiben selbst, in Kopien ALGW 100, o.P. und in Durchschlägen bzw. Originalen ALGW 147, o.P. [zweite Mappe]. Ferner ALGW 148, o.P.

[556] F. Schulze-Maizier an E. Seeberg, 27. Juni 1943, BArch Koblenz N1248/34, o.P.

[557] F. Schulze-Maizier dankt E. Seeberg am 3. September1943, BArch Koblenz N1248/3, o.P., für die „so freundliche Gastlichkeit [...] während der vergangenen Wochen". S. ferner F. Schulze-Maizier an E. Seeberg, 26. Januar 1944, BArch Koblenz N1248/34, o.P.: „Dass Sie Ihren lieben Herrn Sohn wieder einmal bei sich haben können, ist schön. Bitte grüßen Sie ihn herzlich von mir, – der genius loci seines Zimmers umschwebte mich ja lange und sympathisch." Zudem s. F. Schulze-Maizier an E. Seeberg, 13. März 1944, BArch Koblenz N1248/34, o.P.: „Die 14 M Hotelrechnung für Ihren Herrn Sohn beglich ich in der Erwägung, dass ich viele Wochen hindurch Ihr Gast in seinem schönen Zimmer war, während er an der Front stand. Es würde mir darum nur eine *Freude* sein, wenn Sie es dabei bewenden liessen."

lernt hatten, kamen sich während dieser Zeit menschlich näher. Im Frühjahr 1944 wusste Seeberg, was er an Schulze-Maizier hatte: einen liebenswürdigen, unproduktiven, aber unterhaltsamen Hausgast und originellen Korrespondenzpartner. So erklärte Seeberg Hermann am 12. Januar 1944, als es wieder einmal darum ging, den exakten Umfang der Editionseinheiten nach der Weimarana zu bestimmen: „Ich habe das kleine gefräßige Faultier Dr Sch[ulze]-M[aizierd] gebeten, die Zahlen nachzuprüfen. Wahrscheinlich wird ers nicht tun.“[558] Seinen eigenen beruflichen Werdegang fasste Schulze-Maizier nach dem Krieg für Hermann zusammen:

> „Ich promovierte Ende 1918 in München summa c.l[.], brachte 10 Buchpublikationen, meist im Insel-Verlag, heraus, [...] arbeitete seit 1928 am Deutschen Seminar der Dresdner T.[echnischen] H.[ochschule], bis [Alfred] *Baeumlers* erklärte Gegnerschaft gegen meine Schrift ‚Deutsche Selbstkritik‘ meiner dortigen Tätigkeit ein Ende bereitete u.[nd] mir jede akademische oder anderweitige amtliche Möglichkeit unterband.“[559]

Im Juli 1943 bemerkte er: „Der Insel-Verlag besteht darauf, dass ich meine seit 1938 vorbereitete Luther-Ausgabe in einem Band von 800 Seiten für die Insel-Klassiker nun doch bis 1946 abschliesse. Es fehlt also nicht an Arbeit.“[560] Durch die Bombardierung des Verlages wurden wohl auch diese Pläne zerstört.[561]

Zwischen Seeberg und Schulze-Maizier kam es zu einer bemerkenswerten Annäherung: Beide waren 1888 geboren und damit Altersgenossen; dem um zwei Monate und vier Tage älteren Schulze-Maizier fiel jedoch eher die Rolle eines Sohnes zu, der noch immer nach dem für ihn angemessenen Ort im Leben sucht. Der Junggeselle entwickelt skurrile Ideen[562], die er Seeberg mitteilte und mit denen er auch seiner Sehnsucht nach einer passenden Partnerin

---

[558] EZA 712/116, o.P. [nach Bl. 23].

[559] F. Schulze-Maizier an R. Hermann, 6. Februar 1946, EZA 712/116, Bl. 78–80, hier: Bl. 79 f.

[560] F. Schulze-Maizier an E. Seeberg, 31. Juli 1943, BArch Koblenz N1248/34, o.P.

[561] F. Schulze-Maizier an E. Seeberg, 19. Dezember 1943, BArch Koblenz N1248/34, o.P.: „Der Insel-Verlag ist nun auch bis auf den Keller abgebrannt, – ein übler Schlag auch für mich, da ich für die Stereotyp-Platten meiner Bücher fürchte, auch für den Böhme, der eben neu herauskommen sollte.“

[562] F. Schulze-Maizier an E. Seeberg, 13. März 1944, BArch Koblenz N1248/34, o.P.: „Ich möchte Frau Annemarie schreiben, dass ich *selber* Pläne habe, für die ich Geld brauche: Mir schwebt eine Art protestantisches Männerkloster *freierer* Regel vor, in dem eine wirklich unbefangene, aber freilich auch dem Ernst und der *Tiefe* des protestantischen Prinzips gerecht werdende religionswissenschaft.[liche] Forschung ihre Stätte haben könnte; ich möchte Frau Annemarie fragen, ob sie dort nicht Hausdame werden möchte. Ich denke an die Erfurter Eckhartstätten als Basis, für die sogar schon Gelder da sind. Sie sehen, ich habe Chancen, der hl. Benedikt des protestantischen Mönchtums zu werden und die Stätten meiner Jugend zum Monte Cassino Thüringens zu machen.“

Ausdruck gab[563]. Im Zusammenhang der Luther-Ausgabe wurde Schulze-Maizier nicht zu dem anfänglich erwarteten „Helfer", so gerne er sich selbst mit der ironisierenden Amtsbezeichnung eines Luther-„Generalsekretär[s]" versah.[564] Seit Herbst 1943 verbrachte Schulze-Maizier die meiste Zeit im Riesengebirge, in Krummhübel, wo er sich wohlfühlte und Seeberg mit Empfehlungen zu kultivieren suchte: „Ansonsten ist hier ein Paradies. Mein lieber Gastgeber Pohl, katholisch ökumenischer Prägung, schätzt Sie *hoch* [...]. Die Hausfrau kocht ebenfalls prima".[565] Schulze-Maiziers spezifischer Situation ist es wohl zu verdanken, dass er in größerer Deutlichkeit, als es Seeberg und Hermann je getan hätten, die Frage nach einer Honorierung der geleisteten Arbeit an den Verleger Voigt stellte. Zunächst schob er Seeberg vor, indem er diesen daran erinnerte, „für all Ihre Mühe auch entsprechend honoriert werden" zu müssen.[566] Sodann trug er das auch ihn selbst betreffende Anliegen dem Verleger vor: „Voigt meinte, Sie [Seeberg] und ich sollten unsere Wünsche genauer präzisieren. Ich selbst habe ja, ausser den Spesen, bisher auch noch keinerlei Honorar bekommen."[567] Offensichtlich trat Voigt großzügig auf, denn Zweifel an seiner Seriosität kamen Schulze-Maizier nicht: „Bestimmt wird sich alles zu Ihrer [Seebergs] Zufriedenheit regeln, da ja Voigt durchaus nicht knickerig ist."[568] Nach einem vollen Jahr ohne Vergütung seitens des Verlages erhob Schulze-Maizier Anfang 1944 abermals Forderungen.[569] Die Honorarfrage blieb in den Folgejahren ein Dauerthema. Nur ein einziger Hinweis auf eine von Voigt angekündigte Honorarzahlung an Hermann findet sich im März 1943, als diesem nach monatelanger, intensiver Arbeit „M 500" in Aussicht gestellt wurden.[570] Seeberg dürfte, wenn überhaupt,

---

[563] F. Schulze-Maizier an E. Seeberg, 31. Oktober 1944, BArch Koblenz N1248/34, o.P.: „Übrigens bin ich Ihrem Rat gefolgt und habe die Altersgrenze von 22 auf 30 heraufverlegt, da eine reizende Blondine dieses Alters mir den Entschluss dazu erleichtern half. Meine hiesigen Freunde drängen mich zur Ehe und schlagen alle möglichen Verbindungen vor." F. Schulze-Maizier an E. Seeberg, 16. November 1944, BArch Koblenz N1248/34, o.P.: „Ihre Ausführungen zum Thema Frau verraten den erfahrenen Kenner".

[564] Für die Selbstbezeichnung s. u.a. F. Schulze-Maizier an E. Seeberg, 31. Oktober 1944 (wie Anm. 563) und F. Schulze-Maizier an E. Seeberg, 21. Juni 1943 (wie Anm. 302). Zudem in F. Schulze-Maizier an E. Seeberg, 9. November 1943, BArch Koblenz N1248/34, o.P.

[565] F. Schulze-Maizier an E. Seeberg, 3. September 1943, BArch Koblenz N1248/34, o.P.

[566] F. Schulze-Maizier an E. Seeberg, 21. Juni 1943 (wie Anm. 302).

[567] Ebd.

[568] Ebd.

[569] F. Schulze-Maizier an E. Seeberg, 2. Januar 1944, BArch Koblenz N1248/34, o.P.: „Übrigens arbeite ich nun seit Jahresfrist mit, ohne bisher Honorar bekommen zu haben, erbat es mir jetzt aber."

[570] R. Voigt an E. Seeberg, 21. März 1944, BArch Koblenz N1248/146, o.P. S. dazu zusammenfassend auch WIEBEL, Briefwechsel (wie Einleitung, Anm. 13), S. 373, Anm. 515.

nur vereinzelt Spesen erstattet bekommen haben. Selbst lehnte er eine Begleichung seiner „Auslagen“ ab, zu der ihn Schulze-Maizier – nicht ohne Eigeninteressen[571] – aufforderte[572]. Hermann erhielt einmal 50 Reichsmark für Schreibarbeiten, von denen er umgehend 35 an einen Studenten und zwei Schreibkräfte auszahlte.[573] Die von Schulze-Maizier erhobenen Honorarforderungen parierte der Verleger Voigt zunächst mit der Anregung zu deren exakter „Fixierung“[574], dann verwies er entweder auf die noch nicht erfolgte vertragliche Ausgestaltung[575], die noch nicht erbrachten Arbeitsleistungen oder die noch ausstehenden Manuskripte. Zwischenzeitlich ermunterte er zur Weiterarbeit.[576]

Selbst nach Seebergs Tod, als dessen Witwe um eine rückwirkende Vergütung ersuchte, blieb Voigt bei den früheren Erklärungsmustern. Hermann erklärte er am 2. März 1946:

> „Frau Seeberg schrieb mir, sie möchte einen Betrag für die Mitarbeit ihres Mannes haben. Ich musste sie darauf vertrösten, dass wir ja noch immer nicht den Vertrag abgeschlossen haben, dass die Herausgabe noch immer nicht genehmigt ist, dass aber ein Betrag für sie auch von Ihnen vorgesehen sei, nur müsse eben alles erst besprochen und geregelt sein.“[577]

Vor dem Hintergrund seines Umgangs mit Honorarforderungen kann man sich des Eindrucks nicht erwehren, dass Voigt in der Koordinierung der Luther-Ausgabe ein Hasardeur war, der auf staatliche und kirchliche Fördermittel setzte, selbst aber nicht investieren konnte oder wollte. Einen Anhaltspunkt dafür liefert auch die Verbindung, die Voigt im Oktober 1943 zwischen Honorarzahlungen und den kirchlichen Zuschüssen herstellte, als ihn Schulze-Maizier ein weiteres Mal auf ausstehenden Zahlungen ansprach: „Die Schreibspesen will Dr. Voigt selbstverständlich *vor* Ablieferung des Manuskriptes und sobald sie fällig sind zahlen. In Dingen der Honorierung meinte er, dass der E[vangelischen]O[ber]K[irchenrat] 4000 M pro Band zuzahlen

---

[571] S. Anm. 569.

[572] Ebd.: „Auch bin ich gar nicht der Meinung, dass Sie so splendid sein sollten[,] dem Verlag Ihre Auslagen zu schenken. Vielmehr bitte ich Sie und Herrn Prof. Hermann, Herrn Dr. Voigt Ihre volle Spesenaufstellung zu schicken, die er natürlich begleichen wird, wie es ja ausgemacht war.“

[573] R. Hermann an R. Voigt, 16. Januar 1944, EZA 712/116, o.P., bestätigt, 50 Reichsmark „für Herstellung und Abschrift der echten Lutherschriften“ erhalten und ausweislich der beigelegten Quittungen entsprechend ausgezahlt zu haben. Kurz zu den 50 Reichsmark s. auch WIEBEL, Briefwechsel (wie Einleitung, Anm. 13), S. 373, Anm. 515.

[574] So etwa F. Schulze-Maizier an E. Seeberg, 31. Juli 1944 (wie Anm. 563): „Dr. Voigt bat eben wiederum um Fixierung Ihrer Honorarwünsche.“

[575] R. Voigt an E. Seeberg, 17. November 1944, EZA 712/116, Bl. 174.

[576] F. Schulze-Maizier an E. Seeberg, 31. Oktober 1944, BArch Koblenz N1248/34, o.P.: „Er [Voigt] wird Ihnen nächster Tage genauer schreiben, besonders auch über die Vertragsfragen. Jedenfalls meinte er, wir [...] sollten ruhig weiterarbeiten.“

[577] EZA 712/116, Bl. 131.

wolle, was bei der Honorierung berücksichtigt werde".[578] Auch ein Jahr später, im November 1944, beruhigte er den auf Rechtssicherheit in Honorarfragen pochenden Seeberg, im Zweifelsfall würde Buschtöns für Honorare einstehen.[579]

Seeberg selbst setzte nicht nur oder nicht vorrangig auf Voigt, sondern zunächst auf den Evangelischen Oberkirchenrat und dann das Kirchenministerium. Am 24. Februar 1944 schrieb er Hermann:

„anbei schicke ich Ihnen zur vertraulichen Kenntnisnahme und mit der Bitte um Rückgabe einen Brief von Haugg. Ich habe ihm geantwortet, dass das Kirchenministerium durch Protektion unserer Ausgabe in der Geschichte nur gewonnen hätte und gewinnen würde. Geld werden sie uns ja geben, so viel wir haben wollen. Das braucht man aber auch dem Dr. Voigt nicht zu sagen."[580]

Unklar bleibt, worauf sich der Austausch mit Haugg bezieht. Eindeutig hingegen ist, dass Seeberg von einer ministeriellen Unterstützung ausgeht, die ihm als gewichtiger erscheint als eine verlegerische Ausgestaltung des Vertrages, zu der es – trotz zweier Entwürfe – bis zuletzt nicht kam.[581] Seine Überzeugung, ministerielle Protektion zu genießen, betonte Seeberg auch am 27. März 1944 gegenüber Hermann, als die Entscheidung der Luther-Gesellschaft noch immer offen stand:

„Ich wollte mit der Lutherges[ellschaft] meinerseits nicht brechen, sondern ihr die Aktivität zuschieben. Als Erziehung schrieb ich, ich wollte [die] IV [Abteilung ...] offenlassen. Das Ganze ist Ki[rchen]politik auf wiss.[enschaftlichem] Feld, was ich nicht mag. Die Ränkereien setzen anscheinend bei Heckel u[nd] Buschtöns ein. Ich schrieb Ihnen von Buschtöns Karte an mich; er will kommen, da manche Dinge nur mündlich zu verhandeln seien. Die Machenschaften bedeuten nichts, solange der Ki[rchen]Min[ister] d[urch] Haugg für uns ist, und das wird so bleiben. Das Ausland wird bei einem so großen Unternehmen sich von selbst interessieren, wenn wir anständig arbeiten und nicht ki[rchen]politisch einseitig sind."[582]

---

[578] F. Schulze-Maizier an R. Hermann, 15. Oktober 1943, EZA 712/115, Bl. 75.

[579] Wie Anm. 576: „Es müßte erwogen werden – sollte der Krieg noch außerordentlich lange Zeit dauern – etwa nach Jahresfrist eine Pause in der Arbeit eintreten zu lassen [...]. Andererseits hat mir Herr Buschtöns versichert, daß er mich dann unterstützen würde, falls im Zuge der Kriegsereignisse eine zu hohe Belastung durch Vorweghonorare eintreten sollte. Sie brauchen also in diesem Punkte keine Besorgnis haben."

[580] EZA 712/115, Bl. 45.

[581] S. dazu die undatierten Manuskripte: EZA 712/116, Bl. 157–159 „Vertrag" zwischen Metzner und „Erich Seeberg, z.Zt. Ahrenshoop", EZA 712/116, Bl. 161 f. „Vertrag" zwischen Metzner und Mitarbeiter(n), EZA 712/116, Bl. 163–165 „Vertrag" zwischen Metzner und Abteilungsleiter(n) und EZA 712/116, Bl. 166–168: „Lutherausgabe. Zu dem Vertragsentwurf in seiner dreiteiligen Neufassung".

[582] EZA 712/115, Bl. 54.

Seeberg beruhigte sich, nachdem ein weiteres Editorentreffen ohne Teilnahme kirchlicher Vertreter stattgefunden hatte[583], mit der Selbstdurchsetzungskraft einer soliden, politisch ausgewogenen Edition und suchte seinerseits Gegeninitiativen zuvorzukommen, die er von Seiten der Luther-Gesellschaft befürchtete[584].

Gesundheitlich war Seeberg während jener Jahre stark beeinträchtigt. Zu Herzproblemen[585] und Bluthochdruck[586] trat seit Mitte 1943 verstärkt ein „Schreibkrampf"[587], dessen Ursachen er selbst im Psychischen vermutete[588]. Ende des Jahres 1943 hatte sich die Situation teils dramatisch verschlechtert[589] und – entgegen dem Ratschlag Schulze-Maiziers, der ihm Alkohol und

[583] F. Schulze-Maizier an E. Seeberg, 13. März 1944 (wie Anm. 562): „Was Sie über die taktischen Hintergründe schreiben, die das Ausbleiben der Herren vom [Reichskirchen]Min.[isterium] und vom E.[vangelischen]O.[ber]K.[irchenrat] veranlassten, so haben Sie damit wohl recht. Sehr *luther*mässig wäre eine solche Taktik nun freilich nicht." S. auch R. Hermann an E. Seeberg, 19. März 1944, maschinenschriftlich in EZA 712/114, Bl. 72–74, auch in Seebergs Exemplar in EZA 712/115, Bl. 22 f., darin handschriftlicher Zusatz von R. Hermann; hier Bl. 74 bzw. Bl. 23: „Am wichtigsten scheint es mir jetzt, Buschtöns zum Reden zu zwingen. Er war schon nicht bei der Sitzung. Man muss sich seiner vor allem ganz sicher sein, nicht nur der Zerschneidung und Versendung der W.A. wegen, sondern auch dass der fest zur Sache steht." Am 26. März 1944 berichtete E. Seeberg sodann R. Hermann (wie Anm. 616): „Buschtöns schrieb, entschuldigte sich, bot Geld an u.[nd] verhieß sein Kommen. Es wäre manches zu bereden, was nur mündlich ginge."

[584] S. dazu auch E. Seeberg an R. Hermann, 1. April 1944, EZA 712/115, Bl. 56, der Abschriften von F. Buschtöns und Th. Heckel beilagen: „Danach neige ich zu einer optimistischen Beurteilung der Lage. Die Zurückhaltung von [Reichskirchenminister] Muhs beruht zT auch auf der Unlust von Haugg zu reisen, abgesehen von dem stets vorhandenen Faktor der ministeriellen ‚Weisheit' [...]. Haugg habe ich vor etwaigen Preistreibereien Knolles gewarnt."

[585] E. Seeberg an R. Hermann, 22. April 1943, EZA 712/115, Bl. 145: „Mit unserer Schwachheit geht es an. Das Herz hört ab und zu gelegentlich auf zu schlagen. Man nennt das zunächst Arr[h]ythmia absoluta."

[586] Aus F. Schulze-Maizier an E. Seeberg, 2. Juli 1944, EZA 712/115, Bl. 78, wird ersichtlich, dass Seeberg – wie schon Jahre zuvor – unter Bluthochdruck litt und seine Arzt ihm die Emeritierung nahegelegt hatte.

[587] E. Seeberg an R. Hermann, 14. Mai 1943 (wie Anm. 409): „Meine Hand ist überschrieben; ich kriege oft eine Art Schreibkrampf."

[588] E. Seeberg maschinenschriftlich an R. Hermann, 20. Mai 1943 (wie Anm. 367): „Vielen Dank für Ihre Bemerkung über Schreibkrampf. Ich habe den Eindruck, es kommt mehr aus dem Kopf. Ich fragte schon unsern Freund [Jürg] Zutt, den Psychiater, der mich hier einmal besuchte, und mich dann auch einige Bewegungen ausführen liess; aber für meinen Geisteszustand noch einstehen zu können glaubte. Es ist so, dass die Buchstaben sich in einander schieben und es mir schwer fällt, diese Art sich von selbst einstellender Kurzschrift zu vermeiden."

[589] E. Seeberg an R. Hermann, maschinenschriftliche Karte, 22. Dezember 1943, EZA 712/114, o.P. [zw. Bl. 131 und 132]: „Ich hatte übrigens richtige Anfälle, die mehrere

Nikotin empfahl[590] – gab Seeberg das Rauchen auf, was zu Besserungen führte.

Dennoch blieb für Seeberg eine Entlastung bei Schreibarbeiten zentral. Als eigenes Thema erwies sich die Frage, ob ihm seitens des Verlages eine Sekretärin gestellt werden könnte[591], wozu es – im Wissen um Voigts Taktieren auch in Honorarfragen: natürlich – nicht kam[592]. Zeitweilig unterstützte ihn von Berlin aus seine alte Sekretärin, das bereits angeführte Fräulein Caspar; nur im März 1944 wird für einen Tag eine Schreibkraft erwähnt[593]; ansonsten war Seeberg auf Besuche von Schulze-Maizier[594], seine eigene Hand und die Schreibmaschine angewiesen. Handschriftliche Briefe seiner Frau finden sich in Sachen der Luther-Ausgabe nicht. Einen neuen Tiefpunkt fand Seebergs Bereitschaft, die Luther-Ausgabe zu unterstützen, Ende 1943 und im Frühjahr 1944, als die Entscheidung der Luther-Gesellschaft fortschreitend herausgezögert worden war und Seeberg Ränke und Intrigen, namentlich von Seiten Knolles, vermutete. Auch waren weder Verlagsverantwortliche noch Vertreter des Evangelischen Oberkirchenrats und des Kirchenministeriums zu editorischen Besprechungen gekommen, die sie teils sogar nach Zusagen unentschuldigt versäumt hatten.[595] In verschiedene Richtungen gab Seeberg seiner Unlust Ausdruck, sich der Edition überhaupt noch annehmen zu wollen. Vor dem 14. Dezember 1943 fasste Seeberg sein Vorgehen gegenüber Voigt zusammen:

Stunden dauerten, einer sogar zwei Tage. Sie kamen im Schlaf und vergingen ganz plötzlich von Sekunde zu Sekunde. Seitdem ich nicht mehr rauche, ist nichts mehr passiert."

[590] F. Schulze-Maizier an E. Seeberg, 21. Juni 1943 (wie Anm. 302).

[591] Vgl. dazu u.a. F. Schulze-Maizier an E. Seeberg, 3. September 1943, BArch Koblenz N1248/34: „die Anfrage an Prof. Schmidt und an Frl. Schröder wegen einer Sekretärin für Sie erledige ich nachher." F. Schulze-Maizier an E. Seeberg, 27. Oktober 1943, BArch Koblenz N1248/34: „Wie Sie aus dem beigefügten Brief des Frl. Meusel ersehen, sind weiterhin die Bemühungen im Gange, Ihnen zu einer Dauersekretärin zu verhelfen. [...] Wissen Sie übrigens, dass Sie eine Genehmigung vom Arbeitsamt haben müssen, wenn Sie sich eine Privatsekretärin engagieren? Doch wird sich das alles schon regeln."

[592] Für das Jahr 1944 s. exemplarisch R. Hermann an E. Seeberg, 24. Oktober 1944 (wie Anm. 363), hier: Bl. 6: „Ich entnehme dem Brief von Sch.[ulze-Maizier], daß Ihre Sekretärin nun doch noch nicht gekommen ist. Hoffentlich erhalten Sie eine."

[593] E. Seeberg an R. Hermann, 17. März 1944 (wie Anm. 521), Bl. 70: „Die junge Dame, die mir freundlicherweise schreibt, wird allmählich müde. Wir sitzen seit heut nachmittag 5 1/2 h und jetzt ist es 11 h."

[594] F. Schulze-Maizier kündigt E. Seeberg am 31. Juli 1943, BArch Koblenz N1248/34, einen Besuch in Ahrenshoop an: „Ich möchte Ihnen vor allem tüchtig tippen, damit Sie Ihre Korrespondenz aufarbeiten können, von der Ihre Frau Gemahlin mir berichtete, Sie könnten Sie infolge Ihrer Schreibhemmung schwer erledigen".

[595] Für das Greifswalder Treffen vom Oktober 1943 s. oben Anm. 473, für das Frühjahr 1944 Anm. 583.

„Ich habe Herrn Dr. Voigt geschrieben, dass wir wissen wollten, wieviel Honorar er pro Bogen zahlen will, und dass er die bisher geleistete Arbeit, die hauptsächlich von Ihnen geleistet worden ist, vergüten müsste, und dass ich selbst nicht übel Lust hätte, mich von dem ganzen Unternehmen zurückzuziehen, da ich eine Blamage im Stil der Luther-Gesellschaft nicht zu tragen wünschte.“[596]

Damit verhalf er Hermann zu einer ersten und wohl einzigen Honorarzahlung[597] und provozierte Aufmunterungen sowie Zuspruch seitens des Verlages[598] und einzelner Mitarbeiter. Schulze-Maizier sah sich veranlasst, Seeberg an seine konfessionelle Verpflichtung gegenüber Luther und einem „protestantischen Grundprinzip“ zu erinnern.[599] Hermann verwies Seeberg auf seine

---

[596] E. Seeberg an R. Hermann, 14. Dezember 1943, EZA 712/115, Bl. 43. Mit fünf Tagen Abstand sorgte sich Seeberg, den Verleger damit verloren zu haben, E. Seeberg an R. Hermann, 19. Dezember 1943, WIEBEL, Briefwechsel (wie Einleitung, Anm. 13), S. 369 f., hier: S. 370: „Ich nehme an, daß Dr. Voigt doch noch nach Greifswald kommen wird. So rasch kann ja das Projekt auch nicht fallen. Ich habe ihm vielleicht zu deutlich geschrieben.“

[597] S. dazu unten Anm. 570.

[598] R. Voigt an E. Seeberg, 22. Dezember 1943, BArch Koblenz N1248/146: „Im übrigen bin ich nach wie vor der Ansicht, daß wir an unserem Plan festhalten müssen, und ich darf Sie auch bitten, keine Erwägungen anzustellen, etwa zurückzutreten.“

[599] F. Schulze-Maizier an E. Seeberg, 2. Januar 1944 (wie Anm. 569): „Ihre Andeutung, dass Sie ‚nicht übel Lust‘ hätten, sich von der ganzen Sache zurückzuziehen, schafft eine kritische Situation, falls sie zum Vorsatz werden sollte. Ich kann es gewiss verstehen, dass die Unsicherheit der Papierlage sowie der Drang zu eigenem Schaffen [...] Ihnen die Lust zur Sache trübt. [...] Ich habe stets die Auffassung vertreten, dass Sie der Einzige sind, der nicht nur das Können, sondern vor allem die Autorität hat, um die Ausgabe durchzuführen. Sollten Sie sich zurückziehen, dann weiss ich nicht, wie die Sache sich in Bezug auf die Luthergesellschaft entwickeln wird. Dr. Voigt, den ich für absolut zuverlässig und fair halte [...,] ist zweifellos infolge der Papierlage in einer schwierigen Situation, an der er keine Schuld trägt. Auch er weiss, was Ihre Leitung für die Sache bedeutet. Darüber hinaus hat die Sache aber noch eine weitere Bedeutung, die mir hier oben [im Riesengebirge] täglich klarer wird. Das Liebäugeln mit Rom nimmt in evangelischen Kreisen immer mehr zu, ich kann es hier fast täglich konstatieren. Der Dienst an Luther ist darum heute mehr denn je Pflicht für uns. So gern ich mit aufgeschlossenen Katholiken verkehre und mich um eine Entgiftung der interkonfessionellen Atmosphäre mitbemühe: in Dingen des protestantischen Grundprinzipes müssen wir heute nach *allen* Seiten hin entschlossener und wachsamer denn je [... sein]. Kommt jetzt unsere Ausgabe zu Fall (und ich sehe schwarz für sie, falls Sie ausscheiden), dann ist wieder ein Stein mehr aus der evangelischen Front herausgebrochen. Verzeihen Sie, wenn ich mir hier erlaube, Sie sozusagen ans evangelische Portepee zu fassen, aber es geht ja dabei auch um *Ihre* persönlichste Sache. Das wichtigste Stück Arbeit haben Sie doch bereits geleistet, – warum wollen Sie so splendid sein, jetzt *andern* die Früchte zu überlassen? Vielleicht wäre es gut, wenn Herr Prof. Hermann Sie in einigem entlasten könnte, aber sollen, dürfen Sie jetzt *alles* aufgeben?“ Später erklärt F. Schulze-Maizier nochmals E. Seeberg, 13. Januar 1944, BArch Koblenz N1248/34: „Dr. Voigt und ich waren uns darüber einig, dass *nur Sie*, sehr verehrter Herr Professor, die

kollegiale Verantwortung auch ihm gegenüber und drang auf Rechtssicherheit durch einen Vertragsabschluss mit dem Verlag.[600] Interessanterweise war es aber gerade der als unfair angesehene Kampf eines minderen Gegners, der Seeberg zur Fortsetzung seiner Bemühungen motivierte. Zunächst klagte Seeberg nur:

„Von der Luthergesellschaft habe ich noch keine Antwort. Ich fürchte, sie werden irgendwie versuchen, die Sache in ihre Hand zu bringen und unsere Gedanken freundlich benutzen. An sich ist das nach der freundschaftlichen Art, wie ich die Sache begonnen habe[,] keine Methode wissenschaftlicher Verhandlung. Man mag [handschriftlicher Zusatz: es], so Kirchenpolitik machen können, Gelehrte sollten solche Winkelzüge und Geschichten nicht unternehmen. Manchmal hört bei mir die Lust ganz auf, die Sache zu machen. Auch beifolgenden Brief von Dörne finde ich reichlich gewunden. Was sind das für komische und ehrgeizige Brüder."[601]

Dann aber schloss er:

„Von der L[uther]Ges[ellschaft] fürchte ich, daß sie im Geheimen Schlingen legt. Wir müssen sehen, daß sie von sich aus ablehnt. Es geht auch ohne sie. Sie spekuliert wohl auch auf eine neue Constellation, bei der Herr Knolle, dem wenig einfällt, die Regie hat.

Ausgabe als Leiter werden durchsetzen und zusammenhalten können, und dass deshalb alles irgend Mögliche getan werden muss, um Sie zu entlasten."

[600] R. Hermann an E. Seeberg, 19. März 1944 (wie Anm. 583): „Da darf ja weder die Befürchtung Grund haben – haben Sie denn dafür irgendwelche Anzeichen [korrigiert aus: Gründe]? –, dass die Luthergesellschaft versuche, die ‚Sache in ihre Hand zu bringen', noch dürfen Sie erklären, es hörte bei Ihnen ‚die Lust ganz auf, die Sache zu machen'. Auch letzteres kann einmal ein Unrechter hören, und die Luthergesellschaft, wenn anders sie wirklich solche Fäden spinnen sollte, kann es benutzen. Und sodann: ich darf hier auch nicht mehr desavouiert werden! Aber auch in diesem Zusammenhang wiederhole ich noch einmal die Kritzelei auf meiner letzten Karte, dass m.E. unbedingt ein Verlagsvertrag aufgesetzt werden muss [...]. Auch die Mitarbeiter müssen m.E. [...] von festen Vertragsbestimmungen Kenntnis [...] bekommen. [...] Können Sie nicht Buschtöns auch über Dr. Voigt bearbeiten? Voigt will erszhaften [sic] Anfang. Also mag er helfen, dass die Sache ganz fest wird, auch gegenüber jedem etwaigen Angriff – falls es ihn gibt."

[601] E. Seeberg an R. Hermann, 17. März 1944 (wie Anm. 521). Der Bezugsbrief dürfte sein: M. Doerne an E. Seeberg, 6. März 1944, BArch Koblenz N1248/7, o.P.: „Ich danke Ihnen aufrichtig für das Vertrauen, das Sie mir mit Ihrer persönlichen Aufforderung zur Mitarbeit an einer so großen Aufgabe erweisen, und ich bitte Sie, überzeugt zu sein, daß ich es zu schätzen weiß. Ihr Brief bezeugt mir zu meiner Freude auch Ihr gütiges Verständnis dafür, daß ich meinen Entschluß nicht ohne Verständigung mit der Luther-Gesellschaft treffen kann, d.h. in erster Linie mit ihrem Präsidenten Althaus, dem ich persönlich eng verbunden bin. Ich habe Althaus eben von Ihrer Frage in Kenntnis gesetzt, und ich wäre sehr glücklich, wenn sich hier gangbare Wege zeigten. Inzwischen darf ich Sie noch um ein wenig Geduld bitten, – es dauert heute ja immer einige Zeit, ehe solche Verständigungen hergestellt sind, und ich rechne damit, daß Althaus auch Knolle ins Gespräch ziehen will."

Diese Winkelzüge, die ich spüre, reizen mich; sonst legte ich die Sache bei meiner reduzierten Arbeitskraft gleich nieder."[602]

Zugleich blieb das substantielle editorische Ziel: „die Hauptsache ist, daß wir etwas Ordentliches zustande bringen. Das wird sich von selbst durchsetzen. So altmodisch-optimistisch bin ich nun mal."[603] Hermann seinerseits regte an, den Druck auf die Luther-Gesellschaft durch eine Verlagsankündigung zu erhöhen.[604]

Die kritischen Anfragen seitens der Luther-Gesellschaft vom Juli 1943 hatten noch einen anderen Effekt: Seeberg und Hermann forcierten ihre Bemühungen um die Textgestaltung der deutschen Schriften, nachdem Knolle und Althaus eine Orientierung an archivalischen Richtlinien hinterfragt hatten[605]. Zunächst suchte Seeberg und dann auch Hermann im persönlichen kollegialen Umfeld nach fachwissenschaftlicher Expertise, was zu der zeitweiligen germanistischen Doppelbesetzung führte, die das Greifswalder Gespräch im Oktober 1943 bestimmte.[606] Seeberg kontaktierte im September 1943 Julius Schwietering in Berlin, der sich gegen zu weitreichende, von ihm als „radikal" empfundene „Modernisierung[en]" des Frühneuhochdeutschen aussprach.[607] Sodann erbat Hermann in Greifswald fachliche Unterstützung und

[602] E. Seeberg, handschriftliche Karte an R. Hermann, 19. März 1944, EZA 712/115, Bl. 50.

[603] Ebd.

[604] R. Hermann an E. Seeberg, 24. März 1944, EZA 712/115, Bl. 27: „Ihre Karte betr. die Luthergesellschaft und ihr Zögern habe ich erhalten. Immerhin wird das Erscheinen von einem oder von mehreren Bänden, wenn sie dadurch gewonnen werden soll, ja vor 1946 nicht erfolgen. Und wer kann [handschr. Zusatz: schon mit Blick auf den Krieg] mit Sicherheit sagen, dass dann wirklich etwas erscheint? Es handelt sich also um eine Erziehung auf etwas lange Hand. Vielleicht könnte ja aber der Verlag schon bald mit einer Vorankündigung auftreten und dabei darauf hinweisen, dass die Ausgabe in Arbeit ist, auch die Namen der bereits arbeitenden Männer nennen, wie Köhler, Lohmeyer, Rost, [handschriftlicher Zusatz: [Wilhelm] Caspari, Meißinger, F. W. Schmidt] und anderer, die ich nicht weiss? Das würde vielleicht denselben Eindruck schon früher auf die Luthergesellschaft machen."

[605] Konkret dazu s. oben Anm. 455.

[606] S. dazu oben Anm. 467.

[607] E. Seeberg an R. Hermann, handschriftliche Karte, 19. September 1943, EZA 712/115, Bl. 166: „Ich überlege grade, ob ich wegen des Deutschen nicht auch den germanistischen Kollegen Schwietering in Berlin herbei holen soll." E. Seeberg an R. Hermann, handschriftliche Karte, 22. September 1943, EZA 712/115, Bl. 167: „Ich habe auch Prof. Schwietering – Berlin eingeladen, habe aber noch keine Nachricht." E. Seeberg an R. Hermann, handschriftliche Karte, 26. Oktober 1943, EZA 712/114, Bl. 8, auch in: WIEBEL, Briefwechsel (wie Einleitung, Anm. 13), S. 365 f.: „An Knevels wegen der Lieder etc., an Döhring wegen der Predigten u[nd] an Meissinger wegen der I [... Psalmen] Vorlesung habe ich geschrieben. Auch an Schwietering wegen [de]s Deutschen." Sodann s. R. Hermann an E. Seeberg, 8. November 1943, EZA 712/114, Bl. 130 f., hier: Bl. 130, auch in: WIEBEL, Briefwechsel (wie Einleitung, Anm. 13), S. 366–368, hier: S. 366: „Nun zu dem Vor-

konsultierte Hans-Friedrich Rosenfeld.[608] Zwischen ihm und Hermann entwickelte sich eine enge Arbeitsgemeinschaft, seit beide – ab November 1943 – einen ersten exemplarischen Editionsversuch unternahmen, indem sie zunächst alleine und dann mit Studenten die Schrift „An die Ratsherren aller Städte deutsches Lands, daß sie christliche Schulen aufrichten und halten sollen" bearbeiteten.[609] Hermann berichtet dazu am 8. November 1943:

„Heute bin ich nun zu Rosenfeld hingegangen, und wir haben über eine Stunde lange einen Text (An die Ratsherrn deutscher Städte [...]) der nb. sehr schwer einsetzt, in Arbeit gehabt. Es gibt in Göschen eine kleine Auswahl von Lutherschriften im Originaldeutsch Luthers, mit Anmerkungen unten am Rande. Diese Ausgabe, und den entsprechenden Band der W.A. haben wir zugrunde gelegt. Rosenfeld würde wissenschaftlich betrachtet natürlich auch am liebsten den Originaltext, mit Anmerkungen versehen, lesen. [...] Übrigens wurde mir, natürlich auch nicht erst heute, aber heute besonders, klar, wie stark die germanistische Hilfe bei der Ausgabe eingespannt werden muss, jedenfalls bei der Durchsicht und Überwachung, sobald wir mit einem Anmerkungsapparat arbeiten. Kurze sprachgeschichtliche Verweise stellen sich wenigstens bei meiner steten Lutherlektüre mit Studenten immer wieder als notwendig ein, und ich selbst bin meist nicht, jedenfalls nicht ohne allerlei Mühe, in der Lage zu antworten."[610]

Ein Durchschlag der betreffenden Arbeit hat sich im Nachlass Hermanns erhalten.[611] Schwietering und Rosenfeld standen für einen konservativen Umgang mit der frühneuhochdeutschen Sprachgestalt, wobei die Vorschläge Rosenfelds um einiges konkreter waren als die Voten Schwieterings. Rosenfeld trat für eine am Lautbild[612] orientierte Transkription ein, die der Tendenz nach nahe an Seebergs Ideal eines weitestgehend unbearbeiteten Erhalts des Lutherdeutschen war. Vor diesem Hintergrund stimmte er der Zusammenarbeit mit Rosenfeld zu:

„Ich glaube, dass es möglich sein muss, die V und W in U usw. zu ändern, auch die Substantiva gross zu schreiben und damit schließlich auch den Idioten einen Zugang zu eröffnen. Wenn Herr Rosenfeld sich die Mühe machen will, einen solchen Text im Seminar durchzuackern, so würde ich ihm sehr dankbar sein."[613]

---

schlag Schwieterings: An eine ‚radikale Modernisierung' haben wir ja auch nicht gedacht. Jedenfalls fände ich das auch sehr schade."

[608] Erstmals dazu s. R. Hermann an E. Seeberg, 8. November 1943 (wie Anm. 607). Kurz zu Rosenfeld s. auch WIEBEL, Briefwechsel (wie Einleitung, Anm. 13), S. 366, Anm. 507.

[609] Ebd. Text: WA, Bd. 15, S. 9–53; SCHILLING, Studienausgabe (wie Rückblick und Ausblick, Anm. 29), Bd. 3, S. 357–405.

[610] Wie Anm. 607.

[611] S. dazu, am Ende der Mappe, EZA 712/114, Bl. 150–173.

[612] Vgl. dazu unten kurz Kap. III, Anm. 107.

[613] E. Seeberg an R. Hermann, 15. November 1943, EZA 712/114, o.P. [zw. Bl. 131 und 132].

Einen Monat später würdigte Seeberg nochmals Hermanns Vermittlung: „Ich bin Ihnen für Ihre Bemühungen sehr dankbar, ebenso auch Herrn Rosenfeld, der wirklich etwas in unserer Sache getan hat."[614] Anfang 1944 bekräftigte Seeberg: „Rosenfelds Arbeiten habe ich mit vielem Dank angesehen. Im einzelnen kann man natürlich streiten, im Ganzen wird die Arbeit so aussehen müssen. Jedenfalls hat er damit eine wesentliche Anschauung vermittelt."[615] Im März 1944 stellte Seeberg sogar fest: „Rosenfelds Hilfe ist sehr wertvoll; je mehr, desto besser."[616]

Nicht durchgesetzt hatte sich damit Schulze-Maizier, der in Greifswald ohne große Unterstützung für eine Modernisierung der deutschen Sprachgestalt, wie er sie möglicherweise für seine Insel-Ausgabe geplant hatte, eingetreten war. Im September 1944 blickte er auf den Greifswalder Austausch zurück, indem er sich nochmals Texte „in einem klaren, jedem Leser unmittelbar zugänglichen hundertprozentigen Neuhochdeutsch [wünscht], das den *Sinngehalt* des von Luther Gemeinten *direkt* übermittelt, ohne erst zu Kontakt-unterbrechenden Absprüngen auf Fussnoten usw. zu nötigen".[617] Aufschlussreich ist seine Erinnerung an die Mehrheitsverhältnisse in Greifswald: „Da auch in Greifswald nur Wünsch die gleiche Meinung vertrat, füge ich mich natürlich der Mehrheit, zumal ich ja auch für das relative Recht *ihres* Standpunktes nicht blind bin."[618] Kurz nach Greifswald war ein anderer Vorschlag aufgekommen, der dem relativen Recht beider vertretenen Standpunkte genügen wollte: dem Wunsch nach der ursprünglichen Sprachgestalt und dem einer Modernisierung. Nur drei Wochen nach dem Greifswalder Treffen erwähnte Seeberg einen Gedanken seiner Sekretärin: „Frl. Caspar äusserte den Gedanken, ob man nicht das Lutherdeutsch in unser Deutsch übersetzen und beide Texte neben einander stellen soll. Ich finde das beachtlich, aber freilich wird der Umfang damit gefährlich gesteigert."[619] Hermann dachte darüber nach, empfand den Ansatz aber schließlich aus verschiedenen Gründen als inakzeptabel:

> „Zunächst nochmal zu dem Vorschlag, neben den originalen deutschen Text eine moderne deutsche Fassung zu setzen: Soviel Vorteile das haben könnte, so scheint mir die Raumfrage dem Plan entgegen zu sein. Sie deuten jedenfalls nichts über sie an. Sie müssen m.E. dann schon die lat.[einischen] Texte weglassen und bloss deren deutsche Übersetzung nehmen. Aber das haben Sie mir doch schon abgelehnt! Weiter fürchte ich, dass die Ausgabe, wenn wir die lat.[einischen] wie die deutschen Texte übersetzen, einmal die der Eselsbrücken heissen könnte! Mir sind ja die beigegebenen Übersetzungen überhaupt ein Dorn im

---

[614] Wie Anm. 589.

[615] E. Seeberg an R. Hermann, 15. Januar 1944, WIEBEL, Briefwechsel (wie Einleitung, Anm. 13), S. 371 f.

[616] E. Seeberg an R. Hermann, 26. März 1944, EZA 712/115, Bl. 52.

[617] F. Schulze-Maizier an E. Seeberg, 1. September 1944, EZA 712/115, Bl. 79.

[618] Ebd.

[619] E. Seeberg an R. Hermann, 29. Oktober 1943, EZA 712/114, Bl. 9.

Auge. Ich glaube weiter, dass für eine so umfangreiche Ausgabe, wie sie bei solcher doppelten Übersetzung herauskommen würde, das ‚Echtheitsprincip', das ja doch an sich schon viel Wertvolles ausschliesst, eine zu schmale Basis bedeuten würde."[620]

Wer war das Fräulein Caspar, das den editorischen Ansatz der „Deutsch-Deutschen Studienausgabe" vorwegnahm?[621] Sie unterstützte Seeberg spätestens seit 1932 in Schreibarbeiten für die „Zeitschrift für Kirchengeschichte".[622] Nach dem rassetheoretisch motivieren Suizid des befreundeten Mitherausgebers, des Berliner mediävistischen Kollegen Erich Caspar[623], bedankt sich Maria Caspar bei Seeberg

„am Abend des Begräbnistages [...], daß Sie meinem Bruder die Gedächtnisrede gehalten haben. Sie hat meinen Geschwistern und mir sehr wohl getan, denn Sie haben das Bild des Toten so wahr und lebendig gezeichnet, wie es eben nur ein guter Freund tun kann, der den Verstorbenen wirklich nahegestanden hat."[624]

Fräulein Caspar war die Schwester eines der bedeutendsten Mediävisten in der ersten Hälfte des 20. Jahrhunderts und eine kultivierte Dame. Aus einem Sommerurlaub in Hahnenklee berichtet sie von „amüsante[n] Abende[n]" mit dem „große[n] Sombart", der im selben Hotel wohnte.[625] Die Lebensdaten von Maria Caspar erschließen sich aus dem Familiengrab auf dem Alten St.-Matthäus-Kirchhof in Berlin.[626] Das Grab ihres Bruders, ein schlichtes Steinkreuz, bietet ein Postament, auf dem zwei Namen stehen: „Erich Caspar" und „Maria Caspar" „geb[oren] 30. Aug[ust] 1881" und „gest[orben] 28. Nov[ember] 1945". Das Grab ist ein Geschwistergrab.[627] Maria Caspar war zwei Jahre jünger als ihr 1879 geborener Bruder[628] und sieben Jahre älter als Seeberg.

---

620 R. Hermann an E. Seeberg, 8. November 1943, BArch Koblenz N1248/12, Bl. 314 f., WIEBEL, Briefwechsel (wie Einleitung, Anm. 13), S. 366 f.

621 Bei WIEBEL, Briefwechsel (wie Einleitung, Anm. 13), S. 339 und S. 363 begegnet nur der Hinweis auf die Anstellung als Sekretärin (bei fehlerhafter Auflösung als „N. Caspar"). Zur erwähnten Ausgabe s. SCHILLING, Studienausgabe (wie Rückblick und Ausblick, Anm. 29).

622 S. oben Anm. 351.

623 Zu ihm s. Kap. III, Anm. 13.

624 M. Caspar an E. Seeberg, 25. Januar 1935, BArch Koblenz N1248/6, o.P.

625 M. Caspar an E. Seeberg, 21. August 1932 (wie Anm. 351).

626 Grabnummer E–S–001/005.

627 Entsprechend zu korrigieren ist Hans-Jürgen MENDE: Alter St. Matthäus-Kirchhof Berlin. Ein Friedhofsführer, Berlin ³2012, S. 67, der erklärt, dass der Historiker mit „seine[r] Frau Maria" beerdigt worden sei. Für die Beisetzung von Maria Caspar dürfte Dorothea Michelly, geb. Caspar (1884–1959), verantwortlich gewesen sein, nach dem Geburtsjahr die jüngste Schwester Erichs. Dass Maria Caspar nicht die Ehefrau war, erschließt sich auch daraus, dass kein Geburtsname vermerkt ist.

628 Walter HOLTZMANN: Art. Caspar, Erich, in: NDB, Bd. 3, Berlin 1957, S. 164 f. Zudem s. „Lebenslauf", in: Erich CASPAR: Die Gründungsurkunden der sicilischen Bistümer und die Kirchenpolitik Graf Rogers I. (1082–1098). Inaugural-Dissertation zur Erlangung der Doctorwürde von der philosophischen Facultät der Friedrich-Wilhelms-Universität zu

Dieser äußerte sich im Zusammenhang mit den Schreibarbeiten des Jahres 1943 unvorteilhaft über sie. Caspar hatte nicht nur die Korrespondenz des Frühjahres abgetippt, sondern auch den überarbeiteten Editionsplan des Herbstes und die Editionsarbeit von Hermann und Rosenfeld. Rechnerische Fehler und formale Inkonsistenzen, die bald bemerkt wurden und zu teils massiver Kritik an den editorischen Richtlinien führten, lastete Seeberg Caspar an.[629] Hermann erklärt er so (Abb. 7):

„Daß das Ganze solche Schweinerei geworden ist[,] liegt 1) an Frl. Caspar, der alten Sekretärin, die nachlässig die Seitenzahlen berechnet u[nd] auch sonst Dummheiten gemacht hat. 2) an mir, der ohne WA letztlich aus dem Kopf die einzelnen Abteilungen bestimmt hat, ohne die Caspar zu kontrollieren. – Da sie inzwischen, nachdem sie sich für 14 Tage erholt hat, abgereist ist, habe ich z.Z. keine Schreibhilfe hier. Besorgen Sie sich bitte auf Kosten des Verlages eine u[nd] korrigieren Sie bitte mein Ms: Dann kann ja wohl das Ganze, evtl ohne Seitenzahlen, wo die Alte bes. blöd umgegangen ist, an Verlag u[nd] Direktoren. Ich schicke Ihnen Ihren Brief mit Notizen u[nd] Knolles Elaborat zu. Knolle ist unkritisch gearbeitet u[nd] schlecht geschrieben."[630]

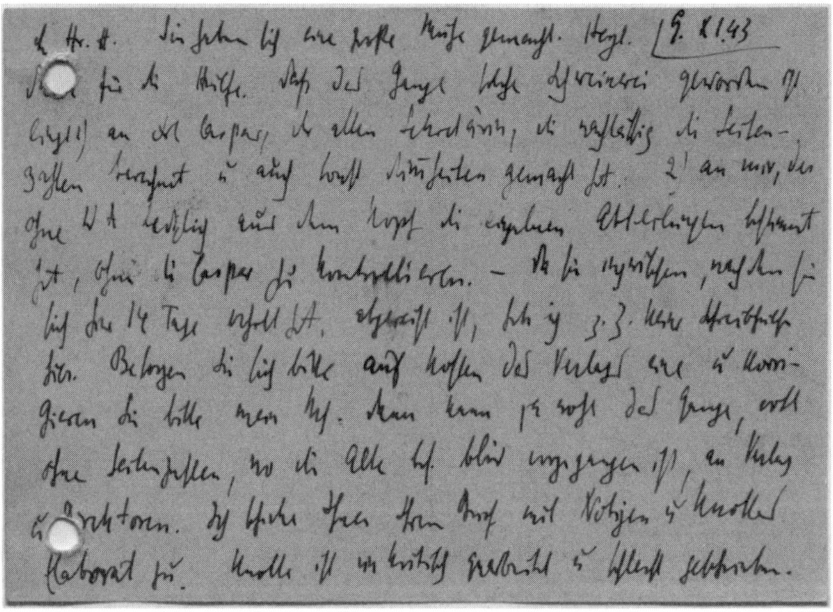

Abb. 7: E. Seeberg an R. Hermann, 9. November 1943 (Postkarte)

Berlin genehmigt und nebst den beigefügten Thesen öffentlich zu verteidigen am 6. Dezember 1902, Innsbruck 1902, S. 59.

[629] Vgl. hierzu alleine Seebergs Marginalien zu den von Hermann benannten Einzelpunkten in R. Hermann an E. Seeberg, 4. November 1943 (wie Anm. 368). Das von Seeberg annotierte Exemplar liest allein auf der ersten Seite drei Mal: „Frl Caspar!"

[630] Wie Anm. 350.

Im Umgang mit der schroffen Alternative zwischen zwei Sprachgestalten hätte Caspars Vorschlag vermitteln können. Die Entscheidung zugunsten des Ansatzes Rosenfelds löste ein Problem und schuf zwei neue. Sie beendete zwar den Richtungsstreit, ließ aber bald erkennen, dass im Grunde die gesamte Texterfassung deutscher Schriften nur von Germanisten geleistet werden konnte. Ein angefragter Mitarbeiter, der spätere Rostocker Professor für Praktische Theologie Gottfried Holtz, der sich schließlich gegen die Kooperation entschied, brachte dies auf den Punkt:

„Es wird über die Darlegung des Herrn Rosenfeld hinweg immer deutlicher werden, dass nur geschulte Germanisten die Arbeit leisten können, falls man die in Aussicht genommenen Grundsätze annimmt. Wer von uns kann wissen, dass Luther ‚lamb' schrieb, aber ‚Lamm' sprach? Ich glaube nicht, dass Sie mit meiner Mitarbeit rechnen können."[631]

Aufgrund der mangelnden Transparenz der Transkriptionsregeln fragte er auch: „Was soll das? Ist das Willkür oder wirkliche wissenschaftliche Verbesserung des Textes der W.A.? Sollte letzteres der Fall sein, so müßte meine Mitarbeit aufgesagt werden, weil es am primitiven germanistischen Wissen fehlt."[632] Klar sieht er auch die Alternative in der Textaufnahme:

„Ich persönlich will mitarbeiten, wenn entweder ein moderner Text geschaffen wird oder streng an der W.A. in allen Einzelheiten festgehalten wird, wobei dann am Rande oder unter dem Strich Lesehilfen für den Menschen von heute geboten werden könnten und geboten werden sollten. Weder an eine philologische Neuerarbeitung von Grund auf noch an eine halb-philologische, halb-moderne Fassung des Textes gehe ich heran. Alle meine kirchengeschichtlichen Lehrer haben mich vor solchen Unternehmungen gewarnt, – ich gebe ihnen heute noch mehr recht als in früheren Jahren."[633]

Darauf wurde – wohl nach Rücksprache mit Rosenfeld – die Antwort erteilt:

„Rein orthographische, den Lautbestand (Aussprache) nicht berührende Aenderungen sind vorgenommen, ohne einen Hinweis im Apparat zu geben. Handelt es sich doch für den Leser der Volksausgabe nur darum, Luther nach Inhalt und Form kennenzulernen, nicht aber den Zustand einer Druckausgabe des 16. Jahrhunderts. Wenn man dagegen *alles* modernisierte, also ins Neuhochdeutsche übersetzte, ging ihm von der Frische des Originals doch viel verloren."[634]

Holtz hatte klar die Probleme des vorgesehenen Arbeitsprozesses identifiziert.[635] Diese hatte auch Hermann früh erfasst. Er rechnete noch vor Holtz

---

[631] G. Holtz an R. Hermann, 9. Juni 1944, EZA 712/114, Bl. 142.

[632] G. Holtz an R. Hermann, 24. Mai 1944, EZA 712/114, Bl. 133 f., hier: Bl. 133.

[633] Ebd., Bl. 134.

[634] Maschinenschriftliches Typoskript, EZA 712/114, Bl. 135.

[635] Eindrucksvoll ist das Schlussvotum von G. Holtz an R. Hermann, 1. Juni 1944, EZA 712/114, Bl. 137 f., hier: Bl. 138: „Doch Schluß! Ich scheide von der Beschäftigung mit S[eeberg] mit unbefriedigtem Herzen. Mein Urteil bleibt: so geht es nicht! Zu viel Willkür und Folgelosigkeit! Zu viel entbehrliche Patina und keine Klarheit über Grenzen und Umfang des Apparates! Wenn man meinen Brief liest, denkt man wohl: lauter Kleinigkeiten!

mit einer Textaufnahme, die ausschließlich durch Germanistikstudenten erfolgen konnte und von Rosenfeld oder einem anderen Lehrstuhlinhaber zu kontrollieren und zu verantworten war.[636] Tatsächlich hatte Rosenfeld auch schon die erste Texterfassung der Ratsherrenschrift Ende November 1943 „einer älteren Studentin [...] anvertraut" (Abb. 8, unteres Bild, Nachtrag rechts oben).[637] Das zweite Problem bestand darin, dass Rosenfelds Vorschlag über die fachwissenschaftliche Supervision hinaus kaum in Einzelregeln erklärbar war. In der Abstimmung mit der Luther-Gesellschaft führte dies zu weiteren Schwierigkeiten, und Rosenfeld selbst konnte auch intern nur lavieren, indem er auf eine praktische Erprobung verwies. Entsprechend hielt Seeberg fest: „Ich stimme i[m] A[llgemeinen] Herrn Rosenfeld zu u[nd] bin der Meinung, daß erst bei der praktischen Arbeit sich allmählich ein Consensus über den eingeschlagenen Modus herausstellen wird. Vielleicht ergibt sich dabei, daß Lic Holtz Recht hat".[638] Aufgrund seiner Ergebnisoffenheit gegenüber praktischen Erfahrungen plädierte Seeberg dafür, „auch mit dem Deutschen getrost an[zu]fangen".[639] Zugleich hoffte er seit Februar 1944 darauf, allgemeine editorische Richtlinien zusammenstellen zu können, die er griffig zum „Kochbuch für die Direktoren" erklärte.[640]

Die Offenheit der formalen Richtlinien bereits nach dem Greifswalder Treffen und die Unklarheit über die Entscheidung der Luther-Gesellschaft führten zu einer überraschenden Kursänderung, für die der Verleger Voigt schon im Oktober 1943 eintrat. Schulze-Maizier fasste dessen Idee zusammen:

Aber leider sind sie ja das Wesentliche einer Textedition. Seien Sie mir bitte nicht böse, wenn ich Ihnen sage: ich gehe nicht an die Arbeit! Wenn andere Mitarbeiter es jetzt können, so können sie mehr als ich – ich muß mein Unvermögen bezeugen. Aber ich vermute, daß auch die Andern scheitern, denn die Sache leidet an ihrer grundsätzlichen Halbheit."

[636] R. Hermann an Seeberg, 12. März 1944 (wie Anm. 522): „Im Zusammenhange damit erinnere ich noch daran, dass der Zahlungsmodus für Mitarbeiter geklärt werden muss. Wenn ein germanistischer Kollege Studenten arbeiten lässt, so muss m.E. der Student, wiewohl natürlich der Professor zeichnet, das Geld bald haben, d.h. sobald er fertig ist. Das würde zur Voraussetzung haben, dass der Verlag die Einzelmanuskripte (mit genauer Bandbezeichnung natürlich) bereits entgegennimmt, auch ehe der Band abgeschlossen ist, und sie sogleich honoriert. [...] Ohne in dieser Sache klar zu sehen, wage ich nicht recht, mit Rosenfeld Näheres auszumachen."

[637] R. Hermann an E. Seeberg, 29. November 1943, EZA 712/115, o.P.

[638] E. Seeberg an R. Hermann, undatierter handschriftlicher Brief nach dem 9. Juni 1944, EZA 712/114, Bl. 143.

[639] Ebd.

[640] So in E. Seeberg an R. Hermann, 24. Februar 1944 (wie Anm. 364). Zudem R. Hermann an E. Seeberg, 24. März 1944 (wie Anm. 604): „Ferner ist es wohl nötig, bald über das Ausmass der beizufügenden Sach-Erklärungen schlüssig zu werden, und darüber kochbuchartige Bestimmungen herauszubringen."

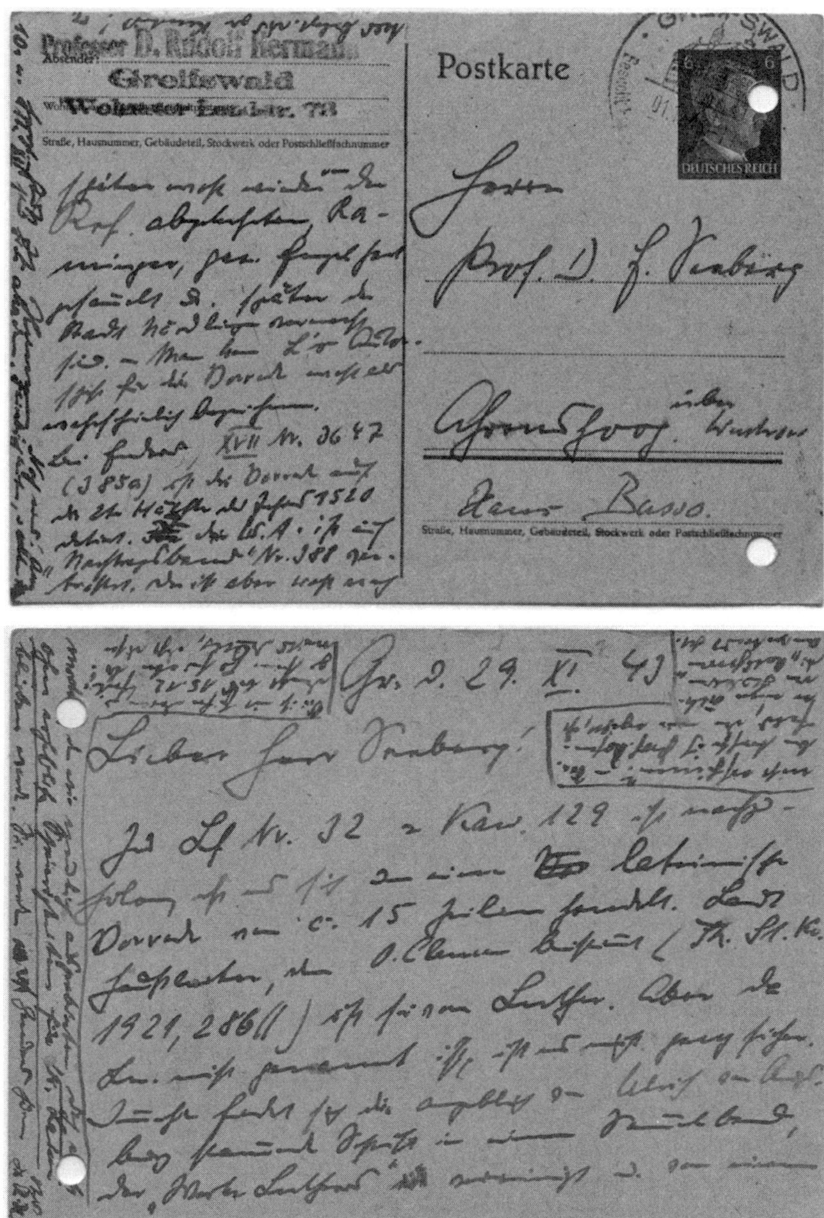

Absender: Professor D. Rudolf Hermann
Greifswald
Wolgaster Landstr. 73
Straße, Hausnummer, Gebäudeteil, Stockwerk oder Postschließfachnummer

Postkarte

DEUTSCHES REICH

Herrn
Prof. D. E. Seeberg
Ahrenshoop über Wustrow
Haus Basso.
Straße, Hausnummer, Gebäudeteil, Stockwerk oder Postschließfachnummer

Gr. d. 29. XI. 43

Lieber Herr Seeberg!

Abb. 8: R. Hermann an E. Seeberg, 29. November 1943 (Postkarte)

„Herr Dr. Voigt schlug vor, dass wir die Einzelbearbeitung der deutschen Schriften solange zurückstellen, bis wir uns über den Übertragungsmodus [...] klar geworden sind. Statt dessen sollten wir, so schlägt Herr Dr. Voigt vor, zunächst einmal an die lateinischen Schriften herangehen, bei denen die Art der Übersetzung ja keine besonderen und strittigen Probleme mehr bietet. Zur Frage der Übertragung der deutschen Schriften bemerkt Dr. Voigt noch, ihm sei von sich aus die von Ihnen gewünschte möglichst konservative Behandlung der alten Sprachform gewiss auch die sympathischste; da aber die Ausgabe ja besonders auch im protestantischen Ausland verbreitet werden solle, in welchem ein konservativ behandeltes Altneuhochdeutsch noch weniger leicht verstanden werden dürfte als bei uns im Inland, so sei doch zu überlegen, ob sich nicht die Übertragung in ein glatt lesbares Neuhochdeutsch am ehesten empfehle. Doch vermochte auch Dr. Voigt hier ebenso wenig zu einer definitiven Entscheidung zu gelangen wie wir."[641]

Seeberg stimmte Voigts Vorschlag zu[642], mit dem ebenfalls ein Problem vertagt wurde, während zwei weitere an Brisanz gewannen. Zum einen sollte eine Erfassung der lateinischen Texte ja vermieden werden, indem es ein zerschnittenes Exemplar der WA editorisch zu ergänzen und zu annotieren galt. In diesem Zusammenhang erwies sich Buschtöns als höchst ambivalente Figur. Die Zusage einer Weimarana „zum Zerschneiden"[643] blieb über ein Jahr unerfüllt und wurde spätestens im März 1944 zu einem grundsätzlichen Problem, das Seeberg für Hermann zusammenfasst: „Buschtöns hat übrigens erfahren, daß eine WA 10000 M wert ist u[nd] hat wegen des Zerschneidens Bedenken. Ohne das gehts aber nicht."[644] Versuche seitens des Verlages, ein Exemplar anzukaufen, waren gescheitert.[645] Buschtöns zog im Laufe der Zeit mehrere Exemplare in Betracht. Zunächst rechnete er mit einer Ausgabe aus dem Domkandidatenstift[646], zu der Seeberg Hermann meldete: „Die W.A., die

[641] F. Schulze-Maizier an R. Hermann, 15. Oktober 1943 (wie Anm. 578).

[642] F. Schulze-Maizier an E. Seeberg, 27. Oktober 1943, BArch Koblenz N1248/34, o.P.: „Es ist mir wertvoll, zu wissen, dass Sie vor allem mit Dr. Voigts Vorschlag einverstanden sind, die deutschen Schriften einstweilen zurückzustellen." Zeitgleich vollzog Voigt eine Kehrtwende in seiner eigenen Einschätzung zur deutschen Sprachgestalt, ebd.: „Herr Dr. Voigt schreibt mir nun soeben, er sei nach reiflicher Überlegung ganz in Ihrem Sinne zu der Auffassung zurückgekehrt, dass wir nur in sehr mässigem Umfange das Luther-Deutsch verändern dürfen, und zwar eben nur dort, wo Worte oder Wortverbindungen durchaus unverständlich bleiben würden.'"

[643] S. Anm. 402.

[644] 26. März 1944 (wie Anm. 616). Vgl. auch F. Schulze-Maizier an E. Seeberg, 26. März 1944, EZA 712/115, Bl. 53.

[645] F. Schulze-Maizier an E. Seeberg, 27. Juni 1943 (wie Anm. 556): „Dieser Tage erfuhr er [Dr. Voigt], dass in Weissensee ein Gesamtexemplar der W.A. greifbar sei; wir wollten gemeinsam hinausfahren, um es für den Verlag zu erwerben, aber eine Viertelstunde vorher war es uns bereits weggeschnappt worden!" S. auch F. Schulze-Maizier an R. Hermann, 15. Juli 1943, EZA 712/115, Bl. 39: „Kürzlich versuchte ich gemeinsam mit dem Verleger Herrn Dr. Voigt vom Metznerverlag ein Exemplar der W.A., das gerade greifbar geworden war, käuflich zu erlangen, leider entging es uns im letzten Augenblick."

[646] S. Anm. 402.

zerschnitten werden kann, ist im Domkand[idaten]stift rectore Buschtöns aufbewahrt. Sie können sich aber auch durch ihn die in Betracht kommenden Bände schicken lassen."[647] Nach zahlreichen Vertröstungen und vergeblichen Versuchen, Buschtöns direkt zu erreichen, klagte Hermann am 19. März 1944 gegenüber Seeberg: „Am wichtigsten scheint es mir jetzt, Buschtöns zum Reden zu zwingen. Er war schon wieder nicht bei der Sitzung. Man muss sich seiner vor allem ganz sicher sein, nicht nur der Zerschneidung und Versendung der W.A. wegen, sondern auch dass der fest zur Sache steht."[648] Am 25. Mai 1944 führt Hermann Seeberg die Dringlichkeit vor Augen:

> „Dass wir immer noch nicht an die zu zerschneidende Lutherausgabe [handschriftliche Ergänzung Hermanns: W.A.] herankönnen, wächst sich bereits jetzt zum Schaden aus und wird nächstens zur Katastrophe. Wenn für den lat[einischen] Text ein M.S. hergestellt werden müsste, so werden die Bände natürlich *nicht* fertig. Ist etwas einmal zugesagt, so muss es auch gehalten werden. Und die Zerschneidung war ganz fest zugesagt. [...] Herr Buschtöns verdient den Eifer gar nicht, und Herr Voigt, wenn er jenen nicht endlich bestimmen kann, sein Wort auszuführen, mag auf die Fertigstellung der Bände nicht rechnen! Wer sollt[e] auch wohl den ganzen lat.[einischen] Text abtippen!!? Bitte machen Sie doch diese Sache so eilig und dringend, wie sie ist!"[649]

Hermanns Appell zeigte Wirkung. Im Juli 1944 begann Schulze-Maizier, unterstützt von „der trefflichen Sekretärin der Landeskirchl.[ichen] Hauptbibliothek"[650], damit, aus Ilsenburg einzelne Bände und Bandteile an Hermann, Wünsch, Rosenfeld und Ernst Lohmeyer zu versenden, der die Übersetzung der Römerbriefvorlesung übernommen hatte[651]. Fragen zu den Besitz- oder Eigentumsverhältnissen wurden nicht gestellt; zu groß waren die Erleichterung und Freude über die nach mehr als einem Jahr endlich verfügbaren Drucke. Aus der direkten Übernahme des lateinischen Textes der Weimarana eröffnete sich indes das zweite Problem, das Seeberg von Anfang an benannt hatte: die Notwendigkeit, urheberrechtliche Implikationen zu klären. Für Seeberg war dies Aufgabe des Verlegers, die er selbst nicht ohne eine gewisse Brutalität im Urteil über mögliche Rechtsinhaber bedachte: „Wegen der urheberrechtlichen Fragen werde ich an Dr. Voigt schreiben. Dafür muss er sorgen. [Otto] Albrecht ist nun tot und wird uns kaum Scherereien machen, da sein Sohn ein Tunichtgut war. Immerhin müssen diese Fragen prinzipiell geklärt werden."[652] Während der Editor an Editoren als Rechteinhaber dachte,

---

647 E. Seeberg an R. Hermann, 23. Juni 1943, WIEBEL, Briefwechsel (wie Einleitung, Anm. 13), S. 364 f.

648 Wie Anm. 600.

649 An E. Seeberg, EZA 712/115, Bl. 31 f., hier: Bl. 31.

650 F. Schulze-Maizier an E. Seeberg, 6. August 1944, BArch Koblenz N1248/34, o.P.

651 Zuvor s. bereits F. Schulze-Maizier an R. Hermann, 21. Juli 1944, EZA 712/115, Bl. 72, aus Ilsenburg; im Textauszug s. unten Anm. 693. Zu Lohmeyer s. R. Hermann an R. Voigt, 20. März 1946, EZA 712/116, Bl. 128.

652 E. Seeberg an R. Hermann, 17. Februar 1944, EZA 712/114, Bl. 114.

dachte der Verleger an andere Verlage. Im November 1944 berichtete Schulze-Maizier von gemeinsamen Überlegungen mit Voigt:

„Dr. Voigt [...] ist auch in Unruhe wegen Böhlau. Um die Verhandlungen mit Böhlau wird Voigt nicht herumkommen. Nun fürchtet Voigt aber, falls Böhlau sich an die Herren der Luthergesellschaft wenden sollte, so könnten wir die kaum behobene Spaltung erneut zur Diskussion bekommen. Ich überlege deshalb, ob Voigt nicht erst dann zu Böhlau fahren sollte, wenn die Fühlungsnahme mit ihm schlechterdings unumgänglich geworden sein sollte. Was nun die andere Frage anlangt, ob wir eventuell die lateinischen Texte zuerst nur in Übersetzungen bringen, so scheinen ja auch Sie diesen Ausweg mit in Frage zu ziehen. Voigt fürchtet zwar, dass unsere Ausgabe auf diese Weise etwas weniger wertvoll würde. Doch meint er, man könne ja später bei Böhlau um die Genehmigung nachsuchen, die lateinischen Texte in Ergänzungsbänden zu bringen.“[653]

Einen Tag später wandte sich Voigt selbst an Seeberg, um seine Pläne zu schildern:

„Wenn ich jetzt mit Böhlau verhandeln würde, ist zu erwarten, daß man Schwierigkeiten bereitet und zuletzt nicht gestattet, daß die lateinischen Luther-Texte in unsere Ausgabe übernommen werden. [...] Wenn ich dagegen mit Böhlau verhandeln könnte, nachdem die Ausgabe bereits angezeigt wurde *und* 2–3 Bände abgeschlossen vorliegen (nicht im Manuskript, sondern fertig zur Auslieferung), so weiß Böhlau, daß er mit dieser Ausgabe nichts mehr anfangen kann und infolgedessen nicht viel verliert, wenn er seine Zustimmung zum Abdruck der lateinischen Texte geben kann. Um diese Verhandlungsbasis zu erreichen, geht mein Vorschlag dahin, die von Anfang an als rein deutsch gedachte Luther-Ausgabe zu beschränken auf die deutschen Texte *und* in Ergänzungsbänden die lateinischen Texte nachträglich zu bringen.“[654]

In einer Verlagsankündigung seien „die lateinischen Texte“ nur „als Ergänzungsbände“ zu erwähnen.[655] Der Ratschlag war auch aus einem Gespräch mit Buschtöns entstanden:

„Herr Buschtöns meint überhaupt, daß nach Beendigung des Krieges die lateinischen Texte in jedem Falle nach den vorhandenen Originalen bezw. den Handschriften abgedruckt werden könnten und daß man so viel redaktionelle Anmerkungen dazu bringen könnte, daß auch dann Böhlau Schwierigkeiten nicht bereiten kann.“[656]

1944 konnten damit weder die deutschen Schriften ediert werden, da die Frage der Textkonstitution nicht abschließend geklärt war, noch waren die lateinischen Schriften auf der Grundlage der WA zu bearbeiten, da Voigt die urheberrechtlichen Probleme eines Nachdrucks dilatorisch behandelte. Letztlich blieb nur zweierlei: eine Revision des Gesamtplans und die Vorbereitung von Übersetzungen. Um beides machte sich Hermann in besonderer Weise ver-

---

[653] F. Schulze-Maizier an E. Seeberg, 16. November 1944, BArch Koblenz N1248/34, o.P.

[654] Wie Anm. 575, Bl. 174.

[655] Ebd.

[656] Ebd.

dient. Hinsichtlich der Übersetzungen plädierte er vorsichtig und früh für eigenständige Neuarbeiten.[657] Sodann rekrutierte er in seinem kollegialen Umfeld einen Mann, dessen außergewöhnliche Leistungsfähigkeit er hochschätzte: Ernst Lohmeyer wollte die von Johannes Ficker erschlossene Römerbriefvorlesung übersetzen. Am 12. März 1944 konnte Hermann diesen Erfolg vermelden:

„Übrigens, da Lohmeyer bereit ist, den Römerbrief zu übernehmen und mir zugesagt hat dran gehen zu wollen, so habe ich die leise Hoffnung, dass er mit den 350 Seiten Übersetzung bei seiner immensen Arbeitskraft in diesem Jahre fertig wird. Das würde dann aber einen ganzen Band bedeuten. Wenn das gelingt, so sind wir dem Verleger gegenüber wieder ein Stück weiter. Ob er fertig wird, weiss natürlich niemand, zumal da er ja gegen erneute Einberufung auch nicht sicher ist."[658]

Schon zwei Wochen später war Lohmeyer über der Arbeit und schrieb Hermann aus der verschneiten Einsamkeit in Schlesien von seinen Überlegungen zur Ausgabe:

„Ich bin ganz Ihrer Meinung; der Römerbrief wird ein Torso, wenn man die Glossen nicht übersetzt. Sie zeigen auch erst, mit welcher exegetischen Sorgfalt die allgemeinen Gedanken der Scholien erarbeitet worden sind – und das zu sehen, halte ich gerade heute für bitter nötig. Also der Römerbrief, wenn übersetzt, dann nur mit den Glossen; ich halte es für den Fehler der Ellweinschen Übersetzung, dass sie die Zusammengehörigkeit von Glossen und Scholien verstümmelt hat. Für einen lesbaren Text will ich schon sorgen. Mir täte es auch persönlich leid, weil dann die bisherige Arbeit der Übersetzung umsonst wäre. Ich habe den Römerbrief hierher mitgenommen und heute die Glossen bis C. 11 einschl. übersetzt. Wenn ich nach Greifswald zurückkomme, möchte ich die Übersetzung überarbeiten und mit Schreibmaschine niederschreiben."[659]

Die Gelegenheit zu konzentrierter Arbeit und die Friedlichkeit des Augenblicks berühren auch Lohmeyer selbst: „Ich sitze hier in tiefer, reiner, strahlender Winterlandschaft. Man ist wie verzaubert".[660] Hermann wiederum arbeitete über Monate entsagungsreich an einer Revision des Editionsplans. Schon den ersten Entwurf Seebergs hatte er detailliert kommentiert.

Der zweite Entwurf vom Herbst 1943[661], der eine Seitenzählung nach der WA integriert hatte und damit eine Umfangsbemessung der Editionseinheiten und Bandkonzeptionen ermöglichte, war von Hermann in einer solchen Intensität überprüft worden, dass der von Seeberg intendierte zügige Versand an

[657] E. Seeberg an R. Hermann, 14. Mai 1943 (wie Anm. 409): „Schwieriger ist die Frage der Übers[etzungen]. Ich bin mir auch da nicht abgeschlossen klar, u[nd] wir wollen diese Frage nochmals mündlich prüfen. Vielleicht haben Sie mit dem Vorschlag, mehrere Übers.[etzungen] zu nehmen, Recht."

[658] R. Hermann an E. Seeberg (wie Anm. 522).

[659] E. Lohmeyer an R. Hermann, 30. März 1944, EZA 712/115, Bl. 44.

[660] Ebd.

[661] S. dazu oben Anm. 629.

die Abteilungsdirektoren und Mitarbeiter aufgegeben werden musste.[662] Hermanns Arbeiten zogen sich bis in den März des Jahres 1944 hin:

„In tagelanger geisttötender Arbeit – ich frage mich oft, was ich mir da für eine wahrscheinlich immer exklusivere Ansprüche stellende Last aufgebunden habe – habe ich nun ein erstes Licht in die sachliche Einleitung der ersten Abteilung in Bände, die eben doch leider nicht rein chronologisch sein soll und Luther in schwer voneinander abtrennbare Themata zerreisst (wenigstens in einer so grossen Abteilung), zu bringen gesucht. So weit, dass ich sie Ihnen einschicken kann [...] ist die Arbeit noch längst nicht. Entschuldigen Sie meine schlechte Stimmung. Aber ich sehe nicht, wie es weiter werden soll, da es so nicht weiter gehen darf. Zudem fürchte ich, dass die Hoffnungen des Verlegers auf Bände im M.S. noch in diesem Jahre kaum zu verwirklichen ist [sic], um so weniger, als deutsche und lateinische Schriften nicht getrennt werden sollen, was eine Vielzahl von Mitarbeitern bei einem Bande bedingt."[663]

Hermann beschloss den Brief um „1/2 3 Uhr nachts, wie fast täglich, freilich auch ohne die Lutherausgabe, jetzt aber ausschließlich mit ihr."[664] Zwei Tage später hatte Hermann eine Teiletappe erreicht: „Jetzt habe ich endlich die

---

[662] Seebergs ursprünglicher Plan erschließt sich aus E. Seeberg an R. Hermann, 29. Oktober 1943 (wie Anm. 619): „Sie erhalten in nächster Zeit einen Versuch, die als echt erkannten Schriften Luthers in die einzelnen Abteilungen unserer Ausgabe einzuordnen." Mit der Bitte um Korrektur verband sich das Vorhaben, das Dokument sodann „an Metzner z.H. von Dr. Voigt und in sieben Durchschlägen an die sieben Abteilungsleiter [zu] versenden. [...] Diese können dann wieder ihre speziellen Meinungen sagen und die chronologische Reihenfolge in ihren einzelnen Abteilungen herstellen." R. Hermanns Reaktion s. in dessen Brief an E. Seeberg vom 4. November 1943 (wie Anm. 368), hier: Bl. 14 f.: „Schon aus den ersten 6 [von 40] Punkten, dann aber auch aus vielen Einzelheiten der nachfolgenden Punkte, geht m.E. hervor, dass der Entwurf noch nicht endgültig abgeschrieben und an die sämtlichen Direktoren weitergegeben werden kann. Es entsteht die Frage, was zu tun ist? Der Entwurf setzt in vieler Hinsicht zu einer Arbeit neu an, die ich bereits getan glaubte. Die in meinem Kawerau-Exemplar links am Rande notieren Ziffern der deutschen Schriften sind, wo sie nicht einfach ein Subtraktionsexempel aus Kaweraus Ziffern darstellen, auf Grund von Durchblätterung und Einzeleinschätzung gewonnen. Die wenigen Ziffern rechts am Rande, lateinische Schriften betreffend, wohl auch. Ferner ist in das Knolle-Verzeichnis allerlei Arbeit eingetragen. Ich finde, dass von dieser Arbeit ausgegangen werden muss, falls Sie keine Fehler in ihr gefunden haben." Hermanns Vorschlag lautet, ebd., Bl. 15: „Ich wäre bereit, das Verzeichnis aufgrund der von Ihnen mühevoll durchgeführten Verteilung auf die vier Abteilungen, nach den Seitenzahlen und nach einigen Umstellungsgesichtspunkten neu zu schreiben, -- wenn Sie es nicht selber tun wollen. Ich habe keine Sekretärin. Ich würde Ihnen mein Kawerau-Exemplar, mit Erläuterungen dann nochmals hinsenden. Soll ich es aber machen, so würde ich um Übersendung des Knolleschen Verzeichnisses der lateinischen Schriften bitten, aus dem soeben angegebenen Grunde."

[663] R. Hermann an E. Seeberg, 10. März 1944, EZA 712/114, Bl. 54–56, hier: Bl. 54, auch in Seebergs Exemplar in EZA 712/115, Bl. 17–19, hier: Bl. 17, in kurzem Auszug in WIEBEL, Briefwechsel (wie Einleitung, Anm. 13), S. 372.

[664] R. Hermann an E. Seeberg, 10. März 1944, (wie Anm. 663), Bl. 56; in Seebergs Exemplar (wie Anm. 663), Bl. 19; bei WIEBEL, Briefwechsel (wie Einleitung, Anm. 13), S. 372.

Bandeinteilung von Abt. I in Kladde fertig. Sobald ich ihren Rohbau abgeschrieben habe, sende ich ihn. Es sind 8–9 Bände, d.h. über Band VIII noch 232 Seiten überschiessend."[665]

Kaum ein Thema unter den Editoren war in diesem oder anderen Zusammenhängen die Frage von Illustrationen, die Voigt im ersten Gespräch mit Buschtöns mit der Ankündigung einer „vortrefflich[en]" „Ausstattung" berührt hatte[666]. Nur kurz nach dem Greifswalder Treffen vom Oktober 1943 tauschten sich Seeberg und Hermann darüber aus. Seeberg zeigte sich davon überrascht, dass Hermann gegenüber Bildern aufgeschlossener war als er selbst:

„Interessant war mir, dass Sie der Illustration positiv gegenüberstehen; ich tue das eigentlich nicht, lasse mich aber gern belehren. Ich wollte nichts als die berühmten lutherischen Handzeichnungen, soweit sie echt sind, bringen. Jedenfalls müssten wir Thulin oder auch [Friedrich] Gerke, der allerdings in Griechenland eingezogen ist, heranziehen."[667]

Für den Verleger verband sich die Einbindung von Illustrationen mit einer Vorgabe: „Dr. Voigt möchte alle 32 Seiten ein Bild bringen, sodass auf den Band etwa 25 Bilder kämen."[668] Für Seeberg wie für Hermann spielte diese Frage in dem Ringen um das Gesamtkonzept indes keine Rolle.

Während Hermann tage- und nächtelang an einer Revision des Editionsplanes arbeitete, brachte Seeberg die eine oder andere Anregung ein. Für die erste Abteilung („Theologische Schriften") schlug er etwa eine konsequent chronologische Gliederung vor: „Ein neuer Vorschlag zur Einteilung von I 1) der junge L[uther] [...] 2) der Reformator 3) L[uther] im Kampf 4) der ältere L.[uther ...] Oder scheint Ihnen das Unsinn?"[669] Vor allem aber erwartete Seeberg die Entscheidung der Luther-Gesellschaft mit dem größten Misstrauen. Am 21. Februar 1944 hatte er der Luther-Gesellschaft offenbar mitgeteilt, seine Edition werde sich durch die ausstehende Reaktion nicht länger behindern lassen und die Arbeit aufnehmen.[670] Zugleich mochte er bereits in diesem Zusammenhang signalisiert haben, dass für eine Beteiligung der Luther-Gesellschaft noch eine Tür offenstand, indem die Direktion für die vierte Abteilung bis auf weiteres unbesetzt blieb. Damit hätte Seeberg den Druck auf die Luther-Gesellschaft erhöht, denn der Freiraum für eine partnerschaftliche Kooperation und gemeinsame Gestaltung, auch der formalen Richtlinien, wäre damit massiv eingeschränkt worden. Mit angespannter Erwartung sah Seeberg einer Antwort entgegen, vermutete dem Ziel, nicht aber den Mitteln

[665] R. Hermann an E. Seeberg, 12. März 1944, EZA 712/114, Bl. 61–63, hier: Bl. 61, auch in Seebergs Exemplar in EZA 712/115, Bl. 20 f., hier: Bl. 20.
[666] S. dazu Anm. 315.
[667] E. Seeberg an R. Hermann, 29. Oktober 1943 (wie Anm. 619).
[668] F. Schulze-Maizier an R. Hermann, 15. Oktober 1943 (wie Anm. 578).
[669] E. Seeberg an R. Hermann, 26. März 1944 (wie Anm. 616).
[670] S. dazu Anm. 511.

nach zutreffend, dass Knolle Wege suchte, seine Herausgeberschaft zu retten und erging sich in Spott über die „Luther-Gesellschaft", die er zum „Luther-Verein" degradierte. Am 14. März konstatierte er entsprechend: „Von den beiden Präsidenten des Luther-Vereins kommt keine Antwort."[671] Mit Blick auf einen oder mehrere doppelt angefragte Mitarbeiter oder mögliche Editoren, die sich bis zu einer abschließenden Entscheidung nicht erklären wollten (denken ließe sich an Doerne, aber auch den unbestimmten Kurs Heckels), bemerkte er: „Ein komischer Verein, der Lutherverein; kein Mitglied wagt ohne Genehmigung D. Knolles etwas zu arbeiten!"[672] Eine knappe Woche später erklärte er nach der Absage Heckels, aber vor dessen persönlicher Kontaktaufnahme zu Seeberg, die wiederum einer neuerlichen Mitarbeit galt: „Die Antwort von Heckel wird mit den Intrigen des Luthervereins zusammen hängen. [...] Die Antwort darauf ist [...], daß wir nach Möglichkeit ans Werk gehen, aber Abt[eilung] 4 unbesetzt u[nd] offen lassen. Wenn wir das Mögliche tun u[nd] geleistet haben, werden die Lutherpfaffen kommen u[nd] bitten."[673]

Einen verstärkenden Resonanzboden fand Seeberg wiederum in Schulze-Maizier, der das Vorgehen am 31. März 1944 folgendermaßen pries:

„Was Ihre Taktik den Herren vom Lutherverein gegenüber betrifft, so bewundere ich auch da wieder Ihr diplomatisches Ingenium. Mir scheint, Ihre Taktik ist ganz die richtige. Ich vermute auch, dass die Herren von selbst kommen werden, wenn Sie jetzt mit der Arbeit beginnen und Abt.[eilung] IV einstweilen unbesetzt lassen. Das Einfachste ist auch hier wieder das Beste."[674]

Auch Althaus' vorläufige Ankündigung einer Kooperation feierte Schulze-Maizier als einen persönlichen und strategischen Triumph Seebergs:

„[D]ie Nachricht, dass die Lutherges.[ellschaft] auf Grund der von Ihnen vorgeschlagenen Bedingungen mitmacht, ist zweifellos eine *gute* Kunde. Sie zeigt, dass die von Ihnen eingehaltene Taktik [...] richtig war und dass das Stück Überwindung, das Sie selbst dabei zu leisten hatten und das (wie ich an dem Dresdener Abend mit Althaus merkte) nicht so einfach für Sie gewesen sein mag, sich belohnt [sic] hat. Auch im Interesse der Sache ist diese Wendung zu begrüssen. Denn wir sollten der vielbeschrieenen Actio catholica endlich eine

---

[671] Wie Anm. 416.

[672] Ebd.

[673] Wie Anm. 522.

[674] F. Schulze-Maizier an E. Seeberg, BArch Koblenz N1248/34, o.P. Den Unterschied zu Hermann verdeutlicht auch Schulze-Maiziers Umgang mit dem Editionskonzept, das er – selbst während Hermanns eingehender Revision – unkritisch rühmte, s. dazu F. Schulze-Maizier an E. Seeberg, 2. Januar 1944 (wie Anm. 569): „Ich lag einige Zeit, konnte aber dabei in Ruhe Ihre neue Aufstellung der genuin echten Lutherschriften durchgehen und muss sagen, dass Sie wieder einmal bewiesen haben, welche glückliche Hand Ihnen gerade auch in editorischen Dingen eigen ist."

Actio *evangelica* entgegensetzen; da ist es gut, wenn unsere Lutherausgabe alle irgendwie in Frage kommenden evangelischen Faktoren vereinigt."[675]

14. Neun Monate der Kooperation unter Seeberg (1944–1945)

Wurde die Kooperation von Seiten einzelner Mitarbeiter um Seeberg als Erfolg gefeiert[676], wurde sie in dem wohl von Knolle aufgesetzten offiziellen Beitrittsschreiben vom 9. Juni 1944 verhalten begrüßt:

„Dabei dürften wir aussprechen, dass wir von unserem eigenen Plan nur schweren Herzens und mit nicht geringen finanziellen Opfern zurücktreten. Auch sind nicht alle Bedenken, die wir im Laufe der Verhandlungen mit Ihnen aussprachen, überwunden. Wir hoffen aber, dass die gemeinsame Arbeit, vor allem auch die persönlichen Zusammenkünfte der Leiter der verschiedenen Abteilungen zur Abstimmung aufeinander und zu einer einheitlichen Linie führen werden. Der mitunterzeichnete Hauptpastor D. Knolle ist also bereit, die vorgesehene 4. Abteilung zu leiten."[677]

Noch am selben Tag kündigte Althaus zudem Hermann brieflich an, die Bearbeitung der Disputationen „gerne" zu übernehmen: „Allerdings habe ich nicht so viel Vorarbeiten wie Du denkst."[678] Wenige Tage später, am 13. Juni 1944, wandte sich Knolle in einem persönlichen Brief an Seeberg und benannte Editionseinheiten aus der zweiten Abteilung, die er bereits bearbeitet habe.[679] Damit traf er den richtigen Ton; denn auch ohne die ausdrückliche Forderung erschloss sich Seeberg sofort, dass Knolle damit die Direktion der zweiten Abteilung anfragte. Handschriftlich hielt Seeberg auf dem Anschreiben seine Überlegung fest, Knolle dies zu gewähren, und antwortete dem Hauptpastor am 21. Juni, indem er eine „Aussprache vor[schlug], auch über Abt. II".[680] Hermann eröffnete er: „Ich würde sie ihm gern geben."[681] Zugleich wusste Seeberg um die erheblichen persönlichen Reserven Walther Köhlers gegen-

---

[675] F. Schulze-Maizier an E. Seeberg, 15. Mai 1944, BArch Koblenz N1248/34, o.P.

[676] Vgl. auch sehr pragmatisch W. Caspari an R. Hermann 2. Juli 1944, EZA 712/114, Bl. 91: „Der Anschluß der Luther-Gesellschaft bedeutet gewiß einen beachtlichen Erfolg für Seeberg. Jetzt wird sich vielleicht auch das zu zerschneidende Exemplar der WA leichter einstellen."

[677] S. oben Anm. 544.

[678] EZA 712/115, Bl. 91.

[679] Dies erschließt sich aus dem Brief E. Seebergs an R. Hermann, nach dem 9. Juni 1944 (wie Anm. 423): „Von dem Pastor Knolle soll ein Brief in Ahr[ens]hoop liegen [...]. Er scheint nach der telef.[onischen] Mitteilung des Briefinhalts, wie ich ihn bekam, die Abt II auch sehr in Hinblick auf das von ihm bisher für die Schriften dieser Abteilung Geleistete" zu ermessen. Wahrscheinlich ist, dass es sich um den in Rückblick und Ausblick, Anm. 4 erwähnten Brief Th. Knolles vom 13. Juni 1944 handelt.

[680] S. das in Rückblick und Ausblick, Anm. 4 benannte Dokument.

[681] Ebd.

über Knolle[682] und prognostizierte „Schwierigkeiten" mit Wünsch[683]. Dennoch war Seeberg zuversichtlich: „Nun, auch dies wird sich finden."[684]

Unberücksichtigt blieb dabei, dass Knolle als Direktor zweier Abteilungen gegenüber den beiden übrigen Direktoren Hermann und Wünsch in einer einflussreicheren Position gewesen wäre, aus der sich auch die Frage einer Mitherausgeberschaft neu gestellt hätte. Hermann mochte dies gesehen haben; gegenüber Seeberg betonte er nachdrücklich: „Die Abteilung II muß m.E. bei Ihnen bleiben! Knolle verlangt sie ja auch gewiß."[685] Hermanns Argument beläuft sich darauf, dass Seeberg als Hauptherausgeber auch in die Arbeit der Direktoren eingebunden sein müsse und „unnötige Personalschwierigkeiten z.B. in Sachen Köhler – Knolle zu vermeiden" seien.[686] Eher sollten Texte zwischen den Abteilungen umgestellt werden: „Es bleiben ja dann auch genug Schriften in Abt. II., die die Luthergesellschaft nicht bearbeitet."[687] Seeberg berücksichtigte Hermanns Ratschlag. Erst in der Nachkriegszeit wurde Knolles Forderung nach Übernahme der zweiten Abteilung und Mitherausgeberschaft wieder ein Thema.

Schulze-Maizier erklärte am 5. Juli 1944, von Knolle erfahren zu haben, dass „er [...] kürzlich bei der endgiltigen Zerstörung seines Hamburger Hauptpastorates den grössten Teil seiner Bibliothek verloren habe, – WA und Vorarbeiten zur Lutherausgabe seien jedoch in Sicherheit gebracht worden."[688] Die Formulierung lässt offen, ob es sich um die Korrespondenzen zur Seeberg-Ausgabe[689] oder wirklich eigene Vorarbeiten handelte. Letzteres ist wahrscheinlich, da Knolle Hermann eine Probe seiner bisherigen Editionen in Aussicht stellte: „Er will Ihnen demnächst eine Manuskriptprobe der ‚Freiheit eines C[hris]t.[en] Menschen' übersenden."[690] Noch sehe er sich aber weder dazu noch zu anderen Arbeiten in der Lage: „Leider könne er erst ab Mitte August seine Wünsche genauer spezifizieren, da bis dahin er sowie Assistentin und Sekretärin auf Urlaub seien."[691]

---

[682] S. Anm. 423.

[683] Wie Anm. 679: „auch mit dem Abt[eilungs]-Dir[ektor] der Abt. 3 (Wünsch) könnten sich Schwierigkeiten herausstellen".

[684] Ebd.

[685] R. Hermann an E. Seeberg, 24. Juni 1944, EZA 712/115, Bl. 33 f., hier: Bl. 34.

[686] Ebd.

[687] Ebd.

[688] F. Schulze-Maizier an R. Hermann, 5. Juli 1944, EZA 712/115, Bl. 42. Vgl. ebenfalls F. Schulze-Maizier an R. Hermann, 5. Juli 1944, EZA 712/115, Bl. 76: Knolles Hauptpastorat „sei Mitte Juni zum drittenmale getroffen und endgiltig vernichtet worden [...]. Doch habe er die WA und die Vorarbeiten für die Lutherausg.[abe] vorher in Sicherheit gebracht."

[689] S. dazu Anm. 551.

[690] F. Schulze-Maizier an R. Hermann, 5. Juli 1944 (wie Anm. 688).

[691] Ebd.

Schulze-Maizier veranlasste dies zu der hilflosen Frage an Hermann: „Wie soll ich nun disponieren?“[692] Zeitweise erging er sich in praktischen Arbeiten, indem er in Ilsenburg verfolgte, wie „die bereits die von Ihnen [Hermann ...] sowie die von Herrn Prof. Wünsch angeforderten Lutherschriften herausgelöst und verpackt werden“[693]. Seeberg bedauerte Knolle, prangerte aber dessen Priorisierungen an, wobei er ihn nun besonders in die Pflicht zu nehmen suchte: „Unangenehm ist auch, dass Dr. Knolle in Oberbayern auf Urlaub weilt und abermals seine Hamburger Behausung verloren hat. Die Menschen sind eben alle mit anderen Gedanken erfüllt und haben wenig Zeit für die Lutherausgabe.“ [694] Heckel schaltete in seinen diplomatischen Bemühungen schnell auf das Kooperationsprojekt um. Am 4. Juli 1944 informierte er Seeberg über eine mögliche Konkurrenzausgabe und bot an, kirchliche Öffentlichkeitsarbeit in der gemeinsamen Sache zu betreiben.[695]

Ende des Jahres 1944 wurden die Bemühungen um vertragliche Fixierungen intensiviert.[696] Ziel waren erste Veröffentlichungen für das Jahr 1946, aber die rechtliche Klärung im Umgang mit dem lateinischen Text der WA und die Frage der Honorarzahlungen seitens des Verlages standen noch aus.[697] Abermals wurde Hermann zugezogen, der auch diesen Entwurf einer eingehenden Rezension unterzog.[698] Im Anschluss kündigte Voigt an, weitere juristische Beratung zu suchen und sich telefonisch mit Seeberg auszutau-

---

[692] Ebd.

[693] F. Schulze-Maizier an R. Hermann, 21. Juli 1944 (wie Anm. 651).

[694] E. Seeberg an R. Hermann, 1. August 1944, EZA 712/115, Bl. 65.

[695] Th. Heckel an E. Seeberg, 4. Juli 1944, EZA 712/115, Bl. 88: „Vor kurzem erfuhr ich, dass die V.K.L. unter Antrieb eines Pfr. Lic. [Otto] Dillschneider, Zehlendorf, sich um den Abdruck einer 14 bändigen Lutherausgabe bemüht und das Interesse der Auslandskirchen (besonders Schweden) für diesen Plan zu gewinnen sucht. Ich nehme an, dass diese Absicht sich nicht erfüllt, aber ich hielte es für wünschenswert, in dem Nachrichtendienst des K.[irchlichen]A.[mtsblattes] eine Voranzeige der von Ihnen geplanten und organisierten Lutherausgabe zu bringen. [...] Damit würde meines Erachtens Unklarheiten bei den lutherischen Kirchen im Ausland vorgebeugt. Wenn Ihnen dies zusagt, bin ich gern bereit, eine solche Notiz aufzunehmen. Einen ungefähren Entwurf erlaube ich mir beizufügen, mit der Bitte über Sinn und Ziel der Lutherausgabe das Nötige von Ihrer Seite beizufügen, sofern der Gedanke Ihr Einverständnis findet.“

[696] S. dazu EZA 712/116, Bl. 169–172, die auf den 6. November 1944 datierende Abschrift: „Vertrag“ zwischen Metzner und „Erich Seeberg, z.Zt. Ahrenshoop“ und ebd., Bl. 173, den Begleitbrief von R. Voigt an E. Seeberg, 8. November 1944, zu dem Vertragsentwurf (mit handschriftlichen Anmerkungen von Seeberg auf Voigts Brief).

[697] Ebd.

[698] EZA 712/116, Bl. 139–145, vor dem 18. Dezember 1944: „Zum Vertragsentwurf“. Ebd., Bl. 139, sieht § 1 als Titel „Berliner Ausgabe“ vor; Hermann merkt an, dass es diese Bezeichnung bereits gebe. Die Datierung ergibt sich aus dem Schreiben von R. Voigt an R. Hermann, 18. Dezember 1944, EZA 712/116, Bl. 146, das u.a. Dank für dessen Mühe zum Ausdruck bringt.

schen.[699] Der Plan des Verlegers war es, sich „bis spätestens Mitte Januar“ mit Seeberg in Berlin zu treffen, um dann mit Hermann in Greifswald zu sprechen.[700] Ein differenzierterer Vertragsentwurf wurde ausgearbeitet[701], den wiederum Hermann für Seeberg eingehend kommentierte.[702] Für Hermann war es eine Pflicht, diese und andere Vorgänge abzuschließen, ungeachtet der äußeren Umstände, die ihm in allen ihren Schrecken vor Augen standen: „Im übrigen ist es ja nicht ohne *εἰρωνεία*, sich jetzt zur Zeit viel mit der Lutherausgabe zu beschäftigen. Aber ich möchte die Vertragskritik aus Greifswald forthaben, wie endlich die Korrektur meines Aufsatzes auch.“[703] Es waren die letzten Worte Hermanns, die Seeberg zur Luther-Ausgabe erreichten. Schulze-Maizier hatte schon im September 1944 von seiner eigenen Niedergeschlagenheit in Anbetracht der Gesamtsituation geschrieben und auf die „amerikanischen Todesvögel“ verwiesen.[704] Sein letztes Schreiben datiert auf den 4. Februar 1945:

> „Lange hörte ich [nichts] von Ihnen. Hoffentlich ists kein böses Zeichen. Ich fürchte, dass [der] Schicksalsschlag, der Sie mit dem Heimgang Ihres Sohnes getroffen [hat,] Ihnen auch gesundheitlich zusetzt. [...] Ich habe in diesen Tagen psychologisch viel hinzugelernt. Die wachsende Gefahr ist ein Prüfstein der Charaktere. Heut erkennt man, was [...] dran ist an den paar ernsteren Beziehungen, die einem das Leben brachte.“[705]

Schulze-Maiziers letzte Worte an Seeberg lauten: „Was wird aus unserer Ausgabe werden? Seit zwei Wochen kam ich nicht mehr zur Arbeit, da die Unruhe zu gross war.“[706] Drei Wochen später, am 26. Februar 1945, starb Erich Seeberg in Ahrenshoop.

15. Auferstanden aus Ruinen? Kontinuitäten vor und nach Kriegsende

Für Knolle hatten sich die Arbeiten an der Luther-Ausgabe nach der Rückkehr aus Oberbayern auf Korrespondenzen beschränkt. Am 14. September

[699] R. Voigt an R. Hermann, 18. Dezember 1944 (wie Anm. 698).

[700] Ebd.

[701] S. oben Anm. 581.

[702] R. Hermann an E. Seeberg, 23. Februar 1945, WIEBEL, Briefwechsel (wie Einleitung, Anm. 13), S. 379 f. „Anbei [...] mein längst entworfenes Votum zu dem neuen, 3-fachen, Vertragsentwurf. Ich nehme an, daß Sie inzwischen ein Exemplar [...] erhalten haben.“

[703] Ebd.

[704] F. Schulze-Maizier an E. Seeberg, 19. September 1944, BArch Koblenz N1248/34, o.P.

[705] BArch Koblenz N1248/34, o.P.

[706] Ebd.

1944 stellte sich in einem handschriftlichen, unbeholfenen Brief Dr. Marie Hadlich aus Marburg bei Knolle vor.[707] Sie sei von „Prof. Wünsch [...] mit der Bearbeitung des von ihm redigierten Teils der neuen Ausgabe von Luthers Werken (sozialethische Schriften) betraut worden". Wünsch „selbst" sei besonders für die „erklär[enden]" Anmerkungen „maßgebend", während sie – unterstützt durch „zwei Schreibhilfen" – die Texterfassung und sprachliche Anpassung maschinenschriftlich vorantreibe. Derzeit arbeite sie unter Rückgriff auf die WA und Braunschweiger Ausgabe am „Sermon von den guten Werken". Knolle kontaktierte sie auf einer Wünsch entsprechenden Ebene: „Wie ich höre, wird von *Ihnen* – unter der Oberleitung von Prof. Seeberg – ein anderes Viertel redigiert." Offen schilderte sie ihre eigene prekäre Berufslage: Als Lehrerin unterrichte sie „50 Unterrichtsstunden wöchentlich, zwischen 9–10 Std täglich", und erlebe, wie „von der 5. Klasse an" Schüler einberufen würden. Knolle betonte in seiner Antwort vom 25. September 1944 seine Vorrangstellung: „ich bin ganz überrascht, dass Sie selbst nun auch in der Bearbeitung der *Luther-Ausgabe* stehen, die ich seit vielen Jahren bereits angeleitet habe, um nun nach dem neuen Plan von Professor Seeberg mit diesem zusammen zu arbeiten."[708] Hadlichs Kontaktaufnahme gab er vor, nicht im Sinne eines kollegialen Austauschs über mögliche Editionskriterien und praktische Vorgehensweisen zu verstehen, sondern als Bewerbungsschreiben gegenüber einem möglichen Arbeitgeber: „Ich habe zur Mitarbeit bereits eine Vikarin [Frl. Henry] als wissenschaftliche Assistentin, halte aber die Möglichkeit, Sie in die Mitarbeit einzubeziehen nicht für ausgeschlossen." Als Ausweis der Qualifikation regte er eine Arbeitsprobe an, die man in Anbetracht der geschilderten Lebenssituation als höchst problematisch ansehen muss: „Würden Sie wohl einmal eine kleine Schrift mit Durchschlag schreiben, damit ich darnach die weiteren Möglichkeiten ermessen kann? Ich schlage vor: An die Christen zu Strassburg. W.A. XV." Abschließend suchte sich Knolle als zuvorkommender Arbeitsgeber zu empfehlen: „Gleichzeitig bitte ich dann um Mitteilung, welches Honorar Sie erhalten, das Papier ersetze ich Ihnen." Wie Wünsch auf Hadlich als Mitarbeiterin gekommen war, bleibt fraglich. Hadlich war 1914 mit einer sprachtheoretischen Arbeit in Halle an der Saale promoviert[709] worden und hatte überwiegend in ihrer Heimatstadt Kassel als Lehrerin gearbeitet[710]. Als Psychologin hatte sie sich 1934 im

---

[707] ALGW 732, o.P. Hier s. auch die nachfolgenden Zitate.

[708] ALGW 732, o.P. Hier s. die nachfolgenden, nicht anderweitig ausgewiesenen Zitate.

[709] Marie HADLICH: Zur Theorie des sprachlichen Bedeutungswandels, Halle/Saale 1914. Für ihren Lebenslauf s. ebd., S. 80.

[710] Hans-Christian HARTEN, Uwe NEIRICH, Matthias SCHWERENDT: Rassenhygiene als Erziehungsideologie des Dritten Reichs. Bio-bibliographisches Handbuch, Berlin 2006 (edition bildung und wissenschaft, Bd. 10) S. 391.

Bereich der Rassenforschung erprobt.[711] 1944 war sie 62 Jahre alt und damit drei Jahre älter als Knolle. Tatsächlich kannten sich Knolle und Hadlich bereits familiär, was sich in Hadlichs erster Kontaktaufnahme nur im Grußauftrag andeutet: „Gruß an Ihre Gattin".[712] Das nächste erhaltene Schreiben Hadlichs datiert auf den 11. Juni 1947 und erhellt die persönlichen Hintergründe. Demnach hatte Hadlich bis 1943 eine Zeit in Hamburg gelebt und „als optische Rechnerin an der Deutschen Seewarte und Privatoberlehrerin für Griechisch, Lateinisch, Mathematik und Hebräisch (Ihre Tochter hatte auch kurze Zeit bei mir Unterricht)" gearbeitet.[713] Eine persönliche Begegnung mit Knolle hatte sich offensichtlich nicht ergeben; nur über seine Ehefrau oder Tochter meinte Hadlich Erinnerungen erwarten zu dürfen. In Anbetracht der prekären Lage Hadlichs 1944 und der finanziell ungeklärten Situation des nun gemeinsamen Editionsprojektes wird man Knolles Verhalten gegenüber der Marburger Mitarbeiterin von Wünsch als empörend empfinden müssen.

Mit Wünsch selbst, den Knolle zuvor im Vorstand der Luther-Gesellschaft theologisch zu diskreditieren gesucht hatte, ergab sich im zeitlichen Anschluss an die Kontaktaufnahme Hadlichs noch in den letzten Kriegsmonaten ein fachlicher Austausch. Die Initiative dazu ergriff am 2. Oktober 1944, „[a]uf Wunsch von Prof. Seeberg", wie er einleitend betonte, Wünsch.[714] Hauptanliegen war die Abstimmung über die Zuständigkeit für einzelne Schriften. Am 31. Oktober 1944 antwortete Knolle, wobei er sich ein weiteres Mal durch die in der Zeitschrift „Luther" veröffentlichten Editionsproben auszuweisen suchte.[715] Aufschlussreich ist, wie sich Knolle gegenüber jüngeren Ausgaben positioniert:

> „Einen Text, der Luthers Deutsch in heutiges Deutsch übertragen würde, nach dem Muster der Calwer und v. Campenhausen [sic] Ausgabe habe ich von je abgelehnt und müsste es auch heute tun. [... J]ede dieser ‚Uebertragungen' [macht] nachweislich Fehler gegenüber dem Ursinn des Textes [...]. Der Leserkreis, der Luther nicht im Original lesen will, wird schwerlich überhaupt die Fülle der theologischen und lateinischen Schriften Luthers lesen mögen."[716]

---

[711] S. ebd. den bibliographischen Hinweis auf ihren Aufsatz: „Rassenunterschiede im Lichte der Typenforschung. In: Die Sonne 11/1934, H. 9, S. 435–442".

[712] Wie Anm. 707.

[713] ALGW 732, o.P.

[714] Der handschriftliche Brief ist erhalten in LKAK, 98.11, Nr. 104, o.P.

[715] Der in ALGW nicht erhaltene Brief erschließt sich im Datum und der angeführten Beilage aus der in der Folgeanm. benannten Antwort Wünschs. Darin s. auch: „Ihre Probesätze in der Zeitschr. ‚Luther' nehme ich mit Dank entgegen." Erhalten ist Knolles Schreiben in einem Durchschlag in LKAK, 98.11, Nr. 104. Darin heißt es: „Für die Textgestaltung habe ich Probeseiten in der Zeitschrift Luther veröffentlicht, die ich beilege."

[716] Ebd.

Wünsch antwortete am 13. Januar 1945.[717] Knolle hatte einzelne Texte in seine Abteilung übernehmen wollen, die Wünsch von Seeberg zugewiesen worden waren, und im Gegenzug Editionseinheiten angeboten, die er bereits bearbeitet hatte.[718] Zu einer langen Liste von Einzelpunkten äußerte sich Wünsch vorläufig und unverbindlich zustimmend.[719] Hinsichtlich der Textgestalt fanden sich beide als Befürworter eines konservativen Umgangs mit Luthers Originalsprache[720], was bemerkenswert ist, nachdem Knolle zuvor gegenüber der Seebergschen Ausgabe auf stärkere Modernisierungen gedrungen hatte[721]. Im Austausch mit Wünsch macht sich Knolle sogar dafür stark, jeder Direktor möge die „Probebearbeitung einer kleinen Schrift“ koordinieren, die „möglichst mit den Richtlinien“ der von Seeberg herangezogenen Germanisten Schwietering und Rosenfeld „übereinstimmt, wobei ja im einzelnen noch mancher Spielraum offen ist.“[722]

Wünsch seinerseits entdeckte beim Durchblättern des von Knolle übersandten Heftes der Zeitschrift „Luther“ zu seiner Freude eine positionelle Gemeinsamkeit.[723] Aus einer Rezension ging hervor, dass Knolle 1938 ein Separatum „Luthers Glaube. Eine Widerlegung“ veröffentlicht hatte[724]. Darin hatte sich der Hamburgische Hauptpastor gegen Arno Deutelmosers Monographie „Luther. Staat und Glaube“ von 1937 gewandt.[725] In der gemeinsamen

---

[717] ALGW 732, o.P.

[718] Ebd.: „Der letzte Punkt (14) [Ihres Briefes] fordert die grundsätzliche Entscheidung, ob die Schriften zum Gebot überhaupt in Ihre oder meine Abt. aufgenommen werden. Ich verzichte ungern darauf u.[nd] habe seinerzeit Seeberg besonders um diesen Komplex Schriften gebeten; und er hat sie mir zugesagt. – Die von Ihnen schon bearbeiteten Schriften nehme ich mit Dank in meine Abteilung.“

[719] Eine abschließende Antwort sei ihm derzeit noch nicht möglich, ebd.: „Aber soviel kann ich jetzt schon sagen, daß ich mit Ihren Vorschlägen *im wesentlichen* einverstanden bin. Eingehender prüfen muß ich die Punkte 9–12 u.[nd] 14 Ihres Briefes.“

[720] Ebd.: „Nach erneuter Überlegung stimme ich Ihren auch in der Frage des deutschen Textes zu, und bin auch der Meinung, wer sich scheut, Luther im Originaltext zu lesen, ist von vornherein für das Lutherverständnis verdorben.“

[721] S. Anm. 305.

[722] S. Anm. 715.

[723] S. Anm. 717.

[724] [Heinz] MÜLBE: Rez. Theodor Knolle: Luthers Glaube. Eine Widerlegung [...]. Weimar 1938, in: Luther 20/2 (1938), S. 73–75.

[725] Erwähnt auch von PAWLAS, Knolle (wie Kap. I, Anm. 1), S. 124. Kurt NOWAK: Zweireichelehre. Anmerkungen zum Entstehungsprozeß einer umstrittenen Begriffsprägung und kontroversen Lehre, in: ZThK 78 (1981), S. 105–127, hier: S. 118, ordnet Deutelmoser als einen „radikale[n]“ und „negativ-wichtig[en ...] ‚Ahne[n]‘ in die Entstehungsgeschichte der Zweireichelehre“ ein, indem er dafür eingetreten sei, dass „Luther das Christentum aus dessen eigener Voraussetzung“ überwunden habe.

Frontstellung gegenüber „profanen" Lutherdeutungen wusste sich Wünsch mit Knolle einig.[726]

[726] Wie Anm. 717: „Ich werde sie [Knolles Widerlegung] mir sofort zu verschaffen suchen. Ich habe D.[eutelmoser] in einem Seminar 1938 im ablehnenden Sinn behandelt. Das Buch hat mich geradezu empört. Aber es wird viel genannt u.[nd] wohl auch gelesen. Ich berühre damit das Kreuz der Luther- u.[nd] Luthertumsbehandlung durch die Profanhistoriker u.[nd] Staatswissenschaftler, die ihre leichtfertigen Phantasien über diese ernste Sache spielen lassen. Verbogene Anschauungen werden [...] weitergegeben. Das Kreuz ist um so schwerer, als wir Theologen bestenfalls vor ½ Dutzend Studenten, die andern aber vor 40–60 lehren. Ich hatte in den vergangenen Tagen über diesen Punkt eine ernste Aussprache mit einem hiesigen Staatslehrer, der ebenso verfährt – ich glaube leider ohne Erfolg. Sie haben sich mit Ihrer ‚Widerlegung' sicher ein Verdienst erworben, bis hierher hat sie, zumal ich sehe, leider nicht gewirkt."

III. Von Seebergs Tod in die Nachkriegszeit

1. Seebergs Tod – Knolles Chance?

Am 26. Februar 1945 war Erich Seeberg gestorben.[1] Die genauen Todesumstände interessierten auch Schulze-Maizier, der sich noch ein Jahr später bei Hermann erkundigte: „Noch weiss ich gar nichts Nähers über Prof. Seebergs letzte Tage. Offenbar hat Bengts Tod ihn in der Lebenswurzel getroffen."[2] Hermann verhielt sich diskret und vermied eine Antwort auf die vorsichtige Anfrage.[3] Unter den Editoren hatte er als letzter von Seeberg gehört. Am 13. Februar hatte dieser ihm eine Karte von Voigt weitergeleitet und eine Kurzzusammenfassung der letzten Korrespondenzen geboten.[4] Seebergs Gedanken und Sorgen galten seinen Söhnen. Am 17. Januar 1945 schrieb er an Althaus:

> „Ich habe einen Nachruf auf Bengt in tormentis ac lacrimis für die ZK.G geschrieben. Würden Sie mir ev[en]t[uel]l erlauben, Ihren Brief dort abzudrucken? Ich kann die Gestaltung des Aufsatzes noch nicht genau übersehen, aber würden Sie mir diese Benutzung ev[en]t[uel]l gestatten? Die Korrektur würden Sie dann bekommen."[5]

---

[1] Für eine Diskussion der Todesumstände im Lichte eines zeitnahen Briefes der Witwe an Seebergs Göttinger Patensohn Rudolf Smend s. KAUFMANN, Theologiepolitiker (wie Kap. II, Anm. 1), S. 216 f. Der gegenüber Smend gebotene Hinweis auf einen Gehirnschlag begegnet auch in einem weiteren archivalisch erhaltenen Dokument, dem von der Witwe auf den 21. Mai 1947 datierten kurzen „Lebenslauf von Professor D. Erich Seeberg", BArch Koblenz N1248/67, o.P., der im Zusammenhang von Versorgungsansprüchen festhält: „Am 12. November 1944 ertrank unser ältester Sohn dr. [sic] Bengt Seeberg als Marinepfarrer beim Untergang der Tirpitz, infolgedessen und infolge der früher gehabten Aufregung starb mein Mann am 26. Februar 1945 am Gehirnschlag. [sic] im Alter von 56 Jahren."

[2] Zu dem Dokument s. F. Schulze-Maizier an R. Hermann, 6. Februar 1946 (wie Kap. II, Anm. 559), hier: Bl. 78.

[3] R. Hermann an F. Schulze-Maizier, 11. Mai 1946, EZA 712/116, Bl. 82.

[4] E. Seeberg an R. Hermann, WIEBEL, Briefwechsel (wie Einleitung, Anm. 13), S. 378: „Anbei eine Karte von Dr. Voigt. Ich rate ihm, sich Lohmeyers Übersetzung zu sichern, durch Druckbeginn oder durch Anzahlung. Wünsch [...] verhandelt auch mit Knolle, von dem ich nichts höre."

[5] UAE G1/30, Nr. 11b (Korr. Erich Seeberg), o.P.

Der Beitrag erschien nicht, wie überhaupt die ZKG nach 1943/1944 erst 1950/1951 fortgesetzt wurde.[6] Am 6. Februar 1945 erklärte er wiederum Althaus, „teils" wolle er seinen „lieben Sohn" würdigen, „teils sehe ich das Bedürfnis nach Schweigen u[nd] Stille."[7] Hinzu kam die Sorge „um den 2. Sohn, der als Unterarzt [...bei] Modlin [... in Masuren] stand, u[nd] der wohl nach Ostpr[eußen] zurückgegangen ist."[8] Die letzten Tage waren von Ängsten und Alltagsgeschäften bestimmt. Voigt fasste seinen abschließenden Austausch mit Seeberg in zeitlicher Nähe zusammen. Am 9. März 1945 berichtete er Hermann: „Vor 2 Tagen bekam ich von Prof. Seeberg eine am 15.2. geschriebene Karte [...]. Ehe noch der Brief [Voigts Antwort darauf] abging, traf die Nachricht von Frau Seeberg ein, dass ihr Mann plötzlich gestorben sei. Ich bin sehr ergriffen und empfinde den Verlust."[9]

Ohne ein Wort der Überleitung zog Voigt in demselben Brief an Hermann die verlegerische Konsequenz:

> „Sie werden sich vorstellen können, wie sehr ich den Wunsch habe, Sie, sehr verehrter Herr Professor, zu bitten, die Arbeiten für die Luther[-]Ausgabe zu übernehmen, damit die wertvollen Vorarbeiten nicht umsonst gewesen sind. Ich darf Sie bitten, meinen Vorschlag zu prüfen. Ich kann mich hierbei auf eine Unterredung mit Prof. Seeberg beziehen, der mir gegenüber den Wunsch geäussert hat, Sie als seinen Nachfolger zu wissen, falls er ausfallen sollte."[10]

Hermann sagte am 21. März 1945 zu und bat den Vertreter des Verlages um entsprechende Benachrichtigung: „Ich will versuchen, die Arbeit zu übernehmen. Ich wäre Ihnen aber dankbar, wenn Sie die Güte hätten, dies den Abteilungsleitern [...] mitzuteilen".[11] Während der nächsten Monate hörte Hermann nichts mehr von Voigt. Im August bat Hermann den Berliner Oberkirchenrat Dr. Oskar Söhngen, nach dem Verlagshaus Metzner zu sehen, der ihm vermeldete, dass an dessen Stelle „ein[...] große[r ...] Trümmerhaufen" liege, und schloss: „An und für sich fürchte ich ja sehr, daß auch die finanzielle Fundierung der geplanten Luther-Ausgabe durch die jüngsten Zeitereignisse ins Wanken gekommen ist."[12] Ein direkter Kontakt mit Voigt kam für Hermann, trotz mehrerer Versuche, über Monate nicht zustande.[13] Erst am 5. Ok-

---

[6] Möglicherweise beabsichtigte Seeberg eine Überarbeitng seines Einzeldrucks „Bengt Seeberg versank mit dem Schlachtschiff Tirpitz am 12. November 1944"; zu dem Text s. KAUFMANN, Seebergs (wie Kap. II, Anm. 1), S. 175, Anm. 35, S. 184, Anm. 82.

[7] UAE G1/30, Nr. 11b (Korr. Erich Seeberg), o.P.

[8] Ebd.

[9] EZA 712/116, Bl. 175.

[10] Ebd.

[11] EZA 712/116, Bl. 177.

[12] 23. August 1945, EZA 712/115, Bl. 73.

[13] S. dazu die Rücksendung einer Karte von R. Hermann an R. Voigt durch den Metzner-Verlag, 5. Oktober 1945, EZA 712/116, Bl. 100, und die nur indirekte Nachricht über den Metzner-Verlag an R. Hermann, 21. Oktober 1945, EZA 712/116, Bl. 103.

tober 1945 erfuhr er vom Metzner-Verlag, dass Voigt sich mittlerweile in Hamburg aufhalte.[14]

Für Knolle, der nichts von den Absprachen und dem abgebrochenen Austausch wusste, bedeutete Seebergs Tod eine Umkehrung der Verhältnisse und die Hoffnung auf eine Rückkehr zu seinem eigenen Editionsprojekt. Dieses wollte er nun um vormalige Mitarbeiter des Seeberg-Projektes verstärken. Nach Kriegsende, am 14. Juni 1945, kündigte er Heckel an: „Ich werde auch an der Luther-Ausgabe weiter arbeiten. Vermutlich wird nach dem Tode von Erich *Seeberg* der Plan wieder ganz in den Händen der Luther-Gesellschaft sein, aber zum Teil mit den von Seeberg gewonnenen Mitarbeitern, d. h. doch wohl auch mit Ihnen."[15] Am 31. Juli 1945 schilderte Knolle dem mittlerweile in Hessen lebenden Hosemann die verlegerische Situation Mohns:

„Herr Mohn hat [...] an mich geschrieben. Er hofft, die Verlagsarbeit bald wieder aufnehmen zu können, bedarf aber noch der Zulassung. Reichlich die Hälfte seiner Betriebsräume ist durch Brand vernichtet, die Setzerei vollständig zerstört, die Einrichtung von Druckerei und Buchbinderei verhältnismässig wenig beschädigt. Er sei wirtschaftlich sehr geschwächt und darum nicht in der Lage, ein Schrifttum mit langem Absatz zu verlegen, wolle sich aber für die theologische wie für die gesamt christliche Literatur stark einsetzen, insbesondere für unser Schrifttum. Was das für unsere Luther-Ausgabe bedeutet, kann ich noch nicht absehen. Nachdem Professor Seeberg gestorben ist, möchte ich ja unsere Beteiligung an der von ihm geplanten Ausgabe als hinfällig ansehen."[16]

Am 18. Oktober 1945 wandte sich sodann der Verleger Dr. Rolf Voigt für den Alfred Metzner Verlag an Knolle und bemühte sich, die an dem Seebergschen Editionsprojekt Beteiligten zu sammeln:

---

[14] EZA 712/116, Bl. 100.

[15] ALGW 201, o.P. In der Folgezeit traten für Th. Heckel andere Herausforderungen in den Vordergrund. Seine Bemühungen um persönliche und politische Entlastung dokumentieren u.a. der in Abschrift erhaltende Brief Th. Heckels an die Kanzlei der Evangelischen Kirche in Deutschland, 26. April 1946, UAE G1/30, Nr. 11a (Korr. Theodor Heckel), o.P., und die ebenfalls abschriftliche „Eidesstattliche Versicherung" Rudolf von Wistinghausens, 27. Dezember 1945, der 1943 gehört haben wollte, dass „Herr Bischof Heckel" im Außenministerium „als Staatsfeind betrachtet wurde, [...] weil man im Sicherheitsdienst befürchtete, daß seine Arbeit innerhalb der Ökumene einerseits eine staatsfeindliche Richtung habe, andererseits aber diese Arbeit eine so starke Position geben würde, daß man es nicht ohne sehr große Schwierigkeiten wagen könnte ihn anzurühren. Man nahm auch an, daß er versuchte, eine Art Führer des europäischen Protestantismus zu werden." Unter dem 22. September 1945 sprach sich der Pfarrer der Deutschen Evangelischen Gemeine Athen, Ernst Schäfer, UAE G1/30, Nr. 11a (Korr. Theodor Heckel), o.P., in Abschrift, dafür aus, Heckel im Amt des Auslandsbischofs zu erhalten: „Wir Auslandspfarrer halten zu unserem Bischof – nicht aus persönlichen Gründen, sondern um der Sache willen, um die es geht." Über sich selbst schreibt Schäfer: „Ich gehöre äusserlich nicht der Bekenntniskirche an, aber ich gehöre zu denen, die im Jahre 1935 wegen ihrer positiven christlichen Haltung und Verkündigung aus der Bahn geworfen wurden."

[16] ALGW 202, o.P.

„Seit einigen Monaten ist die Verbindung zwischen Herausgeber und Mitarbeitern der in meinem Verlage geplanten Luther-Ausgabe abgerissen. Nach dem Tode von Professor Seeberg hat Professor Hermann die Weiterführung der Arbeiten übernommen. Bisher gelang es mir noch nicht, direkte Fühlung mit ihm zu erhalten, doch erfuhr ich, dass die Arbeiten besonders in Greifswald fortgesetzt werden. Da Sie massgeblich an der Mitarbeit beteiligt sind, wäre ich für eine Besprechung dankbar".[17]

Zwei Tage später gab Voigt Hermann von diesem Plan Kenntnis und kündigte an, zu seinen Absprachen weiterhin zu stehen:

„In der nächsten Woche werde ich mit H[aupt]P[astor] Knolle zusammentreffen. [...] Jedenfalls möchte ich die Versicherung abgeben, daß an dem wichtigen Projekt festgehalten wird und alle Anstrengungen gemacht werden sollen, im nächsten Jahr in irgendeiner möglichen Form damit an die Öffentlichkeit zu gelangen."[18]

Einen weiteren Tag später schrieb auch der Verlag beruhigend an Hermann: „Ohne der Antwort unsers Herrn Dr. Voigt vorgreifen zu wollen, glaube ich Ihnen als Zwischenbescheid mitteilen zu dürfen, dass er sicher an der Planung nach wie vor stark interessiert ist."[19] Das Treffen fand im Folgemonat in Hamburg statt und wird von einem Schreiben Voigts an Knolle am 12. November 1945 in den wesentlichen Punkten zusammengefasst:

„Der Alfred Metzner Verlag, bis Februar ds. J. in Berlin, verlegt seinen Sitz nach Hamburg, um von hier aus seine Aufgaben zu erfüllen. Die Lizenz ist beantragt worden[20]. Mit dem Lizenzantrag ist auch ein Verlagsprogramm für die nächste Zeit eingereicht worden, dazu gehört die auf zwanzig Bände berechnete Luther-Ausgabe[21], die bis zu seinem Tode Professor Erich Seeberg betreute und für die Sie, sehr geehrter Herr Hauptpastor, sich gleichfalls massgebend zur Verfügung stellten. An der Ausgabe wird trotz der schwierigen Nachkriegsverhältnisse fortgearbeitet. Ich nahm Gelegenheit zu versichern, dass ich grosses Interesse für die verlegerische Betreuung der wissenschaftlichen Schriften der Luther Gesellschaft habe. Ich [...] sehe [...] eine Möglichkeit, die Luther[-]Gesellschaft wie einen Herausgeber an dem Absatz der Schriften zu beteiligen. Die Höhe der Beteiligung wird wahrscheinlich von Fall zu Fall zu regeln sein, doch kann auch generell ein gleichmässiger Satz vereinbart werden".[22]

---

[17] ALGW 732, o.P.

[18] EZA 712/116, Bl. 104 f., hier: Bl. 105.

[19] EZA 712/116, Bl. 103.

[20] Der Antrag befindet sich im BArch Berlin R9361–V/147856, o.P., und dürfte wie der am 14. August 1945 amtlich ausgefüllte Personalbogen Voigts auf diesen Tag datieren.

[21] Ebd. hat sich erhalten: „Alfred Metzner Verlag *Plan of publications*". Zwischen „6. *An illustrated history of contemporary civilisation.*" und „8. ‚*Die Deutsche Warenkunde*'" wird aufgeführt: „7. *The Works of Martin Luther.* 20 vols. In preparation for three years already. The first three vols. may appear as soon as we may get into touch with the editors: Professor D. *Herrmann* in Greifswald and D. *Wünsch* in Marburg. This complete edition is of the highest interest to all ecclesiastical people, to everybody interested in religious questions and to the whole protestant world."

[22] ALGW 732, o.P.

Gegenüber Hermann stellte der Vertreter des Verlags die Interessen an der Zusammenarbeit etwas anders dar. Zunächst erklärte er nur: „Ich besuchte D. Knolle, er ist auch sehr für die Fortführung und sagt, alles sei bereit, er legt auch Wert auf Austausch mit Ihnen."[23] Drei Tage später ergänzte er: „Herr Knolle hat jetzt auch der zuständigen englischen Stelle vorgeschlagen, dass der Alfred Metzner Verlag die Schriften der Luther[-]Gesellschaft verlegen solle."[24] Der Verleger und der Hauptpastor waren damit handelseinig geworden: Mit dem Köder der Periodika und der Erklärung, über einen eigenen Mitarbeiterstab und editorische Vorarbeiten zu verfügen[25], hatte Knolle Voigt für sich eingenommen. Beide konnten zu diesem Zeitpunkt nicht wissen, dass es zu der in Aussicht gestellten Übernahme der Periodika nie kommen sollte.[26]

Voigt seinerseits fühlte sich nun verpflichtet, Knolle in der Zusicherung der Mitherausgeberschaft und konzeptionellen Veränderungen entgegenzukommen. Er hielt es für ein Leichtes, dies Hermann gegenüber möglichst beiläufig zu erwähnen. Am 17. November 1945, nach einem Besuch bei Knolle, fasste Voigt an Hermann zusammen: „Wir wollten ja 16 Bände deutsch und 4 Bände latein bringen."[27] Hermann war die Brisanz dieser Mitteilung sofort klar; am Rand notierte er neben den nach sprachlichen Kriterien aufgeteilten Bänden: „?!"[28] Am 3. Dezember 1945 äußerte er gegen den überraschenden Kurswechsel deutlichen Widerspruch:

„Sodann ist mir Ihr Hinweis nicht klar, dass wir ‚16 Bände deutsch und 4 Bände latein bringen wollten'. Dieser Plan ist mir gänzlich neu. [...] Überhaupt ist die Einteilung nach sachlichen Gesichtspunkten, nicht nach sprachlichen, vorgenommen [...]. Dieser Plan kann m.E. jetzt nicht mehr einem sprachlichen Platz machen."[29]

Am 27. November 1945 hatte Voigt die zweite Forderung Knolles, wiederum betont nebensächlich in einer Reihe von Empfehlungen, vorgetragen: „Er hat allerdings den Wunsch geäussert, als Herausgeber (gewissermassen als Exponent seiner Gruppe) mit genannt zu werden."[30] Hermann reagierte darauf am 6. Dezember 1945, indem er die scheinbare Belanglosigkeit in ihrer Relevanz offenlegte:

„Das wesentlich Neue, das er [der Brief] brachte, bestand in der Mitteilung, dass Herr Dr. Knolle den Wunsch hat, als Herausgeber mit genannt zu werden, bzw. dass die Lutherge-

---

[23] R. Voigt an R. Hermann, 14. November 1945, EZA 712/116, Bl. 107.

[24] R. Voigt an R. Hermann, 17. November 1945, EZA 712/116, Bl. 108.

[25] Ebd.: „Auch diese Herren sind alle bereit, weiter mitzuarbeiten. Die vorhandenen Vorarbeiten sind gerettet worden."

[26] Vgl. ZSCHOCH, Zeitschrift (wie Kap. I, Anm. 6), S. 281.

[27] Wie Anm. 24.

[28] Ebd.

[29] In zwei Exemplaren: EZA 712/116, Bl. 109–112; hier: Bl. 109 und Bl. 111.

[30] EZA 712/116, Bl. 113.

sellschaft die Lutherausgabe zugleich als die ihrige betrachten möchte. Es ist das eine m.E. sehr belangreiche Angelegenheit. [...] Ein Wunsch wie der jetzt geäusserte ist m.[eines] W.[issens] zu Seebergs Lebzeiten nicht geäussert, jedenfalls nicht vereinbart worden. Es würde also wichtig sein, zu wissen, warum er jetzt zur Bedingung gemacht wird. Als ich die mir von Ihnen angetragene Nachfolgerschaft Seebergs annahm, bat ich Sie, die Herren Knolle und Wünsch über meine Herausgeberschaft freundlichst informieren zu wollen. [...] Von Herrn Hauptpastor Knolle höre ich jetzt durch Sie. Dürfte ich vielleicht durch Sie, oder auch durch ihn selbst erfahren, worin seine Wünsche des Näheren bestehen? Ich hoffe, daß er an dem Gesamtentwurf sowie an dem Inhalt der seinerzeit von ihm übernommenen Abteilung keine grundsätzliche Kritik übt. Die beiden Grundsätze: 1. Nur der ‚authentische', nicht redigierte Luther, 2. Übersetzung der lateinischen Schriften ins Deutsche [handschriftlicher Zusatz: „neben den lateinischen Text"], müssten m.E. unangetastet bleiben."[31]

Hermann war klar, dass ein ihm gleichgestellter Mitherausgeber Knolle eine Gefährdung des gesamten Seebergschen Konzeptes war. Nachdrücklich betonte er: „Es gilt m.E. das Seebergsche Erbe zu bewahren".[32] Ebenso entgegenkommend wie durchdacht war deshalb auch sein Vorschlag, alle Abteilungsdirektoren als Mitherausgeber zu führen. Keinen Gebrauch machte Hermann von seinem Wissen, dass Knolle in diesen Punkten ohne jede Absprache und Abstimmung mit Althaus agierte. Dieser hatte Hermann bereits am 21. November 1945 versichert, dessen Verantwortung für die Edition uneingeschränkt zu akzeptieren.[33]

Geboten schien es Hermann dennoch, bereits jetzt die Möglichkeit kirchlicher Förderung zu sondieren. Am 28. November 1945 schrieb er an den Evangelischen Oberkirchenrat in Berlin, um die

„Aufmerksamkeit [...] nochmals auf die Lutherausgabe zu lenken, die er im Blick auf das Lutherjubiläum 1946 bereits im Jahre 1943 m.W. selbst angeregt und mit dem Verlage Alfred Metzner eingeleitet hatte. [...] Referent war Herr O.K.R. Buschtöns. – Das Unternehmen ist auch bereits kräftig angelaufen. Die Luthergesellschaft, die bereits ein eigenes Unternehmen begonnen hatte, gliederte sich nach Verhandlungen ein, es wurde an die Arbeit gegangen und ein Band – die von Prof. Lohmeyer übersetzte Römerbrief-Vorlesung Luthers von 1515/16 könnte bereits in Druck gehen. [...] Es ist also an der Lutherausgabe bereits kräftig gearbeitet und es wird weiter gearbeitet. [...] Die Besonderheit der neuen Ausgabe besteht darin, dass sie nur solche Schriften Luthers bringt, die Luther selbst hat dru-

---

[31] EZA 712/116, Bl. 114.

[32] Ebd.

[33] P. Althaus an R. Hermann, EZA 712/115, Bl. 107: „Schön, daß die Luther-Ausgabe doch gemacht werden soll. Hast Du schon Fühlung mit Knolle aufgenommen? Wir in der Luther-Ges.[ellschaft] dachten an sich, nach S.[eeberg]s. Tode die Ausgabe wieder ganz von der L[uther]G[esellschaft] aus zu machen. Aber wenn Du jetzt die Sache in die Hand nimmst und ernsthaft mit dem Verleger zu rechnen ist, werden wir uns nicht zurückziehen. Schreib mir bitte, *wie* ich die Disputationen bearbeiten soll. Ich habe gar keine Richtlinien. Ich brauche genaue Anweisungen und Grundsätze. Ich soll doch auch eine Übersetzung geben? Auch der lat.[einische] Text, vor allem die Beziehungen auf die Schrift, bedürfen gegenüber Hermelinks Arbeit einer starken Ergänzung und Überprüfung. Da fehlt vieles."

cken lassen – diese aber vollständig. Sie bringt also den authentischen Luther und lässt alle redigierten Schriften weg. Sodann bringt sie bei den lateinischen Schriften neben dem lateinischen Text die deutsche Übersetzung. Es ist nicht an eine neue kritische Ausgabe gedacht. Die Weimarer Ausgabe liegt vielmehr zugrunde. [...] Die Ausgabe wird 15–20 Bände umfassen. [...] Ich möchte [...] darum bitten, dass der Oberkirchenrat erneut freundlich dieser seiner eigenen Anregung und seiner bereits früher betätigten Hilfe gedenkt."[34]

Vor einer Antwort aus Berlin traf die Reaktion des Verlegers aus Hamburg ein. Voigt unterschätzte Hermann nach wie vor, indem er am 8. Dezember 1945 – zum wiederholten Male – die gute Neuigkeit vermeldete, „dass [...] alle Vorarbeiten trotz Bomben gerettet wurden", und suggestiv vortrug:

„Nur schien der eine Wunsch zu bestehen, dass er, Herr Knolle, mit Ihnen als Herausgeber vor den anderen Mitarbeitern genannt wird, um die Gemeinsamkeit der Gesamtarbeit auch in dieser Hinsicht zu betonen. Ich würde mich freuen, wenn Ihrerseits dagegen keine grundsätzlichen Bedenken zu bestehen brauchten. Im Interesse der bedeutsamen Arbeit werden Sie sicher auch bereit dazu sein können?"[35]

Genau eine Woche später wiederholte Voigt: „Sie werden auch sicher den Wunsch erfüllen können, dass Herr D. Knolle mit Ihnen als ein Herausgeber zeichnet. Manche Dinge hängen immer wieder von der Entscheidung solcher Fragen ab."[36]

Am 28. Dezember 1945 beendete Hermann diese unerfreuliche Korrespondenz, indem er Voigt verdeutlichte, sich erst nach Informationen zu den sachlichen Vorstellungen Knolles zu dessen Anliegen einer Mitherausgeberschaft äußern zu können: „wenn ich weiss, ob er noch andere Wünsche betreffs Gestaltung der Lutherausgabe hat und welche das gegebenenfalls sein würden. – – Sie schrieben in Ihrem Briefe [...] von 16 Bänden deutsch und vier Bänden lateinisch. Zu diesem mir bis dahin unbekannten Plan habe ich mich [...] geäussert."[37] Am selben Tag reagierte Hermann auf das Problem, dass Knolle – als Direktor einer Abteilung und eben nicht als Herausgeber der Werkausgabe – im direkten Austausch mit dem Verantwortlichen des Verlages stand, indem er an Knolle schrieb:

„Herr Dr. Voigt hat Ihnen mitgeteilt, dass er seinerzeit nach Seebergs Tod – ich habe dem Verstorbenen selbst die Rede am Sarge gehalten – mich gebeten hat, die geplante Lutherausgabe an Seebergs Stelle zu übernehmen. Sie selber [...] haben ja seinerzeit zusammen mit Althaus direkt mit Seeberg verhandelt. Die Vierteilung der Schriften Luthers auf die vier Abteilungen ist Ihnen durch den Verstorbenen, laut der Vereinbarung mit Ihnen, zugegangen. Ich freue mich nun sehr, dass Sie, wie auch Althaus mir schreibt, bereit sind, an der Lutherausgabe weiter mitzuarbeiten und darf Sie in diesem Sinne herzlich begrüssen. Der Verleger schreibt mir aber weiter von bestimmten Wünschen, die Sie in Sachen der

[34] EZA 712/115, Bl. 172.
[35] EZA 712/116, Bl. 116.
[36] EZA 712/116, Bl. 118.
[37] EZA 712/116, Bl. 117.

Lutherausgabe geäussert hätten. Dürfte ich wohl von Ihnen näher erfahren, worin sie im Einzelnen bestehen und wie Sie sich die Erfüllung denken?"[38]

Knolle antwortet einen Monat später, am 31. Januar 1946.[39] In der Zwischenzeit hatte Hermann eine Absage von Fördergeldern seitens des Evangelischen Oberkirchenrats erhalten. Am 15. Januar 1946 hatte Otto Dibelius dargelegt:

„Wir sind nach wie vor zu einer wohlwollenden Förderung der von Ihnen geplanten Luther-Ausgabe bereit. Da diese einem wirklichen Bedürfnis entgegenkommen wird, müßte sie sich finanziell selbst tragen. Die augenblickliche bedrohliche Finanzlage der Kirche zwingt uns auszusprechen, daß mit einer Beihilfe zu den Vorarbeiten der Ausgabe schwerlich wird gerechnet werden können. Dem Vernehmen nach sind auch Vorarbeiten für eine erweiterte Neuausgabe der bekannten Luther-Ausgabe von Otto Clemen im Gange. Wir halten Fühlungnahme der beiderseitigen Herausgeber für dringend erwünscht, damit unnötige Überschneidungen vermieden werden."[40]

Voigt war seinerseits in mehrfacher Hinsicht aktiv gewesen. Zum einen hatte er den Druck auf Hermann erhöht, indem er ihn indirekt zu einem baldigen Vertragsabschluss aufforderte.[41] Sodann hatte er um den 21. Januar 1946 Knolle besucht, „ohne daß", wie er Hermann schrieb, „viel dabei herauskam."[42] Am 27. Januar berichtete der Verleger von einem weiteren Besuch bei Knolle: „Die hier mit Herrn D. Knolle geführten Gespräche blieben bislang nur Gespräche. Und erst jetzt hat sich etwas daran geändert."[43] Knolle wolle nun „einen grundsätzlichen Brief" an Hermann schreiben.[44]

„Auch wird er sich hoffentlich darüber äussern, was er unter Herausgeberschaft versteht, soweit es die Nennung seines Namens anlangt. Er meinte gesprächsweise, es könnte doch nur heissen: Herausgegeben von Prof. Dr. Hermann und Hauptpastor D. Knolle zugleich im Namen der Deutschen Luthergesellschaft. Ich nehme aber an, dass er sehr grossen Wert darauf legt, die von ihm geleisteten Vorarbeiten stark berücksichtigt zu sehen. Ich meine, dass Sie das nur mit ihm klären können, dass ich dazu wenig leisten kann. An sich habe ich den Eindruck gewonnen, dass Wert auf die gemeinsame Arbeit gelegt wird."[45]

Zudem wolle Knolle die Edition mit einem Prospekt öffentlich bekannt machen.[46] Von Buschtöns wusste Voigt zu berichten, dass dieser auf Schloss Il-

[38] ALGW 732, o.P.

[39] ALGW 732, o.P.

[40] EZA 712/115, o.P. [nach Bl. 172].

[41] G. Wilde an R. Hermann, 2. Januar 1946, EZA 712/213, o.P.: „In der Anlage übersende ich Ihnen im Auftrag des Herrn Alfred *Holz* in Firma Alfred Metzner Verlag je eine Abschrift der seinerzeit von mir entworfenen drei Vertragsentwürfe (Herausgeber-Abteilungsleiter- und Mitarbeitervertrag) zur Kenntnisnahme und evtl. Verwendung." Wilde war laut Unterschrift und Stempel „Rechtsanwalt und Notar" in Berlin.

[42] 21. Januar 1946, EZA 712/116, Bl. 120.

[43] R. Voigt an R. Hermann, EZA 712/116, Bl. 121.

[44] Ebd.

[45] Ebd.

[46] Ebd.

senburg lebe; er könne nun die gewünschten Teile der WA versenden.[47] Buschtöns wiederum setze finanzielle Hoffnungen auf Hans Asmussen, den Leiter der Kirchenkanzlei der entstehenden EKD.[48] „Herr Knolle – vertraulich – riet zu einigem Abwarten. Er kennt Herrn Asmussen gut und könnte gegebenenfalls einmal an ihn schreiben."[49] Voigt seinerseits betonte die Bedeutung von Fördermitteln: „Von der finanziellen Seite betrachtet wäre es sicher wichtig, auch in dieser Richtung Fühlung zu bekommen."[50]

Auf diese konkreten Vorankündigungen und Absprachen folgte Knolles Brief an Hermann, der die Mitherausgeberschaft forderte, wofür die gemeinsame Mitgliedschaft in der Luther-Gesellschaft und die politische Gesamtsituation bemüht wurden:

„Nachdem Professor Seeberg als Herausgeber der Luther-Ausgabe ausgeschieden ist, liegt es der Luther-Gesellschaft daran, ihren eigenen Plan, eine Lutherausgabe herauszubringen, die bereits eine jahrelange Vorarbeit gezeitigt hatte, wieder geltend zu machen. Wir hatten hin [scil.: ihn], wie Sie wissen, zugunsten der Seeberg-Ausgabe zurückgestellt, um Konkurrenz zu vermeiden[,] und hatten uns in sie eingeordnet, weil damals die Aussichten schnellerer Veröffentlichung für die Seeberg-Ausgabe sprachen. Liessen sich die beiderseitigen Vorarbeiten nun nicht in der Weise vereinigen, dass Sie, sehr verehrter Herr Professor, und ich als Herausgeber namens der Luthergesellschaft fungieren? Sie gehören doch auch zu uns, nicht nur dem Sitz im Vorstand nach, sondern mit dem Herzen. Auch für die Öffentlichkeit dürfte nicht ohne Belang sein, dass die Luthergesellschaft das Unternehmen deckt. Zwei Herausgeber empfehlen sich zudem wegen der verschiedenen Zonen, in denen Sie wohnen und Verhandlungen führen können. Auf diesem Wege liessen sich auch am besten zwischen uns die Grundsätze einheitlicher Edition vereinbaren, die bisher für die verschiedenen Direktionen noch nicht endgültig festgelegt sind."[51]

Hermann überstürzte nichts und ließ sich Zeit mit der Antwort. Möglich war dies, weil ein persönliches Treffen mit Voigt für den 20. Februar 1946 geplant war. Kurzfristig sagte Hermann per Telegramm unter Hinweis darauf ab, an diesem Tag zum Dekan gewählt worden zu sein.[52] Voigt reagierte am selben Tag enttäuscht.[53] Er gab sich zuversichtlich, „Ende April die Lizenz zu erhalten (*hier*, im amerikanischen Sektor)", und kündigte an, ebenfalls „im April die endgültige Fassung des Prospekts besprechen" zu wollen.[54] Diese – von Knolle gewünschte – Öffentlichkeitsarbeit sei „umso dringlicher, als einer Erweiterung der Clemenschen Ausgabe (*falls* dies zutrifft) zuvorgekom-

---

[47] Ebd.

[48] Ebd.

[49] Ebd.

[50] Ebd.

[51] Wie Anm. 39.

[52] Das Telegramm erschließt sich aus der brieflichen Antwort von R. Voigt, die in der folgenden Anmerkung benannt wird.

[53] 20. Februar 1946, EZA 712/116, Bl. 122 f.

[54] Ebd.

men werden muß.“[55] Hermann sah klar, dass er gegen eine Kooperation zwischen Knolle und Voigt in Hamburg nichts würde ausrichten können. Nach der Absage des Evangelischen Oberkirchenrats war Hermann auf einen Verlag wie Metzner angewiesen. Und allenfalls dessen Rückkehr nach Berlin könnte eine Veränderung der Gesprächssituation mit sich bringen. Noch am 20. Februar 1946 setzte Hermann deshalb zwei Briefe auf: einen an Voigt[56] und einen an Knolle[57]. An die Stelle des persönlichen Gesprächs trat damit ein vertraulicher Brief an Voigt; und das Schreiben an Knolle legte Hermann in die Hände des Verlegers. Dieser solle darüber befinden, ob und gegebenenfalls wann er es aushändige. Die entscheidende Nachricht eröffnet Hermann bereits in seinem Brief an Voigt:

„Der Verzicht auf die Gesamtherausgeberschaft, die Sie mir seinerzeit angetragen haben, liesse sich u.U. erwägen. Das schreibe ich Ihnen aber einstweilen streng vertraulich, da Sie mir die Möglichkeit andeuteten, Ihren Verlag doch in Berlin wieder aufzubauen. Ich müsste erst wissen, ob Sie selbst auch dann an dem Plane festhalten, mit Herrn D. Knolle *und* mir die Ausgabe herauszubringen. Ich möchte daher meine Antwort an Herr D. Knolle durch Ihre Hand gehen lassen und sie diesem Briefe beilegen. Wenn Sie nach Berlin zurückkehren und an der Luthergesellschaft nicht festhalten wollen, so würde ich Sie bitten, persönlich Herrn D. Knolle zu bestellen, dass mir als Wahrer des Seebergschen Grundgedankens die Schwierigkeit zu gross erscheint, die Luthergesellschaft als Mitherausgeber so parallel in Erscheinung treten zu lassen, wie er es wünscht. Halten Sie dagegen an der Zusammenarbeit mit der Luthergesellschaft fest, so haben Sie die Güte, den Brief zu übergeben.“[58]

Hermanns „Konzession an D. Knolle“ an Voigt lautet: „Seinen Namen als Mitherausgeber könnte ich tragen: die Luthergesellschaft dagegen namentlich als Trägerin der Ausgabe wohl nicht. Träger muss entweder der Seebergsche Grundgedanke und Name sein oder die Luthergesellschaft. Im ersten Falle bin ich dabei.“[59] In seinem Schreiben an Knolle ging Hermann weiter ins Detail:

„So würde ich z.B. bereit sein, die Herausgeberschaft mit Ihnen zu teilen, etwa so, dass wir schrieben: Begründet von Erich Seeberg, herausgegeben in Verbindung mit Wünsch und anderen, die noch zu nennen wären von uns beiden. Ferner würde ich keine Einwendung erheben, wenn Sie die zweite Abteilung, die Erich Seeberg selbst übernehmen oder Professor Walter Köhler in Heidelberg übergeben wollte, Ihrerseits einem Mitgliede der Luthergesellschaft zu übertragen wünschen.“[60]

---

[55] Ebd.

[56] EZA 712/116, Bl. 125 f.

[57] EZA 712/115, Bl. 111, auch: EZA 712/116, Bl. 127.

[58] Wie Anm. 56.

[59] Ebd., Bl. 126.

[60] Wie Anm. 57.

Zugleich bleibt die Verantwortung gegenüber dem Erbe von Seeberg:

„Da Grundgedanke und Einteilung von ihm stammen, so kann die Ausgabe m.E. jetzt nicht eine Ausgabe der Luthergesellschaft heissen. Ich frage mich auch, ob das im Titel auszudrücken wirklich nötig ist. Ihr Name, sehr verehrter Herr Hauptpastor, ist so allgemein bekannt, dass in ihm die Luthergesellschaft von jedermann hier mitgedacht wird. Sodann, aber das liegt im Vorigen schon zum Teil mit enthalten: es bleibt doch bei dem Prinzip nur des ‚echten' Luther, ferner bei der Übersetzung der lateinischen Texte Seite an Seite mit diesen selbst, schliesslich auch bei der getroffenen Einteilung? An diesen Punkten [handschriftlicher Zusatz: „vornehmlich an den ersten beiden, am dritten unter Absehen von Einzelfragen"] müsste ich meinerseits festhalten!"[61]

Die Personalia fasst Hermann zusammen: Doehring hatte „bereits zugesagt"; dazu kämen „Lohmeyer (dessen Band fertig oder so gut wie fertig ist), Professor Rost, Professor Elliger, Professor Schott, Professor [Wilhlem] Caspari, ich selber und, als Germanist Professor Rosenfeld. Die einzelnen Mitarbeiter von Wünsch kenne ich nicht".[62]

Die Entscheidung über das weitere Vorgehen lag damit in den Händen Voigts. Dieser reagierte gegenüber Hermann zunächst überhaupt nicht auf die Angebote, wobei man sich fragen kann, ob der Verleger die Briefe überhaupt erhalten hatte. Am 2. März 1946 erneuerte dieser die Forderung:

„Vor allem darf ich bitten, einerseits die Wünsche des Herrn Knolle zu erfüllen, andererseits aber bei Ihrem und Herrn Seebergs Plan wenigstens prinzipiell zu verbleiben. Und dann darf ich Ihnen vorschlagen, von Herrn Knolle endlich konkrete Äusserungen zu erbitten. Man kann dies ja auch damit motivieren, dass wir einen detaillierten Prospekt vorbereiten müssen und darum auch die endgültige Disposition wie auch die endgültig vorgesehenen Mitarbeiter bekannt geben müssen."[63]

Hermann wies die Erwartung in zwei Briefen zurück. Am 20. März 1946 erklärte er Voigt: „Ich bin [Knolle] soweit, wie es mir möglich erschien, entgegen gekommen aber nicht weiter. Eine Ausgabe der Luthergesellschaft kann die von Seeberg ganz anders begründete Lutherausgabe nicht werden. Mit letzterer bin ich verbunden."[64] Vier Tage später wiederholt er:

„In der Angelegenheit mit Pastor Knolle bin ich soweit entgegengekommen, wie es mir möglich war und habe die Grenze fast schon überschritten. Ich erwarte seine Antwort und werde dann sehen, was er für Absichten hat. Von mir aus ist alles geschehen, mehr kann ich nicht hergeben. Dass wir bei dem vorgesehenen Prospekt die gesamten Mitarbeiter angeben sollen, erscheint mir als unnötig. Wohl aber müssen wir die Abteilungsleiter angeben."[65]

---

[61] Ebd.

[62] Ebd.

[63] Wie Kap. II, Anm. 577.

[64] Wie Kap. II, Anm. 651.

[65] EZA 712/116, Bl. 132 f., hier: Bl. 132.

Nicht er, sondern Knolle müsse sich auch „über Abt. II" äußern.[66] Nachdrücklich schärft Hermann ein: „Den Seebergschen Plan würde ich nicht aufgeben und mich auch nicht mit einer Gestalt der Lutherausgabe verbinden können, bei der in den Knolleschen Teilen die bereits vereinbarte Gestalt aufgegeben sein würde."[67]

Zugleich erwies sich Hermann in einem anderen Zusammenhang als standhaft. Voigt hatte seinen alten Kontaktmann und Förderer im Berliner Oberkirchenrat, Buschtöns, in dem „von der Kirche gepachteten" Harzer Schloss Ilsenburg besucht, wo er die „Aufsicht über [...] die dort vorhandenen Vermögenswerte der Kirche" führte.[68] Am 2. März schloss der Verleger, dass der vormalige Gönner für weitere Protektion ausfallen werde: „Ich habe auf dem Rückweg Herrn Buschtöns besucht, der sehr streitbar ist und daher von oben her nicht so sehr wohlgelitten scheint. Er kann uns also offiziell nicht helfen."[69] Ein Hauch von Korruption umweht die folgende Mitteilung, die Voigt mit direkten Handlungsanweisungen verband: „Es gilt nun aber die Lu.[ther]-Ausg.[abe] zu retten, die er [Buschtöns] für uns in Ilsenburg bereit gestellt hatte. Und deshalb wäre ich Ihnen sehr sehr dankbar, wenn Sie vielleicht einige Studenten nach Ilsenburg beordern könnten, um die Ausgabe dort baldigst abholen zu lassen."[70] Hermann motivierte dies dazu, die nach Greifswald versandten Teile der WA[71] genauer zu untersuchen. Während eines Besuchs bei seinem Kollegen Lohmeyer wurde er darauf aufmerksam, dass dieser nicht mit einem zerschnittenen Exemplar arbeitete, sondern ihn ganze Bände aus dem Ilsenburger „Auslandsseminar" erreicht hatten.[72] Hermann folgerte: „offenbar [hat man sie] als ein zu grosses Wertobjekt angesehen" und befürchtete einen Anschlag auf die abgesprochenen Arbeitsprozesse:

> „Die Ausgabe sollte doch zerschnitten werden, damit wir die lateinischen Texte in die Druckerei geben können. Wie anders soll denn sonst der lateinische Text gedruckt werden? Er kann doch nicht mit seinen hunderten oder tausenden Seiten nochmals getippt werden!!? Ist Herr Buschtöns dafür verantwortlich oder wer sonst?"[73]

Einige Tage später entdeckte Hermann in einem der Lohmeyer zugestellten Bände den Eigentumsstempel: „das Ilsenburger Seminar".[74] Nun fragte er Voigt direkt: „Bitte teilen Sie mir auch mit, wem eigentlich die dortige Aus-

---

66 Ebd.

67 Ebd.

68 Wie Kap. II, Anm. 577. Zu den Zitaten s. Jens BULISCH: Evangelische Presse in der DDR. „Die Zeichen der Zeit" (1947–1990), Göttingen 2006 (AKZG, Reihe B, Bd. 43), S. 454.

69 Wie Kap. II, Anm. 577.

70 Ebd.

71 S. Kap. II, Anm. 650.

72 Wie Kap. II, Anm. 651.

73 Ebd.

74 Wie Anm. 65, Bl. 132.

gabe gehört. Gehört sie dem E.O.K. oder dem Verlag Metzner?“[75] Zugleich wies er die Anregung eines studentischen Transportes über mehrere hundert Kilometer zurück.[76] Voigt konstatierte, von Berlin aus selbst Vorkehrungen getroffen zu haben: „Ich gab auch Auftrag, die Ausgabe in Ilsenburg abzuholen und hoffe, daß das demnächst gelingen wird.“[77] Hermann betonte mit einem zeitlichen Abstand von zwei Wochen: „Ich darf wiederholen, dass ich für die Abholung dieser Lutherausgabe in keiner Weise die Verantwortung übernehmen kann.“[78] Vorausgegangen war, dass Voigt die Eigentumsverhältnisse dahingehend geschildert hatte, es handele sich um ein bibliothekarisch nicht registriertes Zweitexemplar des Ilsenburger Seminars[79], womit klar war, dass weder Buschtöns noch Voigt Rechtsansprüche auf diese Bücher besaßen.

Mit dem gleichen Brief vom 6. April 1946 gab Voigt zu erkennen, dass ihn Hermanns Briefe vom 20. Februar 1946 erreicht hatten. Er fasst zusammen:

„Sie wollen mir die Entscheidung über die weitere Behandlung des Themas Knolle überlassen. An der Mitarbeit der Luthergesellschaft möchte ich gerne festhalten, weil es doch wohl überhaupt wünschenswert sein kann, damit eine innerlich notwendige Einheit der Lutherforschung zu dokumentieren. Die vorhandenen Widersetzlichkeiten sind doch allzu betrüblich und auch ganz dem Geiste Luthers entgegengerichtet. Andererseits möchte ich mit Ihnen das Programm Seebergs als Vermächtnis schützen und nicht zulassen, dass dieses Programm durch den Beitritt der Luthergesellschaft, man darf wohl sagen durch den Beitritt Knolles, in Gefahr kommt.“[80]

Ungeachtet der Frage, wie angemessen es war, Hermann in seinem lutherischen Selbstverständnis zu hinterfragen, deutet sich hier eine neuerliche Distanz gegenüber Knolle an. Auf die Andeutung des Problems folgt umgehend ein Lösungsvorschlag: „Herr Dr. Schulze-Maizier hat mir kürzlich angeboten, mit Herrn Althaus Rücksprache zu nehmen, um dessen Einflussnahme über Knolle sicher zu stellen. Was halten Sie davon?“[81] Drei Wochen später erneuerte Schulze-Maizier sein Angebot in einem Brief an Hermann.[82] Am 5. Mai 1946 berichtete Voigt: „Mit Knolle habe ich noch nicht wieder verhandelt,

---

75 Ebd.

76 Ebd.

77 R. Voigt an R. Hermann, 5. Mai 1946, EZA 712/116, Bl. 148.

78 R. Hermann an R. Voigt, 20. Mai 1946 [ev. auch 20. April 1946: die Monatsangabe des maschinenschriftlichen „20. III.“ ist mit Bleistift überschrieben mit „V“], EZA 712/116, Bl. 136.

79 R. Voigt an R. Hermann, EZA 712/116, Bl. 134: „Das vollständige Exemplar, das Herr Buschtöns zur Verfügung hält, ist nicht in der Gesamtbibliothek aufgenommen gewesen. Wenn diese Ausgabe aber nicht sofort in Ilsenburg abgeholt wird, besteht die unmittelbare Gefahr, dass sie von anderer Seite übernommen und registriert wird. Dann gehen alle Mitarbeiter an der Lutherausgabe dieser Gesamtausgabe verlustig.“

80 Ebd.

81 Ebd.

82 26. April 1946, EZA 712/116, Bl. 81.

bis *wir* klarer sehen.“[83] Eine Woche später stimmte Hermann den Verhandlungen mit Althaus zu.[84] Zudem ermahnte er Voigt, ohne Knolles Forderungen zu kennen, sei es unangemessen, von „vorhandenen Widersetzlichkeiten“ zu sprechen: „Ich kann nichts anderes tun, als abwarten.“[85] Der Verleger wiederum schrieb vergleichsweise beiläufig am 30. Mai 1946, dass Hermanns Brief an Knolle „leider [...] bei mir innerhalb meiner vielen Briefschaften verschwunden und zunächst verloren gegangen ist. Ich hatte diesen Brief noch nicht abgegeben und Ihnen auch darüber ausführlich geschrieben, Sie gleichzeitig auch gebeten, die ganze Situation noch einmal zu überprüfen.“[86] Für Hermann bedeutete dies endlich die Gewissheit, dass Voigt von der Übergabe des ihm anvertrauten Schreibens Abstand genommen hatte. Entsprechend kündigte der Verlagsverantwortliche auch an, nun auf die Diplomatie von Schulze-Maizier zu setzen, der

> „in diesen Tagen zu Prof. Althaus nach Erlangen fahren und diesen in vorsichtigster Weise über meine Erfahrungen mit dem Hauptpastor unterrichten und ihn bitten [wird], seinen Einfluss aufzubieten, dass die Luthergesellschaft ohne Bedingungen an unserem Plan mitarbeitet, wobei die Konzession gemacht werden könnte, dass Herr Knolle, vielleicht auch die Luthergesellschaft als Herausgeber *mit*genannt werden könnte, jedoch darf der Seeberg'sche Plan keinesfalls grundsätzlich verworfen werden.“[87]

Was folgt, ist ein lichter Moment in der Abfolge dunkler Verwicklungen und Verstrickungen. Es ist ein Augenblick der Klarheit, in dem ein Hasardeur einen anderen zu erkennen scheint:

> „Von Anfang an wurde seitens des Herrn Knolle immer wieder darauf hingewiesen, dass eine viel ältere Vorarbeit für die Lutherausgabe durch die Luthergesellschaft vorliege. Bis heute hat er weder Ihnen, noch sonst irgend jemandem den Plan vorgelegt oder Einblick in den Umfang der geleisteten Vorarbeiten gewährt. Es kann uns also nicht verübelt werden, wenn wir mit einer gewissen Reserve und dem Wunsche einer Überprüfung den Ausführungen des Herrn Hauptpastors gegenüber treten. Statt uns Material vorzulegen oder nähere Angaben zu machen, haben wir bisher nur immer wieder Forderungen erfahren, statt positiver Mitarbeit etwas einseitige Wünsche. Unter diesen Voraussetzungen wollte ich Ihren Brief dem Herrn Knolle nicht überreichen. Sie machen darin Konzessionen, die ich in dem Augenblick lebhaft begrüsse, da eine vorbehaltlose Einigung auf den Seeberg'schen Plan erfolgt ist, die aber nur gewissermassen den kleinen Finger bedeuten würden, wenn sich vorher Herr Knolle mit seiner Gesellschaft nicht auf Ihre Pläne geeinigt hat.“[88]

Auch in der persönlichen Kontaktpflege fühlt Voigt mittlerweile eine Asymmetrie: „Im übrigen hätte er ja auch an mich einmal eine Karte schreiben

[83] Wie Anm. 77.
[84] Wie Anm. 3.
[85] Wie Anm. 78.
[86] EZA 712/116, Bl. 149.
[87] Ebd.
[88] Ebd.

können, da er meine Adresse kennt. Ich bin oft genug bei ihm gewesen."[89] Der Schein einer fortschreitenden Erkenntnis wird jedoch schon am nächsten Tag wieder getrübt, an dem sich Voigt bei Knolle dafür entschuldigt, einen Brief Hermanns an diesen „offenbar zwischen andere[n] Sachen" verlegt zu haben: „Ich mache Herrn Prof. Hermann von diesem Sachverhalt gleichzeitig Kenntnis und bitte ihn, Ihnen noch einmal direkt zu schreiben."[90] Ein entsprechendes Dokument findet sich nicht; vielmehr hielt Voigt gegenüber Hermann noch im August die Fiktion aufrecht, auf die Übergabe des Briefes aus gemeinsamen Reserven gegenüber Knolle bewusst verzichtet zu haben: „Jedenfalls habe ich Ihren Brief ‚verloren'. Das kann ich nachträglich nicht mehr abändern."[91] Zu diesem Zeitpunkt hatten schon die Vermittlungsbemühungen Schulze-Maiziers stattgefunden, die Voigt als für sich selbst nachteilig verbuchte:

„Sehr geschickt ist das leider nicht geschehen, denn Herr Knolle bestreitet selbstverständlich Herrn Althaus gegenüber, die Verhandlungen verzögert zu haben. Jetzt bin ich schliesslich der schuldige Teil geworden, weil ich seinerzeit Ihren an Herrn Knolle gerichteten Brief nicht übergeben habe. Das konnte ich aber nach Ihrem eigenen Kommentar nicht machen. Die Ansprüche des Herrn Knolle richteten sich ja auch darauf, dass das Seebergsche Programm zu Gunsten demjenigen der Luthergesellschaft wegfallen solle. Nun versuche ich, mit Herrn Knolle zusammen zu treffen, er war jedoch einige Zeit in Ferien".[92]

Noch vom Starnberger See aus versuchte dieser wiederum zu erfahren, was aus den Bertelsmann-Geldern geworden war. An Hosemann schrieb er:

„Verhandlungen wegen der Luther-Ausgabe mit Prof. Hermann und dem Verlage Metzner laufen, sind aber auch durch verloren gegangene Briefe gekennzeichnet. Mohn scheint an ein so großes Unternehmen nicht mehr zu denken. Das uns überwiesene Honorar ist wohl restlos als verloren anzusehen?"[93]

Hosemann antwortete am 27. August 1946 und ließ die Frage nach dem Sonderfonds ein weiteres Mal offen.[94]

Die Annäherung zwischen Knolle und Voigt wurde so beschlossen, wie sie begonnen hatte: im direkten Austausch zwischen den beiden in Hamburg. Am 15. Oktober 1946 kam es zu dem Treffen, das der Verleger für Hermann zusammenfasste:

„[H]eute endlich [habe ich] eine Rücksprache mit Herrn Dr. Knolle (übrigens seit etwa 2 Monaten Oberkirchenrat) gehabt. Er ist nach wie vor zu der gewünschten Mitarbeit bereit. Ich versicherte ihm, dass Sie selbstverständlich gegen seine Person als Mitherausgeber kei-

---

[89] Ebd.
[90] ALGW 732, o.P.
[91] 23. August 1946, EZA 712/116, Bl. 150.
[92] Ebd.
[93] Wie Kap. I, Anm. 276.
[94] ALGW 203, o.P.

nerlei Bedenken hätten. Es war für mich interessant festzustellen, dass Herr Knolle heute gar keine Schwierigkeiten bereitete und auch keinerlei Vorbehalte anmeldete. Er bemerkte auch, durch die Monate sei er im Augenblick der Herausgeberschaft entfremdet und er müsse sich erst wieder einmal die Zusammenhänge ganz klar machen."[95]

Knolle gab sich damit denkbar unbeteiligt, falls Voigts Bericht die Situation angemessen wiedergibt. Um so präziser benannte der Hauptpastor, der nun als Mitherausgeber gelten konnte, sofort eine lange Reihe von Forderungen:

„Wir [...] sind nun folgendermassen verblieben: Herr Knolle möchte zunächst einmal wissen, wer von den Abteilungsdirektoren noch übrig geblieben ist und sozusagen weiterarbeite. Er möchte dann weiter wissen, welche Abteilungen noch vergeben werden müssen [...]. Herr Knolle ist dann der Auffassung, dass zwischen Ihnen und ihm eine genaue Klärung hinsichtlich der weiterhin mitarbeitenden Personen herbeizuführen ist, um keinerlei Belastungen durchgehen zu lassen. Aus einem solchen Grunde hat er für den Augenblick z.B. Vorbehalte hinsichtlich des Herrn Wünsch, der ja ausser Amtes ist. Er meint, ganz generell dürften die herausgestellten Mitarbeiter, also Abteilungsdirektoren, die allgemeine Kirchenpolitik nicht belasten. Im Anschluss wüsste dann Herr Knolle gerne, wie weit endgültig die Sprachbehandlung festgelegt ist [...]. Und zum Letzten möchte Herr Knolle sich mit Ihnen über die Grundsätze der Lateinübertragung einigen."[96]

Hermann konnte nur aus der Ferne konstatieren, dass Voigt und Knolle miteinander handelseinig geworden waren. Am 17. November 1946 fasste er dies in einem Brief an Knolle zusammen: „Wie mir Herr Dr. Voigt mitgeteilt hat, ist nunmehr zwischen Ihnen und ihm eine grundlegende Verhandlung über die Weiterführung der von Seeberg begründeten und vom Verlag dann mir übertragenen Lutherausgabe, an der Sie seinerzeit mitzuarbeiten bereit waren, zustande gekommen."[97] Für seine Person hält er fest: „Ihrem Wunsche, nach Seebergs Tode nunmehr in die Mitherausgeberschaft einzutreten, habe ich schon vor längerer Zeit zugestimmt", wobei er darauf verzichtet, seine eigenen Bedingungen zu wiederholen.[98] Zugleich erfüllte er die alte Forderung Knolles: „Ich wollte Ihnen, wie ich dem Herrn Verleger seinerzeit schon schrieb, auch noch die 2. [Abteilung] anbieten."[99] Im kollegialen Austausch stellte sich Hermann nun auch den Personalfragen:

„Ich selber hatte seit langem die 1. [Abteilung], Herr Wünsch in Marburg die 3. Wie Herr Dr. Voigt mir schreibt, haben Sie gegen Herrn Wünsch Bedenken. Ich bin über seine Lage nicht genau im Bilde und würde sie bitten, mir freundlichst Ihre Bedenken zukommen zu lassen. [...] Dass der Abteilungsdirektor dem einen der Herausgeber, dem er angeschlossen ist, die Namen der Mitarbeiter angibt, die er heranziehen möchte, halte ich für erforderlich. Es könnten sonst Missgriffe vorkommen, die dem Erscheinen Schwierigkeiten bereiten würden. Wenn ich Herrn Dr. Voigt recht verstanden habe, geht das über Ihre Forderungen

[95] EZA 712/116, Bl. 153 f.
[96] Ebd.
[97] EZA 712/115, Bl. 112.
[98] Ebd.
[99] Ebd.

hinaus. Andererseits wünschen Sie eine ‚genaue Klärung hinsichtlich der weiterhin mitarbeitenden Personen' zwischen Ihnen und mir. Das kann sich demnach doch wohl nur auf die Abteilungsleiter beziehen."[100]

Aus sachlichen und praktischen Gründen lehnte Hermann eine Hinterfragung der bereits gewählten Abteilungsleiter ab. Zudem kündigte er an, die Richtlinien zur sprachlichen Gestaltung Knolle zukommen zu lassen:

„Herrn Rosenfeld habe ich gebeten, seine Grundsätze für die Behandlung des deutschen Textes, nach denen wir hier seit langem arbeiteten, nochmals zu formulieren und sie Ihnen ebenso zuzustellen, wie Herr Cohrs sie bereits erhalten hat. Mit der Herausgabe der Cohrsschen Bibel und dem fertigen Römerbriefkommentar könnte begonnen werden."[101]

Zu der Lohmeyerschen Übersetzung war als zweites weithin druckfertiges Manuskript eine Edition der Lutherbibel letzter Hand getreten, die Ferdinand Cohrs im Auftrag des Evangelischen Oberkirchenrats vorbereitet hatte und die nun in die Luther-Ausgabe integriert werden sollte.[102]

2. Knolle als Mitherausgeber (1946/1947)

Die Zusammenarbeit zwischen Knolle und Hermann erwies sich als beschwerlich. Die Mitherausgeberschaft teilte der Hauptpastor Anfragenden gerne mit. Zwei Jahre nach Kriegsende suchte Hadlich, die Marburger Mitarbeiterin Wünschs, wieder den Kontakt zu dem Hamburgischen Hauptpastor, vermeldete die akademische Rehabilitierung ihres Marburger Vorgesetzten und erkundigte sich nach den Editionsplänen: „Da Prof. Seeberg gestorben

[100] Ebd.

[101] Ebd.

[102] Zu der Korrespondenz zwischen F. Cohrs und R. Hermann und weiteren Cohrs betreffenden Schreiben s. u.a. EZA 712/114, Bl. 97–111; EZA 712/115, Bl. 112 und EZA 712/252, o.P. Zu der Veröffentlichung kam es nicht. Zunächst sprach sich Cohrs am 25. Dezember 1946, EZA 712/114, Bl. 107 f., gegenüber Hermann gegen die sprachlichen Richtlinien Rosenfelds aus, die er nicht anwenden wollte: „Sie stellen im Interesse der besseren Lesbarkeit eine Art Mittelweg zwischen Beibehaltung des Originals und einer Modernisierung des Textes dar. Ich möchte jedoch den Vorschlag machen, diese Richtlinien *nicht* anzuwenden." Sodann resignierte er zwei Jahre später gegenüber den fortwährenden Vertröstungen seitens des Verlages; s. dazu F. Cohrs an R. Hermann, 1. September 1948, EZA 712/252, o.P.: „Wegen der Lutherbibel bin ich wiederholt beim Verlage in Hamburg gewesen, erfuhr aber Jahr um Jahr dasselbe: man könne mir nichts Bestimmtes sagen u[nd] wisse überhaupt noch nicht, ob der Druck einer Lutherausgabe zustandekomme. Ich wäre auch jetzt wieder dort gewesen, wenn ich nicht inzwischen für den Druck der Original-Lutherbibel eine neue Möglichkeit gefunden hätte: den Atlantisverlag, früher: Berlin, Leipzig u.[nd] Zürich, jetzt nur in Zürich, möchte die Bibel drucken." Auch dort erschien die Ausgabe nicht. Zu Cohrs s. Martin KEẞLER: Das Karlstadt-Bild in der Forschung, Tübingen 2014 (BHTh, Bd. 174), S. 234–236, 243 f., 301 f., 366, 369, 374.

ist, ist wohl die Leitung auf *Sie* übergegangen?“[103] Knolle antwortete am 11. Juli 1947, dass nach Absprachen mit dem Verlag eine gemeinsame Herausgabe „mit Professor Hermann“ „geplant“ sei, die sich aber aufgrund „der Zonenschwierigkeiten reichlich erschwert.“[104] Derzeit prüfe er die Editionsgrundsätze:

> „Ich trage Bedenken, den bisherigen von einem Germanisten gemachten Vorschlag zu Grunde zu legen, weil er die Lesbarkeit des Textes für den Durchschnittsleser außerordentlich erschwert. Da verschiedene Autoren inzwischen ausgeschieden sind, müßte auch die Verteilung der Schriften neu vorgenommen werden.“[105]

Wie sich diese Prüfung seit Ende des Vorjahres vollzog, lässt sich verfolgen. Am 2. Dezember 1946 hatte Hermann Knolle „die von Herrn Prof. Rosenfeld kurz zusammengefaßten Bestimmungen, nach denen hier in Greifswald gearbeitet worden ist“, zugeschickt.[106] Im Einzelnen übermittelte Hermann zwei Dokumente: „Regeln für die Gestaltung des Luthertextes“ und „Erläuterungen zu den Regeln für die Gestaltung des Luthertextes“[107]; letztere wurden von Rosenfeld handschriftlich unter dem 22. November 1946 abgezeichnet. Die „Erläuterungen“ wird man als sehr vorläufig und unbestimmt bezeichnen müssen. In ihren wird etwa das Ideal entworfen, mit den „Fussnoten [...] den Text wirklich verständlich [zu] machen“ „und nicht, wie andere erklärende Ausgaben, den Schwierigkeiten durch Stillschweigen aus dem Wege [zu] gehen“; aus den „Erläuterungen“ solle ein „*Stichwortverzeichnis*“ erwachsen, das man später noch „zu einem Wort- und Sachwortverzeichnis aus[...]bauen“ könne. Mit dem Textbestand sei konservativ zu verfahren, wobei sich die Orthographie dem späteren Sprachgebrauch Luthers annähern dürfe. Die „Regeln“ erlauben eine moderne Interpunktion, einschließlich des Einfügens von Satzpunkten und einer Großschreibung bei neugebildeten Sätzen und „Großschreibung nach moderner Weise“. Beide Dokumente erwecken auch in ihrer äußeren, zahlreiche handschriftliche Korrekturen aufweisenden maschinenschriftlichen Textgestalt nicht den Eindruck eines ausgefeilten Konzepts, sondern den eines flüchtigen, unter Zeitdruck entstandenen ersten Entwurfs.

Aus Hamburg richteten sich dagegen die ebenfalls getippten „Bemerkungen zu dem Vorschlag von Rosenfeld für eine Neuherausgabe der Schriften Luthers“ vom 3. April 1947.[108] Grundlegend wurde kritisiert, dass Rosenfeld zu viel Wert auf das Lautbild gelegt habe, den Text als solchen aber nicht ausreichend wahrnehme. Wichtig sei eine inhaltliche Annäherung, und diese

---

[103] 11. Juni 1947, ALGW 732, o.P.
[104] ALGW 732, o.P.
[105] Ebd.
[106] ALGW 732, o.P.
[107] ALGW 732, o.P. Hier s. auch die Folgezitate.
[108] ALGW 732, o.P.

könne nicht von formalen Kriterien bestimmt werden. Der Autor spricht sich für einen noch konservativeren Umgang aus:

„Nur, wenn wir wissen, dass Luther ganz in das 16. Jahrhundert gehört, werden wir lernen auf ihn zu hören, und erst dann werden [wir] in dem, was er zu sagen hat, ihn als den anerkennen oder auch nicht anerkennen, auf den wir zu hören haben, wird das also deutlich werden, was ja sein Anliegen war: Das ewig gleiche und doch immer neue Evangelium.“[109]

Das auf andere Weise nicht weniger problematische Gutachten, das immerhin „eine Einteilung in Abschnitte mit kurzen Überschriften“ anregt – Knolles markanteste Neuerung in seinem betreffenden Beitrag in der Zeitschrift „Luther“ von 1938 – ist mit der handschriftlichen Signatur „Bruno Jordahn“ gezeichnet. Knolle hatte demnach seinen pastoralen Kollegen an der Altonaer Hauptkirche St. Trinitatis[110] für ein Gegengutachten gewonnen.

Vor dem 24. September 1947 hatte Hermann neuerlich Richtlinien zur Luther-Ausgabe Althaus übersandt.[111] Für Althaus war Hermann der primäre Ansprechpartner für die Edition, an deren Realisierung ihm allerdings Zweifel zu hegen geboten schien: „Sobald ich weiß, daß ernsthaft mit der Ausgabe zu rechnen ist, gehe ich wieder mehr ran an diese mir sehr liebe Arbeit.“[112] Zugleich erhellt sich das Seebergsche Echtheitskriterium in den praktischen Überlegungen, wie Luthers *ipsissima vox* aus den Disputationen einzuholen sei:

„Ich verstehe Dich doch recht: es sollen nicht nur Luthers Disputations-*Thesen* gebracht werden, sondern auch die *Protokolle, soweit Luther selbst in ihnen redet.* Das wird noch manche Schwierigkeiten geben. Denn die verschiedenen Protokollanten gaben Luthers Diskussionsbeiträge verschieden wieder. Ich werde Dir seiner Zeit genaue Vorschläge für das Verfahren machen.“[113]

Den Voigt in Aussicht gestellten Kontakt zu Asmussen nahm Knolle wirklich auf. Vor dem 24. November 1947 schrieb er ihn an und bat um Unterstützung für die Luther-Gesellschaft. Asmussen verstand dies nicht materiell, sondern – angeregt von Knolle, der nach Personalvorschlägen gefragt hatte – ideell und regte eine umfassende Erneuerung des Vorstandes an, für die er detaillierte Vorschläge unterbreitete und seine eigene Bereitschaft zur Vorstandsarbeit anbot.[114] Die Lutherausgabe bleibt unerwähnt. Nahezu zeitgleich ergab

---

[109] ALGW 732, o.P.

[110] Zu ihm s. kurz Jan SCHEUNEMANN: „Aber wirklich aufbauen dürften wir drüben doch nicht.“ Die Luther-Gesellschaft während der deutschen Teilung, in: SCHILLING/TREU (wie Kap. I, Anm. 1), S. 212–218; hier: S. 218.

[111] S. dazu den Brief P. Althaus’ an R. Hermann, 24. September 1947, in: WIEBEL, Aufsätze (wie Kap. II, Anm. 16), S. 358 f., hier: S. 359.

[112] Ebd.

[113] Ebd.

[114] H. Asmussen an Th. Knolle, 24. November 1947, LKAK, 98.11, Nr. 69, o.P.: „Ich will gerne versuchen, was in meinen Kräften steht, Ihnen mit der Luther-Gesellschaft zu

sich auch ein Austausch mit der Familie Reemtsma, die Knolle 1941 als Finanzier in Betracht gezogen hatte.[115] Hermann S. Reemtsma fragte Knolle, ob dieser ihn in seinen Plänen bei der Erneuerung des Hamburger Ehrenmals und einer möglichen Anbringung eines Originalreliefs von Barlach an St. Petri unterstützen würde.[116] Knolle erklärte sich dazu am 3. Dezember 1947 bereit.[117] Auch hier ist kein Austausch über die Luther-Ausgabe überliefert. In beiden Fällen wäre es ausgehend von früheren Überlegungen Knolles naheliegend gewesen, die jeweiligen Kontaktaufnahmen in Richtung von Förderanfragen zugunsten der Luther-Gesellschaft oder der Luther-Ausgabe weiterzuführen.

3. Überraschende Wendungen und Wandlungen (1946–1948)

Gegenüber Knolles Weg zur Mitherausgeberschaft wurden einzelne Fragen zurückgestellt, die Hermann parallel dazu unabhängig von Knolle beschäftigten. Noch immer ungeklärt war, wer die erste Psalmenvorlesung edieren würde. Am 1. November 1946 verfolgte Hermann eine Idee: Heinrich Bornkamm, dessen Zukunft im akademischen Lehramt zu diesem Zeitpunkt ungewiss war, sollte als Projektmitarbeiter gewonnen werden. Hermann bemühte sich, Bornkamm nicht die gesamte, intrikate Arbeit aufzubürden, sondern ihn in eine Gruppe einzubinden:

---

helfen. Ich rate zu folgendem Vorgehen: Zunächst müsste der Vorstand neu gebildet werden. Dann würde ich gerne beim Rat alle Schritte tun, die notwendig sind, um die Anerkennung zu erreichen [...]. Für die Neubildung des Vorstandes erlaube ich mir, auf Ihren Wunsch einige Persönlichkeiten zu nennen, die ich aus den Kreisen der Lutheraner ausserhalb der VELKD zusammengestellt habe. Ich würde es für gut halten, wenn man in der Luthergesellschaft eine möglichst breitere Basis hat, die möglichst viele Landeskirchen umfasst. Mein Vorschlag setzt also voraus, dass Sie bereits aus den Kreisen der VELKD eine Reihe geeigneter Persönlichkeiten haben. Professor Schlink und Professor Brunner in Heidelberg, Superintendent Kunst, Herford, Professor Probst Maurer, Caldern bei Marburg, Professor Schuhmann, Halle, Oberkirchenrat Metzger, Stuttgart, Direktor Lic. Stroh, Friedberg, Oberkirchenrat Beckmann, Düsseldorf, Bischof Stählin, Oldenburg. Wenn Sie mich selbst brauchen können, stehe auch ich gerne zur Verfügung."

[115] S. oben Anm. 231.

[116] 3. Dezember 1947, LKAK, 98.11, Nr. 44, o.P.

[117] LKAK, 98.11, Nr. 44, o.P.: „Mit großem Interesse habe ich von Ihren Plänen für die Aufstellung des Reliefs von Barlach am Ehrenmal gelesen. Ich verstehe durchaus Ihre Erwägungen und bin meinerseits sehr geneigt, ihre Ausführungen zu unterstützen und mich, soweit die Landeskirche oder die Hauptkirche St. Petri in Betracht kommt, dafür einzusetzen. Nur müßte ich noch etwas klarer sehen, worin die Unterstützung unsererseits bestehen, wie und wo die Aufstellung erfolgen kann. Vielleicht können wir uns einmal darüber aussprechen, damit ich dann weiter bei den kirchlichen Stellen Fühlung nehmen kann."

„Wie ich höre, haben Sie zur Zeit mancherlei recht Schweres durchzumachen. Ich habe zwar nur von dritter Seite darüber eine kurze Nachricht bekommen und weiss daher nicht, wieweit sich die Abbaubestimmungen auf Sie erstrecken. [...] Insbesondere nehme ich an, dass Sie für Forschungsaufträge in Betracht kommen und dass davon dann weiteres abhängen mag. Im Zusammenhang hiermit ist mir auch der Gedanke gekommen, den ich heute nur in Form einer für uns beide unverbindlichen Frage äussern möchte. Sie wissen bereits jedenfalls, dass Seeberg eine Lutherausgabe unternommen hat, die durch zwei Hauptkennzeichen charakterisiert ist, nämlich erstens dadurch, dass neben den lateinischen Text eine deutsche Übersetzung treten soll, zweitens dadurch, dass nur die von Luther selbst für den Druck besorgten Schriften, diese aber sämtlich, Aufnahme finden sollen. Zu den circa 20 Bänden, die geplant sind, gehört auch die Psalmenvorlesung von 1513. Da sie in der W.A. in ungenügender Weise ediert ist, sollte sie in zweiter Auflage durch Vogelsang und Meissinger bearbeitet werden. Diese Arbeit sollte aber zugleich unserer Lutherausgabe dienen, die, wie Ihnen vielleicht bereits bekannt ist, jetzt in Gemeinschaft mit der Luthergesellschaft wieder aufgenommen wird. Vogelsang ist gefallen. Mit Meissinger trete ich eben erneut in Verhandlungen. Ausserdem interessiert sich Caspari, der die Übersetzung des Galaterkommentars von 1519 bereits abgeschlossen hat, für die Mitarbeit an Ps. 1513f. Meine, nur ganz vorläufige Anfrage, geht nun dahin, ob Sie u.U. an der Herausgabe von Ps. 1513f[.] mitarbeiten würden, umsomehr, da die Dresdener Handschrift dabei nicht entbehrt werden kann und vermutlich für Sie am ehesten erreichbar ist.“[118]

Die erneute Anfrage bei Meißinger sollte Schulze-Maizier übernehmen[119], der sich zur abermaligen Bemühung zögerlich bereit erklärte[120]. Unklar ist, ob es zu einem weiteren Besuch kam. Am 5. Mai 1946 erfährt man von Voigt nur: „Dr. Schulze-Maizier [...] hat viel korrespondiert, zB mit Meis[s]inger und Althaus.“[121] Bornkamms Antwort traf schneller, aber auch mit einiger Verzögerung ein. Am 18. März 1946 sagte er die „Uebersetzung der Psalmenvorlesung leider“ ab.[122] Zugleich war er seinerseits darum bemüht, Hermann und anderen Kollegen zu helfen:

---

[118] EZA 712/114, Bl. 53.

[119] S. dazu R. Hermann an W. Caspari, 11. Januar 1946, EZA 712/114, Bl. 94: „Ich werde gleichzeitig mit diesem Briefe an Herrn Dr. Schultze-Maizier [sic] in Donauwörth schreiben. [...] Er kann mit Dr[.] Meissinger ebenfalls Fühlung nehmen und hat bereits mit ihm früher einmal über diese Angelegenheit in Verbindung gestanden. [...] Übrigens geht die Sache nicht ohne die Dresdener Handschrift, und ist überhaupt m.W. ein bisschen eine verteufelte Angelegenheit. Da Herr Vogelsang gefallen ist, ist, glaube ich [...,] Meissinger so ungefähr der einzige, – ausser vielleicht Bornkamm – der genauer Bescheid weiss. Bornkamm selber ist abgebaut. Möglicherweise könnte er aber auf diesem Gebiete einen Forschungsauftrag erhalten. Ich muss auch mit ihm einmal in Verbindung treten – was Ihnen hoffentlich recht sein würde? – um mich nach Genauerem zu erkundigen.“

[120] F. Schulze-Maizier an R. Hermann, 6. Februar 1946 (wie Kap. II, Anm. 559), Bl. 79: „An Dr. Meissinger trat ich 44 schriftlich heran; er lehnte damals die Edition der Ps.vorlesung *ab*. [...] Trotzdem werde ich ihn nun noch einmal fragen, ob er bereit ist, mit Prof. *Caspari zusammen* die Edition zu übernehmen.“

[121] Wie Anm. 77.

[122] H. Bornkamm an R. Hermann, EZA 712/249, o.P.

„An die Dresdner Handschrift ist wahrscheinlich überhaupt noch nicht heranzukommen. [...] Um Ihnen nicht nur eine Absage zu geben, habe ich mich an Clemen gewandt [...]. Er hat sich zur Mitarbeit gern bereit erklärt, auch für die Psalmenvorlesung, am liebsten für die Briefe oder Tischreden, in deren Behandlung er ja eine besondere Gewandtheit besitzt. Da er ohne jede Einkünfte ist, wäre allerdings wünschenswert, daß er dafür irgendwie vergütet werden könnte."[123]

Die Nachricht, dass Clemen zu einer Mitarbeit bereit sei, musste eine kleine Sensation gewesen sein. Ungeachtet der fachlichen Eignungen und seines Renommees, auch in der Herausgabe von und Mitarbeit an Luther-Ausgaben, sorgten sich Hermann, Voigt und Knolle in genau jenen Wochen darum, dass Clemen eine neuerliche Edition vorantrieb[124]. Zu einer Zusammenarbeit kam es nicht mehr. Clemen starb am 9. Mai 1946.[125] Im Zusammenhang der Motivationen zur Mitarbeit steht er für einen weiteren Aspekt in diesen Jahren: die materielle Not, die sich mit fachlicher und kollegialer Verantwortung verbinden konnte.

In gewisser Hinsicht mochte dies auch schon seit 1942 für Schulze-Maizier gegolten haben, der nach dem Krieg eine erstaunliche Wandlung vollzog. Nachdem er sich noch 1943 gegen „die Psychoanalyse oder andere nichtarische Theoreme"[126] ausgesprochen hatte und bei einer Feier zum 60. Geburtstag des Reichsbischofs Ludwig Müller an Seebergs statt eine Rede gehalten hatte[127], betrachtete er sich nach dem Krieg als Oppositionellen, der aus diesem Grund auch die Reichshauptstadt verlassen habe:

---

[123] Ebd.

[124] S. oben Anm. 40 und 55. Auch F. Schulze-Maizier konnte R. Hermann keine Informationen zu einer von Clemen geplanten Ausgabe bieten, Zusatz vom 7. Februar 1946 zu dem Brief vom 6. Februar 1946 (wie Kap. II, Anm. 559), Bl. 80: „Über die Neu-Herausgabe der Clemenschen Lu.[ther] Ausg.[abe] ist mir noch gar nichts bekannt, da ich ja hier in meiner rustikalen Abgeschiedenheit nur wenig Informationen erhalte."

[125] Reinhold JAUERNIG: Art. Clemen, Otto Konstantin, in: NDB, Bd. 3, Berlin 1957, S. 280 f.; hier: S. 280. Ausführlich zu Clemen s. Johannes SCHILLING: Luthers Briefe und die Abteilung ‚Briefwechsel' in der Weimarer Lutherausgabe, in: D. Martin Luthers Werke. Sonderedition der kritischen Weimarer Ausgabe. Begleitheft zum Briefwechsel, Weimar 2002, S. 25–53, hier: S. 43–49.

[126] F. Schulze-Maizier an E. Seeberg, 9. November 1943, BArch Koblenz N1248/34, o.P.

[127] F. Schulze-Maizier an E. Seeberg, 21. Juni 1943, BArch Koblenz N1248/34, o.P.: „Vorgestern bei der Feier im Kaiserhof sprach ich, da ich vom Festcomité dringend darum gebeten wurde, an Ihrer Stelle. Ich begann mit der Feststellung, dass ich mir gewiss nicht die Anmassung gestatten wolle, einen Forscher vom Range Erich Seebergs entsprechend zu vertreten, suchte kurz Lu.[dwig] Mü.[ller]s Willen zum Volkstümlich-Konkreten zu würdigen und betonte besonders Ihre Feststellung über Luthers Fähigkeit, ‚das Wirkliche zu sehen, wie es ist, ohne sich von Tradition und Konvention etwas vormachen zu lassen.' Ich hoffe auch in Ihrem Sinne gesprochen zu haben, wenn ich unterstrich, die ganze Spannweite der Lutherischen Leistung werde gerade dadurch bedingt, dass ein so abgründig *tiefer*, in jahrelanger einsamer *Denkarbeit* reif gewordener Theologe derart volkstüm-

„Ich schrieb *nie* für die Parteipresse, gehörte der Nazipartei usw. *nie* an, bewarb mich auch nie um die Mitgliedschaft, trieb im Stillen Opposition bis an die Grenze des mir Möglichen u.[nd] war schon 1940 dem S[icherheits]D[ienst] gemeldet. Da mir in Folge meiner aktiven Teilnahme an der ökumenischen Bewegung der Berliner Boden zu heiss wurde, lebte ich seit 1943 meist in Krummhübel.“[128]

Noch überraschender ist die Wandlung, die Voigt – ausgehend wohl von Selbstdarstellungen – in Schulze-Maiziers Schilderung 1948 durchläuft:

„Ich selbst habe ja Herrn Dr. Voigt erst 1942 persönlich kennen gelernt und habe infolgedessen keinen Ueberblick über die frühere Tätigkeit und Einstellung seines Verlages. Vom ersten Tage unserer Bekanntschaft an erwies Herr Dr. Voigt sich als christlich eingestellter ausgesprochener Antifaschist, mit dem man politisch in vollster Offenheit reden konnte. Wie er mir erzählt, stand er dem Kreis um den 20. Juli herum ziemlich nahe. Der eine seiner Verlage, der Verlag für Standesamtswesen, ist längst wieder lizenziert. Wie es im Moment mit dem Metzner-Verlag steht, vermag ich von hier aus nicht zu überschauen.“[129]

Voigts verlegerisches Agieren hinsichtlich der Luther-Ausgabe ist von erstaunlichen Kontinuitäten mit im Einzelnen überraschenden Konsequenzen gekennzeichnet. Unklar blieb für die Beteiligten zunächst einmal, ob und wann er für den Alfred Metzner-Verlag überhaupt wieder eine Lizenz erhalten würde.[130] Voigt kündigte immer wieder – Knolle seit Ende 1945[131], Hermann spätestens seit Februar 1946[132] – an, kurz vor der Lizenz zu stehen. Er

---

lich zu reden vermochte. Zum Schluss machte ich einen Salto vom Theologischen ins Medizinische, von Luther zu Paracelsus, indem ich den Archäus des Jubilars konstatieren liess: ‚Das Leben beginnt mit Sechzig.‘ Lu.[dwig] Mü.[ller] war spürbar bewegt und dankte mit einem spontanen Schlusswort, das seinem Herzen ebenso viel Ehre machte wie seinem menschlichen Freimut.“

[128] F. Schulze-Maizier an R. Hermann, 6. Februar 1946 (wie Kap. II, Anm. 559).

[129] F. Schulze-Maizier an R. Hermann, 2. September 1948, EZA 712/252, o.P.

[130] Keine Hinweise bietet im verlagsgeschichtlichen Rückblick: Alfred Metzner Verlag in: Curt VINZ und Günter OLZOG (Hg.): Dokumentation deutschsprachiger Verlage, München und Wien [8]1983, S. 263, Nr. 8456.

[131] S. oben Anm. 22.

[132] S. oben Anm. 54. Dass R. Hermann im Februar 1946 von der baldigen Erteilung einer Lizenz, die den Beginn der Drucklegung im Jubiläumsjahr ermöglichen würde, ausging, illustriert das Konzept für ein Bürgschaftszeugnis vom 17. Februar 1946, EZA 712/213, o.P. Mit diesem verwandte sich Hermann für seinen Kollegen Rosenfeld trotz dessen Mitgliedschaft in der NSDAP und hob die Mitarbeit „an einer neuen Ausgabe von Luthers Werken“ hervor, „die in dem laufenden Jubiläumsjahr (Luthers 400. Todestag) zu erscheinen beginnen solle. Sobald der Verlag Metzner seine endgiltige Lizenz habe, könne mit dem Druck des ersten Bandes der Ausgabe angefangen werden. Die Arbeit an den weiteren Bänden sei im Fortschreiten begriffen. Herr Professor Rosenfeld habe mit der Bearbeitung des lutherischen Deutsch im Sinne auch heute verständlichen Textes zu tun. Herausgeber der Bände ist der Unterzeichnete.“ Am 20. Februar 1946 schildert R. Hermann auch F. Cohrs die Situation, EZA 712/114, Bl. 98: „Was nun Ihre Frage betrifft, so habe ich soeben an den Verleger geschrieben. [...] Am besten schreibt man aber [für eine Kontaktaufnahme zu Dr. Voigt in Hamburg an]: Verlag für Standesamtswesen. In dieser Bran-

erhielt sie erst am 25. August 1948.[133] Die zuvor geschilderten Erwartungen mochten jeweils aufrichtig gewesen sein; die Situation erlaubte ihm aber keine konkreten Schritte. Unerwähnt blieb in der Korrespondenz mit den erhofften Herausgebern, dass der Antrag bereits Anfang März 1946 abgelehnt worden war.[134] Vertreter der Militärregierung hatten festgestellt, wie selektiv und tendenziös Voigt die Titelauswahl seines früheren Verlagsprogramms gestaltet hatte. Voigt hatte keinen Gesamtkatalog eingereicht, sondern Einzeltitel mit zum Teil veränderten Überschriften zusammengestellt. Als solche unerwähnt blieb etwa die „Rassenhygienische Fibel", die unter den „ersten hundert Buecher[n] fuer nationalsozialistische Buechereien [...] von der Reichsstelle zur Foerderung des deutschen Schrifttums" empfohlen worden war.[135] Voigt hatte sie unter den „*naturwissenschaftliche*[n] *Werke*[n]" benannt und in „Eugenische Fibel" umgetauft.[136] Keinen Eindruck machten die Erklärungen Voigts zu seinem Verständnis von Widerstand: „1. Bis auf einen Angestellten von 125 habe ich die Mitarbeiter des Verlages frei von Nazis gehalten. 2. Ich beschäftigte bis 1937 eine jüdische Privatsekretärin[.] 3. Ich gewährte einem Volljuden bis zuletzt Rat und Hilfe[.] 4. Ich nahm an vorbereitenden Besprechungen des Kreises vom 20. Juli 1944 teil".[137] In einem Formular vom 13. September 1945 ergänzte er: „Ich [...] sollte in der zivilen Verwaltung eingesetzt werden", was er am 7. Dezember 1945 vergleichbar wiederholte.[138]

Fünf Monate nach der Zurückweisung seines Antrages und ohne jeden Hinweis auf ihn unterbreitete Voigt am 23. August 1946 Hermann einen Vorschlag, der im Rückblick auf die Ereignisse um Knolle nicht der Ironie entbehrt: „Würden Sie Bedenken haben, wenn ich zur Verteilung des Risikos noch einen zweiten Verlag hinzuziehe? Wenn Sie das für nicht ungünstig betrachten würden, wie stellen Sie sich dann zu Bertelsmann in Gütersloh?"[139] Im Hintergrund steht auch, dass Hermann über eine „Rundfunknachricht" erfahren hatte, dass „für eine Lutherausgabe" eine „Licenz" erteilt worden sei,

---

che ist er tätig. Als Buchverlag kämpft er noch um seine Lizenz. – Es ist aber keineswegs ausgeschlossen, dass der Verlag wieder in Berlin sein Hauptquartier schlägt, da er dort möglicherweise schneller zum Ziel kommt. Einstweilen hat er noch eine Art Filiale in Nikolassee".

[133] S. MARUHN, Standesamtswesen (wie Kap. II, Anm. 318), S. 19.

[134] BArch Berlin R9361–V/147856, o.P.

[135] Aus dem Gutachten vom 5. März 1946 in: ebd.

[136] Ebd.

[137] Ebd.

[138] Ebd.

[139] Wie Anm. 91.

was er Voigt vor dem 23. August mitgeteilt hatte.[140] Entsprechend differenziert schrieb Hermann an Voigt:

„Die Frage einer Risikoteilung der Lutherausgabe mit einem anderen Verlag kann ich verlagstechnisch, und auf die rechtlichen Folgen gesehen noch nicht recht beurteilen. Jedenfalls fände ich es schade, wenn es notwendig sein sollte. Was aber nun den Verlag Bertelsmann betrifft, so ist das zwar ein Verlag, bei dem ich selbst Schriften herausgebracht habe, mit dem also alte Beziehungen an und für sich da wären."[141]

Da der Göttinger Theologe Carl Stange indes von Bertelsmann „zu De Gruyter überging [...,] würde ich Ihnen raten, mit ihm einmal Rücksprache über den ganzen Komplex zu nehmen."[142] Für eine zeitgenössische Wahrnehmung der Verlagsentwicklung ist die Bemerkung interessant: „Schliesslich ist mir nicht bekannt, weshalb Bertelsmann im Verlaufe des Krieges die Theologica abstiess. Immerhin mag er dazu gedrängt worden sein."[143] Vor allem aber gab Hermann zu bedenken:

„Der Verlag Bertelsmann [...] ist aber der Verlag der Luthergesellschaft! Schon vor Monaten schrieb D. Knolle an die Gruppen der Luthergesellschaft, daß ihr Verlag Licenz erhalten habe.[144] Da ich das nicht wohl auf Ihren Verlag beziehen konnte, so muss es wohl auf den früheren (nach Chr. Kayser und dann Böhlau) eben auf Bertelsmann bezogen werden. Ich fürchte auch, dass die Rundfunknachricht über die für eine Lutherausgabe erteilte Licenz in der Richtung Luthergesellschaft-Bertelsmann liegen könnte."[145]

Für Voigt musste diese schlüssige Kombination alarmierend gewesen sein, sah er selbst doch bereits die Periodika der Luther-Gesellschaft als für sich gesichert an. Nun galt es zu bedenken, dass er selbst von Knolle hintergangen worden sein könnte. Dringlich war mit diesem Rücksprache zu halten; so schrieb er zwei Wochen später an Hermann, dass noch immer nicht „die in Aussicht genommene Besprechung mit Herrn Hauptpastor Knolle" stattgefunden habe.[146] „Selbstverständlich ist es nicht meine Absicht, mit dem Verlag Bertelsmann in Verbindung zu treten, um diesem gewissermassen die Lu-

[140] Ebd.: „Im übrigen schrieben Sie mir kürzlich, dass die Lizenz für eine Lutherausgabe erteilt worden sei. Ich habe nicht erfahren können, auf welche Ausgabe sich diese Lizenz beziehen soll. Für unsere Ausgabe jedenfalls trifft das noch nicht zu." R. Hermann an R. Voigt, 2. September 1946, EZA 712/116, Bl. 151, erklärt die Hintergründe: „Können Sie über diese letztere Licenz in Hamburg nichts feststellen? Von dorther muss sie doch gesendet sein. Ich selber habe sie nicht gehört, da ich keinen Rundfunkapparat habe. Aber an der Nachricht ist nicht zu zweifeln."

[141] 2. September 1946, EZA 712/116, Bl. 151.

[142] Ebd.

[143] Ebd.

[144] Hermann bezieht sich auf Th. Knolle an „die Landes- bezw. Ortsgruppen der Luther-Gesellschaft", 24. April 1946, ALGW 203, o.P.: „Unser Verleger hat jetzt die Lizenz für den Buchverlag erhalten und ist auch um Erlaubnis für Zeitschriften bemüht."

[145] Wie Anm. 141.

[146] 20. September 1946, EZA 712/116, Bl. 152.

ther-Ausgabe in die Hand zu spielen und auf solche Weise auch noch die Chance zu geben, dass das Programm der Luther-Gesellschaft übernommen werden kann."[147] Voigt ging tatsächlich davon aus, die zuletzt bei Bertelsmann erschienenen Periodika rechtlich gesichert zu haben. Zudem schien ihm hinsichtlich eines Konkurrenzunternehmens Entwarnung geboten zu sein: „Was die lizenzierte Luther-Ausgabe anlangt, so kann es sich nach meinen Erkundigungen lediglich um die Fortsetzung der Weimarer Ausgabe handeln."[148] Bei dem Vorhaben einer verlegerischen Kooperation wollte er dennoch bleiben: „Andererseits bitte ich Verständnis dafür zu haben, dass ich einen Verlagskollegen zu interessieren versuche, sich an der Herausgabe mit zu beteiligen."[149] Eindeutig wird schließlich, dass der Vertragspartner die Rolle übernehmen sollte, die zuvor dem Evangelischen Oberkirchenrat zugedacht war – die des Geldgebers: „Es ist mir schon längst sehr peinlich, dass ich noch keinerlei materielle Zusagen machen konnte. Auch das wird sich hoffentlich günstig verändern, wenn die von mir erstrebte Zusammenarbeit zustande gekommen ist."[150] Knolle schloss sich Oktober 1946 der Annahme an, dass die erteilte Lizenz allenfalls der Weimarana gelten könne.[151] Voigt wiederum wollte „bis Ende des Monats" Oktober 1946 Absprachen mit einem anderen Verlag suchen; für den Fall, dass dies nicht zu dem erhofften Ergebnis führen sollte, kündigte er Hermann entschieden, aber unbestimmt an: „dann werde ich es mit anderen Wegen versuchen."[152] Ende des Jahres erklärte er, eine Kalkulation aufsetzen zu wollen, dies aber noch nicht zu können.[153]

Am 25. März 1947 hatte Voigt Neuigkeiten:

„Inzwischen habe ich folgende merkwürdige Nachricht erhalten: Der Verlag Leopold Klotz in Gotha soll eine 12-bändige Lutherausgabe planen. Der Verlag hat allerdings noch keine Lizenz. Es war auch nichts Näheres über den Mitarbeiterkreis zu erfahren. [...] Es wäre natürlich denkbar unerwünscht, wenn jetzt von dieser Seite aus ein ähnlich umfangreiches Unternehmen gestartet würde. Da alle massgeblichen Sachverständigen für unsere Ausgabe zur Verfügung stehen, könnte es sich bei Klotz nur um ein zweitrangiges Unternehmen handeln."[154]

---

[147] Ebd.

[148] Ebd.

[149] Ebd.

[150] Ebd.

[151] R. Voigt an R. Hermann, 15. Oktober 1946, EZA 712/116, Bl. 153 f., hier: Bl. 153: „Im übrigen wusste er auch nichts von einer Tätigkeit an irgendeiner Luther-Ausgabe, hält es aber auch für möglich, dass die verschiedenen Hinweise sich nur auf die Ausgabe von Böhlau, Weimar, beziehen können."

[152] Ebd.

[153] R. Voigt an R. Hermann, 23. Dezember 1946, EZA 712/116, Bl. 155.

[154] R. Voigt an R. Hermann, 25. März 1947, EZA 712/116, o.P. [zwischen 155 und 156].

Am 16. Mai 1947 verfügte er über nähere Angaben, zu denen auch der Name des Herausgebers zählt:

„So wie die Dinge z.Zt. liegen, kann ich wegen unserer Luther-Ausgabe immer noch nichts Konkretes unternehmen. [...] Wenn unter solchen Umständen [der Papierknappheit] beispielsweise der Klotz-Verlag etwas unternimmt und zur Beunruhigung beiträgt, so kann man eigentlich garnicht viel [sic] dagegen ankommen. [...] Ich werde aus diesen Erwägungen heraus vorläufig gegen das Unternehmen Aland nichts veranlassen. Es hätte ja auch keinen rechten Sinn[,] und Rückhalt, den ich einigermassen sicher im Sommer zu haben glaube, würde mir jetzt noch fehlen, also könnte ich unsere Position nicht so vertreten, wie es dann, so hoffe ich, der Fall sein wird.“[155]

Hermann vermied es, Aland auf dessen Luther-Ausgabe anzusprechen.[156] Aland hatte ihm schon im März 1947 mitgeteilt, dass die „Theologische Literaturzeitung“ die Lizenz erhalten habe, und Beiträge Hermanns angefragt.[157] Aland hatte die zu diesem Zeitpunkt bereits lizenzierte Ausgabe[158] übrigens auch nicht unter den Editionsprojekten aufgeführt, die er im September 1946 für das Archivamt der wenige Wochen zuvor gegründeten EKD aufgelistet hatte.[159] Weitere Informationen konnte Bornkamm Ende Mai 1947 beisteuern, der Hermann schrieb:

[155] R. Voigt an R. Hermann, EZA 712/116, Bl. 156.

[156] Für die Korrespondenz zwischen R. Hermann und K. Aland, in der keiner der beiden den jeweils anderen auf seine Luther-Ausgabe ansprach, s.: K. Aland an R. Hermann, 9. August 1947, EZA 712/249, o.P.; K. Aland an R. Hermann 18. März 1947, EZA 712/215, o.P.; K. Aland an R. Hermann, 8. August 1949, EZA 712/252, o.P.; K. Aland an R. Hermann, 20. September 1949, EZA 712/252, o.P.; K. Aland an R. Hermann, 22. Mai 1951, EZA 712/254 (s. dazu Rückblick und Ausblick, Anm. 18); R. Hermann an K. Aland, 26. Juni 1951, EZA 712/254, o.P.; K. Aland an R. Hermann 31. Juli 1951, EZA 712/254, o.P.; R. Hermann an K. Aland, 8. März 1952, EZA 712/215, o.P.; R. Hermann an K. Aland, 25. März 1952, EZA 712/215, o.P.; K. Aland an R. Hermann, 6. Dezember 1954, EZA 712/257, o.P., und K. Aland an R. Hermann, 25. Mai 1955, EZA 712/216, o.P.

[157] 4. März 1947, EZA 712/213, o.P.

[158] S. dazu oben Anm. 140.

[159] K. Aland an das Archivamt der EKD z.H. OKR Dr. Lampe, 1. September 1946, EZA 805/4, o.P.; s. darin die Übersicht über zuvor diskutierte Editionspläne, darunter, durch Bornkamm, „die Vervollständigung und Erneuerung des Corpus Reformatorum [...] (es war zunächst an Butzer und Amsdorff gedacht) [...]. Ich selbst wollte im Rahmen der Kommission die begonnene Spener-Ausgabe fortführen als Beginn eines Corpus der Texte zur Geschichte des Pietismus, ebenso wie die ‚Bibliographie zur Kirche- [sic] und Geistesgeschichte des 17. Jahrhunderts.‘ Inzwischen ist nun Vieles anders geworden. Die Wichtigkeit des Unternehmens steht nach wie vor außer jedem Zweifel. Ich hielt es aber für richtig, zunächst einmal etwas abzuwarten, denn vorerst waren in Kirche und Wissenschaft vordringlichere Fragen zu lösen, und ich wollte nicht den Eindruck erwecken, als ob ich mich irgendwie in Erinnerung oder Empfehlung bringen wollte. Deshalb habe ich auch nicht von mir aus in dieser Frage die Fühlung mit den Mitgliedern der Kommission aufgenommen.“

„Es ist, so viel ich weiß, richtig, daß Aland von Klotz den Auftrag hat, eine Lutherausgabe zu machen, und ich bin gern bereit, die Verbindung zwischen Ihnen herzustellen. Nähere Einzelheiten weiß ich nicht; ich glaube, von 10 Bänden gehört zu haben. Es wäre jedenfalls gut, wenn wenigstens die Herausgeber und die Verleger gegenseitig voneinander wissen. Ob sie sich dann sehr hineinreden lassen, wird ja eine andere Frage sein, und man kann bei der Aufnahmefähigkeit des Büchermarktes den Doppelplan nicht so unbedingt verwerfen, wie man das früher getan hätte. Haben denn die Verleger überhaupt genug Papier für ein so großes Unternehmen?“[160]

4. Das Jahr 1948 und „Luther deutsch“

Das Jahr 1948 brachte einen, vielleicht den entscheidenden Einschnitt: „Luther deutsch“ begann zu erschienen. Der Vertreter von Metzner, Voigt, reagierte darauf umgehend. Noch immer stand er in Kontakt mit Schulze-Maizier, der sich als gut informiert erwies. Am 20. Januar 1948 eröffnete Voigt brieflich Hermann:

„Herr Dr. Schulze-Maizier schreibt mir, daß in der Evangelischen Verlagsanstalt, Berlin, eine Luther-Ausgabe mit 10 Text- und 3 Ergänzungsbänden von Prof. Aaland vorbereitet würde. Das ist natürlich im Hinblick auf unsere Arbeit nicht sehr erfreulich, um nicht zu sagen sehr bedenklich. Jedenfalls würde ich mich sehr freuen, wenn Sie sich etwas näher informieren können, um ganz objektiv festzustellen, welche Aufgabe jene Luther-Ausgabe erfüllen soll und ob der Mitarbeiterstab von der gleichen Qualität ist wie der unserige. Wir haben ja schon einmal über Professor Aaland einige Worte gewechselt, aber damals schien es noch nicht an der Zeit zu sein, einzugreifen. Sie sind sicher schon etwas näher unterrichtet und können feststellen, warum – so will ich wenigstens hoffen – unsere Ausgabe in jedem Falle einem Bedürfnis entspricht und sich mit dem der Aaland'schen Ausgabe messen kann.“[161]

Nachdem sich für Voigt die Situation zum Jahresbeginn noch als offen dargestellt hatte, brach der Austausch mit Hermann ein. Dieser suchte schließlich über Schulze-Maizier Neuigkeiten über Voigt zu erfahren und erhielt am 2. September 1948 Auskünfte, die einen Kenntnisstand vor Ende August[162] widerspiegelten:

„Ihre Anfrage wegen unserer Luther-Ausgabe in allen Punkten zufriedenstellend zu beantworten, fällt mir nicht ganz leicht, da ich selbst seit langem nicht mehr mit Herrn Dr. Voigt persönlich zusammengetroffen bin. Ich wollte mich Anfang Juni dieses Jahres mit ihm in Bayern persönlich über die auch von Ihnen angedeuteten Punkte besprechen, aber dann wurde diese Absicht durch die Währungsreform durchkreuzt. [...] Nur soviel vermag ich zu sagen: zum Projekt unserer Luther-Ausgabe steht Dr. Voigt nach wie vor positiv. Allerdings erhebt sich da sogleich die Frage, was wird in dieser Richtung zurzeit sonst noch etwa von einem anderen Verlage vorbereitet? Ich habe den Eindruck, dass es vor allem die

[160] 29. Mai 1947, EZA 712/114, o.P. [zwischen Bl. 53 und 54].
[161] EZA 712/116, Bl. 183.
[162] Zu der Datierung s. oben Anm. 129 in Verbindung mit Anm. 133.

Finanzierungsfrage ist, die zur Erörterung stünde. Sie hatten ja als Bedingung gestellt, dass laufende Zahlungen an den Mitarbeiterstab geleistet werden müssten. Offenbar legt Herr Dr. Voigt, ehe er die Herstellung einleiten kann, auf einige Vorbedingungen Wert: Erstens: die oberste Kirchenleitung müsste eine bestimmte Unterstützung zugesagt haben, sowohl in finanzieller Hinsicht wie im Hinblick auf die Propagierung unserer Ausgabe. Zweitens: eine unumgängliche Subskriptionsaufforderung müsste ein solches Ergebnis erbracht haben, dass zum mindesten die Investitionskosten eine Deckung finden könnten. – Wenn die Luther-Gesellschaft einem anderen Verlage finanziell behilflich ist, so könnte sie es ja vielleicht auch unserer Ausgabe gegenüber sein? Alles in allem also vermag ich Ihre Anfrage dahingehend zu beantworten, dass Dr. Voigt den Plan der Luther-Ausgabe keineswegs aufgegeben hat, dass aber seine Ausführung von einer wirksamen Finanzierung ebenso abhängig wäre wie von dem Ergebnis einer zu gegebener Zeit einzuleitenden Subskription. – Mehr vermag ich im Augenblick von mir aus nicht zu sagen. Ich hoffe aber in einiger Zeit wieder einmal mit Dr. Voigt zusammentreffen und Sie dann genauer informieren zu können.“[163]

Voigts letzte Äußerung zur Sache stammt aus der Zeit vor Erlangung seiner Lizenz am 25. August 1948.[164] Sie ist geprägt von einer Enttäuschung und drei Forderungen. Von Knolle fühlte sich Voigt offenbar hintergangen, nachdem nicht er zum Verleger von Drucksachen der Luther-Gesellschaft geworden war – wobei zu bemerken ist, dass die Periodika des Vereins noch Jahre ruhten.[165] Möglicherweise auch deshalb meinte Voigt, Bedingungen für eine Zusammenarbeit diktieren zu dürfen. Zu diesen zählte eine Rückkehr zum Ausgangspunkt seiner verlegerischen Bemühungen um eine Luther-Ausgabe: eine Zusage kirchlicher Gelder. Sodann begegnet erstmals die Absicht, Grundkapital über ein Subskriptionsverfahren zu generieren, nachdem frühere Überlegungen zu einem „Prospekt“ immer nur einer Abwehr möglicher Konkurrenzunternehmungen hatten dienen sollen. Und schließlich fordert Voigt unbestimmt, die Luther-Gesellschaft möge sich selbst finanziell engagieren. Deutlich wird aus Voigts letzter Äußerung, womit sich auch sein gesamtes Agieren der letzten sechs Jahre zusammenfassen ließe: dass er selbst zu keinerlei Investitionen bereit war und auch Honorare nur durch anderweitige Geldgeber finanzieren wollte. Knolle korrespondierte zeitgleich bereits wieder mit Mohn, der sich im Vorjahr nach dem Verbleib der Honorargelder erkundigt hatte[166], 1948 die Lizenz erhielt und zur Wiederaufnahme

[163] EZA 712/252, o.P.

[164] S. oben Anm. 162.

[165] Die Zeitschrift „Luther“ und das Lutherjahrbuch erschienen erst wieder seit 1953 bzw. 1957. Vgl. dazu ZSCHOCH, Zeitschrift (wie Kap. I, Anm. 6), S. 279, 281, 301 f. sowie SPEHR, Lutherjahrbuch (wie Kap. I, Anm. 7), S. 246.

[166] H. Mohn an J. Hosemann, 27. Juli 1947, abschriftlich beigefügt dem Brief H. Mohn an Th. Knolle, 11. November 1947, LKAK, 98.11, Nr. 69, o.P.: „Vielleicht könnten Sie mir auch schon in etwa sagen, ob und wieweit Sie die Gelder, die ich mit meinen Honorarvorauszahlungen für die geplante große Lutherausgabe Ihnen eingeschickt habe, aus dem Osten haben herüberretten können. Von Herrn D. Knolle habe ich über die Planung der Lu-

der Vereinsperiodika bereit stand[167]. In seiner Korrespondenz mit Knolle begegnet die Luther-Ausgabe 1948 nicht mehr.[168] Aus der Korrespondenz ergibt sich nicht, ob der 1947 in Karlsruhe verstorbene Hosemann Mohn oder Knolle Aufschluss über den Verbleib der Fördergelder gegeben hatte.

Der Weg der benannten Breslauer Sparbücher[169] lässt sich zumindest teilweise verfolgen. Zunächst befanden sie sich bei Hosemann, dann bei Knolle. Dieser erklärte dem Vorstand der Luther-Gesellschaft am 28. Mai 1953:

„Die Guthaben auf den Breslauer Konten des verstorbenen Schatzmeisters D. Hosemann müssen ebenfalls als verloren angesehen werden. Die Sparkassenbücher sind vorhanden und wurden im März 1950 bei der Banken-Kommission, Berlin W 8, Taubenstr. 26, angemeldet, sind aber von dort zurückgeschickt worden."[170]

Nach Knolles Tod ergänzte dessen Sekretärin Frieda-Maria Hoener in einem privaten Brief an Althaus:

„Das Einzige, was ich in Händen habe, sind zwei alte Sparkassenbücher der Luther-Ges.[ellschaft] Breslau aus dem Besitz von D. Hosemann, lautend über RM. 35.737,13 und RM. 3.935,44 – diese kamen s.[einer] Z[ei]t. von der Deutschen Notenbank Berlin zurück mit dem Vermerk, daß sie nicht aufgewertet werden könnten, weil die Geschäftsunterlagen der Breslauer Kreditinstitute nicht mehr vorliegen. Aber auch auf dem Breslauer Postscheckkonto der alten Luther-Ges.[ellschaft] muß noch Geld gewesen sein. Frau Hosemann hatte nach dem Tode ihres Mannes auch noch einige wenige Unterlagen gesandt, aber die Akten, die dabei waren, habe ich nie bekommen."[171]

Hoener arbeitete seit 1945 bei Knolle[172], verfolgte die Vorgänge also direkt. An der Glaubwürdigkeit ihrer und Knolles Darstellung ist nicht zu zweifeln, so massiv Hoener in zahlreichen anderen Zusammenhängen die „Veranlagung", „Methoden" und „Ansprüche" ihres verstorbenen Vorgesetzten im Umgang mit fremden Eigentum hinterfragte.[173] Althaus bekannte nach ihren Eröffnungen, er habe Knolle „immer nur ein Vertrauen mit tiefen Vorbehal-

---

therwerke noch nichts wieder gehört. Die Zeiten waren wohl allzu schwierig und ich möchte wohl denken, daß sich alle damaligen Pläne der Vereinigung mit andern Verlegern zerschlagen haben, wie ja auch jetzt schon alleine der Papierknappheit wegen ein solch großes Unternehmen nicht durchführbar erscheint."

[167] H. Mohn an Th. Knolle, 29. September 1948, LKAK, 98.11, Nr. 69, o.P.

[168] Ebd.

[169] S. Kap. I, Anm. 277 f.

[170] Für das Protokoll s. u.a. ALGW 100, o.P., ALGW 102, o.P., ALGW 147, o.P., vor allem aber ALGW 102, o.P., für das erste Typoskript mit Korrekturen – auch in diesem Punkt – von der Hand Knolles.

[171] F.-M. Hoener an P. Althaus, 14. September 1956, in Kopie ALGW 100, o.P., im Original ALGW 1022, o.P.

[172] Ebd.: „Als ich bei D. Kn.[olle] 1945 antrat".

[173] Ebd.

ten“ entgegengebracht.[174] Vor dem Hintergrund der geschilderten Entwicklungen ist anzunehmen, dass sich Hosemann gegenüber Knolle und Mohn zu den Sparbüchern bedeckt hielt. Beide hatten damit seit 1945 Grund zur Annahme des Verlustes, zu dem es dann tatsächlich kam.

Zum Jahresende 1948 hatte Hermann eine resignative Einschätzung der Gesamtlage gewonnen. Am 21. November 1948 suchte er mit einem handschriftlichen Brief den Kontakt zu Knolle.[175] Den äußeren Anlass erklärt er aus dem Ende seines „c[a] 2½ jährige[n ...] Dekanat[s]“ mit zeitweiliger Doppelbelastung als Prorektor.[176] Dass die Korrespondenz mit Knolle geruht hatte, ergibt sich auch aus der Formulierung, dass Hermann nun „nicht länger zögern“ wolle, sich an den Hauptpastor „in Sachen der s.[einer]Z.[eit] geplanten Lutherausgabe zu wenden.“[177] Erkennbar wird zudem, dass sich der direkte Austausch nicht intensiviert hatte:

> „Sonst ging zwar unsere Unterredung durch Dr. Voigt. Da ich aber von ihm seit ausserordentlich langer Zeit nichts mehr gehört habe u.[nd] annehmen muß, daß da irgendein Hemmnis besteht, so bitte ich Sie freundlichst um Auskunft, wie die Sachen stehen! Ich möchte jetzt nicht auf die Einteilung in 4 Abteilungen zurückkommen, wie wohl die Pläne ja feststanden u.[nd] zwischen Ihnen u.[nd] E. Seeberg verhandelt waren, sondern mich nur erkundigen, ob Sie mit dem Verlag weiter in Verbindung stehen. Bei der Zonentrennung u.[nd] den ausserordentlich schwierigen Verhältnissen im Druck- u.[nd] Papierwesen, angesichts auch der – selbst sich langsam procedierenden – Alandschen Lutherausgabe, sehe ich einstweilen die Möglichkeit einer Wiederaufnahme der Arbeit in irgendwie geregelter u.[nd] berechenbarer Form noch nicht vor Augen.“[178]

Weit gediehen, aber noch abschließende Arbeit erfordernd sei die Lohmeyersche Übersetzung der Römerbriefvorlesung: „Das M.S. ist hier in Greifswald.“[179] Weitere Bemühungen werden aufgezählt. Die Einschränkung wird jedoch wiederholt: „Aber wie gesagt, ehe ich nicht irgend etwas vom Verlag höre, sehe ich keine rechten Möglichkeiten. – Für eine Auskunft in dieser Richtung wäre ich Ihnen sehr verbunden.“[180]

---

[174] P. Althaus an F.-M. Hoener, 22. September 1953, in Kopie ALGW 100, o.P., im Original ALGW 1022, o.P.

[175] LKAK, 98.11, Nr. 69, o.P.

[176] Ebd.

[177] Ebd.

[178] Ebd.

[179] Ebd. Zu dem Verbleib des Textes s. Christfried BÖTTRICH: Schriften von Ernst Lohmeyer, in: ders. (Hg.): Ernst Lohmeyer. Beiträge zu Leben und Werk, Leipzig 2018 (GThF, Bd. 28), S. 319–342, hier: S. 340: „12. ÜBERSETZUNGEN[:] Übersetzung von Lutherschriften für die ‚Berliner Luther Ausgabe‘, begonnen 1943, ca. 500 Seiten[.] Gudrun Otto berichtet von dieser Übersetzung, die unveröffentlicht geblieben ist; vgl. Gudrun Otto, Erinnerungen an Ernst Lohmeyer, in: DtPfBl 81, 1981, 358–362, hier 360. Ob das Manuskript noch existiert, ist mir nicht bekannt.“

[180] Wie Anm. 175.

Ein Antwortbrief Knolles konnte bislang nicht aufgefunden werden, was – sachlich und erzählerisch vielleicht sogar angemessen – zu einem offenen Ende führt. Zumindest eine Reaktion Knolles aber ist für das Folgejahr noch belegbar. Fräulein Hadlich, Wünschs alte Mitarbeiterin, hatte ein weiteres Mal den Kontakt zu dem Hauptpastor gesucht.[181] Dieser verwies sie nun, 1949, auf Hermann und den Umstand,

> „daß die Frage der Textgestaltung noch einheitlich festgelegt werden müsse. Er [Knolle] sei mit Ihnen [Hermann] der Meinung, daß die bisherigen von einem Germanisten aufgestellten Richtlinien kaum beizubehalten seien, weil dadurch die Lesbarkeit des Textes für den Durchschnittsleser sehr erschwert werde. [...] Ich wäre Ihnen sehr dankbar, wenn Sie mir baldigst mitteilen würden, ob die Herausgabe wieder in Gang kommen soll u.[nd] ob ich in dem früher vorgesehenen Umfange daran beteiligt sein kann."[182]

Damit befand sich wieder alles auf dem Prüfstand, und die Spuren der Luther-Ausgaben, derer sich gewiss noch weitere finden ließen, verlieren sich in den Untiefen der Nachkriegszeit.[183]

---

[181] M. Hadlich an R. Hermann, 22. Juni 1949, EZA 712/115, Bl. 2 f.

[182] Ebd.

[183] Keine Rolle spielt die Luther-Ausgabe mehr in der Korrespondenz zwischen P. Althaus und R. Hermann, s. dazu in Auszügen WIEBEL, Aufsätze (wie Kap. II, Anm. 16), S. 349–364 („Rudolf Hermann – Paul Althaus. Briefe 1926–1958 (in Auswahl)") und archivalisch EZA 712/215 für die Jahre 1948 bis 1954 und EZA 712/252, EZA 712/254 sowie EZA 712/257 für 1955, wobei EZA 712/213–216 und EZA 712/246–257 insgesamt durchgesehen wurden. Für die Jahre 1929 bis 1958 habe ich den Nachlass von P. Althaus, UAE G1/30, Nr. 11a (Korr. Rudolf Hermann), ebenfalls ohne einschlägige Bezüge, konsultiert. Aufschlussreich ist gleichwohl der Brief von P. Althaus an R. Hermann vom 15. Dezember 1951, EZA 712/254, der das theologische und kirchenpolitische Selbstverständnis auch in seinen zeitspezifischen Priorisierungen erhellt: „Die Luther-Gesellschaft scheint jetzt endlich doch wieder in Gang zu kommen. Es besteht Aussicht, daß wir zunächst mit der Zeitschrift ‚Luther' wieder beginnen. Leider ist Knolle so überladen, daß alles Verhandeln mit ihm sehr langsam geht, weil er oft lange nicht antwortet. Ein paar Male wollte ich die ganze Sache schon hinwerfen. Aber ich kann es doch nicht verantworten, die Luther-Gesellschaft einfach sterben zu lassen. Als eine Sammlung der Nicht-Radikalen (unter den Radikalen verstehe ich die BK-Leute Dahlemer Schlages) hat sie, von allem anderen abgesehen, auch eine gewissermaßen kirchenpolitische Aufgabe."

Rückblick und Ausblick

Welche Bedeutung kommt den drei Luther-Editionsvorhaben und ihrer detaillierten Rekonstruktion zu? Die nachfolgenden Gesichtspunkte ergeben sich aus thematischen Perspektiven auf die drei Unternehmungen. Die Zusammenschau geht von der Abfolge der Hauptereignisse aus und öffnet sich diachron, indem Entwicklungen der Folgezeit bis in die Gegenwart einbezogen werden.

Genetisch reicht das Anliegen der Luther-Gesellschaft bis in deren Gründungsjahr 1918 zurück. Bereits damals ist die Anregung wohl Knolle zuzuschreiben, der das Vorhaben einer Ausgabe somit über drei Jahrzehnte verfolgte. Neben dem Motiv einer ideellen Förderung spielt von Anfang an die Vereinsfinanzierung eine Rolle. Um 1937 war es zunächst die Zusammenarbeit mit Hermann Böhlaus Nachfolger in Weimar, die Knolle zu dem Vorhaben einer „Kleinen Weimarer Luther-Ausgabe“ inspiriert haben dürfte.

Finanziell war der Verlagswechsel zu Bertelsmann sowohl für Böhlau als auch für das Editionsprojekt vorteilhaft: Bereits im ersten Jahr der Zusammenarbeit mit Böhlau zeichnete sich ab, dass Knolle keinerlei Drittmittel beschaffen konnte, mit denen der Verlag sein Verlustrisiko reduzieren wollte. Die von Böhlau erwogene Zusammenarbeit mit Hinrichs war eine verlegerische Konsequenz dieser Situation. Zugleich ist erkennbar, dass Böhlau – wie später der Metzner Verlag – Honorarzahlungen aus Eigenmitteln zu vermeiden suchte. Knolle profitierte davon, da der Verleger Mohn das Editionsunternehmen als ein „Prestige“-Projekt von Bertelsmann verstand und in hohem Maße persönlich und finanziell förderte.

Wirtschaftlich war die Unterstützung des Editionsvorhabens für Bertelsmann desaströs. Knolle verließ sich in seinen Bemühungen, Drittmittel einzuwerben, auf die Ratschläge des Bischofs Theodor Heckel. Die kirchlichen und staatlichen Drittmittelanträge scheiterten indes krachend, wobei diese – ausgehend von Heckel – teils sogar an die falschen Institutionen gerichtet worden waren. Paul Althaus gelang es, eine Summe von 1.000 Reichsmark einzuwerben, Heckel schoss 2.000 Reichsmark aus seinem kirchlichen Deputat bei. 2.250 Reichsmark „stiftete“ ein Vetter Knolles, der sich im Gegenzug eine Lieferung von 10 Gesamtausgaben zusichern ließ. An Knolle wurden 8.000 Reichsmark als Honorare ausgezahlt, die er für eigene editorische Leistungen in Anspruch nahm. Die Gelder seines Vetters erhielt Knolle für „Vorarbeiten“. Alleine 1942 beliefen sich die Zahlungen an Knolle auf knapp

7.000 Reichsmark. Die einzige feste Mitarbeiterin seitens der Luther-Gesellschaft, die spätere Alttestamentlerin Henry, wurde von Knolle seit Tätigkeitsbeginn durch eine kirchliche Zweitanstellung beruflich mehrfach gefordert und schließlich überwiegend aus kirchlichen Mitteln finanziert. Ihr Gehalt markiert einen Bruchteil der Ausgaben. Als kostspielig erwies sich zudem Knolles Projekt, eine erschöpfende Lutherbibliothek aufzubauen, für die er mindestens 3.000 Reichsmark vom Schatzmeister der Luther-Gesellschaft erhielt. Die von Bertelsmann vorgeschossene Gesamtsumme von Honorarzahlungen lässt sich nicht exakt ermitteln, dürfte aber bei maximal 45.000 Reichsmark gelegen haben. Die Breslauer Sparbücher der Luther-Gesellschaft belegen, dass Mohn zwischen 1942 und 1943 über 40.000 Reichsmark für die Luther-Ausgabe eingezahlt hat, wobei weitere Gelder bereits in Honorarzahlungen an Knolle geflossen sein mochten. In Anbetracht der immensen Kriegsgewinne, die Bertelsmann zeitgleich mit bis zu drei Millionen Reichsmark jährlichen Reingewinns erzielte, und der Verluste, die Mohn mit theologischer Fachliteratur grundsätzlich hinzunehmen bereit war, wird man die Ausgaben als verlagspolitisch und wirtschaftlich wohlkalkuliert deuten können. In Relation zu ziehen ist jedoch auch, dass ein durchschnittliches Jahresentgelt zwischen 1938 und 1945 bei ca. 2.000 Reichsmark lag.[1]

Konzeptionell mag man aus fachwissenschaftlicher Perspektive geneigt sein, den Ansatz Knolles als verfehlt anzusehen. Antragsstrategisch könnte man der Idee, eine populäre Gesamtausgabe von „Luthers Deutschen Schriften" herauszugeben, zugleich eine zeitspezifische Repräsentanz oder politische Relevanz konzedieren. Aufschlussreich ist gegenüber entsprechenden Annahmen, dass die fachwissenschaftlichen Voten, die Knolle zunächst in der Luther-Gesellschaft durch Althaus, dann aus der Hamburger Germanistik und schließlich von theologischer Seite im Rahmen der gescheiterten Antragstellung beim Evangelischen Oberkirchenrat sowie später von Aland erreichten, ausschließlich ablehnend waren. An ausgewiesenen Reformationshistorikern hatte Knolle nur Bornkamm zu konsultieren versucht, der sich einem Austausch unter Hinweis auf Arbeitsüberlastung entzog. Von 1938 bis 1944 rekurrierte Knolle als Muster für sein Editionsvorhaben auf die 1938 in der Zeitschrift „Luther" gedruckten Proben. Erst 1942 und damit nach den gescheiterten Drittmittelanträgen fand sich Knolle auf Druck seines Verlegers bereit, lateinische Texte übersetzt in Ergänzungsbände aufzunehmen. Mit einem zeitlichen Abstand von vier Jahren stimmte er damit der Änderung zu, die Althaus schon 1938 angemahnt hatte. Editorisch sind darüber hinaus keine Entwicklungen in Knolles Konzept erkennbar.

[1] S. dazu die historische Übersicht in ANON.: Neufassung des Sechsten Buches Sozialgesetzbuch, in: Bundesgesetzblatt, Jg. 2002, T. 1, Nr. 12 (26. Februar 2002), S. 754–921, hier: S. 869.

Diplomatisch und argumentativ könnte man Knolle Ausdauer und Kreativität in der Verfolgung seiner persönlichen Ideen und Interessen zubilligen. Sein Ziel war von Anfang an die Herausgeberschaft, die er zunächst exklusiv für sich und schließlich als Mitherausgeber zu sichern suchte. Erkennbar ist auch seine eingeschränkte Kooperationsbereitschaft, wenn es darum ging, sein anfängliches Konzept zu verändern. Inhaltlich führte dies hinsichtlich des sprachlichen Erscheinungsbildes anderer Editionen zu einander widersprechenden Voten, deren Tenor aber darin bestand, dass die vorgeschlagenen Alternativen abgelehnt und der eigene Ansatz aufrecht erhalten werden sollte. Althaus agierte gegenüber Knolle zurückhaltend, ließ ihn aber gewähren und unterstützte ihn namentlich gegenüber Seeberg, was ihn eine nicht unerhebliche persönliche Überwindung gekostet haben muss. Ein fachlicher Austausch über die Ausgabe lässt sich zwischen Althaus und Knolle nicht belegen, wohl aber zwischen Althaus und Rudolf Hermann. Heckel suchte sich im Dienst der Luther-Gesellschaft diplomatisch zu empfehlen und wurde zumal für Knolle von großer Bedeutung.

Institutionell griffen die wissenschaftlichen Kontrollmechanismen gegenüber Knolles Projekt weitgehend. Die abgelehnten Antragstellungen verbanden sich zumindest in einem Fall mit einer fundierten Kritik des editorischen Konzepts. Im Vorstand und im Geschäftsführenden Ausschuss der Luther-Gesellschaft war Knolle zunehmend isoliert. Eine wichtige Achse bestand jedoch zu Schatzmeister Johannes Hosemann, der sich nicht aus fachlichen Einsichten, sondern aus rechtlichen Empfindungen und finanziellen Erwägungen für Knolles Vorhaben engagierte. Der Jurist Hosemann war es auch, der darüber befand, dass ihn Knolles Leistungen zur Auszahlung von Honorargeldern an diesen legitimierten. Die wirkungsmächtigsten Entscheidungen trafen somit fachfremde, aber gut vernetzte Vertreter der Privatwirtschaft: Mohn verlor mehr als jeder andere, begegnet aber von Anfang an als kluger, kenntnisreicher und Risiken nüchtern abwägender Verleger.

Material muss man sich fragen, wie weit die Arbeiten Knolles überhaupt gediehen waren. So früh er schon 1938 versicherte, innerhalb weniger Monate einen druckfertigen Band liefern zu können, so rekurrierte er doch von 1938 bis 1944 immer wieder allein auf seine beiden kurzen Editionsproben in der Zeitschrift „Luther“. Im Archiv der Luther-Gesellschaft findet sich nur eine handschriftliche Übersetzung der „95 Thesen“[2], die Knolle mit den für ihn bezeichnenden Zwischenüberschriften strukturiert hatte. In seinem Nachlass haben sich zwei Gliederungen im Typoskript erhalten („Wider die Bulle des Endchristen“ und „Von den neuen Eckischen Bullen und Lügen“), die wohl ebenfalls für die Edition bestimmt waren.[3] Die Angaben über die Kriegsverluste divergieren stark. Teils wird die vollständige Vernichtung der betreffen-

[2] ALGW 732, o.P.

[3] LKAK, 98.11, Nr. 104, o.P.

den Materialien angezeigt, teils deren vorsorgliche Auslagerung, teils deren Bergung. Dass Knolle über keinerlei Vorarbeiten verfügte, ist auszuschließen. Die archivalisch erhaltenen Dokumente stimmen in Teilen mit jenen zehn Schriften überein, die Knolle Seeberg als von ihm bereits abgeschlossen anbot.[4] Der Schluss liegt daher nahe, dass die editorischen Vorarbeiten Knolles sehr überschaubar waren.

Thematisch hätte Knolle mit seiner Volksausgabe Luthers „Kampf [...] gegen das Judentum" so stark in den Vordergrund gerückt wie keine Gesamtedition vor oder nach ihm. Dem Verleger Mohn dürfte dies bewusst gewesen sein; seine Marktanalysen zeichnen sich durch vorzügliche Kenntnisse der verfügbaren Luther-Ausgaben aus und gerade für die Bände zu den Judenschriften prognostizierte er ein breites Interesse. Knolles Umgang mit dem Themenkomplex spiegelt sich in seinen Veröffentlichungen wider.[5] Bezeichnend sind zudem die Literaturempfehlungen, die er Mitte 1939 einem Pfarrer nannte, der ihn nach dem einschlägigen „Schrifttum" fragte.[6] Ebenfalls auf 1939 datiert ein in der Autorschaft unbestimmter und wohl Knolle oder Althaus zuzuweisender „Arbeitsplan für das Lutherstudium in den Arbeitskreisen und Arbeitstagungen der Luthergesellschaft".[7] Dieser gilt zunächst Lu-

---

[4] Th. Knolle an E. Seeberg, 13. Juni 1944, EZA 712/115, Bl. 104. Namentlich begegnen: „Sermon von Ablaß und Gnade", „An den christlichen Adel", „Erbieten", „Sendbrief an Papst Leo 1520", „Von der Freiheit eines Christenmenschen 1520", „Von den neuen Eckschen Bullen 1520", „Appellation an ein christlich Concilium 1520", „Grund und Ursach aller Artikel 1521" und „Zwei kaiserliche Gebote 1524". Ausweislich einer handschriftlichen Notiz überlegte Seeberg, Knolle die zweite Abteilung zu übertragen. Seine Antwort hält er für den 21. Juni 1944 fest: „Ich schlage Aussprache vor, auch über Abt. II".

[5] S. dazu PAWLAS, Knolle (wie Kap. I, Anm. 1), S. 118–121.

[6] S. dazu die Anfrage von Pastor Adam vom 17. Juni 1939, die kurz und sachlich lautet, ALGW 204, o.P.: „Sehr geehrter Herr Bruder! Würden Sie so freundlich sein u.[nd] mir das Schrifttum über ‚Luther u.[nd] die Juden' mitteilen. Mit brüderlichem Gruß Ihr sehr ergebener Adam, Pfarrer". Über seine Sekretärin ließ Knolle am 8. Juli 1939 seine beiden eigenen Aufsätze zu dem Thema empfehlen (s. dazu Pawlas oben in Anm. 5) und dann eine aufschlussreiche Kompilation benennen: „Im Auftrage von Herrn Hauptpastor D. Knolle übersende ich Ihnen anliegend [...] zwei Hefte der Zeitschrift ‚Luther' mit Artikeln zum Judenthema. [...] Ferner rät Herr D. Knolle Ihnen 1) die Münchener Ausgabe, Luthers Werke Ergänzungsreihe Band 3: Schriften wider die Juden und Türken mit Einleitung von Walter Holsten. 2) Wilhelm Wilhelmi, Luther und die Juden und die Antisemiten. Leipzig, Dörfling & Franke 1921 3) Hugo Flemming, Gottesvolk oder Satansvolk? Luther, die Juden und wir. Schwerin i. M., Friedr. Bahn Verlag 1929 4) Hermann Steinlein, Luthers Stellung zum Judentum. Nürnberg, Landesverein f. Innere Mission 1929. 5) Carl Ludwig Runge, Luthertum und Judenfrage. In: Lutherisches Missionsjahrbuch 44. (1931)."

[7] ALGW 732, o.P. S. dazu auch die Niederschrift über die Sitzung des Gesamtausschusses der Luther-Gesellschaft, 18. September 1940 (wie oben Kap. I, Anm. 170): „Für das Lutherstudium hatte der Geschäftsführende Ausschuss folgende Lutherschriften bestimmt

thers politischer Ethik („Luther und die Obrigkeit") und sodann dem Thema: „Luther und die Juden".[8] Ein theologischer Leser der Gegenwart, der gewohnt sein mag, nach der Kenntnis der sog. judenfreundlichen Frühschrift und derjenigen der späten Veröffentlichungen zu fragen, könnte überrascht sein, wie selbstverständlich beide Komplexe nebeneinander stehen und im Zusammenhang diskutiert werden. Das Studium der von Knolle empfohlenen Beiträge[9] zeigt im Sinne einer zeitgenössischen Momentaufnahme, wie stark die theologische Debatte um Luthers Judenschriften in der kirchlichen Öffentlichkeit als apologetische Auseinandersetzung mit den Beiträgen von Mathilde Ludendorff geführt wurde. Zugleich deutet ein Manuskript Hermanns aus dem Jahr 1941 an, wie differenziert der Themenkomplex in Auseinandersetzung mit „Deutschen Christen" bearbeitet werden konnte.[10]

Editorisch ist für den Umgang mit Luthers Judenschriften ein Vergleich mit anderen zeitnahen Ausgaben von Interesse. Ohne Jahreszahl erschien der bibliographisch meist auf 1939 datierte Band „Luther. Die Hauptschriften", für den Hans von Campenhausen als Herausgeber verantwortlich zeichnete.[11] Er beschränkt sich im Quellenteil auf einen Auszug aus „Von den Juden und ihren Lügen"[12]; die kommentierenden „Erläuterungen" referieren jedoch die Frühschrift und heben auf die Unterschiede zwischen Luthers „dogmatisch-religiöser Prägung der Polemik" und – „trotz gelegentlicher Berührung" „in Ziel und Geist" – „jeder Form eines modernen Antisemitismus" ab[13]. Auch für Erich Seeberg war es eine Selbstverständlichkeit, die Judenschriften voll-

---

und die Landes- und Ortsgruppen mit Literaturangaben dafür versehen: 1) Luther und die Obrigkeit 2) Luther und die Juden 3) Von den Konziliis und Kirchen".

[8] Für zwei Exemplare s. ALGW 148, o.P., und ALGW 732, o.P.: „Quellen: Sie finden sich beieinander in der Münchener Ausgabe der Werke Luthers, Ergänzungsband III: Schriften wider Juden und Türken. Im Einzelnen kommen folgende Schriften in Betracht: 1. Daß Jesus Christus ein geborener Jude sei. 1523. Erlanger Ausgabe. Bd. 29. Weimarer Ausgabe, Bd. 11. 2. Brief wider die Sabbather an einen guten Freund. 1538 Erlanger Ausgabe, Bd. 31. Weimarer Ausgabe, Bd. 50. 3. Von den Juden und ihren Lügen. 1542. Erlanger Ausgabe, Bd. 32. Weimarer Ausgabe, Bd. 53. 4. Vom Schem Hamphoras und dem Geschlecht Christi. 1543. Erlanger Ausgabe, Bd. 32. Weimarer Ausgabe, Bd. 53. Auszüge aus den Quellen in: Von den Jüden. Luthers christlicher Antisemitismus nach seinen Schriften. Herausgegeben v. W. Gabriel, Göttingen 1936, Vandenhoek [sic] und Ruprecht. 46 Seiten. Literatur: W. Walther, Luther und die Juden und die Antisemiten, Leipzig 1921, Dörffling und Franke. 39 Seiten. E. Vogelsang, Luthers Kampf gegen die Juden, Tübingen 1933, J. C. C. [sic] Mohr. 35 Seiten."

[9] S. oben Anm. 6.

[10] S. Kap. II, Anm. 383.

[11] Hans VON CAMPENHAUSEN (Hg.): Luther. Die Hauptschriften, Berlin o.J. Ausweislich der in ALGW 732, o.P., erhaltenen Verlagsprospekte zu der Ausgabe wird man das Erscheinen auf „Frühjahr 1939" präzisieren können.

[12] Ebd., S. 341–353.

[13] Ebd., S. 562–566; hier: S. 565.

ständig zu bieten und ihren Unterschied zu späteren rassetheoretischen Ausführungen editorisch zu betonen. Seinem Berliner Kollegen Erich Caspar, der in Folge des sog. Arierparagraphen 1935 den Freitod gewählt hatte, bewahrte er als Kollege und Mitherausgeber der „Zeitschrift für Kirchengeschichte" ein ehrendes Angedenken[14]; dessen Schwester beschäftigte er bis in die 1940er Jahre. Campenhausens bedachtes Vorgehen setzte sich in den Nachkriegsausgaben nicht fort. Aland, der 1943 nach dem ältesten verfügbaren Konzept seiner eigenen Luther-Ausgabe zunächst nur die sog. Spätschrift[15] bieten wollte, beabsichtigte nach Kriegsende ausweislich des ersten Verlagsprospektes, sich mit „Luther deutsch" ganz auf die sog. Frühschrift zu beschränken[16]; in der 1954 erfolgten Publikation verzichtete er auf den Themenkomplex vollständig[17]. In seiner Bearbeitung der Bonner bzw. Berliner Studienausgabe Clemens nahm er keine betreffende Ergänzung vor[18]. In Alands Überarbeitung der von Campenhausen zusammengestellten Ausgabe der „Hauptschriften", die 1951 als zweite, 1959 als dritte und 1977 als vierte Auflage erschien, sind sowohl der Quellentext als auch die Erklärung ersatzlos gestrichen.[19] Von der prononcierten Betonung des Themas, die Knolle gesucht hatte, und dem um Ausgleich bemühten Vorgehen Campenhausens führt dies in der Nachkriegszeit zu einem die Editionsgeschichte der nachfolgenden Jahrzehnte bestimmenden Ausklammern des Schriftkomplexes aus der literarischen Öffentlichkeit.

„Luther deutsch" leitet sich ideell oder konzeptionell nicht von Knolles Editionsprojekt ab, steht aber in direkten verlegerischen und persönlichen Bezügen zu dem Vorhaben. Darüber hinaus fügt sich die von Aland herausgegebene Publikation nach Klotz' Erstanregung in die Tradition der Braunschweiger Luther-Ausgabe ein. Die bei Klotz und Aland später begegnende Deutung, als Jubiläumsausgabe an die Perthes-Edition anzuschließen, ist darum nicht unzutreffend. Sie lässt sich gleichwohl um die benannten Hinweise zur

---

[14] Zu der Freundschaft mit E. Caspar, dessen Suizid und Seebergs öffentlicher Erinnerung zwischen der Deutung als „mutig" (H. Boockmann) und Ausdruck einer „prinzipiellen Akzeptanz" der „nationalsozialistische[n ...] Rassenideologie" s. KAUFMANN, Anpassung (wie Kap. II, Anm. 1), S. 135–139, hier: S. 138 f.

[15] S. Kap. II, Anm. 278.

[16] ALGW 732, o.P.

[17] S. dazu die Übersicht in ALAND, Hilfsbuch (wie Kap. I, Anm. 18), S. 521.

[18] S. dazu [5]1959. Für die verlegerischen Umstände der frühen Überarbeitung sind die Schilderungen K. Alands an R. Hermann aufschlussreich, 22. Mai 1951, EZA 712/254, o.P.: „Hier wie in zahlreichen anderen Fällen ([...] Clemensche Lutherausgabe usw., wo z.T. die Bände bereits ausgedruckt und fertig gebunden vorliegen) kann der Verlag den Druck nicht beenden bzw. die fertigen Bände zur Auslieferung bringen, weil er infolge der ungeklärten Interzonenhandelsbestimmungen" nicht weiter handeln kann.

[19] Für die Redaktion zeichnet K. ALAND verantwortlich, der seinerseits die „Zusammenarbeit" mit Ernst Kähler und dem Berliner Pastor Rudolf Belan suchte. S. dazu das Impressum in: Martin Luther. Die Hauptschriften, Berlin [2][1951].

Veranlassung ergänzen. Alands mündlicher Austausch mit Knolle und seine Korrespondenz mit Althaus sind, soweit dies überprüfbar ist, von direkter Kritik an Knolle und präzisen Informationen im Rückblick bestimmt. Stärker noch als in Seeberg hatte Knolle in Aland seinen Meister gefunden. Dessen Interesse galt ebenfalls einer Herausgeberschaft; diese für sich alleine zu sichern, verstand er, indem er nicht die wissenschaftlichen Vorzüge seiner Edition pries, sondern die popularisierenden Anliegen und Elemente des von ihm verfolgten Konzeptes transparent schilderte, womit er von Knolle wie auch dem Verleger Mohn nicht mehr als Konkurrent wahrgenommen wurde. Seeberg hatte von Alands Bemühungen spätestens April 1943 Kenntnis, nahm sie aber ebenso wenig ernst wie Knolles Editionsprojekt, da beide seines Erachtens über keine finanziellen Mittel verfügten. Als einziger der hier behandelten Forscher brachte Aland die von ihm begonnene Luther-Ausgabe in den Druck, wobei er auf die tatkräftige Zuarbeit Ernst-Otto Reicherts[20] zählen durfte.

Seebergs Editionsvorhaben erwuchs aus verlegerischen und kirchenpolitischen Interessen. Diese vertraten für den Alfred Metzner-Verlag Dr. Rolf Voigt und für den Evangelischen Oberkirchenrat OKR Friedrich Buschtöns, der auch das ablehnende Gutachten zur Antragstellung der Luther-Gesellschaft verantwortet hatte. Die kirchenamtliche Anfrage der Edition ergab sich aus einer direkten Kenntnis und Kritik des Knolleschen Projektes. Seeberg, der von Buschtöns als Herausgeber gewünscht wurde, entwickelte sein Konzept der „echten" Lutherschriften unabhängig von Knolle, aber im Wissen um die Konkurrenzsituation. Die Anregung, die Luther-Gesellschaft zur Kooperation aufzufordern, geht ebenfalls auf Buschtöns zurück, sollte aber einer Abwehr von Prioritätsforderungen dienen. In der seit Mitte 1944 bestehenden Zusammenarbeit blieb der vorhandene Honorarfonds unerwähnt. Verlegerisch stellt Voigt ein Gegenmodell zu Mohn dar: Bis zuletzt war er nicht bereit, willens oder fähig, in das Projekt zu investieren, setzte von Anfang an aber auf eine hohe eigene Gewinnmarge. Vergleiche zwischen den beteiligten und weiteren Verlagen wären wünschenswert, sind derzeit jedoch nur unzureichend möglich. Während die Aktivitäten von Bertelsmann während der NS-Zeit gut erschlossen sind, fehlen zu Böhlau, Metzner und dem damit verbundenen „Verlag für Standesamtswesen" elementare Daten. Seeberg selbst

[20] Für Reicherts Anteil an ALAND, Hilfsbuch (wie Kap. I, Anm. 18, hier: ^{2}[1957]), S. 10 bzw. ^{4}1996, S. 18. Zusammenfassend s. den zurückhaltenden, durch die Erstnennung aber eindeutigen Hinweis in ALAND, Einleitung (wie Einleitung, Anm. 7), S. 10. Zu Ernst-Otto REICHERT s. dessen „Vita" in ders.: Amsdorff und das Interim. Kommentierte Quellenedition mit ausführlicher historischer Einleitung. Nach dem maschinenschriftlichen Manuskript der Dissertation aus dem Jahre 1955 digital erfasst, für den Druck eingerichtet und um Register und bibliographische Nachträge ergänzt von Hans-Otto Schneider, Leipzig 2011 (Leucorea-Studien zur Geschichte der Reformation und der Lutherischen Orthodoxie, Bd. 14), S. 7.

verzichtete auf Honorare wie auf Spesen. Zu seinem wichtigsten Mitarbeiter und wertvollsten Gesprächspartner wurde Hermann, der die Ausgabe nach Seebergs Tod als dessen Vermächtnis gegen und mit Knolle zu bewahren suchte, aber 1948 resignierte, als der Evangelische Oberkirchenrat keine finanzielle Unterstützung bieten konnte, Buschtöns kirchenpolitisch diskreditiert war und Voigt wie Knolle das Interesse an der Ausgabe verloren hatten.

Interpretativ könnten die geschilderten Vorgänge Leserinnen und Leser dazu anregen, über die Bewertungskriterien und Klassifizierungen nachzudenken, mit denen sich die beteiligten Personen und deren Handlungen deuten lassen. Aufgrund der in einem hohen Maße personal bestimmten Zusammenhänge mag es naheliegend sein, ethische Maßstäbe anzusetzen und die Akteure als entsprechende *exempla* zu verstehen. Blickt man auf die zahlreichen Verstrickungen und intrikaten Entwicklungen zurück, muss man sich der Versuchung bewusst sein, die darin besteht, vorschnell Urteile über die jeweilige persönliche Integrität zu formulieren, so sehr einzelne Kandidaten oder Kandidatinnen auch für das Ideal einer *anima candida* in Betracht gezogen werden könnten. Präzisiert man seine Kriterien etwa dahingehend, dass man im Umgang mit anderen Ehrlichkeit im Austausch, Aufrichtigkeit der Handlungen, Selbstlosigkeit der Interessen und Verantwortung für die Beteiligten wie Betroffenen schätzt, fällt es leichter, zu erklären, weshalb manche Gestalten in positiver oder negativer Hinsicht herausragen. Hermann beeindruckt nicht nur in seiner fachlichen Kompetenz, sondern auch wegen der Kompromisslosigkeit und Konsequenz seines Engagements. „Fräulein Henry“ und „Fräulein Caspar“ bestechen mit ihren Einschätzungen und Vorschlägen.

Zeit-, kirchen- und theologiegeschichtlich als unzureichend erweisen sich demgegenüber politische oder kirchenpolitische Klassifizierungen, zu denen man tendiert, wenn zwischen Bezügen zu nationalsozialistischer Ideologie auf der einen und innerer oder äußerer Opposition auf der anderen Seite unterschieden wird. Zeitweilige Mitgliedschaften in parteipolitischen Organisationen und abschlägig beschiedene Aufnahmeanträge in die NSDAP eröffnen einen Graubereich, der sich bereits zeitgenössisch sehr unterschiedlich deuten ließ. Die größten Dissidien, die zu beobachten waren, betrafen NSDAP-Mitglieder untereinander, nämlich Seeberg, Emanuel Hirsch und Arnold Stolzenburg. In der Auseinandersetzung zwischen Hirsch und Seeberg waren fachliche und schulische Differenzen, möglicherweise auch kollegiale Rivalitäten bestimmend; im Konflikt zwischen Stolzenburg und Seeberg ging es neben anderem darum, dass letzterem vorgeworfen wurde, kein überzeugter Nationalsozialist zu sein. Auf Kontakte zu politischen Führungsebenen setzten alle prospektiven Herausgeber, Knolle, Seeberg und Aland, wobei es einzig Seeberg in den berührten Zusammenhängen zum Ziel erklärte, „nicht ki[rchen]politisch einseitig“ zu arbeiten und „Ki[rchen]politik auf wiss.[enschaftlichem] Feld" zu vermeiden.[21] Unter Seebergs Mitarbeitern trat Hermann für vergleichbare Ideale ein.

Motivationen zur editorischen Arbeit begegnen in großer Vielfalt. Keinem der Akteure sollen genuine Interessen an der Sache abgesprochen werden; doch lassen sich Akzente benennen, die für einzelne Personen bezeichnend sind. Seeberg hinterfragte ebenso grundlegend wie Hermann die Notwendigkeit der erbetenen Ausgabe. Allein aus fachwissenschaftlicher Verantwortung stimmte Seeberg dem Unternehmen gegen seine eigenen Bedenken zu. Für Hermann war es eine persönliche Pflicht gegenüber dem Kollegen, nachdem dieser ihm versichert hatte, die Edition unterliege keinen politischen oder kirchenpolitischen Restriktionen. Für Friedrich Wilhelm Schmidt war es umgekehrt eine kirchenpolitische Aufgabe, eine Alternative zur Münchener Ausgabe zu bieten. Zugleich steht Schmidt mit Walther Köhler für das arbeitsökonomische Interesse, Schriften, die sie bereits in anderen Editionen bearbeitet hatten, für die neue Ausgabe nochmals zu betreuen. Hinzu kam die materielle Not der Kriegsjahre und der Nachkriegszeit. Otto Clemen erklärte sich in seinen letzten Lebenswochen zur Mitarbeit bereit, da er über keine Einkünfte mehr verfügte. Auf verlegerischer Seite stehen wirtschaftliche Erwägungen zur Marktlage im Vordergrund, wobei Mohn die differenziertesten Überlegungen zu den Anforderungen an eine neue Ausgabe bot. Interessanterweise sollten alle drei Ausgaben Volksausgaben werden, die keine altsprachlichen Kenntnisse voraussetzten. Im Falle des Seeberg-Projektes verband sich dieses Ziel mit dem Anliegen des Berliner OKR Buschtöns, die maßgebliche Luther-Ausgabe für evangelische Pfarrer zu schaffen.

Grundfragen editorischer Arbeit verdeutlichen die Publikationsprojekte gleichermaßen: Für welche Zielgruppe gilt es Texte zu erschließen? Ist eine Gesamt- oder eine Auswahlausgabe intendiert? Können die Texte originalsprachlich geboten werden oder sind Übersetzungen beizugeben? Welche Transkriptionsregeln gelten für die Textaufnahme und wie „archaisch" oder „modern" darf die Sprachgestalt sein? Wird eine chronologische oder systematische Gliederung angestrebt? Sprechen die Texte für sich oder sollen Einleitungen und Kommentare hinzutreten? Sind textkritische Hinweise erforderlich? In welchem Maße ist fachwissenschaftliche Beratung einzuholen? Welche Bedeutung könnte Illustrationen zukommen? Erlaubt das gewählte Konzept eine selbsttragende Drucklegung oder sind Fördergelder nötig? Spannend ist, dass in den dokumentierten Diskussionen auch Fragen aufbrechen, die sich nicht nahelegen mögen, aber anregend sind. Dazu zählt Seebergs Ansatz, mit einer Ausgabe kein einheitliches Gesamtbild schaffen zu wollen, sondern eine Vielfalt abzubilden, die in den Editoren vorhanden sei und durch diese reduziert werde, ohne den Pluralismus ganz aufzugeben. Einheit-

---

[21] S. Kap. II, Anm. 582.

lichkeit sei „Sache von Monographien“[22], nicht von Editionen. Bemerkenswerterweise war es auch Seeberg, der das Ideal beschwor, mit einer Edition politische Einseitigkeiten zu vermeiden und handwerkliche Solidität zu erstreben. Eine Entsprechung zu dem Ansatz von Walch ist in der neueren Germanistik zu beobachten. Dort wurde das editorische Konzept, Bezugstexte in die Korpora von Werkausgaben einzubinden, mit inhaltlichem Gewinn für Leserinnen und Leser erprobt.[23] Einen zukunftsweisenden Impuls könnte die zusammenhängende Integration von Dokumenten zur Wirkungs- und Rezeptionsgeschichte darstellen, wie sie Aland mit einem Ergänzungsband beabsichtigt hatte.[24] In der Luther-Forschung traten die Monographien von Ernst Walter Zeeden, Heinrich Bornkamm sowie ein jüngerer Reclam-Band an diese Stelle.[25]

Zu den *Editionen der letzten Jahrzehnte* zählen insbesondere Studienausgaben. Aufgrund ihrer – in Teilen auch gegenüber der WA – überlegenen Berücksichtigung eines jüngeren Forschungsstandes und der höheren Kommentierungsdichte hat sich die von Hans-Ulrich Delius herausgegebene Leipziger Studienausgabe bewährt.[26] Einem breiteren Leserkreis empfiehlt sich die fachwissenschaftlich und editionsphilologisch verantwortungsvoll gestaltete Auswahlausgabe im Verlag der Weltreligionen[27], mit der Thomas Kaufmann und Albrecht Beutel in eigenständiger Weise das volkssprachliche Format der Insel-Ausgabe interpretieren. Im Alltag der theologischen Seminarbibliotheken haben die wahrscheinlich höchste Nachfrage die beiden Studienausgaben erlangt, die in jeweils drei Bänden bei der Evangelischen Verlagsanstalt er-

---

[22] In Diskussion zwischen E. Seeberg und R. Hermann s. Kap. II, Anm. 336.

[23] Ein gutes Beispiel liefert etwa das von Wilfried Barner angeregte und von Arno Schilson umgesetzte Konzept, den Fragmentenstreit innerhalb einer Lessing-Ausgabe chronologisch unter Einbezug wesentlicher Bezugstexte zu edieren; s. dazu Wilfried BARNER (Hg.): Gotthold Ephraim Lessing. Werke und Briefe in zwölf Bänden, Bd. 8: Werke 1774–1778, Frankfurt/Main 1989 (Bibliothek deutscher Klassiker, Bd. 45), und Bd. 9: Werke 1778–1780, Frankfurt/Main 1993 (Bibliothek deutscher Klassiker, Bd. 94).

[24] S. dazu Einleitung, Anm. 5.

[25] Ernst Walter ZEEDEN: Martin Luther und die Reformation im Urteil des deutschen Luthertums. Studien zum Selbstverständnis des lutherischen Protestantismus von Luthers Tode bis zum Beginn der Goethezeit, Bd. 1: Darstellung, Freiburg 1950; Bd. 2: Dokumente zur inneren Entwicklung des deutschen Protestantismus von Luthers Tode bis zum Beginn der Goethezeit, Freiburg 1952. Heinrich BORNKAMM: Luther im Spiegel der deutschen Geistesgeschichte. Mit ausgewählten Texten von Lessing bis zur Gegenwart, Göttingen [2]1970. Thomas KAUFMANN und Martin KEẞLER (Hg.): Luther und die Deutschen. Stimmen aus fünf Jahrhunderten, Stuttgart 2017.

[26] Hans-Ulrich DELIUS (Hg.): Martin Luther. Studienausgabe, 6 Bde., Berlin und Leipzig 1979–1999.

[27] Thomas KAUFMANN und Albrecht BEUTEL (Hg.), Martin Luther. Schriften, 4 Bde., Berlin 2014 f.

schienen: die „Lateinisch-Deutsche Studienausgabe“ (2006 bis 2009)[28] und die „Deutsch-Deutsche Studienausgabe“ (2012 bis 2016)[29]. Betrachtet man die Herausgeberkreise der beiden Ausgaben – für die erste Wilfried Härle, Johannes Schilling und Günther Wartenberg unter Mitarbeit von Michael Beyer, für letztere Johannes Schilling mit Albrecht Beutel, Dietrich Korsch, Notger Slenczka und Hellmut Zschoch – stellt man zunächst die Überschneidungen in der Person Johannes Schillings fest und könnte dann bemerken, dass alle Mitherausgeber der Luther-Gesellschaft nicht nur durch Mitgliedschaft und Engagement, sondern auch durch zeitweilige Vorstandsarbeit[30] verbunden waren oder sind. Personell stehen die beiden jüngsten Studienausgaben damit in direkten Verbindungen zur Luther-Gesellschaft. Zugleich nehmen sie editorische Anliegen auf, der sich die Luther-Gesellschaft mit ihrer Gründung vor hundert Jahren verschrieb. Neben die personellen und programmatischen Bezüge treten als Kontinuitätsmoment die editorischen Herausforderungen, denen der Herausgeberkreis um Johannes Schilling in den beiden zurückliegenden Jahrzehnten anders begegnete, als es in den Vorgängen um Knolle geschah. Die neuerlichen Studienausgaben verzichten darauf, in der Herausgeberschaft Personen- und Vereinsinteressen miteinander zu verknüpfen. Vor allem aber entscheiden sie sich gegen die Alternative, die zuvor zwischen originalsprachlichen – lateinischen wie frühneuhochdeutschen – Texten auf der einen und Übersetzungen bzw. modernisierten Präsentationsgestalten auf der anderen Seite gesehen wurde. Damit konnten Lösungen für einige der Probleme gefunden werden, an denen die früheren Bemühungen um eine neue Luther-Ausgabe gescheitert waren.

---

[28] Wilfried HÄRLE, Johannes SCHILLING und Günther WARTENBERG (Hg.) unter Mitarbeit von Michael Beyer: Lateinisch-Deutsche Studienausgabe, 3 Bde., Leipzig 2006–2009.

[29] Johannes SCHILLING mit Albrecht BEUTEL, Dietrich KORSCH, Notger SLENCZKA und Hellmut ZSCHOCH (Hg.): Martin Luther. Deutsch-Deutsche Studienausgabe, 3 Bde., Leipzig 2012–2016.

[30] Auf diesen Umstand machte mich Dr. Martin Treu, Wittenberg, in einem Gespräch am 29. November 2018 dankenswerterweise aufmerksam. Vertiefen ließe sich diese Beobachtung für zahlreiche Bearbeiter und einzelne Bearbeiterinnen.

Abkürzungs-, Quellen- und Literaturverzeichnis

1. Abkürzungen

Die Abkürzungen folgen:

SCHWERTNER, Siegfried M.: IATG^3 – Internationales Abkürzungsverzeichnis für Theologie und Grenzgebiete. Zeitschriften, Serien, Lexika, Quellenwerke mit bibliographischen Angaben, Berlin und Boston ^{3}2014.

Ferner bedeutet das Siglum o.P.: ohne Paginierung.

Siglen für Archive erschließen sich aus dem folgenden Kapitel und Anm. 1 der Einleitung.

2. Archivalien

ALGW = Archiv der Luther-Gesellschaft, Wittenberg:
100–102; 146–148; 201–204; 700; 732; 1022.
BArch Berlin = Bundesarchiv Berlin:
R 1509/111;
R 3001/61293;
R 4901/13288;
R 9361–II/8519, im Film: PK A 33;
R 9361–V/12439, im Film RK I 3;
R 9361–V/147856;
R 9361–V/24954, im Film RK I 286.
BArch Koblenz = Bundesarchiv Koblenz:
N1248, Nr. 1; 3; 5–7; 11 f.; 32; 34 f.; 67; 86; 99; 124; 146.
EZA = Evangelisches Zentralarchiv Berlin:
7/5870;
712/114–116;
712/213–216;
712/246–257;
805/4.
LKAK = Landeskirchliches Archiv Kiel:
98.11,Nr. 40; 42; 44; 69; 104; 116.
ThULB = Thüringer Universitäts- und Landesbibliothek Jena:
Nachlass Rudolf Eucken I,15, K. 410$^{r, v}$.
UAE = Universitätsarchiv der Friedrich-Alexander-Universität Erlangen Nürnberg:

G1/30, Nr. 11a (Korr. Rudolf Hermann); 11a (Korr. Theodor Heckel); 11b (Korr. Erich Seeberg).

HUB, UA = Universitätsarchiv der Humboldt-Universität zu Berlin:
PA nach 1945, Aland, Kurt, I–III;

Theol. Fak. 122;
Theol. Fak. 123; UK S 044, II.

3. Gedruckte Quellen und Literatur

ALAND, Kurt (Hg.): Glanz und Niedergang der deutschen Universität. 50 Jahre deutscher Wissenschaftsgeschichte in Briefen an und von Hans Lietzmann (1892–1942). Mit einer einführenden Darstellung, Berlin und New York 1979.

–: Hilfsbuch zum Lutherstudium, Gütersloh ²[1957] und Bielefeld ⁴1996.

– (Bearbeiter; ursprünglicher Hg. [s.u.]: Hans von Campenhausen): Luther. Die Hauptschriften, Berlin ²[1952], ³1959, ⁴1977.

–: Luther deutsch, Bd. 1: Die Anfänge, Göttingen ²1983.

–: Spener-Studien. Arbeiten zur Geschichte des Pietismus I, Berlin 1943 (AKG, Bd. 28).

–: Wer fälscht? Die Entstehung der Bibel. Zu den „Enthüllungen“ E. und M. Ludendorffs, Berlin [1936].

ALWAST, Jendris: Geschichte der Theologischen Fakultät. Vom Beginn der preußischen Zeit bis zur Gegenwart, Neumünster 1988 (Geschichte der Christian-Albrechts-Universität Kiel 1665–1965, Bd. 2, T. 2).

ANON.: Art. Aland, Kurt, in: Handbuch der deutschen Wissenschaft, Bd. 2: Biographisches Verzeichnis, Berlin 1949, S. 797.

ANON.: Art. Dosse, Friedrich Wilhelm Johannes Eberhard, in: Horst-Rüdiger Jarck (Hg.): Braunschweigisches biographisches Lexikon, Bd. 2: 19. und 20. Jahrhundert, Hannover 1996, S. 145.

ANON.: Bibliographie Kurt Aland, in: Kurt Aland in memoriam, Münster 1995, S. 41–71.

ANON.: Neufassung des Sechsten Buches Sozialgesetzbuch, in: Bundesgesetzblatt, Jg. 2002, T. 1, Nr. 12 (26. Februar 2002), S. 754–921.

ANON.: Zum Tode von Dr. Rolf Voigt, in: Börsenblatt für den Deutschen Buchhandel. Frankfurter Ausgabe 20 (1964), S. 686.

ARNHOLD, Oliver: „Entjudung“ – Kirche im Abgrund. Die Thüringer Kirchenbewegung Deutsche Christen 1928–1939 und das „Institut zur Erforschung und Beseitigung des jüdischen Einflusses auf das deutsche kirchliche Leben“ 1939–1945, Bd. 2: Das „Institut zur Erforschung und Beseitigung des jüdischen Einflusses auf das deutsche kirchliche Leben“ 1939–1945, Berlin 2010 (SKI, Bd. 25/2).

AUERBACH, Inge (Bearbeiterin): Catalogus professorum academiae Marburgensis. Die akademischen Lehrer der Philipps-Universität in Marburg, Bd. 2: Von 1911 bis 1971. Bearbeitet von Inge Auerbach, Marburg 1979 (VHKH, Bd. 15).

BACHOFER, Wolfgang: Art. Teske, Hans, in: S. Franklin Kopitzsch und Dirk Brietzke (Hg.): Hamburgische Biografie. Personenlexikon, Bd. 2, Hamburg 2003, S. 414 f.

BARNER, Wilfried (Hg.): Gotthold Ephraim Lessing. Werke und Briefe in zwölf Bänden, Bd. 8: Werke 1774–1778, Frankfurt/Main 1989 (Bibliothek deutscher Klassiker, Bd. 45); Bd. 9: Werke 1778–1780, Frankfurt/Main 1993 (Bibliothek deutscher Klassiker, Bd. 94).

BAST, Rainer A. (Hg.): Rudolf Eucken, Gesammelte Werke, Bd. 14: Uwe Dathe: Nachlassverzeichnis, Hildesheim 2011 (Historia Scientiarum).

BEUTEL, Albrecht: Gerhard Ebeling. Eine Biographie, Tübingen 2012.

BEYER, Michael: Lutherausgaben, in: Albrecht Beutel (Hg.): Luther Handbuch, Tübingen ³2017, S. 2–9.

BOBERACH, Heinz, Carsten NICOLAISEN und Ruth PAPST (Bearbeiter): Handbuch der deutschen evangelischen Kirchen 1918 bis 1949. Organe – Ämter – Verbände – Personen, Bd. 1: Überregionale Einrichtungen, Göttingen 2010.

BORCHERDT, Hans Heinrich (Hg.): Martin Luther. Ausgewählte Werke, Bd. 5, München 1923.

– (Hg.): Martin Luther. Ausgewählte Werke. Zweite veränderte Auflage besorgt von Georg Merz, Ergänzungsreihe erster Band: Martin Luther. Vom unfreien Willen, hg. v. Friedrich Wilhelm Schmidt, München 1934.

– und Georg MERZ (Hg.): Martin Luther. Ausgewählte Werke. Zweite veränderte Auflage, Ergänzungsreihe zweiter Band: Martin Luther. Vorlesung über den Römerbrief 1515/1516 [Laut Impressum: „Diese Schrift wurde aus dem Lateinischen in die deutsche Sprache von Eduard Ellwein übertragen“], München 1935.

BORNKAMM, Heinrich: Luther im Spiegel der deutschen Geistesgeschichte. Mit ausgewählten Texten von Lessing bis zur Gegenwart, Göttingen ²1970.

BÖTTRICH, Christfried: Schriften von Ernst Lohmeyer, in: ders. (Hg.): Ernst Lohmeyer. Beiträge zu Leben und Werk, Leipzig 2018 (GThF, Bd. 28), S. 319–342.

BROSSEDER, Johannes: Luthers Stellung zu den Juden im Spiegel seiner Interpreten. Interpretation und Rezeption von Luthers Schriften und Äußerungen zum Judentum im 19. und 20. Jahrhundert vor allem im deutschsprachigen Raum, München 1972 (BÖT, Bd. 8).

BUCHWALD, Georg (Bearbeiter bzw. Hg.): D. Martin Luthers Leben und Lehre in Worten aus seinen Werken und Briefen. Zusammengestellt von Georg Buchwald, Gütersloh 1947.

BÜHLER, Hans-Eugen in Verbindung mit Edelgard BÜHLER: Der Frontbuchhandel 1939–1945. Organisation, Kompetenzen, Verlage, Bücher. Eine Dokumentation, Frankfurt/Main 2002.

BULISCH, Jens: Evangelische Presse in der DDR. „Die Zeichen der Zeit“ (1947–1990), Göttingen 2006 (AKZG, Reihe B, Bd. 43).

CAMPENHAUSEN, Hans von (Hg.): Luther. Die Hauptschriften, Berlin [1939].

CASPAR, Erich: Die Gründungsurkunden der sicilischen Bistümer und die Kirchenpolitik Graf Rogers I. (1082–1098). Inaugural-Dissertation zur Erlangung der Doctorwürde von der philosophischen Facultät der Friedrich-Wilhelms-Universität zu Berlin genehmigt und nebst den beigefügten Thesen öffentlich zu verteidigen am 6. Dezember 1902, Innsbruck 1902.

DEGENER, Herrmann A.L. (Hg.): Degeners Wer ist's? Eine Sammlung von rund 18 000 Biographien mit Angaben über Herkunft, Familie, Lebenslauf, Veröffentlichungen und Werke, Lieblingsbeschäftigung, Mitgliedschaft bei Gesellschaften, Anschrift und anderen Mitteilungen von allgemeinem Interesse. Auflösung von ca. 5000 Pseudonymen, Berlin ¹⁰1935.

DEGENHARDT, Ingeborg: Studien zum Wandel des Eckhartbildes, Leiden 1967 (Studien zur Problemgeschichte der antiken und mittelalterlichen Philosphie, Bd. 3).

DELIUS, Hans-Ulrich (Hg.): Martin Luther. Studienausgabe, 6 Bde., Berlin und Leipzig 1979–1999.

DOMSGEN, Michael: Art. Uckeley, Alfred, in: RGG⁴, Bd. 8, Tübingen 2005, Sp. 684 f.

ELLWEIN, Eduard: Martin Luther. Vorlesung über den Römerbrief 1515/1516. Übertragen von Eduard Ellwein, München 1927.

EUCKEN, Rudolf: Aufruf zur Gründung einer Luthergesellschaft, in: Deutscher Wille. Des Kunstwarts 31. Jahr (i.e.: „Kriegsausgabe" des Kunstwart) 31 (1917), S. 182–184.

FABRICIUS, Ulrich: Art. Laag, Heinrich, in: NDB, Bd. 13, Berlin 1982, S. 358 f.

FAHLBUSCH, Michael, Ingo HAAR und Alexander PINWINKLER (Hg.): Handbuch der völkischen Wissenschaften. Akteure, Netzwerke, Forschungsprogramme, Teilbd. 1, Berlin und Boston 2017.

FICKER, Johannes: Anfänge reformatorischer Bibelauslegung, Bd. 1: Luthers Vorlesung über den Römerbrief 1515/1516, Leipzig 1908.

FRIEDLÄNDER, Saul, Norbert FREI, Trutz RENDTORFF und Reinhard WITTMANN unter Mitarbeit von Hans-Eugen Bühler, Christoph Haas, Tanja Hetzer, Beate von Miquel, Helen Müller, Stefan Pautler, Olaf Simons, Sybille Steinbacher: Bertelsmann im Dritten Reich, München 2002.

GALLING, Kurt (Hg. u.a.): RGG^3. Registerband, Tübingen 1965.

GARBE, Irmfried: Theologe zwischen den Weltkriegen – Hermann Wolfgang Beyer (1898–1942). Zwischen den Zeiten, Konservative Revolution, Wehrmachtsseelsorge, Frankfurt/Main 2004 (GThF, Bd. 9).

GROẞBÖLTING, Thomas: SED-Diktatur und Gesellschaft. Bürgertum, Bürgerlichkeit und Entbürgerlichung in Magdeburg und Halle, Halle/Saale 2001 (Studien zur Landesgeschichte, Bd. 7).

GROẞE KRACHT, Klaus: Die zankende Zunft. Historische Kontroversen in Deutschland nach 1945, Göttingen ^{2}2011.

GRÜTTNER, Michael: Art. Groh, Wilhelm, in: ders.: Biographisches Lexikon zur nationalsozialistischen Wissenschaftspolitik, Heidelberg 2004 (Studien zur Wissenschafts- und Universitätsgeschichte, Bd. 6), S. 64.

HADLICH, Marie: Zur Theorie des sprachlichen Bedeutungswandels, Halle/Saale 1914.

HÄRLE, Wilfried, Johannes SCHILLING und Günther WARTENBERG (Hg.) unter Mitarbeit von Michael Beyer: Lateinisch-Deutsche Studienausgabe, 3 Bde., Leipzig 2006–2009.

HARTEN, Hans-Christian, Uwe NEIRICH, Matthias SCHWERENDT: Rassenhygiene als Erziehungsideologie des Dritten Reichs. Bio-bibliographisches Handbuch, Berlin 2006 (edition bildung und wissenschaft, Bd. 10).

HAUGG, Werner: Aus dem Kirchenwesen einer kleinen Stadt, in: ZKG 61 (1942), S. 256–287.

HEMPEL-KÜTER, Christa: Die Wissenschaft, der Alltag und die Politik. Materialien zur Fachgeschichte der Hamburger Germanistik, in: Petra Boden und Rainer Rosenberg (Hg.): Deutsche Literaturwissenschaft 1945–1965. Fallstudien zu Institutionen, Diskursen, Personen, Berlin 1997, S. 1–33.

HENGEL, Martin: Laudatio Kurt Aland, in: Kurt Aland in memoriam, Münster 1995, S. 17–34.

HENZE, E.[rnst]: Art. Hinrichsche, J. C., Buchhandlung, in: LGB^2, Bd. 3, Stuttgart 1991, S. 475 f.

HIRSCH, Emanuel: Zu Luthers Theologie, in: ThLZ 66/5 f. (Mai/Juni 1941), Sp. 129–134.

HOFFMANN, Erika (Hg.): Briefe großer Deutscher an Kinder. Deutsche Männer schreiben an Kinder, Berlin [1941 und ^{2}1942].

– (Hg.): Briefe großer Deutscher an Kinder. Deutsche Frauen schreiben an Kinder, Berlin 1944.

HOFFMANN, Georg: Das Problem der letzten Dinge in der neueren evangelischen Theologie, Göttingen 1929 (SSTh, H. 2).

HOLTZMANN, Walter: Art. Caspar, Erich, in: NDB, Bd. 3, Berlin 1957, S. 164 f.

JANTSCH, Johanna (Hg.): Der Briefwechsel zwischen Adolf von Harnack und Martin Rade. Theologie auf dem öffentlichen Markt, Berlin und New York 1996.

JAUERNIG, Reinhold: Art. Clemen, Otto Konstantin, in: NDB, Bd. 3, Berlin 1957, S. 280 f.

KAUFMANN, Thomas: „Anpassung" als historiographisches Konzept und als theologiepolitisches Programm. Der Kirchenhistoriker Erich Seeberg in der Zeit der Weimarer Republik und des ‚Dritten Reiches', in: ders. und Harry Oelke (Hg.): Evangelische Kirchenhistoriker im ‚Dritten Reich', Gütersloh 2002 (VWGTh, Bd. 21), S. 122–272.

–: Der Berliner Kirchenhistoriker Erich Seeberg als nationalsozialistischer Theologiepolitiker, in: Manfred Gailus (Hg.): Täter und Komplizen in Theologie und Kirchen. 1933–1945, Göttingen 2015, S. 216–243.

–: Die Abendmahlstheologie der Straßburger Reformatoren bis 1528, Tübingen 1992 (BHTh, Bd. 81), S. 39–44.

–: Die Harnacks und die Seebergs. „Nationalprotestantische Mentalitäten" im Spiegel zweier Theologenfamilien, in: Manfred Gailus und Hartmut Lehmann (Hg.): Nationalprotestantische Mentalitäten. Konturen, Entwicklungslinien und Umbrüche eines Weltbildes, Göttingen 2005 (VMPIG, Bd. 214), S. 165–222.

–: Die Mitte der Reformation. Eine Studie zu Buchdruck und Publizistik im deutschen Sprachgebiet, zu ihren Akteuren und deren Strategien, Inszenierungs- und Ausdrucksformen, Tübingen 2019 (BHTh, Bd. 187).

–: Luthers Juden, Stuttgart [3]2017.

– und Albrecht BEUTEL (Hg.): Martin Luther. Schriften, 4 Bde., Berlin 2014 f.

– und Martin KEßLER (Hg.): Luther und die Deutschen. Stimmen aus fünf Jahrhunderten, Stuttgart 2017.

KAWERAU, Gustav: Luthers Schriften nach der Reihenfolge der Jahre verzeichnet, mit Nachweis ihres Fundortes in den jetzt gebräuchlichen Ausgaben. 2. von D. Otto Clemen durchgesehene Auflage, in: Georg Buchwald: Luther-Kalendarium und Gustav Kawerau: Verzeichnis von Luthers Schriften, Leipzig 1929 (SVRG 147 [Jg. 47/2]), S. 161–206.

KEßLER, Martin: Das Karlstadt-Bild in der Forschung, Tübingen 2014 (BHTh, Bd. 174).

–: Das Luthertum um 1918 im Spiegel seiner Zeit, in: LuJ 86 (2019), S. 174–228.

–: Rez. Johannes Schilling und Martin Treu (Hg.): Die Luther-Gesellschaft 1918–2018. Beiträge zu ihrem hundertjährigen Jubiläum, Leipzig 2018, in: ThLZ 144/3 (2019), Sp. 209–211.

KINZIG, Wolfram: Evangelische Patristiker und Christliche Archäologen im „Dritten Reich". Drei Fallstudien: Hans Lietzmann, Hans von Soden, Hermann Wolfgang Beyer, in: Beat Näf (Hg.): Antike und Altertumswissenschaft in der Zeit von Faschismus und Nationalsozialismus. Kolloquium Universität Zürich. 14.–17. Oktober 1998, Mandelbachtal und Cambridge 2001 (Texts and Studies in the History of Humanities, Bd. 1), S. 535–629.

KNOLLE, Theodor: Brief Luthers an Kurfürst Friedrich (Wittenberg, zwischen 13. und 19. Januar 1519.), in: Luther 20/2 (1938), S. 40–45.

–: D. Martin Luther über seine eigenen Schriften. Vorwort D. Martin Luthers zu „Der erste Teil der Bücher D. Mart. Luthers über etliche Epistel der Aposteln" 1539, in: Luther 20/2 (1938), S. 33–39.

KORSCH, Dietrich, Johannes SCHILLING und Hellmut ZSCHOCH (Hg.): Deutsch-Deutsche Studienausgabe, 3 Bde., Leipzig 2012–2016.

KÖSTER, Beate und Christian UHLIG: Bibliographie Kurt Aland, in: Martin Brecht (Hg.): Text – Wort – Glaube. Studien zur Überlieferung, Interpretation und Autorisierung biblischer Texte, Berlin und New York 1980 (AKG, Bd. 50), S. 377–397.

KUHN, Thomas K.[onrad]: „Es ist unheimlich still um ihn ...“. Der Weg zur Rehabilitation Ernst Lohmeyers (1945–1996), in: Christfried Böttrich (Hg.): Ernst Lohmeyer. Beiträge zu Leben und Werk, Leipzig 2018 (GThF, Bd. 28), S. 15–139.

KUNST, Hermann: Kurt Aland. Eine Würdigung, in: Martin Brecht (Hg.): Text – Wort – Glaube. Studien zur Überlieferung, Interpretation und Autorisierung biblischer Texte, Berlin und New York 1980 (AKG, Bd. 50), S. 1–15.

KUNZE, Rolf-Ulrich: Theodor Heckel 1894–1967. Eine Biographie, Stuttgart 1997 (KoGe, Bd. 13).

LAPP, Michael: Die Bezirksarbeit der Luther-Gesellschaft, in: Johannes Schilling und Martin Treu (Hg.): Die Luther-Gesellschaft 1918–2018. Beiträge zu ihrem hundertjährigen Jubiläum, Leipzig 2018, S. 184–211.

LEPPIN, Volker, Rez. Johannes Schilling und Martin Treu (Hg.): Die Luther-Gesellschaft 1918–2018. Beiträge zu ihrem hundertjährigen Jubiläum, Leipzig 2018, in: Luther 90/1 (2019), S. 66–68.

LOHSE, Bernhard: Martin Luther. Eine Einführung in sein Leben und sein Werk, München 1981 (Beck'sche Elementarbücher).

LUDWIG, Hartmut: Die Berliner Theologische Fakultät 1933 bis 1945, in: Rüdiger vom Bruch (Hg.): Die Berliner Universität in der NS-Zeit, Bd. 2: Fachbereiche und Fakultäten, Wiesbaden und Stuttgart 2005, S. 93–121.

MARUHN, Siegfried: 75 Jahre Verlag für Standesamtswesen, Frankfurt/Main und Berlin 1999.

MEIER, Kurt: Die Theologischen Fakultäten im Dritten Reich, Berlin und New York 1996.

MEISSINGER, Karl August: Roman des Abendlandes, Leipzig [und München] 1939 [^{3}1946].

MENDE, Hans-Jürgen: Alter St. Matthäus-Kirchhof Berlin. Ein Friedhofsführer, Berlin ^{3}2012.

MERKEL, Friedemann: Predigt im Trauergottesdienst für Prof. D. Kurt Aland. 21. April 1994 in der Evangelischen Universitätskirche Münster, in: Kurt Aland in memoriam, Münster 1995, S. 7–11.

MÜLBE, [Heinz]: Rez. Theodor Knolle: Luthers Glaube. Eine Widerlegung [...]. Weimar 1938, in: Luther 20/2 (1938), S. 73–75.

MÜLLER VON ASOW, Erich H.[errmann] (Hg.): Briefe Wolfgang Amadeus Mozarts. Herausgegeben mit Originalbriefen in Lichtdruck im Auftrage des Zentralinstituts für Mozartforschung am Mozarteum in Salzburg von Erich H.[errmann] Müller von Asow, 5 Bde., Berlin 1942.

NAGEL, Anne Chr.[istine]: Die Universität im Dritten Reich, in: Heinz-Elmar Tenorth (Hg.): Geschichte der Universität Unter den Linden, Bd. 2: Die Berliner Universität zwischen den Weltkriegen 1918–1945, Berlin 2012, S. 405–464.

NEANDER, Wilhelm: Lexikon deutschbaltischer Theologen seit 1920, Hannover-Döhren 1967.

NIEMANN, Hermann Michael und Karl-Reinhard TITZCK: Dokumentation zum persönlichen und wissenschaftlichen Lebenslauf von Frau Professorin Dr. Marie-Louise Henry (1911–2006), in: Kersten Krüger (Hg.): Frauenstudium in Rostock. Berichte von und über Akademikerinnen, Rostock 2010 (Rostocker Studien zur Universitätsgeschichte, Bd. 9), S. 68–83.

NIEMANN, Hermann Michael und Meik GERHARDS: Marie-Louise Henry (1911–2006): Eine streitbare, sensible und weitblickende Theologin, in: Kersten Krüger (Hg.): Frauenstudium in Rostock. Berichte von und über Akademikerinnen, Rostock 2010 (Rostocker Studien zur Universitätsgeschichte, Bd. 9), S. 84–93.

NOWAK, Kurt: Zweireichelehre. Anmerkungen zum Entstehungsprozeß einer umstrittenen Begriffsprägung und kontroversen Lehre, in: ZThK 78 (1981), S. 105–127.

OELKE, Harry: Art. Maurer, Wilhelm, in: RGG^4, Bd. 5, Tübingen 2002, Sp. 924.

PAWLAS, Andreas: Mit Luther durch aufgewühlte Zeiten – Theodor Knolle und die Luther-Gesellschaft, in: Johannes Schilling und Martin Treu (Hg.): Die Luther-Gesellschaft 1918–2018. Beiträge zu ihrem hundertjährigen Jubiläum, Leipzig 2018, S. 83–128.

RADE, Martin: Luther in Worten aus seinen Werken, Berlin [1917] (KlRel, Bd. 10 f.).

REICHERT, Ernst-Otto: Amsdorff und das Interim. Kommentierte Quellenedition mit ausführlicher historischer Einleitung. Nach dem maschinenschriftlichen Manuskript der Dissertation aus dem Jahre 1955 digital erfasst, für den Druck eingerichtet und um Register und bibliographische Nachträge ergänzt von Hans-Otto Schneider, Leipzig 2011 (Leucorea-Studien zur Geschichte der Reformation und der Lutherischen Orthodoxie, Bd. 14).

RHEIN, Stefan: Wittenberg und die Anfänge der Luther-Gesellschaft, in: Johannes Schilling und Martin Treu (Hg.): Die Luther-Gesellschaft 1918–2018. Beiträge zu ihrem hundertjährigen Jubiläum, Leipzig 2018, S. 9–33.

RUST, Bernhard [stellvertretend als Reichsminister für Wissenschaft, Erziehung und Volksbildung]: Neufassung der Reichs-Habilitations-Ordnung, in: Deutsche Wissenschaft[,] Eziehung und Volksbildung. Amtsblatt des Reichsministeriums für Wissenschaft, Erziehung und Volksbildung und der Unterrichts-Verwaltung der anderen Länder 5/5 (5. März 1939), S. 126–185 [Nr. 103].

SCHEFFLER, Christian: Art. Poeschel, Carl Ernst, in: NDB, Bd. 20, Berlin 2001, S. 573.

SCHEUNEMANN, Jan: „Aber wirklich aufbauen dürften wir drüben doch nicht." Die Luther-Gesellschaft während der deutschen Teilung, in: Johannes Schilling und Martin Treu (Hg.): Die Luther-Gesellschaft 1918–2018. Beiträge zu ihrem hundertjährigen Jubiläum, Leipzig 2018, S. 212–218.

SCHILLING, Johannes: Art. Lutherausgaben, in: TRE, Bd. 21, Berlin 1991, S. 594–599.

–: Lutherausgaben, in: Volker Leppin und Gury Schneider-Ludorff (Hg.): Das Luther-Lexikon, Regensburg ^{2}2015, S. 409–411.

– und Martin TREU (Hg.): Die Luther-Gesellschaft 1918–2018. Beiträge zu ihrem hundertjährigen Jubiläum, Leipzig 2018.

–: Luthers Briefe und die Abteilung ‚Briefwechsel' in der Weimarer Lutherausgabe, in: D. Martin Luthers Werke. Sonderedition der kritischen Weimarer Ausgabe. Begleitheft zum Briefwechsel, Weimar 2002, S. 25–49.

– mit Albrecht BEUTEL, Dietrich KORSCH, Notger SLENCZKA und Hellmut ZSCHOCH (Hg.): Martin Luther. Deutsch-Deutsche Studienausgabe, 3 Bde., Leipzig 2012–2016.

SCHULZE-MAIZIER, Friedrich (Hg.): Luther-Brevier. Gestaltet und eingeleitet von Friedrich Schulze-Maizier, Leipzig [1938].

– (Hg.): Meister Eckharts deutsche Predigten und Traktate, ausgewählt, übertragen und eingeleitet von Friedrich Schulze-Maizier, Leipzig 1927, ^{2}[1934], ^{3}1938.

SEEBERG, Erich: Ein neues Lutherbild in der Sicht eines Epigonen, in: ZKG 60 (1941), S. 197 f.

–: Grundzüge der Theologie Luthers, Stuttgart 1940.

SLENCZKA, Notger: Art. Walter, Johannes v., in: RGG^4, Bd. 8, Tübingen 2005, Sp. 1299 f.

–: Paul Althaus und die Luther-Gesellschaft (1927–1964), in: Johannes Schilling und Martin Treu (Hg.): Die Luther-Gesellschaft 1918–2018. Beiträge zu ihrem hundertjährigen Jubiläum, Leipzig 2018, S. 44–82.

SPEHR, Christopher: Das Lutherjahrbuch und seine Herausgeber, in: Johannes Schilling und Martin Treu (Hg.): Die Luther-Gesellschaft 1918–2018. Beiträge zu ihrem hundertjährigen Jubiläum, Leipzig 2018, S. 246–270.

TENNSTEDT, Florian: Art. Krohn, Johannes, in: NDB, Bd. 13, Berlin 1982, S. 69.

THIEẞEN, Malte: Eingebrannt ins Gedächtnis. Hamburgs Gedenken an Luftkrieg und Kriegsende. 1943 bis 2005, München und Hamburg 2007 (Forum Zeitgeschichte, Bd. 19).

VINZ, Curt und Günter OLZOG (Hg.): Dokumentation deutschsprachiger Verlage, München und Wien [8]1983.

WIEBEL, Arnold (Hg.): Rudolf Hermann – Erich Seeberg. Briefwechsel 1920–1945, Frankfurt/Main 2003 (GThF, Bd. 7),

– (Hg.): Rudolf Hermann, Aufsätze – Tagebücher – Briefe, Berlin 2009 (AHST, Bd. 14).

–: Chronik von Rudolf Hermanns Lebenszeit und Lebensarbeit mit Einschub längerer Dokumente und Erörterungen, Internet-Fassung Mai 2011. Zuletzt erweitert im März 2016, unter: https://theologie.uni-greifswald.de/fileadmin/uni-greifswald/fakultaet/theologie/ls-sys/Unpublizierte_Quellen/Rudolf-Hermann-Chronik_Maerz_2016.pdf (Zugriffsdatum: 26. Dezember 2018).

WINTER, Friedrich: Die Evangelische Kirche der Union und die Deutsche Demokratische Republik. Beziehungen und Wirkungen, Bielefeld 2001 (UnCo, Bd. 22).

WOLFES, Matthias: Protestantische Theologie und moderne Welt. Studien zur Geschichte der liberalen Theologie nach 1918, Berlin und New York 1999 (TBT, Bd. 102).

ZEEDEN, Ernst Walter: Martin Luther und die Reformation im Urteil des deutschen Luthertums. Studien zum Selbstverständnis des lutherischen Protestantismus von Luthers Tode bis zum Beginn der Goethezeit, Bd. 1: Darstellung, Freiburg 1950; Bd. 2: Dokumente zur inneren Entwicklung des deutschen Protestantismus von Luthers Tode bis zum Beginn der Goethezeit, Freiburg 1952.

ZSCHOCH, Hellmut: „Luther und wir“ – im Spiegel der Zeitschrift „Luther“ seit 1919, in: Johannes Schilling und Martin Treu (Hg.): Die Luther-Gesellschaft 1918–2018. Beiträge zu ihrem hundertjährigen Jubiläum, Leipzig 2018, S. 271–309.

Abbildungsnachweise

Abb. 1: D. Theodor Knolle (1885–1955), Hauptpastor und Bischof in Hamburg. Lebensgroßes Porträt in Öl, Hamburg, Hauptkirche St. Petri; Foto: M. Keßler, abgedruckt mit freundlicher Genehmigung von Herrn Hauptpastor Dr. Jens-Martin Kruse, Hamburg.

Abb. 2: Probedruck des von Theodor Knolle und Hermann Böhlaus Nachfolger / Weimar geplanten Werbeprospektes (Frühjahr 1939), ALGW 732, o.P.; Fotos: M. Keßler, abgedruckt mit freundlicher Genehmigung von Prof. Dr. Dr. Dr. h.c. Johannes Schilling, Kiel, für die Luther-Gesellschaft, Wittenberg.

Abb. 3: Kurt Alands Gliederungsentwurf für die mit Leopold Klotz für den J. C. Hinrichs Verlag geplante Luther-Ausgabe (März 1943), LKAK, 98.11 (Nachlass Knolle, Theodor), Nr. 104, o.P.; Foto: B. Hein, abgedruckt mit freundlicher Genehmigung des Landeskirchlichen Archivs Kiel.

Abb. 4: Erich Seeberg (um 1942). Urheber: unbekannt. Portrait im Besitz von Herrn Dekan Bengt Seeberg, Fulda. Foto: B. Seeberg. Für die liebenswürdige Unterstützung und Erlaubnis zum Abdruck seiner Aufnahme danke ich Herrn Dekan Seeberg vielmals.

Abb. 5: Rudolf Hermann (um 1943). EZA 500/712/60913,1. Urheber: Fotograf Max Kempo, Greifswald. Reproduktion und Abbildungsgenehmigung mit freundlicher Unterstützung durch Frau Archivarin Maxi Schulenburg: Evangelisches Zentralarchiv Berlin.

Abb. 6: Erich Seebergs Zusammenfassung seines Editionsvorhabens (Juni/Juli 1943) in einer Abschritt Theodor Knolles, LKAK, 98.11 (Nachlass Knolle, Theodor), Nr. 104, o.P.; Foto: B. Hein, abgedruckt mit freundlicher Genehmigung des Landeskirchlichen Archivs Kiel.

Abb. 7: E. Seeberg an R. Hermann, 9. November 1943 (Postkarte) [Rückseite]. EZA 712/114, o.P. [nach Bl. 15]. Reproduktion und Abbildungsgenehmigung mit freundlicher Unterstützung durch Frau Archivarin Maxi Schulenburg: Evangelisches Zentralarchiv Berlin.

Abb. 8: R. Hermann an E. Seeberg, 29. November 1943 (Postkarte). EZA 712/115, o.P. Reproduktion und Abbildungsgenehmigung mit freundlicher Unterstützung durch Frau Archivarin Maxi Schulenburg: Evangelisches Zentralarchiv Berlin.

Register

Indiziert wurden das Vorwort, der Haupttext, die Anmerkungen, Bildunterschriften und Abbildungsnachweise. Hochgestellte Zahlen bezeichnen Fußnoten; ist eine solche Zahl eingeklammert, findet sich die jeweilige Stelle sowohl im Haupttext als auch in der genannten Fußnote. Wird auf den Haupttext mit drei oder mehr Seiten in Folge verwiesen, erfolgt der zusätzliche, seitengenaue Ausweis einschlägiger Anmerkungen im Anschluss. In den Fußnoten begegnende Personen sind berücksichtigt; sobald ein Autor oder eine Autorin bei einer unselbständigen Veröffentlichung ausweisbar ist, werden die Herausgeber der betreffenden Sammelbände, Lexika etc. nicht im Personenregister verzeichnet. Von einer Indizierung der Martin Luther geltenden Referenzen wurde abgesehen.

1. Personen

2. Verlage und Druckereien